U0600139

西域民族文化图典

郭晓东 著

新疆美术摄影出版社
克鲁格出版社（美）

图书在版编目（C I P）数据

西域民族文化图典 / 郭晓东著. -- 乌鲁木齐 : 新疆美术摄影出版社, 2013.12
ISBN 978-7-5469-4774-7

Ⅰ. ①西… Ⅱ. ①郭… Ⅲ. ①少数民族—民族文化—介绍—新疆②少数民族风俗习惯—介绍—新疆 Ⅳ. ①K280.45②K892.445

中国版本图书馆CIP数据核字(2013)第299459号

策　　划：于文胜
主　　编：于文胜
责任编辑：王永民
封面设计：李瑞芳

西域民族文化图典　郭晓东 著

出　　版　中国新疆美术摄影出版社
（中国新疆乌鲁木齐市经济技术开发区科技园路5号　830026）
克鲁格出版社（美）
（702 S. Stoneman Ave #CAlhambra, Ca 91801 U.S.A.6）
经　　销　新华书店
印　　刷　北京新华印刷有限公司
开　　本　787mm×1092mm　1/16
印　　张　57.5
字　　数　900千字
版　　次　2014年2月第1版
印　　次　2014年2月第1次印刷
印　　数　1–600册
书　　号　ISBN 978-7-5469-4774-7
定　　价　CNY：1280.00　USD：299.99

序

民俗文化是人类文化的根基，由各族人民集体创造，内涵极其丰富、深邃。对一个民族来说，民俗文化是民族的精神支柱，具有极大的民族凝聚力。即使在遥远的海外，共同的中华风俗始终坚守不衰，成为华人团结的重要标志。

新疆自古以来就是一个多民族聚居地区。千百年来，各族人民在不同的自然环境中，秉承传统生产生活方式繁衍生息的同时，也创造了丰富多彩的民俗文化，为丰富中华文化作出了独特的贡献。由于历史上地处“丝绸之路”要冲，新疆各民族的民俗文化既有共同的中华文化的民族特征，也有因自然环境、文化传统、生活习性、心理素质不尽相同而形成的特色鲜明的地域性和民族性。各地区、各民族的文化积淀深厚、文化形态多样、民俗文化丰富多彩。新疆各民族人民，在数千年的历史发展过程中，之所以能够经受住历史的风风雨雨，始终团结互助、和睦相处地生活到今天，均有赖于民俗文化的创造、传承和互相了解，互相认同。每个民族不论大小，都对中华文化的形成和发展作出了各自独特的贡献，有很多值得其他民族学习借鉴之处。

民俗是人民自己的生活文化。如节日喜庆、衣食住行、婚丧礼俗、民间文艺、游戏娱乐等种种风俗习惯和民间礼

仪，都涵盖于民俗文化之中。“十里不同风，百里不同俗。”各种风俗习惯都是社会历史的产物，它们都是在当时当地条件下创造并流传开来的，所以民俗的实质就是一种生活美。它是在当时条件下最符合理想的生活，是人们的理想与现实条件的统一，具有时代性、地方性和民族性，是多种多样的美的集合。

《西域民族文化图典》用民俗学的视角和现代摄影手段忠实记录了新疆各民族民俗文化，将新疆人生活实态中包括节日、信仰、服饰、饮食、民居、交通、生产、人生礼俗、民间艺术、民间工艺、民间游艺、民族宗教等民俗，鲜活地定格在永恒的瞬间，以体现民俗摄影所独有的科学价值和艺术魅力。希望它能成为民俗学家及相关领域的专家、学者从事研究可资借鉴的资料，艺术家创作可以依凭的素材，以及广大读者了解乡土文化，各族群众互相了解，互相认同，促进民族团结、地区和谐的读本。

郭晓东

目录

节日民俗

服饰民俗

饮食民俗

民居与交通

生产民俗

民间工艺

人生礼俗

民间游艺

民间艺术

民族宗教

节日民俗

诺鲁孜节

“诺鲁孜”节，是新疆维吾尔族、哈萨克族、柯尔克孜族、塔吉克族、乌孜别克族等信仰伊斯兰教以前就有的传统节日。每年农历的春分日，即公历 3 月 21 日前后举行。这个节日类似汉族的春节，它的形成是与自然现象、农牧业生产、社会生活密切相关的祭祀、庆祝活动。

诺鲁孜是“春天之首”辞旧迎新的意思，标志着新一年的到来。为了欢度节日，家家户

熬制诺鲁孜饭。

诺鲁孜饭的主要食品。

同吃一锅诺鲁孜饭。

户在节前都打扫屋内外卫生，准备过节食品。节日的食品主要是用没有经过加工的原粮，即小麦、豌豆、黄豆、大豆等七种以上的谷种用大火煮熟，然后再加入羊肉、马肥肠、马碎肉灌肠、马脖肉、马盆骨肉、胡萝卜、奶油、奶皮等以文火慢熬成诺鲁孜饭。选择春分日过诺鲁孜节，是因为这一天的昼夜时间相等，阳光明媚，即将进入播种时期。所以人们认为，在这个时辰吃了诺鲁孜饭会给人间带来好运，就能老幼平安、五谷丰登、六畜兴旺。

节日这天，人们身着鲜艳的民族服装，成群结队地走家串户，互相拜年。拜年时，宾主互相拥抱，祝贺新年，一起吃诺鲁孜饭，唱诺

诺鲁孜节上的老人欢快地跳起歌舞。

鲁孜歌。歌词多为祝愿大家在新的一年里老幼平安、五谷丰登、六畜兴旺。

现在，在一些富裕起来的地区，时有全村或全乡的人同煮、同吃一锅“诺鲁孜”饭，之后，还要举办麦西热甫、十二木卡姆、弹唱、对唱、摔跤、刁羊、赛马等民间文化体育竞技活动。

诺鲁孜节上的斗鸡。

诺鲁孜节上的《维吾尔木卡姆》演唱。

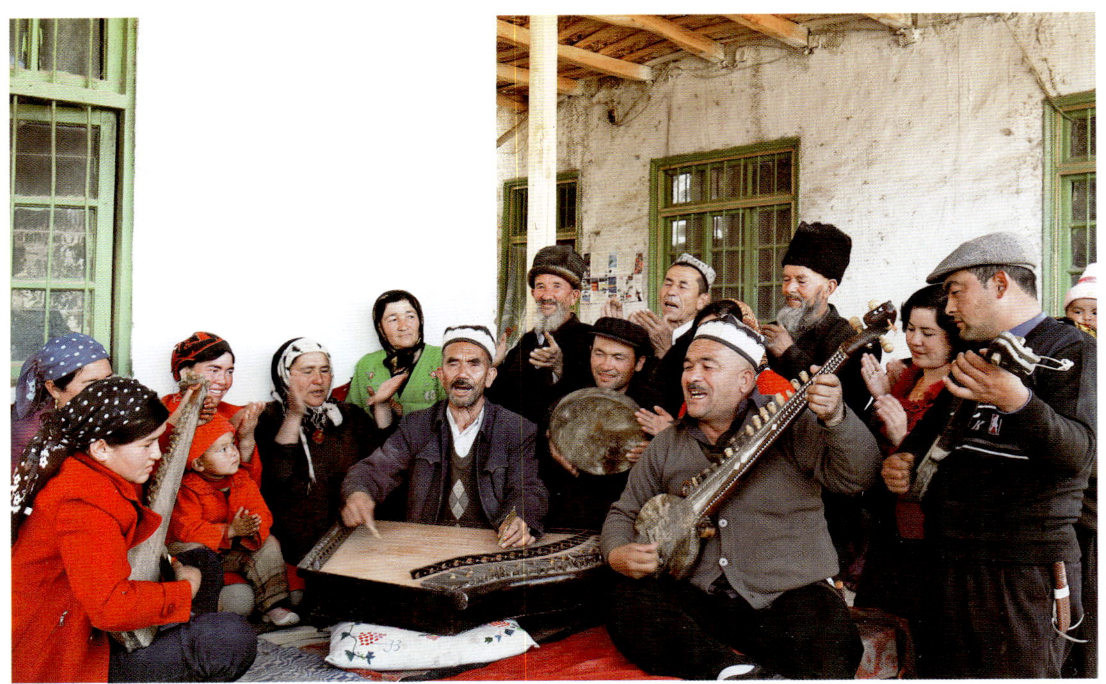

麦盖提县村民欢度诺鲁孜节。

观看《维吾尔木卡姆》演唱。

肉孜节

肉孜节，是新疆信仰伊斯兰教的维吾尔族、回族、哈萨克族、柯尔克孜族、塔塔尔族、塔吉克族、乌孜别克族的盛大节日之一。

肉孜节也叫开斋节，是阿拉伯语“尔德·菲图尔”的意译，“肉孜”是波斯语，意思就是“斋戒”。因在封斋一个月后开斋的那一天举行而得名。伊斯兰教规定每个成年穆斯林每年都要封斋一个月，在封斋期间每日两餐，在日出之前和日落之后进餐。日出之后的整个白天，不准吃东西、喝水。斋月的开始和结束

哈密市维吾尔族在回王墓艾提尕清真寺聚礼。

节日清晨，已做过“逊乃提”的穆斯林男子都要沐浴更衣，到清真寺聚礼。

均以见月为准。封斋的天数为 29 天或 30 天（一般在每年伊斯兰教历的九月封斋，斋月的起止日期主要根据新月出现的时间而决定。）。

斋满后，节日的凌晨，新疆信仰伊斯兰教的各民族男子都身穿节日服装，到各自就近的礼拜寺做盛大的礼拜，然后开始热闹的节日活动，家家都备有丰盛的节日饮食，如馓子、糖果、点心等，并且走亲访友，互相拥抱、贺节，路途相逢都要互相拜年祝贺。

墓地祭祖。

祭祖后一家人在一起。

古尔邦节

古尔邦节，也叫宰牲节，伊斯兰教历每年十二月十日举行，是新疆维吾尔族、回族、哈萨克族、柯尔克孜族、塔塔尔族、塔吉克族、乌孜别克族的盛大节日。古尔邦是阿拉伯语，意为“宰牲”。它是根据伊斯兰教的传说故事演变来的。相传先知易卜拉欣在古尔邦节前一个晚上梦见“安拉”（真主）命令他宰杀自己的儿子伊斯玛献祭，当易卜拉欣遵从安拉的旨意去宰杀爱子时，安拉命天使送来一只黑头白身的绵羊代替。根据这一传说穆斯林形成了在每年古尔邦节宰牲献祭的习俗。

节日前夕，信仰伊斯兰教的各民族，家家户户都要打扫卫生，每个家庭都要准备丰盛

乌鲁木齐市汗腾格里清真寺门前参加聚礼后的维吾尔族群众载歌载舞欢庆节日。

的节日食品，家境稍好一点，还要宰羊，有的宰牛、宰骆驼，用作招待客人和馈赠亲友。

节日清晨，男子都要沐浴更衣，到清真寺聚礼。之后上坟缅怀先祖，回到家立即洗手宰杀牲畜。宰后切成大块煮熟放在大盘内，客人来后，主人便当着客人的面用刀子削成片，热情地请客人吃肉和油炸的馓子、油饼等节日食品。

节日为期三天，信仰伊斯兰教的各民族，家家都备有丰盛的节日食品，人们互相拜节问候，热情招待来拜年的客人，还举行各种庆祝活动，使整个节日洋溢在欢乐的气氛中。

春　节

春节，是新疆汉族、蒙古族、满族、锡伯族、达斡尔族等民族最隆重的传统节日，象征团结、兴旺、吉祥、幸福、欢乐、喜庆和对未来寄托希望的佳节。兄弟民族间既有共同的民族特征和风俗，也有因文化传统、生活习性、心理素质、民族风格不尽相同而形成的特色鲜明的春节年俗，其活动也丰富多彩。各少数民族不仅和汉族一样过春节外，而且还有独具特色的年俗活动。

巴里坤哈萨克自治县社火“抬阁”。

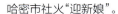

哈密市社火“迎新娘”。

春节又称“过年”。在民间传统意义上的春节是指从当年阴历腊月初八的腊祭，或腊月的二十三、二十四的祭灶，一直到次年的正月十五。春节的主要活动有：腊月二十三祭灶神，三十要打扫卫生，穿新衣，贴新对联，三十晚上熬夜、敬先人、装仓，大年初一吃饺子、拜年，大年初二回娘家，初七吃拉魂面，正月十五闹元宵。

过年期间的有关禁忌：1.不打闹、生气。2.三天不倒垃圾。3.女人不能动针线。4.不说不吉利的话。5.不能有意或者无意地打碎东西。

哈密市社火“跑旱船”。

哈密市社火“耍狮”。

每年农历正月十五，汉族群众社火队都要表演舞龙、耍狮子、跑旱船、踩高跷等各种娱乐活动。

其中农历正月十五最为热闹。正月十五是中国的传统节日元宵节，始于中原，兴于中原，经历了由中原到全国的发展过程。元宵节家家都要合家团聚吃元宵，盛行张灯结彩，观灯游赏，燃放烟火。除灯火之外，更突出的活动是各种社火，诸如耍狮子、舞龙、打腰鼓、扭秧歌、踩高跷、跑旱船等，年年上演，盛行不衰，元宵节可以说是中国的狂欢节。

自古以来，新疆哈密、昌吉、乌鲁木齐等地的汉族群众，每逢正月十五元宵节，都要按地缘社区进行耍狮子、舞龙灯、扭秧歌、踩高跷、跑旱船、闹花鼓、大头娃、红绸舞、抬歌、

乌鲁木齐市社火表演。

巴里坤哈萨克自治县社火“鞭打春牛”。

闹歌、二鬼绊跤、张公背张婆等自娱性表演活动，真是千姿百态、绚丽多彩。

旧时，这种活动多在当地大户资助下，由民间艺人自行操办，现今则由当地文化部门主持。届时，表演者身着艳丽服饰，装扮成传说中的各式人物，在震耳的鞭炮和喜庆的锣鼓声中，成群结队，走街串巷地表演，所到之处，围观者层层叠叠，欢闹声不绝于耳，再次将人们迎春的喜悦推向高潮。

社火是农业文明的伴生物，它表达了人们在辞旧迎新、祭天祈年之余，不忘鞭牛迎春，祈盼风调雨顺、五谷丰登的心愿，表现出

巴里坤哈萨克自治县社火“城隍出府”。

观灯游赏。

人们对人寿年丰、如意吉祥的不倦追求。

社火是汉族的一种民间庆祝娱乐活动，包括舞龙、耍狮子、跑旱船、踩高跷等各种活动方式。这种根植于神州大地上的集民间艺术、庆祝、娱乐于一体的民俗文化从古至今数千年延续下来，已经成为一种群众喜闻乐见的永久性习俗。

哈密市社火“抬轿子迎新娘”。

哈密市社火。

巴里坤哈萨克自治县社火“大头娃娃”。

哈密市社火“高跷”。

乌鲁木齐市社火“威风锣鼓”。

正月二十，巴里坤哈萨克自治县汉族人家家都要烤制补天补地的祭品（即圆形大饼）。

补天补地节

正月二十，是补天补地的节日。传说，当时女娲在炼制五彩石补天的时候，少炼了一块五彩石，所以西边的天就没有补好，因此就有了刮风、下雨这一说。恰巧这块五彩石没有补好的地方就是新疆巴里坤县地域内上空的这片天，所以，巴里坤才出现了非常寒冷的天气。为了弥补这一不足，从远古开始，这里的人就年年补天补地，而且一直延续到今天。他们认为，只要正月二十补天补地的事大家都做好了，巴里坤就不会再受暴风雪的袭击，就会有丰收之年。

这一天，家家都要烤或蒸祭祀补天补地的祭品(既圆形大饼)。祭品烤制好后，首先把屋内凡是有洞或者通风的地方，都要补一补。再把做好的补天补地的祭品供在自己列祖列宗的牌位前，磕头上香，敬天敬地敬先祖。然后再把补天补地的祭品供在天窗和门窗上。祭品上好后，室内的男主人就开始在香案前拿着一些香火大声喊:“女娲娘娘来补天补地了，上面的天窗补好了吗？”男主人的兄弟或者男孩在室外或天窗上马上大声回应:“补好了”。男主人就在香案前磕头，表示感谢，再说“女娲娘娘来补天补地了，门窗都补好了吗?”门窗外面的人回答:“都补好了。”男主人在香案前再磕头谢恩。这样补天补地的仪式就算结束了。仪式结束后，一家人团聚在一起，吃祭祀过的补天补地的圆形大饼。

巴里坤汉族人的补天补地仪式，实际上是想通过祭祀女娲补天的神力，祈盼风调雨顺、五谷丰登美好生活的一个重要仪式，因此，一直到今天人们还很重视这一节日。

这一天的有关禁忌:

1.妇女不能动针线，男人不能动用铁器进行劳动，更不能随意戳洞，有了洞会流失钱财。

2.祭祀补天补地的祭品，在没有敬天敬地敬先人之前，不能随意先吃，吃了嘴会歪，来年没有好运气。

到天窗上摆放补天补地的祭品(即圆形大饼)。

每到农历六月六，在吉木萨尔县千佛洞都要举行丰富多彩的庙会活动。 洪源江摄

庙　会

新疆的乌鲁木齐、哈密、巴里坤、木垒、奇台、阜康等地的汉族都有赶庙会的习俗，各地的庙会都丰富多彩，各具特色。人们在这里可以娱乐，进行商贸活动和一些民间的文艺表演。所以说庙会是集娱乐、商贸、表演为一体的综合性很强的民俗活动。其中，吉木萨尔千佛洞庙会，是新疆唯一一个有文化历史可寻的民间庙会。

佛教有很多宗教节日，其中有一个节日很有意思——晒经节，即晾晒经书。一般每一个佛教寺庙，都是一个学术中心，中心内藏有很多佛教典籍。佛教典籍在古代都是线装书，作为它的藏经阁，放的时间长，怕生蛀虫，每到农历六月六，就把典籍拿到太阳下暴晒，这样保护佛教典籍。千佛洞作为一个古代佛教

乌鲁木齐市孔庙大殿的孔子塑像。

乌鲁木齐市孔庙在每年的农历腊月二十八都要举行庙会活动。

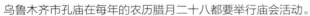

文化遗址，清朝时期被移居此地的汉族重新发现，然后它的香火就重新兴旺起来。这个千佛洞庙会，应该是在清朝中叶以后，依托千佛洞，慢慢形成的一项民俗活动。

现在，每年农历六月六日举行的千佛洞庙会，吸引了众多的来自阜康、奇台、巴里坤、木垒等地的汉族群众。在这个庙会上，有传统的杂技、戏曲、电影、斗鸡、斗狗、斗羊、赛马、赛骆驼等民俗活动，还有很多群众自发组成的文化娱乐活动，像吉木萨尔三台镇组织的乐队演奏。这些娱乐活动，因为都是群众自发组织的，所以在表演过程当中，没有一个顺序，谁觉得自己唱得好，想给大家展示一下自己的歌喉或演技，都可以到这个舞台上表演一番。

届时，当地的乡民，把自己手工制作的工艺品和土特产品及各种特色小吃都拿到庙会出售。

民间艺人在乌鲁木齐市庙会上表演。

乌鲁木齐市庙会上的猜谜游戏。

乌鲁木齐市老年大学学员在庙会上表演传统剧目“七仙女”。

乌鲁木齐市庙会上的民间杂技。

乌鲁木齐市庙会上撞平安钟。

参赛选手入场。

阿肯弹唱会

哈萨克族是新疆草原文化的代表民族之一。俗话说："骏马和诗歌是哈萨克人的两只翅膀"。包括"阿依特斯"（民间歌手的对唱）在内的哈萨克族阿肯弹唱已经入选首批国家级非物质文化遗产保护名录。

阿依特斯通常由双人或四人对唱，是一种历史悠久的竞技式对唱表现形式，集即兴作词能力、音乐天赋、雄辩能力、表演能力、冬不拉弹奏等各种技艺于一身的歌手被敬称为"阿肯"。他们常手持冬不拉，游吟四方，遇到欢庆场合，往往触景生情，即兴作诗，自弹

开幕式。

入场仪式。

德高望重的老人撒“恰秀”祝福。

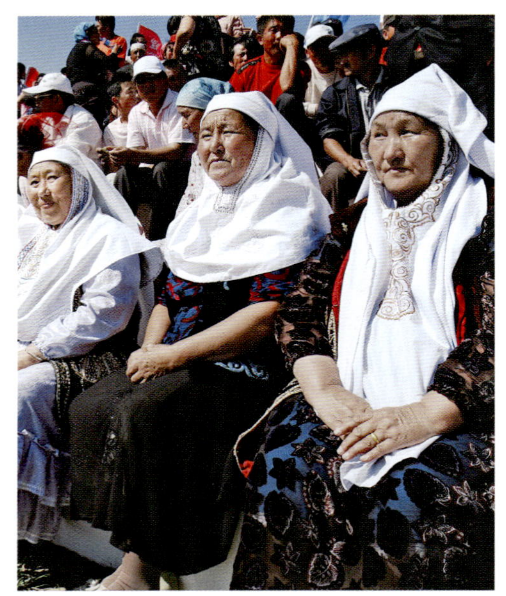

观看激烈的竞赛。

自唱，或为婚礼助兴，或为喜庆增辉。他们还常以弹唱形式记述本民族本部落历史，因此在民间享有极高威望，是草原各部落的骄傲。

民间常有阿肯之间在选定的场合相互以即兴作诗演唱比试高低的习俗。今天这种对唱已成了草原上一道迷人的风景，人们在举行大型庆典、节日集会中常常举办阿依特斯。演唱不分男女老少、不分辈分身份，其中，对唱又有才能高低的比试，胜者为本部落赢得荣誉，也受到整个族群的尊敬。

阿依特斯歌词均为即兴创作，没有固定不变的唱词。弹唱阿依特斯的阿肯必须有敏捷的才思、渊博的知识、出口成章的才华、对事理透彻的了解和较高的艺术修养，在现场

阿依特斯通常由双人或四人对唱，是历史悠久的一种竞技式对唱表现形式。

对答如流，以理以才服人。阿依特斯音乐来源于哈萨克民歌，阿依特斯中所采用的曲调，都由演唱者在传统曲调中选用。双方所选用的曲调在音乐结构、调式、旋律、节拍、内容等方面都没有严格的限制和约定。阿依特斯基本没有固定的曲牌或相应的唱腔流传，演唱者通常多弹奏冬不拉为自己伴奏。

姑娘追表演赛。

刁羊比赛。

鄯善县回族群众在鄯善东大寺参加圣纪节聚礼。

圣纪节

圣纪节，又名“圣纪”，是纪念伊斯兰教创始人穆罕默德的诞辰日和逝世的日子。

这两个日子恰巧都是伊斯兰教历不同年份的三月十二日，是以“赞圣”为基本内容。

相传穆罕默德于伊斯兰教历纪元前五十一年三月十二日（571 年 4 月 21 日）诞生于阿拉伯麦加一个没落的贵族家庭，取名穆罕默德，意为“受到高度赞美的人”。伊斯兰教历第十一年三月十二日（632 年 6 月 8 日）穆罕默德因病归真，终年 63 岁，葬于麦地那。

聆听宗教人士诵经赞圣。

虔诚祭拜圣人穆罕默德。

众人共同赞颂穆罕默德的功德。

东大寺准备的丰盛宴席。

每年的伊斯兰教教历三月十二日前后，新疆各地的回族群众都要沐浴更衣，头戴白色圆顶的帽子，聚集到清真寺，听宗教人士诵经演说，赞颂穆罕默德的功德。

节日前夕，清真寺都要宰牛、宰羊、炸油香。在节日“赞圣”仪式结束后，清真寺一般都准备丰盛的宴席招待客人。有些寺坊虽然不聚餐，但要向来客舍散肉和油香份子。给寺坊出了圣纪乜帖而因故未到者，也要委托亲友、邻居为其带油香份子，以共享圣纪“尔麦里”的美食。

众人共享圣纪“尔麦里”的美食。

清泉节

每年春夏之际的6月9日，哈密伊吾县下马崖乡的维吾尔族农民都要举行隆重的“清泉节”。

这一天，全乡的男女老幼全体出动，来到水源头的泉眼处，首先捐款、宰牲，然后由乡里的长者带领大家祈祷，祈求风调雨顺、五谷丰登、六畜兴旺、人寿吉祥。祈祷后，男人开始清理泉眼；妇女们便支起大锅，将所有人带来的肉、菜、面放在一起，煮“百家饭”；孩子们跑跳玩游戏。男人们清泉完毕，妇女们的百家饭也做好了，人们坐在草地上共进午餐。最后举行大型的“麦西热甫”活动，欢度清泉节。

乡里的长者带领大家祈祷。

男人们开始清理泉眼。

女人们开始做“百家饭”。

这个节日与原始信仰、祭祀观念和新疆的地理生态节气有关，并伴随农耕生产活动逐渐形成的节日。如今的清泉节已不再是一个单纯的祭祀和生产节日，而是伊吾人聚会、交流、生产的载体，它既是生产节日，又是精神的盛宴、文化的创造和传承，而且是新疆唯一一个以增强人们的节水、爱水、增水意识及民族歌舞为一体的民间传统节日。2007年清泉节列为省级文化遗产名录，为保护开发清泉节注入了新的活力，有力地推动了伊吾县“绿色旅游”产业链的发展。（韩连赟摄影）

清完泉大家共进午餐。

主人以马奶、清炖羊肉、油炸果、油饼等食品招待前来拜节的客人。

克米孜木润杜克节

“克米孜木润杜克”节，意为“马奶节”，是柯尔克孜族传统节日，于每年的夏季农历四月初八（小满），即“盖再克星”（双子星）在天空正西方第一次出现的第二天举行。

节日的早晨，家里男女老少都穿上节日服装来到拴马处，由家长抓住马鬃祈祷，家里年老妇女挤马奶，把一小木碗刚挤出来的“初奶”喂马驹，又将一勺初奶喂给家里年龄最小者喝，以祝马驹茁壮成长，子女平安幸福。然后，宰羊煮肉。主人以马奶、清炖羊肉、

挤马奶。

喝马奶。

油炸果、油饼等招待客人。中午，柯尔克孜人便成群结队相互拜节，祝贺六畜兴旺、人寿吉祥。

克米孜木润杜克节一般举行三天左右。此后，便进入牧业产品加工和农业生产的紧张劳动。（韩连赟摄影）

欢庆节日。

掉罗勃左节

"掉罗勃左"节是柯尔克孜人为纪念一位名叫掉罗勃左的柯尔克孜族英雄而形成的一个传统节日。每年的3月7日至9日举行。

这一天，牧民或村民们欢聚一堂，互相祝福，聚餐后举行各种体育游戏活动。夜晚，人们围坐在一起，听老人们讲掉罗勃左的英雄故事：很久以前，有位名叫掉罗勃左的柯尔克孜族青年，因不堪忍受其他部族的欺侮，带领40位柯尔克孜族勇士，与之展开了英勇斗争。在一次交战中，掉罗勃左孤身陷入敌军重围，虽勇猛搏斗突出了重围，但他的坐骑已身负重伤，它仍驮着主人冲出险境，来到一片

夜晚，人们围坐在一起，听老人们讲掉罗勃左的英雄故事。

牧民欢聚一堂，互相祝福、聚餐。

茫茫戈壁后，因流血过多而死去。掉罗勃左为了悼念心爱的战马，拔下一撮马尾，做了一支“柯亚克琴”，傍马而坐，拉起了对战马的思念与哀悼的乐曲。这悲壮的琴声在天空回响，掉罗勃左的战友们听到随风飘来的琴声从四面八方赶到英雄身边，为英雄的平安脱险欢呼，并举行盛大庆祝活动。

现在，这一节日已演变成为柯尔克孜族人互祝幸福与健康的节日。

祖拉节

“祖拉节”即汉语“点灯节”之意，每年的农历十月二十五日举行，主要为纪念黄教的创始人宗喀巴圆寂的日子。民间传说宗喀巴圆寂的这一天正好 108 岁。过这个节日一方面表示给宗喀巴祝寿，另一方面又标志节日一过，每人都将添一岁。

节日前几天人们就开始准备祖拉灯了，这种灯很独特，在 30 ~ 40 厘米长的芨芨草上绕上棉花。芨芨草的数量按每个人的岁数来确定，如当年岁数 30 岁，就要准备 30棵芨芨草。然后在棉花上涂上黄油插在装有泥土的盆里即可。还有一种灯，用面捏成小碗，用棉花作灯芯，内放黄油。现在也有用蜡烛代替祖拉灯的。另外还要准备祭祀用的肉、油炸果等。

届时，晚间掌灯后，家家户户都将自制的

祖拉放在同一家族立在高处的木架上，木架要放在东南方向。祖拉放好后，开始祭祀。首先将灯点着，在喇嘛的带领下，顺时针方向绕祖拉三圈，然后给祖拉磕头，祈求宗喀巴佛爷赐予人们长命百岁，六畜平安。

仪式结束后，人们将各自的祖拉拿回家去欢度节日，通宵灯都不熄灭，以此祈盼世界永远光明，人们长命百岁。

人们将各自的祖拉拿回家去欢度节日，通宵灯都不熄灭，以此祈盼世界永远光明，人们长命百岁。 娇军摄

从麦德尔佛像的右边向左转过去，从寺庙的右边开始绕几圈。

麦德尔节

“麦德尔”节过去是一种宗教活动。正月十五是神佛大师学业结束的一天，正月十六是麦德尔佛开始主持的一天，为了让佛教学得到发扬光大，就把正月十五日定为麦德尔佛诞辰的日子。

自卫拉特蒙古人信奉藏传佛教以来，每当正月十五这一天，都要到寺庙参加麦德尔节的庆祝活动。

首先是喇嘛们以宗教盛会的形式吹响号角，敲锣打鼓，念经祈祷。然后，前来参加的

每当正月十五这一天，卫拉特蒙古人都要到寺庙参加麦德尔节的庆祝活动。

人在一位年长者的带领下，给麦德尔佛烧香跪拜，完毕后才能把自己带来的供品放在麦德尔佛的供桌前。在麦德尔佛的挂像边从右向左转过去，再绕寺庙从右边开始绕几圈。因为他们相信，这种对佛的尊崇会给他们带来好运，消除灾难。之后，等待大喇嘛摸顶祈福。

最后，还要举行麦德尔节的赛马、摔跤、射箭等形式多样的娱乐活动。

随着时代的变迁和社会的发展，这一宗教活动逐渐变为一个传统节日。（朱作勇摄影）

从抬佛像的轿下钻过去祈福。

大喇嘛摸顶祈福。

塔克勒恩节

“塔克勒恩”节又称敖包节，是新疆蒙古族人祭祀天地日月大自然的节日。“敖包”是由人工堆砌供人祭祀的石头堆、土堆或木堆，大小、高低不等，有的还插上树枝，挂上各色布条。敖包最初只是道路和境界的标志，也有一些敖包是为纪念某一大的事件或活动而堆积的，具有碑铭的意义。蒙古族即使在寻常的旅途中，路经敖包都要下马跪拜祭祀。因此，敖包在蒙古族人心中也被引申为“供奉的山岳”，它是山神、地神和蒙古族保护神的化身。

活佛要为信徒摸顶祈福。

每人折一枝松枝带回家保平安。

喇嘛整理红、白、黄布条。

喇嘛绑扎经幡。

塔克勒恩节，一般都在农历五月至七月举行，以一个苏木（佐领）为点，几个苏木联合，最隆重的为一个部落一起举行。过节的地点要选择在水草丰美的高山丘陵。届时，人们临时搭起蒙古包，牧民都携儿带女，捡起石头堆在敖包上，并插上松枝或柳树枝，将红、白、黄等象征哈达的布条拴在树枝上。敖包堆放好后，放上佛像，摆上羊头肉、奶制品、油炸果等供品，然后焚香点烛，由活佛或有地位的喇嘛领着众人绕着敖包诵经，绕完三圈后，参加者不分老少都要向敖包跪拜磕头，祈求老天降福人间，恩赐人们平安无事，带来吉利幸福，祈求风调雨顺，使大地水草丰盛，牲畜兴旺。

众人闻松枝香火祈福。

礼毕，开始进行赛马、摔跤、射箭等蒙古族传统的民间活动项目，并宰羊煮肉，大办酒宴。人们欢聚一堂，载歌载舞，场面壮观，气氛隆重热烈。

新疆的蒙古族早期信仰萨满教，17 世纪以后开始信仰黄教，但萨满教的遗迹在新疆蒙古族生活中至今仍然保存着，主要表现在祭天、祭地、祭敖包、祭火等方面。其中祭敖包是民间最普遍的祭祀活动，是萨满原始崇拜的典型事项。

摔跤比赛。

那达慕大会

那达慕大会是蒙古民族传统的娱乐活动，在每年七八月这一水草丰茂、牲畜肥壮、秋高气爽的黄金季节举行。那达慕，蒙古语为"娱乐、欢聚"的意思。起源于 13 世纪末 14 世纪初，包括传统的射箭、赛马、马竞走、摔跤等比赛和《江格尔》《格萨尔》演唱。过去，那达慕大会期间要进行大规模祭祀活动，喇嘛们要焚香点灯，念经颂佛，祈求神灵保佑，消灾消难。现在，主要以传统游乐、体育竞技为主。

那达慕大会是草原上一年一度的传统盛会，是蒙古族群众为庆祝丰收而举行的。赛马是那达慕大会上不可缺少的项目。一般分快马赛和走马赛。快马比赛不给马鞴鞍，赛程

托布秀儿传承人入场。

那达慕大会的入场仪式。

摔跤手入场。

5～10 千米、20～25 千米不等。骑手一般是 8～9 岁、11～12 岁，参赛马的数量基本不限。赛马前，主人要好好打扮自己的参赛马，马鬃、马尾上系五颜六色的彩绸，骑手穿单衣，头系红绿彩带。比赛途中每段都有助威的人群，跟随骑手向前冲，促赛马快跑。走马赛就如同竞走，马只能迈着小步走，不能跑。那达慕大会的规模分为大型、中型、小型三种。

根据那达慕大会的规模不同，摔跤手参赛规模也不等。摔跤是那达慕大会主要内容之一，它是展示青年男子雄猛威武的活动。每当正式比赛时，参赛选手左、右翼两排对阵，每阵旁边都有一帮为摔跤手鼓气助威唱摔跤歌的人员。裁判长宣布摔跤比赛开始时，在会场上的众多围看的观众，拍手呐喊欢迎摔跤手入场，摔跤场马上沸腾起来。入场

江格尔传承人在演唱“江格尔”。

那达慕大会上的马头琴演奏。

摔跤。

的摔跤手，先向主席台行礼之后开始摔跤。因为蒙古式摔跤是一次决胜负，所以刚开始时较谨慎，先互相试探。之后，他们开始使用踢、挑、掼、挂、揿、闪、腾、挪等各种绝技，一旦摔倒了对方，优胜者向主席台行礼之后在场上再跳摔跤舞出场，经过数轮才能决出名次。

射箭，也是那达慕大会上不可缺少的项目。射箭必有弓和箭，射手必备拉弓用的指箍。弓由竹片加角衬制作，两端用皮筋弦拉紧。箭是用柳条制作，尖头套牛角或金属，箭尾粘鹰羽。弓长 1.8 米，箭长 1 米，比赛射程 30 米、45 米、70 米不等，比赛时每人准备同等数量的箭来进行比赛，成绩以环数来计算。

当夜幕降临，草原上飘荡着悠扬激昂的马头琴声，篝火旁男女青年轻歌曼舞，人们沉浸在节日的欢快之中。

盛装的蒙古族妇女放声高歌。

主人拿出一白布条，拴在骨头中间，由长辈诉说一番身体健康、牛肥马壮的祝词。吴克强摄

查干节

查干节是新疆蒙古族图瓦人最重要的节日。

除夕夜，也就是年三十的晚上，居住在阿勒泰最北部边境地区的禾木村、喀纳斯村和白哈巴村中的蒙古族图瓦人，家家户户的餐桌上都摆上了好酒好肉，于晚上九点举行“砸骨吸髓”仪式，意味着除夕年夜饭等活动正式开始。

图瓦人的年夜饭是在各家各户中轮流进行的。一般几户邻居约好，先到老人年龄最大的一家，进门寒暄之后，对着正屋墙上龛中的班禅额尔德尼确吉坚赞画像三揖叩拜。之后

唱蒙古族长调，祝福新年吉祥如意。 吴克强摄

老人居中落座，主人家将牛后腿肉连骨端上，将骨头上的肉削下给大家分享，直至剩一个大骨头棒子。

这时主人拿出一白布条，拴在骨头中间，一番身体健康、牛肥马壮的祝词之后，将骨头置于剁肉的树桩上，纵向劈开骨头，大家依次手捧骨头，吸食骨髓，不过更多的是将嘴唇象征性地碰一碰。

“砸骨吸髓”仪式后，大家唱起具有鲜明草原文化特征的蒙古族长调民歌并敬献哈达，表示对主人的敬意。接着品尝主妇的手艺，喝酒吃肉。然后再到另一家，仍然进行砸骨吸髓仪式，重复上面的各个环节……

大家依次手捧骨头，吸食骨髓。 吴克强摄

点起篝火，举行“巴依楞”的传统祭天、祭祖活动。张新民摄

正月初一早晨，图瓦人就来到自家附近的山包上，带上家中过年准备的各种美食和奶酒，点起篝火，举行“巴依楞”的传统祭天、祭祖活动，向天上洒一杯酒，表示祭天；向敖包上洒一杯酒，表示祭祖。接着由德高望重的老人致祝词，说些吉利的话。之后晚辈们给长辈敬酒、献哈达拜年，长辈们都要给他祝词。这些祝词都含有“祝福”“吉祥”之意，这些祝福会给子孙带来永生的幸福。大人们则相互敬献哈达、鼻烟壶，行拜年礼。

之后，举行另一个独具游牧文化特色的初一，图瓦人赛马过年的传统项目。

大年初一的早晨，在敖包上绑扎一块彩色布条，祈盼风调雨顺，吉祥如意。张新民摄

相互敬献哈达、鼻烟壶，行拜年礼。 吴克强摄

独具游牧文化特色的初一，图瓦人赛马过年的传统项目。 张新民摄

在“东布尔”“墨克调”和手风琴等乐曲的伴奏下，人们上台跳起了贝伦舞。

西迁节

每年农历四月十八日是锡伯族历史悠久的传统节日“杜因拜转扎坤节”。

这一天，正是当年西迁新疆屯边的锡伯族与留居在家乡的父老乡亲们话别的日子。因此，刚来新疆的锡伯族在过传统的“杜因拜转扎坤节”时融入了西迁的含义，人们为了纪念这次西迁，新疆的锡伯族人就将这一天定为“西迁节”。

1757 年，清朝政府平定了阻挠祖国统一的准噶尔部，后又平定了南疆的大小和卓的叛乱，在伊犁设立了将军衙门，统领天山南北

为了纪念万里西迁的历史壮举，每年农历四月十八日锡伯族人欢聚在一起，跳起贝伦舞欢庆节日。

独舞。

两路，并在当地设兵驻防、开渠屯田，加强对新疆的防卫和统治。当时在新疆虽然有满、汉、察哈尔、索伦兵驻防，但仍感兵力不足。为了加强军事力量和大规模地开垦边疆，清政府在 1764 年，从东北各地抽调了锡伯族官兵 1000 多人，连同眷属 4000 多人，迁到新疆伊犁一带屯垦戍边。农历四月十八那天，锡伯族军民盛宴告别东北的父老乡亲，踏上了西迁的征途。从此，为了纪念这一万里西迁的历史壮举，每年的农历四月十八日，留在东北各地的锡伯族，在这一天里怀念远去的父老姐妹。而迁到新疆的锡伯族，则更是思念东北的故土。

每到农历四月十八日这一天，锡伯族人

青年人在一起跳起贝伦舞。

野餐。

都欢聚在一起，杀牛宰羊，追忆历史，然后共同野餐，席间会弹起“东布尔”（乐器），吹起“墨克调”，共同娱乐。

此外，还要举行摔跤、射箭、赛马等各种体育活动。年轻人还要骑马野游。妇女和老年人都三五成群地到野外踏青。这一天家家都吃鲜鱼，户户都做蒸肉。

女声小合唱。

祖吾尔节

“祖吾尔”在塔吉克语中为“引水”之意。这个节日是根据塔吉克人聚居的塔什库尔干地区气候寒冷等特点的生态环境因素，伴随塔吉克人的农时活动逐渐形成的节日。引水节，即当春季来临之时，需要砸开冰块，引水入渠，灌溉耕地，为此而欢庆的节日叫引水节。

这一节日在每年的春分前夕，随着春季的来临，须做一些准备工作。要在主要渠道的冰面上撒土（撒土可加快冰融速度），并准备好各种工具，各家还要烤制三个节日大馕（一个留在家里，两个携往引水工地），据村民讲三个馕具有三种寓意，即一个馕属于水，期望

祭祀天地，祈盼丰收。

在水的源头先宰一只羊，将羊血流入水中，表示对大自然的祭祀，然后开始破冰引水。

各家带来的馕集中在一起。

引水入渠后，村民们聚在一起，开始共食带来的节日烤馕和现场煮熟的手抓羊肉。

村民们跳起欢快的鹰舞庆祝引水成功，祈盼风调雨顺，五谷丰登。

吹起鹰笛打起手鼓为欢庆的村民伴奏。

民间艺人跳起“牛舞”欢庆引水成功。

水源充足；另一个馕属于大自然和村庄，希望全村庄稼茂盛，树林茂密；再一个馕属于村民，祝愿民众食物充足、生活富裕。

引水这天，各家带两个特制的馕和工具在米拉甫（水官）的带领下骑马到引水点，参加破冰修整渠道的劳动。在水的源头先宰一只羊，将羊血流入水中，表示对大自然的祭祀，然后便开始热火朝天地破冰修渠引水。当引水入渠后，村民们开始共食带来的节日大烤馕。食毕，大家还要坐在一起进行祈祷，期盼风调雨顺、五谷丰盈、六畜兴旺、人寿吉祥。最后，还要举行赛马、刁羊等娱乐活动。

引水节过后，第二天村民们便进行大清扫，准备迎接传统节日肖贡巴哈尔节。

民间艺人跳起“马舞”欢庆引水成功。

载歌载舞欢庆引水成功。

节日前，塔吉克人都要将家里清洗得干干净净。

肖贡巴哈尔节

每年农历的春分之际，新疆的塔吉克族都要举行肖贡巴哈尔节，塔吉克语的意思是“迎春”，又叫“诺鲁孜节”。节日前，塔吉克人都要将家里打扫得干干净净，意思是要将一冬天所积的污垢都清除干净。然后用面粉加水拌成白色浆液，在屋里的墙壁上整齐地画各种图案。据说这是迎新春、迎接幸福的象征。另外，还要准备各种节日食品，并烤制一个特大的馕。

用面粉加水拌成白色浆液，在屋里的墙壁上整齐地画各种图案。

节日当天早晨，家里的男孩子牵毛驴或牛在屋子里转一圈，主人给毛驴喂块馕，在它

画好图案后，往天窗上撒面粉。

肖公把馕切成块，念一句“比斯米拉”（以真主的名义），并吃一口，然后大伙一块进食。

的背上撒些面粉。然后，把驴牵到屋外，把屋外的东西搬回家里。紧接着，大伙推选的“肖公”带领大家去各家各户拜年。每到一家，便道“恭贺新年”，主人回答，“但愿如此”。接着，将事先准备好的面粉撒在“肖公”和来拜年的人们肩上，以示祝福。之后盛情款待来客。按照习俗，肖公把馕切成块，念一句“比斯米拉”（以真主的名义），并吃一口，然后大伙一块进食。妇女们在家待客，孩子们同男子去各亲友家拜年，姑娘、媳妇则携带节日油馕去给父母、亲友拜年。

此外，各家还要用面粉做成牛、羊、马和犁，喂给牲畜吃。各村还要举行赛马、刁羊、歌舞活动。节日通常为三天。

将事先准备好的面粉撒在“肖公”和来拜年的人们肩上，以示祝福。

伴奏的乐队。

载歌载舞欢庆肖贡巴哈尔节。

2009
开幕式
弘扬

用豆面制作类似"耕牛、犁具"的喂耕牛的食品。

铁合木祖瓦斯提节

"铁合木祖瓦斯提节",塔吉克语,意思是"播种"或"开始播种",又叫耕种节。这一节日紧接肖公巴哈尔节,时间是正式播种的第一天。

节日当天。全村人聚集在田野上,把耕牛、犁具带到地头,祝贺春播开始。各家各户都带一点麦种放在一起,先由村里德高望重的人做祈祷,然后推举最有耕作经验并且子嗣众多的老农用类似"耕牛、犁具"的豆面食品喂耕牛,将面粉撒在耕牛的头上,给牛角绑上红布条,再由一位中年妇女烧几粒麦种,祈盼丰收。之后老农开始撒种子,众人围在老农

类似"耕牛、犁具"的豆面食品。

德高望重的老人将大家带来的麦种向人群和土地撒去。

和耕牛的一边，将衣襟撩起，让种子落进撩起的衣襟里，并将种子带回家。据说谁的衣襟里落的种子最多，谁家的庄稼产量就会最多。撒完种子，由两位年轻男子，一位牵着耕牛，一位扶着犁具象征性地犁一下土地，然后，老农手拿帽子在胸部松手，帽子落在撒过种子的土地上，再沿着帽子的边檐画圈。老农拿开帽子，数画的圆圈内有多少粒种子。这就是春耕的开始。播种仪式结束后，村民们回到家第一件事便是由一位女子提着装满水的水壶，爬上自家的屋顶天窗口处，将水缓缓地倒入屋里，一家人在屋里围坐在天窗下用面盆接住缓缓倒下来的水。据说这样可以风调雨顺，五谷丰登，人寿吉祥。然后，开始做一种塔吉克

老农手拿帽子在胸部松手，帽子落在撒过种子的土地上，再沿着帽子的边檐画圈。老农拿开帽子，数画的圆圈内有多少粒种子。

播种仪式结束后，回到家第一件事便是由一位女子提着装满水的水壶，爬上自家的屋顶天窗口处，将水缓缓地倒入屋里，一家人在屋里围坐在天窗下用面盆接住缓缓倒下来的水。

村里的男人们开始成群结队地给各家拜节，吃“代力亚”饭（将大麦碾碎煮熟再和压碎的干奶酪混在一起做成的饭）。

人称为“代力亚”的饭，是一种将大麦碾碎煮熟再和压碎的干奶酪混在一起做成的饭。此时，村里的男人们开始成群结队地给各家拜节，吃“代力亚”饭。拜完节男士们出门时，姑娘、少妇们向他们身上泼水，祈盼丰收。这个场面非常有趣，有的人能够快速伶俐地从屋里跑出来，没有被泼上水，而有的人没有拜几家，就浑身湿淋淋，只好退出队伍回家。

仪式结束后，全村的人便全身心地投入到紧张而有序的春耕劳动中，充满了互助协作的气氛，人际关系非常融洽。

拜完节男士们出门时，妇女们向他们身上泼水。

皮里克节

“皮里克”节(皮里克直译汉语为“灯芯”或“灯”因而可直译为“灯节”),又叫“巴拉提节”,在回历每年的八月十四日至十五日举行。这是我国塔吉克族独有的节日。

节日前夕,家家户户用一种名叫“卡乌热”的草茎做芯,外面裹上棉花,放在羊油中浸泡,给家中的每个人制作两支羊油烛,做好后将油烛插在一个盛满沙子的大盆内。其用途也不是为了照明,而是为了避邪祈福、追祭亡灵。

节日的第一天是“家里的皮里克”,即八月十四日傍晚,全家人都穿上节日的盛装,围坐在土炕中心的细沙盘子周围,家长主持仪

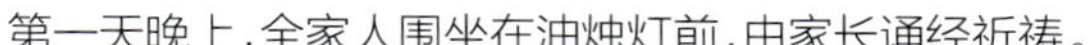
第一天晚上,全家人围坐在油烛灯前,由家长诵经祈祷。

式，先做祈祷，然后按辈分高低和年龄呼唤每个人的名字，叫一个答应一个，并在应者面前插上一支灯烛，接着燃起油烛，以示吉祥。

全家人的灯烛都点燃后，一家老小都眼望着油烛，开始诵读经文，相互祝福，祈求真主赐福，保佑平安。

仪式结束，全家大小在烛光下共享丰盛的佳肴。

节日的第二天是“墓地皮里克”，即八月十五日中午（过去是在夜晚举行），家家户户都要特意为亡故的亲人杀牲并准备好丰盛的食物前往家族墓地，给每个坟墓点上两支羊油烛，摆上祭祀品后，在墓地燃起的灯烛辉映下，为祖先亡灵祈祷。

祭奠仪式完毕，来同一个墓地上祭祀的人将带来的食物集中起来，大家围坐在一起，

在家族墓地，给每个坟墓摆上祭祀品。

“墓地皮里克”，即回历八月十五日中午，家家户户都要特意为亡故的亲人杀牲并准备好丰盛的食物前往家族墓地。

人们以户为单位由家长带领到亲人墓地摆放好祭品，点上“依德”招魂灯，跪在坟头上为祖先亡灵祈祷。

祭奠后，大家要把带来的各种祭品集中在一起，由德高望重者平均分配给在场的每一个人，然后人们围成大圆圈席地而坐，共食带来的食物。

共食带来的食物。

墓地皮里克仪式结束后，夜晚，各家便把那支扎好的特大的灯烛火把点燃，插到屋顶上，它被称为“天灯”。全家人肃立屋前，仰望天灯，再次祈福。

接着，孩子们纷纷在外面点起篝火，并绕着火堆欢歌跳舞，尽情嬉戏。这时候，帕米尔高原的夜色里一处连着一处的火光，给人一种圣洁而肃穆的氛围。

纵观皮里克节的形式与内容，其实都与火紧密相连。它反映着人们对火的赞美、祈福和顶礼膜拜。（包迪摄影）

夜晚，各家点燃篝火，一家人在一起祈祷祝福，缅怀祖先。

夜晚，点燃篝火，孩子们围着火堆欢腾跳跃，做着各种各样的游戏。

塔城地区的俄罗斯族聚会欢庆圣诞节。 吴凤翔摄

圣诞节

圣诞节，俄语叫做“拉日节斯特瓦”(音译),原为纪念耶稣诞生的日子,是宗教节日,后演变成为民间节日。东正教会规定圣诞节为俄历十二月二十五日,即公历 1 月 7 日。中国俄罗斯族也就于公历 1 月 7 日欢度圣诞节,并持续数日。俄罗斯人认为圣诞节是新的一年的开始，在圣诞节期间节日仪式与活动中心内容是人们祈求在新的一年里幸福丰裕。

生活在伊犁、塔城的俄罗斯族农民,圣诞夜要举行供奉圣诞老人的活动，祈求圣诞老人“夏天休息,冬天再来”,因为农民都知道出现春寒是常有的事，所以他们以象征性的仪式款待圣诞老人,祈求别在春天冻坏春小麦。

在圣诞节晚餐期间，农村的田野里都要点燃篝火，人们把这天当做庆祝太阳的生日，是新的艳阳年的开始。俄罗斯族农民认为点起篝火新的一年小麦就会茁壮成长，喜获丰收。

过去在俄罗斯族人口较多的伊犁、塔城、乌鲁木齐等地都有东正教堂、俄罗斯文化协会、俱乐部和学校，所以圣诞节前夕的庆祝活动多在那里举行。“文革”期间中断，80 年代初俄罗斯族又恢复过圣诞节。每年的圣诞节，乌鲁木齐、塔城的俄罗斯族都要聚会庆祝或搞家庭聚会活动。

沃其贝节

达斡尔族自古就有举行“沃其贝”节的传统习俗，与古老的萨满教信仰有直接关系。

沃其贝节，也称“斡包”节，通过祭斡包，祈求人畜兴旺，风调雨顺，五谷丰登。新疆的达斡尔族一直延续这一古老的习俗。

每逢 6 月 8 日这一天，塔城市阿西尔达斡尔民族乡等新疆达斡尔族聚居区的达斡尔族人都要穿上节日的盛装，怀着虔诚、崇敬的心情从四面八方汇聚到阿西尔乡三眼泉的斡包前举行沃其贝节庆典大会。祭斡包前先摆上祭斡包的供品，大家围坐在斡包周围，神职人员祭斡包并祝祈求词，然后宰牲，将其头颅、心、血、肝、肺等供之。主祭人与同祭人敬酒绕周，用三岁羊的血供神灵。达斡尔

用三岁羊的血供神灵。

妇女在祭奠仪式上竖立用柳树做的“托树”，并在托树上系布条祈求吉祥平安。祭祀完后，人们纷纷向斡包敬酒，表示祝福和吉祥。人们通常要围着斡包转上三圈，嘴里还不停地念着祝词。整个祭祀结束以后，大家都要分享“恰其勒格”。这种祭祀的食物是用五谷杂粮和羊的内脏加上一些酸奶制成的。祭祀的每个人吃上一口，表示来年身体健康，家庭人丁兴旺。大家还相互把这种食物涂抹在脸上，这种独特的方式是对彼此健康的一种祝福。

祭祀后，将生熟祭品按户分之，并开始游艺活动。如：踏青、摔跤、比颈力、扳棍、乌春（是达斡尔族民间的说唱艺术）、舞蹈等。（任少武摄影）

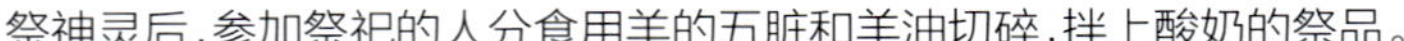

祭神灵后，参加祭祀的人分食用羊的五脏和羊油切碎，拌上酸奶的祭品。

祭奠舞蹈——跳神。

载歌载舞欢度节日。

神职人员祭斡包并祝祈求词。

每逢6月8日，新疆塔城达斡尔族聚居区的达斡尔族人都要穿上节日的盛装，怀着虔诚、崇敬的心情从四面八方汇聚到阿西尔乡三眼泉的斡包前举行“沃其贝”节庆典大会。 吴凤翔摄

歌唱幸福生活。 王德钧摄

萨班节

萨班节在每年的五月举行，“萨班”，塔塔尔语意为“犁铧”，因此也叫“犁铧节”。

塔塔尔族是较早由游牧转入定居农业的民族之一。他们以犁铧耕田种地获取丰收，逐渐对犁铧产生崇敬心理，形成了一年一度的“犁铧节”。这个节日旨在庆祝春耕圆满结束，祈盼金秋丰收。犁铧节的时间为每年五月下旬，以全乡所有的土地耕种完毕为条件，具体日期因时而定。

届时，人们以阿吾尔（乡）为单位，在郊野选一块空闲地，由长者主持，全民参加，集体欢庆。节日前，妇女们准备烤饼、糕点等食物；少女们则凑在一起，边唱歌边用麻线或棉

套着麻袋，进行蹦跳比赛。

在木马上，用装有麦草的细长布袋击打对方，进行平衡能力比赛。 王德钧摄

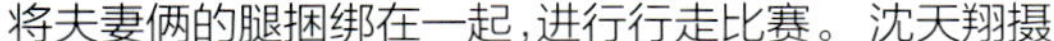

将夫妻俩的腿捆绑在一起，进行行走比赛。 沈天翔摄

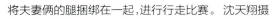

线织成手帕、围巾，绣制衬衣等，交给主持人。节日那天，人们身穿艳丽盛装，载歌载舞，并进行捧跤、攀杆等比赛。主持人则将妇女们准备的各种物品颁发给优胜者，以示奖励。

现在，移居都市的塔塔尔人仍然沿袭着这一传统节日。

身穿艳丽盛装，载歌载舞。

少年们口含放有鸡蛋的木勺，进行行走比赛。沈天翔摄

跳起塔塔尔族舞蹈欢庆节日。 沈天翔摄

塔塔尔人在一起欢度节日。 王德钧摄

服饰民俗

绚丽多彩的维吾尔族服饰

维吾尔族在新疆共有 965.1 万多人（截至 2007 年），遍布全疆。以天山以南的喀什、和田、阿克苏等地为最多，信仰伊斯兰教。“维吾尔”为本民族的自称，含意为“联合”“协助”。汉文史籍中先后有“袁纥”“回纥”“回鹘”“畏兀儿”等不同译名。其族源可以追溯到公元前 3 世纪游牧于中国北方的丁零人。

维吾尔族的服饰绚丽多彩，男女老少均戴四棱小花帽。中老年男子喜欢穿较长、过膝、宽袖、无领、无扣大衣（维吾尔语称“袷

麦盖提县维吾尔族女子节日服饰。

哈密地区维吾尔族妇女节日服饰。

哈密地区古老传统的维吾尔族妇女服饰。

维吾尔族姑娘节日服饰。

袢”)，内着绣有花纹的短衫，腰系宽长带，内衣较短，多不开襟。冬日喜欢穿套鞋，即在皮鞋外再穿一双软质胶套鞋。中青年男子喜欢穿花格衬衫，给人以充满活力之感；白衬衣多为长领边、前襟和开口处缀花边，穿着十分潇洒；喜欢穿硬底皮鞋或牛皮长筒靴。

维吾尔族男子对戴帽十分讲究。这不仅在农村，就是生活在城市中的男士，大凡有集体活动，都有戴帽的习惯，而不同的区域帽子的花色、图案、样式各不相同。在维吾尔人中，从男士花帽的形制、图案上就能清晰地辨

哈密地区古老传统的维吾尔族女子服饰。

于田县维吾尔族妇女剑服。

和田地区维吾尔族儿童日常服饰。

麦盖提县维吾尔族老人服饰。

别出他是什么地方的人。

男子们喜欢在腰间挂一把刀鞘十分精致的英吉沙小刀,这不仅仅为了平时切割肉食、瓜果之便,作为行头也为维吾尔族男子的豪气增色不少。

这几年,现代生活的冲击波对维吾尔人的穿戴打扮产生了较大影响。不少青年男子脱下传统的民族服装,穿起了新潮服装,如西服、喇叭裤、牛仔服、登山服、羽绒服、风雨衣;也有个别佩戴戒指、项链,留新式发型等。

女子喜欢穿连衣裙或半截裙,外罩西服上装或丝绒背心,腿上穿肉色或棕色的长筒袜。不论老幼,服饰的颜色追求艳丽、明快。

哈密地区古老传统的维吾尔族女性服饰。

即使六七十岁的老大娘也和年轻女性一样，穿色泽艳丽的裙服。

在最能突现女性美的夏季，维吾尔族女孩既穿艾得莱斯绸裙，也穿百褶裙、西服裙、喇叭裙、筒裙，既穿本民族十字挑花的绣花衬衣，也穿卡腰的、拉链的、带公主线的、夹克式的各式上衣。

莎车县维吾尔族老人服饰。

喀什市维吾尔族老人服饰。

麦盖提县维吾尔族老人服饰。

和田地区维吾尔族老人服饰。

麦盖提县维吾尔族服饰。

麦盖提县维吾尔族女子节日服饰。

哈密市西山乡维吾尔族女子节日服饰。

维吾尔族妇女喜欢佩戴耳环、手镯、项链、戒指，喜梳长辫；农村小姑娘喜欢留小辫，长一岁便增加一条小辫。

妇女讲究画眉，大多用一种叫奥斯曼的草的汁液，将眉毛描绘成黛色。不少姑娘喜欢将双眉描成一条长眉。民间传说，这样做的意思是：姑娘大了，要出嫁了，但舍不得离开父母，离不开生养自己的故土，永远记着父母的恩德，永远永远是故乡人！

哈密市五堡乡维吾尔族妇女节日服饰。

悠久华美的汉族服饰

新疆的汉族共有 823.9 万多人（截至 2007 年），遍布全疆。汉语属汉藏语系。汉族是较早进入新疆地区的民族之一。据史载，公元前 101 年，汉朝（公元前 206 年—220 年）军队开始在轮台、渠犁等地屯田，后来扩大到全疆各地。公元前 60 年，汉朝中央政府设立西域都护府以后，或为官、或从军、或经商，进入新疆的汉族持续不断。至汉朝末年，汉族在新疆各地已经形成大分散和各屯田点小集中的分布格局。

汉族有自己悠久华美的服饰文化。自炎

男子节日服饰。

女子节日服饰。

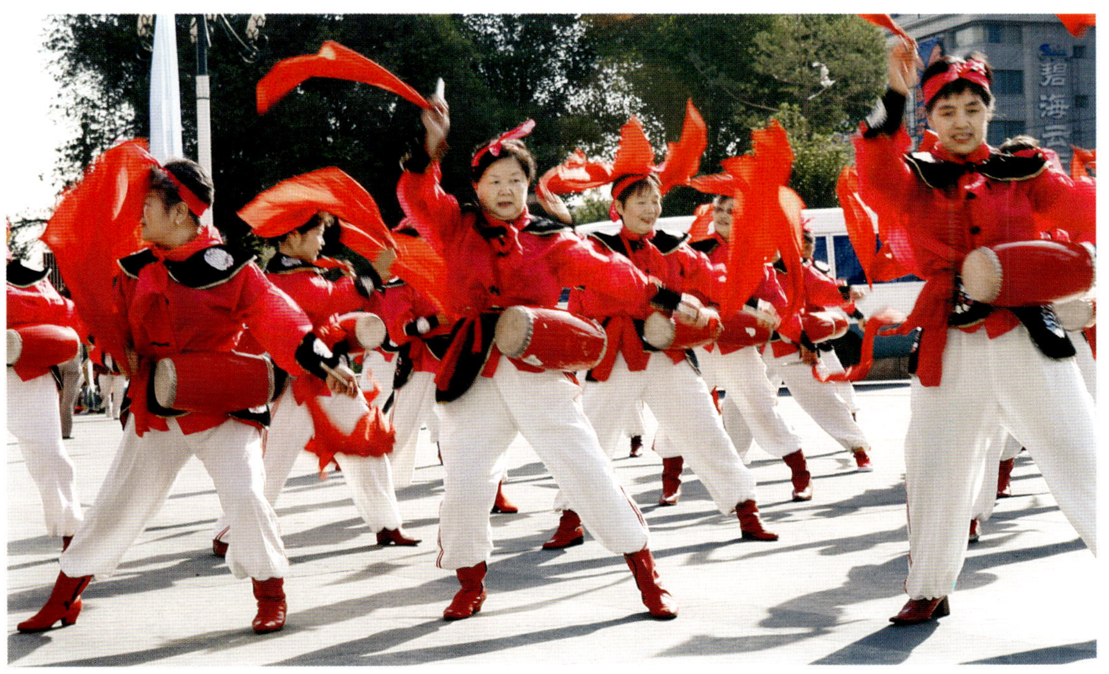

男子日常服饰。

黄时代皇帝垂衣裳而天下治，汉服已具基本形式，历经周朝的规范制式，到汉朝已全面完善并普及，汉人汉服由此得名，且一直延续到明代。汉服的主要特点是交领、右衽、束腰，用绳带系结，也兼用带钩等，给人洒脱飘逸的印象，有礼服和常服之分。

从形制上看，汉族主要有“上衣下裳”制（裳在古代指下裙），上衣下裳的冕服为帝王百官最隆重正式的礼服；“深衣”制（把上衣下裳缝连起来），深衣（袍服）为百官士人常服；“襦裙制”（襦，即短衣），襦裙则为妇女喜爱的穿着。

其中，深衣对各个朝代的衣裳都产生了深刻的影响。从周朝到汉、唐、宋、元、明、清

妇女节日戏装。

朝，冕服、袍、禅衣、连衣裙等等都或多或少地参照了深衣的制作和样式。

配带头饰是汉族服饰的重要组成部分之一。古代汉族男女成年之后都把头发绾成发髻盘在头上，以笄固定。男子常常戴冠、巾、帽等，形制多样。女子发髻可梳成各种式样，并在发髻上佩戴珠花、簪子等各种饰物。鬓发两侧饰博鬓，也有戴帷帽、盖头的。

汉族装饰还有一个重要特征就是喜饰玉、佩玉。古代汉族女性的主要首饰是簪子、冠梳、钗、指环、手镯、耳环、项链、荷包、假髻等。当代汉族女性主要首饰是手镯、耳环、项链、戒指、手链、手表等。

当前，汉族服饰的款式、颜色发生了巨变。中山装、风衣、西装、运动服、夹克衫、仿迷彩服、传统唐装等等一起登场，丰富着人们的服饰审美选择。蓝、黑、灰、黄、紫、白、红、绿、青各种颜色无所不有。当代汉族服饰的多元化、多样化、个性化着装趋势非常明显。

青年女子节日服饰。

儿童日常服饰。

三代人日常服饰。

日常服饰。

儿童日常服饰。

儿童秋季日常服饰。

儿童日常服饰。

华丽粗犷的哈萨克族服饰

新疆哈萨克族共有148.4万多人（截至2007年），信仰伊斯兰教。哈萨克族是一个有着悠久历史的古老民族，“哈萨克”意为“勇敢的自由人”。关于哈萨克族，有个美丽的传说：很久以前，一位勇敢的战士在长途行军中累倒了，一只从天边飞来的美丽的白天鹅救活了这个小伙子，然后变成一位漂亮姑娘与之结成夫妻，他们的后代就叫“哈萨克”，即“白色天鹅”之意。

伊犁地区哈萨克族节日服饰。

伊犁地区哈萨克族男子节日服饰。

巴里坤哈萨克自治县哈萨克族妇女儿童节日服饰。

新疆哈萨克族服饰带有浓郁的草原气息。无论是伊犁、阿勒泰、塔城，还是在其他地方，色彩鲜明的哈萨克族妇女服饰，宽绰厚实的哈萨克族男子服饰，都给人们留下深刻的印象。

在牧区，哈萨克族男子的服饰大都宽大而结实，主要用牲畜的皮毛做衣料，便于骑马和放牧。

在寒冷的冬天穿的一种皮大衣叫“托恩”，不带布面，白板朝外，毛朝里，多为牧民所用，有皮领，腰系宽皮带。冬季放牧时，戴“衣什克”（带有布面的帽子）和“吐马克”（皮帽），以防御严寒和风雪。

通常，牧民们若外出办事或走亲访友，则

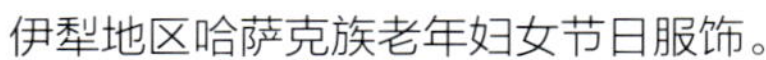

伊犁地区哈萨克族老年妇女节日服饰。

穿带布面或条绒面的大衣，颜色以黑色居多，里面挂一岁黑羊的长毛皮，这种大衣既轻巧，又暖和，而且衣长、袖子长，无论骑马或坐车都不会受冻。穿这种皮大衣时，腰间系一条镶着银饰的宽牛皮带，挂一把精美的小刀，自然就显得剽悍异常。哈萨克族牧民除了用畜皮做衣裤外，还穿用驼绒絮里的长短大衣，这种大衣叫“库普”，衣面多用黑色条绒，衣袖较长，多在家里或到附近走动时穿着。

哈萨克族男子的帽子品种和式样比较多，但由于地区和部落的不同而有差异。伊犁地区克扎依部落的哈萨克族，在夏季喜欢戴一种圆形白色的毡帽，帽檐上卷，并有黑边，帽顶呈方形。阿勒泰地区的哈萨克族却不戴这种帽子，夏季他们头上系一块白毛巾或三角白布，类似山西农民头上扎条白毛巾，但扎法不同。哈萨克族牧民把白布或毛巾的结扣扎在前额，头顶露在外面。

在漫长的冬季，哈萨克族男子则戴一种左、右、后三面下垂的“三叶”狐狸皮帽，帽顶略尖，并有四棱，帽里为狐狸皮，帽外用红、绿、紫、黄色的绸缎做面。戴上这种皮帽可以把脖子严严实实地围住，抵御严寒。

哈萨克族女性服饰色彩鲜明。她们通常爱穿花色连衣裙和坎肩。服饰在年龄和婚前婚后都有明显的区别，姑娘婚前打扮得比较艳丽，喜穿紫红色连衣裙，上身多为黑色和紫红色的坎肩，坎肩胸前还缀满了彩色的扣子、银饰、银元等饰物。

巴里坤哈萨克自治县哈萨克族男子服饰。

哈萨克族老人节日盛装。

伊犁地区哈萨克族女子节日服饰。

巴里坤哈萨克自治县哈萨克族妇女服饰。

巴里坤哈萨克自治县哈萨克族老年妇女节日服饰。

巴里坤哈萨克自治县哈萨克族女子节日服饰。

巴里坤哈萨克自治县哈萨克族男子节日服饰。

女孩子们还戴一种圆斗形花帽，下檐大，上檐稍小，用红蓝等各色绸缎做面的帽上缀满珠子和金银片，帽顶插一撮猫头鹰羽毛，作为吉祥的标志，十分漂亮。

哈萨克族已婚女性的装饰就比姑娘朴素得多，仍会穿花色连衣裙和坎肩，只是胸前不戴任何饰物而已。

哈萨克族中年女性，头上要戴头巾，头巾多用白布做成，除了脸露在外面以外，脖颈、前胸和后背都被遮得严严实实的。年轻女性所戴的头巾上还有花纹，年长的不绣花纹。因此从哈萨克族女性装束上就能够分辨出她的大概年龄以及是否已婚。

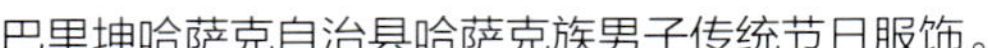

巴里坤哈萨克自治县哈萨克族男子传统节日服饰。

回族青年女子节日服饰。

回族青年男子节日服饰。

庄重秀丽的回族服饰

回族是我国信仰伊斯兰教的民族之一。新疆回族男女的服饰，因地域等因素的差异，形成了稍有差别的风格特色，但大致是相同的。

在服饰色彩上，回族人崇尚白色，这与宗教信仰有关。

据史料记载，回族先民骁勇强悍，善骑射，好拳术，有尚武精神。为使衣冠整洁、利索而多穿坎肩，打扮成武士模样。

新疆回族男子的服饰与西北其他地区回族男子的服饰基本相同，多戴白色平顶小帽，也有因教派不同戴六角、八角黑蓝色帽。喜欢

回族老人日常服饰。

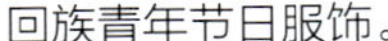

回族青年节日服饰。

穿白衬衣，外套黑色或棕色坎肩（又叫“马夹”）。黑白分明，俊朗素雅，格调鲜明。从前，许多新疆回族青年女性多戴圆顶撮口白帽，旁绣花朵，突出灵巧素雅，俏美秀丽。

现在，未婚少女一般只梳一条辫子，已婚妇女梳两条辫子，特别是已婚女性，都有戴盖头或披头巾的习俗，她们披戴各色盖头、纱巾，飘逸、美丽。通常是青年女子戴绿色盖头，活泼美丽；中年女性戴黑色盖头，庄重雅致；老年妇女戴白色盖头，洁白清净。

新疆回族女性的传统服装是大襟绣花外衣、长旗袍、坎肩、绣花鞋等。她们戴绣花胸兜，绣花围裙。喜欢佩戴玉石手镯、金手镯、金戒指和金耳环等。老年人爱戴白色盖头或圆口白帽，大都将头发、耳朵和脖子掩盖起来。喜欢穿用青色布料制作的右衽大襟绣花衣、白色衬衣和大裆裤，裤脚用腿带扎紧，脚上穿白色袜子、平绒布鞋。

随着社会的发展与时代的变迁，如今新疆回族的服饰已有了较大的变化，特别是青年男女，已经基本上同汉族青年男女的服饰没有多少区别了。

回族宗教人士日常服饰。

回族妇女节日服饰。

回族妇女日常服饰。

潇洒飘逸的蒙古族服饰

新疆的蒙古族约有 17.7 万多人（截至 2007 年），是我国蒙古族的一个支系，主要聚居在巴音郭楞蒙古自治州、博尔塔拉蒙古自治州、和布克赛尔蒙古自治县三个地方。此外，在伊犁地区的昭苏、特克斯两县，塔城地区的乌苏、额敏两县，阿勒泰地区的布尔津县、阿勒泰市，昌吉回族自治州的吉木萨尔县，哈密地区的巴里坤哈萨克自治县以及乌鲁木齐市等地也都居住着一部分蒙古族。他们主要从事畜牧业，也有一部分从事农业。主要信仰藏传佛教。

蒙古族古老的妇女服饰。

蒙古族古老的男子服饰。

博尔塔拉蒙古自治州蒙古族节日服饰。

巴音郭楞蒙古自治州蒙古族妇女传统节日服饰。

蒙古族的传统服饰很有特色。男女都喜欢穿镶边、宽松长袍。袍服下摆有开衩与不开衩式样，腰间束红、黄、绿色大绸巾。

蒙古族男子服饰是彪悍潇洒的。喜欢戴用精致呢料制作的一种椭圆形的、四周有一圈宽边檐的帽子，多为黑色、棕色或灰色。帽筒前高后低，帽顶中央稍凹陷，帽筒与帽檐相接处缀以花纹镶边。

蒙古人喜欢穿靴子，蒙古靴分布靴、皮靴和毡靴三种，根据季节选用。布靴多用厚布或帆布制成，穿起来柔软、轻便。皮靴多用牛皮制成，结实耐用，防水、抗寒性能好。还有一种靴子极为独特，蒙语称为“擦日格”，是用一块生牛皮四周穿上牛筋作系带，套上毡袜，

和布克赛尔蒙古自治县蒙古族中老年节日服饰。

和布克赛尔蒙古自治县蒙古族妇女传统节日服饰。

轻快、耐磨。

腰带是蒙古族服饰中不可缺少的，多用棉布、绸缎制成，长三四米不等，色彩多与袍子的颜色相协调。扎腰带既能防风、抗寒，骑马持缰时又能保持腰的稳定垂直，而且还是一种漂亮的装饰。

男子扎腰带时，多把袍子向上提，束得很短，骑乘方便，突出彪悍潇洒的性格。腰带上还要挂上“三不离身”的蒙古刀、火镰和烟荷包。

蒙古族女性服饰明快动人。她们多罩头巾。头巾大约丈余长，颜色多种多样，质料有布、麻、绸、绢等。女孩子们爱将头巾缠在头上，在右侧挽一个小结，把头巾的穗头垂下来。已婚女性们则用头巾包住头顶后，缠一

巴音郭楞蒙古自治州蒙古族妇女传统节日服饰。

古老的喇嘛服饰。

蒙古族古老的男子服饰。

圈，不留穗头。

在庄重的场合还要戴上绣有丹凤朝阳、二龙戏珠等花纹图案的帽子。帽顶上有红色穗子和闪光明亮的帽顶宝石。

蒙古族坎肩是蒙古族长袍的一种外套。蒙古族妇女穿坎肩，一般不扎腰带。坎肩无领无袖，前面无衽，后身较长，正胸横列两排纽扣或缀以带子，四周镶边，对襟上绣花。女袍款式独特，为立领、对襟或大襟衣袍，质料多为彩色绸缎，袖口、领口边缘镶边饰，袍服多用紫红、金黄、深绿等颜色。脚穿布靴、皮靴或毡靴，头缠红蓝布，显得十分粗犷豪勇。

现在除老人外，平日一般都穿制服，只有在节日或喜宴时才穿蒙古族袍。妇女不论冬夏都喜欢穿裙子或连衣裙，用各色头巾包头。

蒙古族古老的儿童服饰。

蒙古族儿童节日服饰。

博尔塔拉蒙古自治州蒙古族妇女节日服饰。

柯尔克孜族青年节日服饰。

柯尔克孜族学生节日服饰。

华贵艳丽的柯尔克孜族服饰

“柯尔克孜”为本民族的自称，其含义有两种：一种说法是40的复数，可解释为“40个部落”；另一说法为“草原人”。新疆柯尔克孜族有18.2万多人（截至2007年），大部分聚居在克孜勒苏柯尔克孜自治州，其中所属乌恰、阿合奇两县的主体民族均为柯尔克孜族，阿图什市北部、阿克陶县西部山区的居民也以柯尔克孜族为主，其余分布在阿克苏、喀什、乌鲁木齐、塔城等地。其祖先在两千多年前游牧于叶尼塞河上游地区，后迁居天山西部。在汉代被称为“坚昆”“鬲昆”，

柯尔克孜族妇女节日服饰。

阿瓦提县柯尔克孜族妇女节日头饰。

柯尔克孜族少年服饰。　柯尔克孜族男子服饰。

柯尔克孜族老年妇女日常服饰。

魏晋南北朝时被称为“契骨”“纥骨”，隋唐时被称为“黠戛斯”，宋时被称为“辖戛斯”，元、明时被称为“乞尔吉斯”“吉里吉思”，清代称为“布鲁特”，辛亥革命后定名为“柯尔克孜”。主要从事畜牧业，部分兼营农业。使用柯尔克孜语。

华丽粗犷的柯尔克孜族服饰具有高原的特点。这个民族十分注重戴帽子，将其视为一种礼节。帽子的品种也很多，男女一年四季都喜欢戴一种名叫“托甫”的圆顶小帽，多用红、绿、紫、蓝等色的灯芯绒做成，年纪大的多用黑色。到了冬季，男子和姑娘还喜欢戴用羊羔皮或狐狸皮做成的皮帽，戴上这种帽子显得非常精神。还有一种用黑羔皮或狐

柯尔克孜族妇女日常服饰。

狸皮做成的圆形高顶皮帽，它的护耳特别长，既可卷上去，也可以放下来，外出时可以抵挡零下三十多度的严寒。另外还有一种边缘用羊羔皮或狐狸皮做的圆形高顶皮帽，顶部用绸缎，其他部位用灯芯绒，男子顶部多用绿色，女子的则用红色，多在冬季使用。夏季，柯尔克孜族的男子戴一种白毡帽，这种帽子作为柯尔克孜民族的一种象征，帽子下檐镶有黑色金丝绒布，四周帽檐上卷，左右两侧开一道口，帽顶为四方形，有珠子和黑色的缨穗。

柯尔克孜族男子多穿一种无领的“袷袢”（外衣），里面穿竖领单襟扣领衬衣，腰间系一根皮带，挂一把小刀，下着条绒裤或皮裤，脚穿高筒马靴。这身装束充分体现了柯尔克孜族人民的性格，表现出他们骁勇而粗犷的精神风貌。

柯尔克孜族妇女的服饰也是多种多样的。一般喜欢穿红色的短装和连衣裙，衬衣直领、宽大，显得舒适，裙子多褶形圆筒状，上端束于腰，下端镶制皮毛，显得华丽富贵。妇女无论婚否，均喜欢穿黑色或紫红色的坎肩。姑娘的坎肩前胸缝有彩色有机玻璃扣、银扣、铜钱、银币等。耳环、戒指、手镯、项链也是妇女喜爱的装饰品，有的还在长长的辫子上系上链子和银元，表示吉祥和富有。妇女们头上的装饰品也很多，大多喜欢戴红、黄、蓝色的头巾，年纪大一点的妇女则围较素的头巾。年轻妇女戴一种名叫“塔克亚”的圆

柯尔克孜族青年节日服饰。

柯尔克孜族老人日常服饰。

形金丝绒花红帽时，还要蒙一条漂亮的头巾，显得如仙女般美丽动人。冬季，妇女除了围围巾外也戴皮帽，以抵御帕米尔高原上的寒冷。

柯尔克孜族妇女日常服饰。

柯尔克孜族青年日常服饰。

柯尔克孜族儿童日常服饰。

柯尔克孜族男子日常服饰。

古朴典雅的锡伯族服饰

“锡伯”为本民族自称，历史上有“犀毗”“师比”“鲜卑”“矢比”“席百”等音译。新疆的锡伯族有4.2万多人（截至2007年），大部分居住在伊犁河南岸的察布查尔锡伯自治县及附近的霍城、巩留等县，以农业为主。

锡伯族男子的服饰与满族的服饰有不少相同之处，不过也保留了本民族的一些特色。许多人穿左右开衩的长袍和短衣，质料以丝绸或布料为主，以青、蓝、棕色为主色调。头戴圆顶帽。

锡伯族男子身穿长袍，底边在膝下半尺许，袖口为马蹄形，可以卷上，可以放下。下身

锡伯族妇女节日服饰。

锡伯族中青年女性节日服饰。

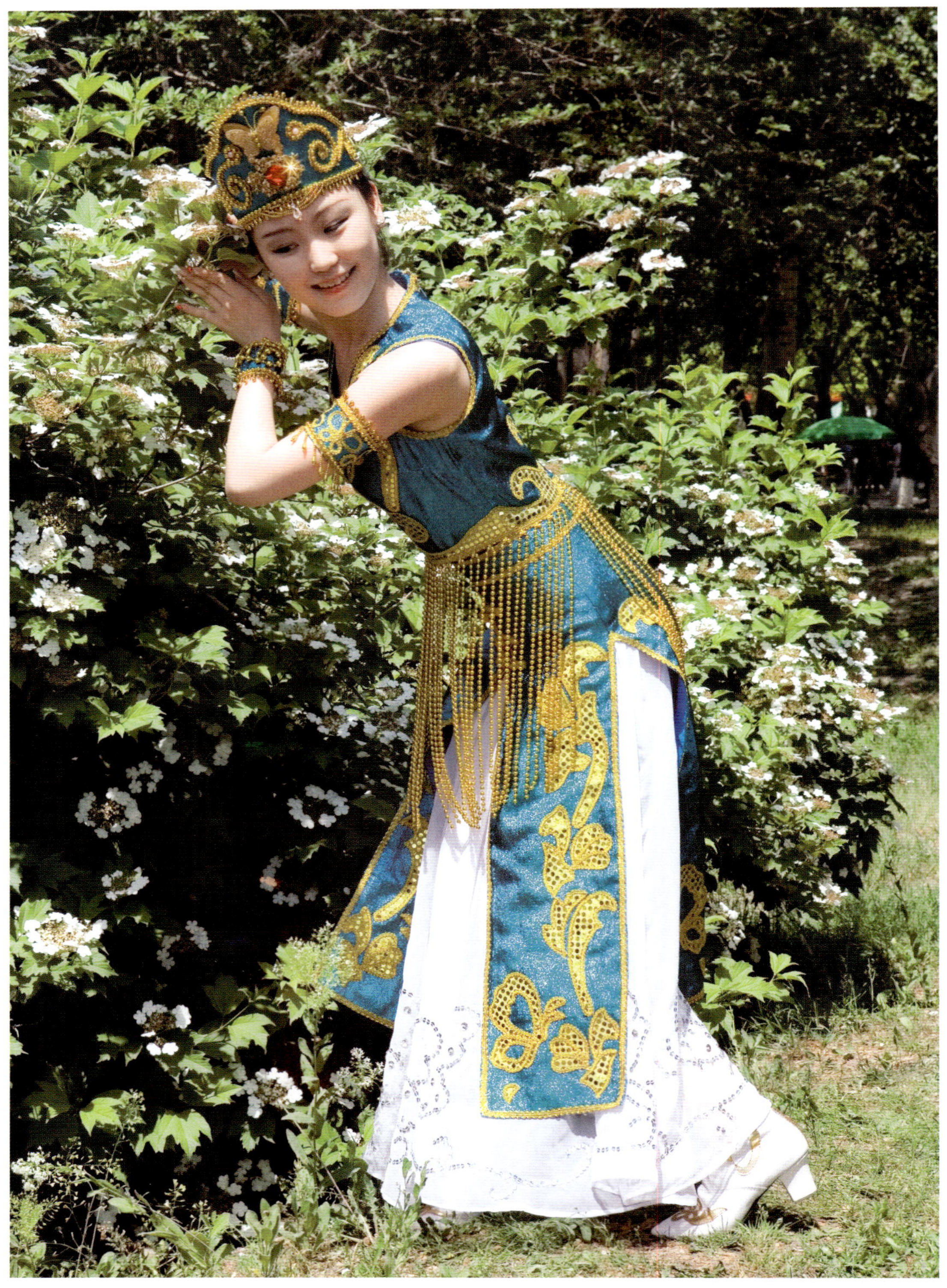

锡伯族青年女子节日服饰。

穿长裤，外加“套裤”（只有两条裤腿，没有裤裆和后腰）。夏季着“夹套裤”，冬天穿“棉套裤”。身穿左右开襟的长袍和短袄，上套坎肩，下着散腿长裤，扎腰带，腰带上经常挂烟袋、荷包，脚穿布靴。这样穿着便于骑马、狩猎。

如今很多锡伯族男子的服饰和汉族男子服饰大致相同，不容易辨别。有的年轻人着西装，扎领带，比较倾向于职业化着装。

与锡伯族男子的服饰相对应的锡伯族女性的服饰，却变化不大，仍然以着传统的旗袍、扎裤脚、穿白袜绣花鞋等为主。在锡伯族女性的服饰里，戴耳环、手镯、戒指等装饰品是少不了的。中老年女性仍保持传统的旗袍装，款式多吸取满族旗袍装与其他民族特点，

锡伯族老人日常服饰。 李芝庭摄

锡伯族服饰。

锡伯族服饰。

锡伯族女性节日服饰。

锡伯族节日服饰。

布料以色泽鲜明的绸缎或方格布为主。年长的锡伯族女性,在天气暖和时戴白色头巾,天气寒冷时戴棉帽。

现在,年轻锡伯族女性的服饰往往鲜艳夺目,如着花色艳丽的连衣裙、大方明快的西装裙等。锡伯族新娘的婚礼服饰特别讲究,面料质地优良,色泽鲜艳,制作精致考究,同时佩戴额箍、簪子、鬓钗、绢花等首饰。锡伯族女孩子多留辫子,结婚后则把辫子盘起来,表示已婚。

锡伯族女性喜欢穿绣花鞋。刺绣是锡伯族妇女必备的技能,擅长将花鸟鱼虫等图案绣在服饰及生活用品上。

锡伯族老人、青年、儿童日常服饰。王德钧摄

锡伯族农民日常服饰。王德钧摄

英姿飒爽的塔吉克族服饰

“塔吉克”为本民族的自称，意为“王冠”。塔吉克族具有悠久的历史，其形成的历史可追溯到古代帕米尔高原东部操伊朗语的诸部落。在汉代文史籍中，唐代称“羯盘陀人”，宋元时称“色勒库尔人”。使用塔吉克语，属印欧语系伊朗语族。没有自己的文字，普遍使用维吾尔文。信仰伊斯兰教，属于什叶派，不提倡封斋、朝觐。

塔吉克族，现有4.5万多人（截至2007年），其中60%聚居在塔什库尔干塔吉克自治县，其余分布在莎车、泽普、叶城等县。许多世纪以来，塔吉克人在海拔三千米左右的山谷里，春天播种青稞、豌豆、小麦等耐寒作物，初夏赶畜群到高山草原放牧，秋后回村收获、过冬，过着半游牧半定居的农牧生活。

英姿威武是塔吉克族男子服饰的特色。塔吉克族男子剽悍潇洒，爱穿无领对襟的长外套——“袷袢”。

“袷袢”有青色和蓝色两种。腰间系一根腰带，右侧挂一把小刀，脚蹬马靴，头戴黑绒圆高筒羊羔皮帽，骑在高头大马上，突出了威严和英武，有骑士风采。

塔吉克族男子的黑绒圆高筒羊羔皮帽十分别致，上绣数道细花纹和一道阔花边，用黑羊羔皮做里子，牧民冬夏都戴这种帽子。青少

塔吉克族男子头饰。（上图）
塔吉克族妇女节日服饰。（下图）

塔吉克族青年男子日常服饰。

塔吉克族妇女头饰。

塔吉克族妇女、儿童日常服饰。

塔吉克族姑娘节日服饰。

年则戴同样的白色帽，显得活泼、青春。夏季，为适应高山多变的气候，也穿皮装或絮驼毛的大衣，戴白色翻毛皮帽，脚穿用羊皮制成的鞋帮、牦牛皮做底的长筒皮靴。穿上皮靴，过冰川，攀雪岭，行走自如。

塔吉克族男子平日爱穿衬衣，外着无领对襟的黑色长外套，冬天着光板羊皮大衣。

妇女一年四季都喜欢穿连衣裙，冷天外罩大衣，戴圆顶绣花棉帽，外出时再披上方形大头巾，颜色多为白色，新娘则一定要戴红色的。男女都穿染成红色的、长筒、尖头、软底皮靴和毡袜、毛线袜。皮靴制作讲究，舒适保暖。塔吉克族妇女的服饰艳丽夺目，大多为红色，她们喜欢穿连衣裙，在裙边、领口、袖口绣上美丽的花纹，还喜欢用耳环、项链、手镯等来装饰自己。她们的头饰和帽子也十分讲究，有一种青年妇女戴的圆形花帽上嵌镶有金银片和珠子，帽子前檐吊有一排色彩艳丽的珠子和银链。在塔什库尔干，处处可以看到打扮得花枝招展的塔吉克妇女，犹如从天上降到人间的仙女，她们不仅美貌动人，而且还有一双灵巧的手，几乎都善绣，擅长编织。

塔吉克人的衣服、帽子、手套、腰带、毛袜、被面、壁挂、花毡、鞍垫等上面，都有她们一针一线精心绣下的各种图案和花卉，为美化和丰富塔吉克人的生活起到了重要作用。她们不仅重视衣饰胸前、领口、袖口的装饰，还特意装饰身后，使衣饰整体协调。衣帽、腰带上大都绣有花纹。女帽的帽檐绣得五彩缤纷，盛装时帽檐上还加缀一排小银链。同时佩戴耳环、项链和各种银质胸饰。新娘在辫梢饰以丝穗，少妇在发辫上缀以白纽扣，美丽的装饰把妇女装扮得如花似玉。

塔吉克族妇女节日服饰。

塔吉克族新娘服饰。

塔吉克族新郎新娘婚礼服饰。

塔吉克族妇女、儿童节日服饰。

塔吉克族妇女节日服饰。

光彩夺目的乌孜别克族服饰

新疆的乌孜别克族有 1.6 万多人（截至 2007 年），主要分布在木垒县、伊犁、喀什、乌鲁木齐、塔城等地。信仰伊斯兰教。使用乌孜别克语，属阿尔泰语系突厥语族。通用维吾尔文。

早在 14 世纪，就有乌孜别克人陆续从中亚迁入新疆经商、劳作。元代称其为“月即别”“月祖伯”。明清时期对其多以地名称之，如撒马尔罕人、浩罕人、安集延人等。

乌孜别克族的服饰特别爱在领边、前襟、袖口、连衣裙下摆甚至靴子上绣美观大方的几何图案。不论男女，都习惯穿皮靴、皮鞋，外加浅帮套鞋。这样，人显得特别精神。

乌孜别克族男子的服饰式样比较多，爱穿白色衬衣，喜戴“托斯花帽”，这是一种扁圆形的帽顶和长条帽檐的帽子，一般绣有白色巴旦木图案，通常白花黑底，显得古朴大方。很多人偏好穿一种跟维吾尔族“袷袢”相似的

乌孜别克族女性日常服饰。王德钧摄

乌孜别克族日常服饰。 王德钧摄

长衫，颜色有纯黑、纯白、淡蓝、淡灰、深蓝、深灰等。长者一般穿黑色或褐色。质地是多种本色布料或丝绸。长衫没有纽扣和口袋，腰间系一条三角形绣花腰带，脚蹬马靴和胶质套鞋。

乌孜别克族女子喜穿上宽大、多褶的花连衣裙，胸前常常绣有各式各样的花纹和图案，再配上项链、手镯、戒指等饰物，显得端庄、秀丽、丰韵。戴小花帽时外披长花色头巾，再穿上带有花纹的马靴，像一朵朵美丽的花。乌孜别克族妇女个个都是绣花高手，她们用双手既美化了自己的服饰，又常在丈夫的手帕、烟袋和衬衣上绣上花，使他们的衣饰成为一件件富有诗意的、带着温情和爱意的精美工艺品。

乌孜别克族学生日常服饰。 王德钧摄

乌孜别克族青年女性日常服饰。 王德钧摄

乌孜别克族老人、儿童日常服饰。 王德钧摄

乌孜别克族日常服饰。 吴凤翔摄

乌孜别克族日常服饰。艾拉提摄

乌孜别克族老人日常服饰。王德钧摄

庄重典雅的满族服饰

新疆的满族有2.6万多人（截至2007年），主要分布在昌吉、伊犁、乌鲁木齐、哈密等地。满语属阿尔泰语系满——通古斯语族，现基本通用汉语。旗袍是满族最具代表性的服装。满语为“衣介”，就是“长袍”的意思。

清朝时的满族男子束辫垂于脑后，穿马蹄袖袍褂，两侧开叉，腰中束带。旗袍是满族男子的普通服饰，也叫大衫、长袍。旗袍与汉族的上衣下裳的两截衣裳是不同的。其样式和结构都不复杂，原为满族骑射时穿用的圆领（无领，后习惯加一假领），大襟，窄袖，四面开襟，左衽，带扣绊，束带，适合骑马射猎。

马褂是满族男子骑马时常穿的一种褂子，在长袍的外边套一种身长至脐、四面开襟的短褂，用来抵挡风寒。今天一些满族人所穿的对襟小棉袄，是由马褂演变而来的。

满族男子的坎肩非常特别，通常是一种无袖短衣，样式非常多，常见的有对襟直翘、对襟圆翘、捻襟、琵琶襟、一字襟、人字襟等。满族猎户多穿毛朝外的皮坎肩。女子的坎肩多用布制，边沿镶有彩条。

随着时代的变迁，男旗袍已经逐渐废弃。现在，满族男子一般穿制服或西装。

过去，满族妇女头顶盘髻，佩带耳环，足着高底花鞋，穿宽大的直筒式旗袍，喜欢用绸缎在袖边、领边、衣襟等处饰以各种花边。

满族女子传统服饰。 赵君安摄

满族妇女旗袍多装饰。除直立式的宽襟大袖长袍外，下摆及小腿有绣花纹饰。满族妇女常常在衣襟、领口、袖边等处，镶嵌几道花纹。春夏秋冬，分单、夹、棉、皮等几种样式。女式旗袍不断演化，由宽腰直筒逐渐变成了紧身合体的曲线型、流线型，渐渐演变成为整个中华民族女性喜爱的一种服饰。

满族的女式旗鞋，俗称“马蹄莲花鞋”，常用刺绣或穿珠加以装饰，因鞋底平面呈马蹄形，因此得名。

满族妇女“辫发盘髻”的习俗，来自女真遗风。“两把头”是满族妇女最具有代表性的发式，显得非常端庄、文雅。

现代满族女性的服饰同汉族女性服饰大致相同。

满族女子节日服饰。吴凤翔摄

满族男士传统服饰。 吴凤翔摄

满族女子头饰。 赵君安摄

干练素雅的达斡尔族服饰

“达斡尔”是达斡尔族的自称。我国历史文献中的“达呼尔”“打虎尔”“达瑚里”“达乌尔”等均是“达斡尔”的不同音译。在新疆居住生活的达斡尔族有 0.65 万多人，占新疆总人口的 0.03%。分布在全疆各地，主要聚居地在塔城市。达斡尔语属阿尔泰语系蒙古语种。现普遍使用汉文，但多数达斡尔人兼通维吾尔语、蒙古语、哈萨克语。主要信仰萨满教，少数信仰藏传佛教。新疆的达斡尔族，是

达斡尔族妇女节日服饰。 任少武摄

达斡尔族青年节日服饰。 任少武摄

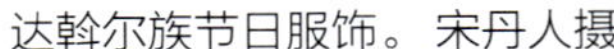
达斡尔族节日服饰。 宋丹人摄

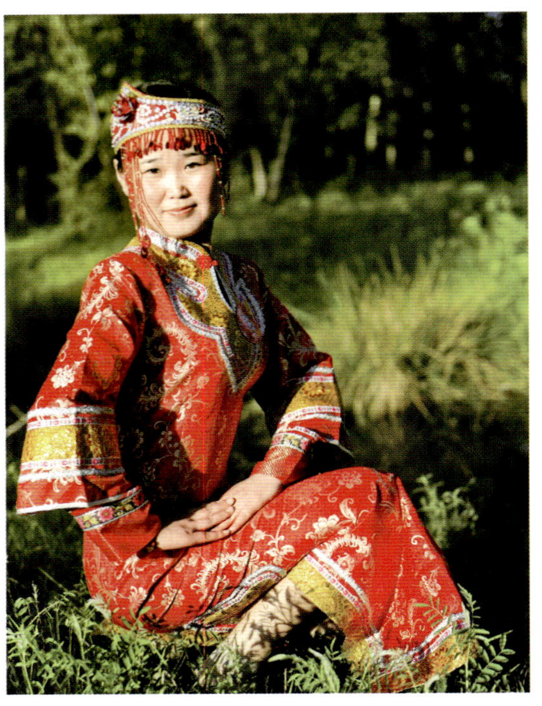

达斡尔族女子节日服饰。任少武摄

达斡尔人认为正月十五日是天神归界之日。这天年轻人带上各种面具，穿上节日盛装，挨家挨户搞娱乐活动，一直到第二天日出才结束。辞旧迎新表示一年吉祥如意。 任少武摄

达斡尔族节日服饰。任少武摄

清政府平定西蒙古准噶尔部叛乱时，随西征大军从黑龙江布特哈地区进入新疆的。平叛结束后，达斡尔族兵丁被编为驻防部队，守卫伊犁等地，以三年为限，实行轮换驻防制度。1873 年，清政府为了免去轮换部队长途跋涉之苦，又抽调了 500 名达斡尔官兵，携带家眷，从黑龙江布哈特地区出发，分成北路马队和南路牛车队，历尽千辛万苦，分别于第二年和第三年抵达伊犁。

达斡尔族性情爽朗、豁达。新疆的大漠戈壁、雪山草原，陶冶着达斡尔人。与新疆各族人民朝夕相处二百多年，新疆的达斡尔族服饰依然保持着独特的民族服饰特色。

新疆的达斡尔族男子夏季穿白汗衫、白

达斡尔族中青年妇女节日服饰。任少武摄

达斡尔族老人节日服饰。 任少武摄

达斡尔族节日服饰。 任少武摄

达斡尔族节日服饰。 任少武摄

裤子、自制的布鞋和皮靴；冬季穿长袍，戴礼帽或黑绸瓜皮帽，腰束皮带，脚穿皮靴。传统靴子有三种："奇卡米"，用狍腿皮拼缝靴面，用鹿脖子皮做靴底，里边穿狍皮袜子，垫乌拉草，轻暖柔软，最适涉雪，猎人愿穿这种靴子；"斡洛奇"，布腰布底或是皮底，是春季、夏季、秋季穿用的便靴；"得热特莫勒"，布腰，皮底，有长绑带，里边穿毡袜，垫乌拉草，系扎绑带不进雪，轻暖，适合冬季劳动时穿。

新疆的达斡尔族男子冬季一般都戴手套，是那种只有一个大拇指的长腰皮"手闷子"，用细皮条扎在胳臂上，手腕处有一道开口，必要时可从开口处伸出手。冬季劳动时戴长毛皮套袖，可防止手冻，劳动操作也很方便。

新疆的达斡尔族女子多数穿女式旗袍，不束腰带，颜色以蓝色为主，脚穿白布袜、绣花鞋。冬季穿棉衣、棉裤或皮衣、皮靴。喜庆之日，女子才穿各色绣花绸缎衣服，外套坎肩等。

每个女性在结婚时都要做几件面料较好、比较华丽的服装，外罩艳色金丝绒长坎肩，穿绣花鞋，戴头饰、耳环、手镯、戒指等饰品。衣襟上佩带绣花荷包和手绢，为老人或客人敬烟时用。

老年妇女喜欢穿深素色服装，外面罩黑色大绒短坎肩，穿黑色布鞋，头戴黑金丝绒头箍，中间嵌有和田玉或宝石。妇女劳动时多用白毛巾包裹头发。

达斡尔族男子节日服饰。任少武摄

达斡尔族中老年妇女节日服饰。 任少武摄

塔塔尔族女子日常服饰。

诗情画意的塔塔尔族服饰

塔塔尔族是新疆人口较少的民族，约0.46万，占新疆总人口的0.02%。主要分布在伊犁、奇台县、乌鲁木齐、阿勒泰等地。塔塔尔族属阿尔泰语系突厥语族，信仰伊斯兰教。

塔塔尔族具有悠久的历史，其名称最早出现在鄂尔浑叶尼塞碑文中，唐代文献称“达旦”，之后文献里出现的“达达”“鞑靼”“达怛”等，都是“塔塔尔”的不同音译。新疆的塔塔尔族多是19世纪不堪忍受沙俄农奴制的压迫而陆续从当时俄国的喀山、斋桑、斜米列契等地迁来的塔塔尔族人的后代，也有一部分是到新疆经商谋业而定居的。

塔塔尔族女子节日盛装。王德钧摄

塔塔尔族姑娘节日盛装。艾拉提摄

塔塔尔族儿童日常服饰。沈天翔摄

塔塔尔族妇女日常服饰。赵君安摄

尽管这个民族人口不多，但是服饰十分有特色。

塔塔尔族无论男女都喜欢穿绣花白衬衣，在衬衣领子、袖口、胸前都绣有十字花纹，色彩和谐而美丽，并喜欢在白色的衬衣上套一件黑色的短背心。年长者多穿带领、左衽的白衬衣，外加黑色齐腰短坎肩。一般情况下，多系布腰带，冬秋两季戴皮帽，穿各式长短大衣、短袄，年长者外加套鞋。

塔塔尔族男子一般穿绣花白衬衣，外加齐腰短背心或黑色对襟长衫和黑裤。他们在服饰上喜欢用黑白两色进行强烈的对比。戴

塔塔尔族男子、儿童日常服饰。艾拉提摄

塔塔尔族男子日常服饰。赵君安摄

塔塔尔族中年男子和中年妇女日常服饰。 沈天翔摄

塔塔尔族节日盛装。艾拉提摄

帽子也爱戴黑白两色绣花小帽，冬季则戴一种黑色卷毛皮帽，既俊朗，又别致。

塔塔尔族女性服饰比较艳丽，但是显得庄重。一些妇女爱穿白、黄或紫红色的连衣裙，一些爱穿半皱边的长裙，头戴镶有珠子的花帽，并爱戴各种金银首饰来点缀自己。

耳环、戒指、项链等首饰，是塔塔尔族妇女不可或缺的饰物。

塔塔尔族中老年妇女日常服饰。王德钧摄

塔塔尔族日常服饰。王德钧摄

俄罗斯族妇女日常头饰。赵君安摄

俄罗斯族老人日常头饰。吴凤翔摄

潇洒浪漫的俄罗斯族服饰

新疆的俄罗斯族是18世纪以来俄罗斯移民的后裔。新疆的俄罗斯族有1.2万多人（截至2007年），主要分布在伊犁、塔城、乌鲁木齐、阿勒泰等地。俄语属印欧语系斯拉夫语族，现新疆的俄罗斯人一般使用汉语。

现在新疆的俄罗斯族人，尤其是在城市工作的职业青年，一般都着现代都市时尚服饰。

新疆的俄罗斯族男子一般穿制服、马裤、皮靴或皮鞋。

俄罗斯族男子的服饰通常是：套头式衬衫，长及膝盖，多淡色；节庆时，年轻人则穿彩色衬衫，下摆要放在裤子里，不能外露。外衣用粗呢子或皮毛缝制，套头式，圆立领，小开襟，长及大腿根部，紧身，开襟处及两边各有一竖道镶花边，下摆也有一圈镶花边。裤子是细腿长裤。帽子有呢子帽和带耳罩的皮帽。靴子有皮靴和毡靴。

俄罗斯族男子的内衣是斜领衬衫（长及膝盖）和细腿裤，头戴呢帽或带耳罩的毛皮帽。逢年过节，花色鲜艳一些。

有的俄罗斯族男子喜欢着西服或者戴似老式“铁路工人帽”的帽子，帽子颜色多为黑色。

新疆的俄罗斯族男子的服饰，给人的感觉是干练、利索、绅士。

俄罗斯族妇女节日服饰。

俄罗斯族日常服饰。 马忠义摄

俄罗斯族儿童日常服饰。 赵君安摄

新疆的俄罗斯族妇女大都穿连衣裙，显得朴素、文雅、大方。

妇女的服饰通常是：衬衣，斜立领，长袖，对襟，用粗布缝制。长袍，套头式，无领无袖，大圆开胸，高腰身，对襟，长及脚面；上半身无纽扣，下半身才安设一排纽扣；纽扣的两侧和开胸的边沿加绣花边。外衣，多用白、黄等色丝绸缝制，样式与男衣相同，也在领、胸、襟上加绣花边。裙子，用毛织品缝制，长及小腿。还有皮上衣、皮袍、皮靴和毡靴等。

少女通常梳发辫，爱戴色泽艳丽的四方头巾，戴耳环等饰品。老人通常是，上身穿粗布上衣，外面罩一件无袖、高腰身、对襟长袍，下身穿毛织长裙。

俄罗斯族中年妇女日常服饰。 宋丹人摄

俄罗斯族中老年人日常服饰。 宋丹人摄

俄罗斯族青年男子节日服饰。 吴凤翔摄

俄罗斯族节日服饰。

维吾尔族刺绣

新疆维吾尔族刺绣历史悠久，维吾尔族妇女一向以擅长刺绣而著称。

被称做“朵帕”的绣花帽，是维吾尔族刺绣的代表。它不仅是维吾尔族男子和女子的主要头饰，而且还是精美的工艺品。

在维吾尔族中不同年龄的人戴不同的花帽，不同区域的人戴不同的花帽，区别主要在于面料、花纹和色彩方面。如巴旦木花帽、玛尔江花帽、翟尔花帽、金片花帽、奇曼花帽、台里拍克花帽等。

花帽的图案在《新疆维吾尔民间花帽图案集》（新疆人民出版社，1983 年出版）中的

哈密市回城乡维吾尔族小孩帽子绣品。

哈密市五堡乡维吾尔族传统服饰。

哈密市五堡乡维吾尔族刺绣技艺。

刺绣的第一道工序，画图案纸样。

第二道工序，剪纸样和贴纸样。

介绍有一百五十多种，也有人依据花帽的地区称其为吐鲁番花帽、伊犁花帽、库车花帽等。有些种类的花帽，老年妇女也可以戴。

于田一带维吾尔族妇女的花帽与其他地方妇女的花帽有明显的不同。所谓的“于田小帽”，当地人称为“科齐克台里拍克”，这种小帽是纯装饰性的头饰，是一种黑色小皮帽。顶口窄，下面宽，呈盛开的喇叭花形。这种小帽戴于盖头大白巾上，形成强烈的反差，为于田“文化区”的妇女所独有。

哈密维吾尔族妇女的绣品是维吾尔族刺绣中最具特色的典型之一。

它以花卉和几何图案为主，在花帽、长袍、短袄、坎肩等的衣领、袖口和周边，大多

第三道工序，在贴好的纸样上刺绣。

绣有古朴庄重的各色图案，显得和谐而华贵。哈密枕头呈四棱长方形，两头为方型枕面，以各色绸缎、平绒作底，黑色布料沿边，中绣花卉图案。平时整齐地排列于炕柜上，与罩单等共同构成室内装饰美，既保留了伊斯兰文化的遗存，又借鉴吸收了汉族、满族、蒙古族等民族的文化，独树一帜，别具特色。

在工艺上，它吸收了苏绣和京绣的一些针法，在图案的选材方面，充满了吉祥如意、福寿文化的内涵，充分显示了他们对自然的理解和认识，是研究维吾尔族古老服装文化的重要资料。

花帽绣品之一。

花帽绣品之二。

枕头绣品之一。

枕头绣品之二。

哈密市回城乡维吾尔族花帽制作技艺。

哈密市西山乡维吾尔族刺绣技艺之一。

哈密市西山乡维吾尔族刺绣技艺之二。

哈密市维吾尔族传统服饰绣品之一。

哈密市维吾尔族传统服饰绣品之二。

哈密市维吾尔族传统服饰绣品之三。

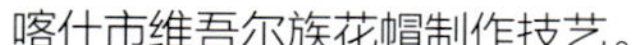

喀什市维吾尔族花帽制作技艺。

哈密市五堡乡维吾尔族枕头刺绣技艺。

哈萨克族挂件绣品。

哈萨克族刺绣技艺。

小提包绣品。

哈萨克族刺绣

哈萨克族民间图案文化主要流传于伊犁哈萨克自治州(伊犁、塔城、阿勒泰)及巴里坤哈萨克自治县、木垒哈萨克自治县等哈萨克族聚居区。

哈萨克族艺人们把抽象与具体、自然形态与加工变化的图腾纹饰严密、紧凑地构成格式和色彩的统一体，组成一件件完美的艺术品。哈萨克族图案品类繁多,造型多样,在条、块、方、圆、椭圆、菱形、三角形、葫芦形、多边形等多种平面以及立面体上，采用多种方式制作，其表现内容从山间草原到自然天象,从飞禽走兽到各种花卉,从几何形纹样到符号标志等,丰富多彩,令人目不暇接。

刺绣是哈萨克族非常普及的手工艺术。刺绣的方法很多,有嵌花、缎花、挑花、补花、印花、贴花等。

哈萨克族姑娘和少妇们十分喜爱刺绣艺术。她们自幼就学会了刺绣，技艺也十分高超，他们在各种绒料、绸缎上都使用了嵌花、缎花、挑花、补花、印花、勾花等刺绣技巧。

哈萨克族在各类皮革和毛毡上也使用了刺绣艺术，很多日常生活用品都是姑娘和少妇们刺绣的“园地”。例如箱套、挂毯、衣袖领口、衣服前襟和下摆、手巾、遮盖衣服的布幔、挂帘帷、帷帐、门帘、窗帘、被褥的罩单、枕套、帽子以及毡房内的其他装饰品，都是她们大显刺绣技艺的“园地”。

哈萨克族姑娘和少妇们主要用丝线和金线刺绣，还将珠子、玛瑙之类的东西串在一起，作为姑娘和少妇的装饰物。其图案的着色极富象征意味，蓝色象征蓝天，红色代表太阳的光辉，白色代表真理、快乐和幸福，黄色象征智慧，黑色预示着大地，绿色象征春的魅力，等等。

小挂件绣品。

哈萨克族刺绣技艺。

巴里坤草原哈萨克族绣品“巴扎”。

哈萨克族绣品之一。

哈萨克族绣品之二。

哈萨克族绣品之三。

哈萨克族绣品之四。

哈萨克族绣品之五。

哈萨克族绣品之六。

哈萨克族挂件绣品。

蒙古族刺绣艺人在精心刺绣女性服饰。

女性帽子。

传统女性帽子。

蒙古族刺绣

刺绣，蒙古语叫"哈塔戈玛拉"。新疆蒙古族刺绣艺术，以独特的艺术形式，展现了蒙古族妇女精湛的技艺魅力，体现出蒙古族人民独特的精神境界。

蒙古族刺绣色彩明快，质朴无华，强调颜色由淡到深的推移。图案形式具有浓厚的装饰性，且与颜色协调、统一。蒙古族刺绣表现了蒙古族人民对自由、和谐、幸福的无限渴望，形成了装饰与实用完美结合的艺术形态。

在蒙古族的衣、食、住、行中，刺绣的使用很普遍。蒙古包是蒙古族人民居住的一种帐幕，蒙古包的顶部和边缘装饰以及门帘都要用贴花刺绣方法装饰，地下铺的密缝毡子也要绣出各种图案，成为一种富有装饰性的艺术品，使牧民的生活更加丰富和舒适。

蒙古袍和长坎肩的"前襟花""衣侧花"以构图严谨多变、题材丰富多彩为特色，恰当的疏密安排，小花小鸟的妥帖点缀，浅黄、粉绿色的镶边，显得非常悦目。

从色彩上，我们一目了然地知道那些喜气洋洋的调子是婚礼服或节日服，那些浑厚古朴的是老人服，富有装饰色彩的是摔跤服。姑娘们的穿着富有青春气息，中年妇女的穿着则比较雅致，一般男人则喜欢穿朴素的衣服。

蒙古族劳动人民的这些刺绣品自然而不造作，朴实而无虚饰，质朴自然地歌颂了美好生活，使人在艺术享受的同时得到审美教育。

女性传统服饰胸前绣品。

女性服饰局部绣品。

绣品。

马头绣品。

女性传统服饰绣品。

蒙古族刺绣艺人在精心刺绣。

蒙古族刺绣艺人在精心制作帽子。

服装胸前装饰。

挂件绣品。

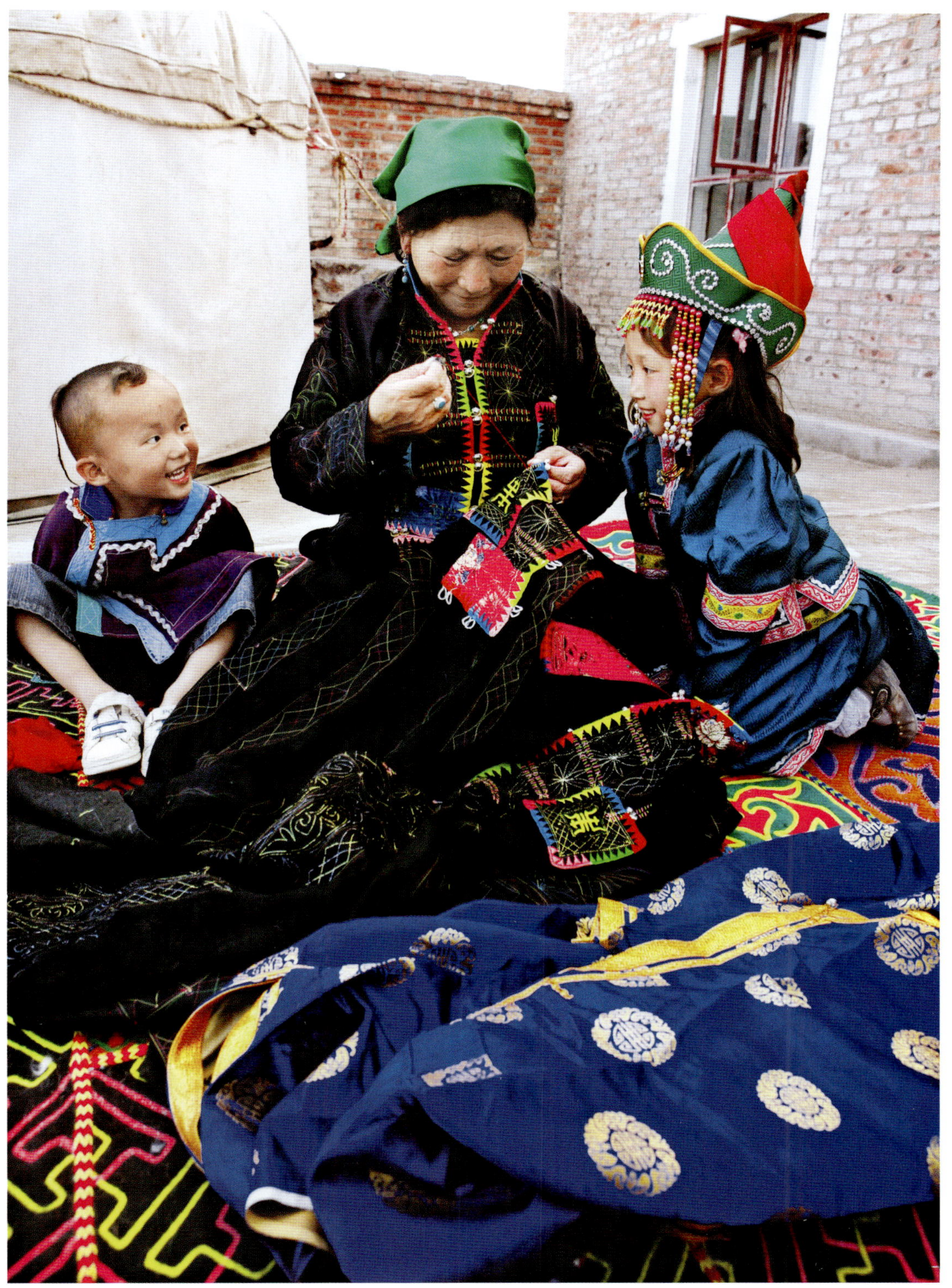

蒙古族刺绣艺人在精心刺绣妇女服饰。

柯尔克孜族刺绣

柯尔克孜族刺绣技艺复杂，图案题材多种多样，有日月星辰、动物、花草树木以及各种几何图案，图案的着色也富有象征性。无论在毡房内饰、被褥帐幔、服饰靴帽上，都可以见到柯尔克孜人高明的刺绣技艺，而绣花布单制作又是其中最普及的。

柯尔克孜族妇女擅长刺绣，从头上戴的帽子到脚下穿的靴子，从衬衣、衬裙到各种外套、大衣以及悬挂的各种布面装饰品等处都要绣上美丽、精致的花纹、花边，其中有花卉、飞禽、走兽和各种几何图案，色彩鲜艳，形象生动活泼。

柯尔克孜族姑娘在精心刺绣毡房挂件绣品。

柯尔克孜族刺绣技艺。

枕头绣品之一。

枕头绣品之二。

毡房挂件绣品之一。

毡房挂件绣品之二。

柯尔克孜族绣品。

阿克陶县柯尔克孜族女性头饰刺绣。

柯尔克孜族毡房挂件绣品。

柯尔克孜族毡房装饰绣品。

柯尔克孜族刺绣技艺。

塔吉克族刺绣

刺绣是塔吉克族服饰的主要装饰手段之一,其品种繁多,绣技精美。绣品主要是在花帽、袷袢、连衣裙、坎肩、衬衣长裤、腰巾围裙、头巾、荷包、手帕等数十种服装配饰上。

塔吉克族妇女们一般都擅长刺绣,她们在衣领、襟边、荷包、腰带、手套、毛袜、枕套、被面,以及房屋墙壁装饰挂毯、挂件等,都精心绣有彩色鲜艳的各种图案花纹,尤以在妇女帽子前部的刺绣最为精致,一顶帽子要做一至两个月,全部是手工,程序很复杂、精细。有的像满插鲜花,有的像遍缀宝石,独具

塔吉克族绣品之一。

塔吉克族绣品之二。

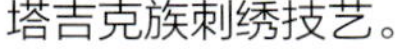

塔吉克族刺绣技艺。

塔吉克族卧室内绣品。

塔吉克族绣品。

特色。

塔吉克族刺绣多为几何图案，对称，但色彩多样绚丽。刺绣用的主要丝线有红、紫、黄、绿等鲜艳的颜色。她们的绣品十分精致美观，没有一点矫揉造作之感，是最质朴、最充满浪漫想象，最富有情感的。只要自己想象到的，都可以绣在帽子上，绣在腰巾、衬衣、腰带、袷袢、长裤上，绣在被巾、桌子的台布上，甚至绣在长筒毛线袜上，绣遍塔吉克族人生活的每个地方。

塔吉克族枕头绣品。

塔吉克族妇女帽子刺绣技艺。

缫丝，丝绸织染的第一道工序。李芝庭摄

缫丝女工从蚕茧上抽出缕缕蚕丝。包迪摄

纺丝。 包迪摄

经梳理纺出的丝线要上架通风晾干。 包迪摄

维吾尔族“艾德莱斯”绸织染技艺

“艾德莱斯”是维吾尔语，意为“扎染绸”。其主要产地除了和田地区的洛浦县外，还有喀什地区的莎车县。

它的种类按传统的名目可分为四大类，即黑艾德莱斯、红艾德莱斯、黄艾德莱斯、莎车式艾德莱斯（即综合式的艾德莱斯）。

这种花绸采用古老的扎经染色工艺织成。扎经是非常细致而繁琐的工序，图案的形象、布局、配色都要在扎经艺人的妙手下体现出来。扎经完成后再分层染色、整经、织绸。染色过程中图案轮廓因受染液的浸润，形

扎经后再分层染色。黄永中摄

成自然色彩，如同用笔擦出的效果，参差错落，疏散而不杂乱，既增加了图案的层次感和色彩的过渡面，又形成了艾德莱斯绸纹样富有变化的特色。

在新疆，维吾尔族少女都喜欢穿丝绸连衣裙，丝绸的花纹有如彩云，或黑白相间，或五彩争艳，别具一格，引人注目。维吾尔人叫它“玉波甫能卡那提古丽”，意为“布谷鸟翅膀花”，比喻能给人带来春天的气息，这就是艾得莱斯绸。

近年来，随着工艺技术的飞速发展，艾德莱斯绸增添了众多新颖别致的款式，更受新疆维吾尔族的喜爱。

艾德莱斯绸成品。

整经。 包迪摄

织绸机是木质竖式的，织绸工双脚轮流换踏着织机下六块木板，木板带动过梭线，双手来回穿动木梭，经过扎染的丝线便织成了艳丽的艾德莱斯绸。 包迪摄

维吾尔族土布制作技艺

在纺织业如此发达的今天，要想觅到织土布的传统工艺并非易事。

这些在20世纪五六十年代还流行的实物，今天在新疆已基本绝迹，即使偶尔在南疆巴扎上见到，也很少有人问津。

据说，在南疆比较讲究的人家，老人去世后还要用土布裹尸下葬。

这组图片是2004年春节前作者在和田墨玉县芒来乡地桑村拍摄到的84岁伯克·阿洪在织土布的情景。

织土布前首先是把弹好的棉花纺成线，再把线理好在锅里浆一下，晾干后才能上机。机器用几个木柱支起，在地上挖个坑绑好踏板，用来开启纬线即可，在线的后面绑个石头吊在房梁上。老人用的梭是祖传下来的牛角梭。

老人一生做这营生，84岁了还闲不住，虽然赚不了几个钱，但织土布已成了他生命的一部分。

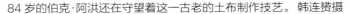

84岁的伯克·阿洪还在守望着这一古老的土布制作技艺。 韩连赟摄

维吾尔族模戳印花布

维吾尔族模戳印花布是维吾尔族典型的手工艺品之一。在工艺形式上分模戳多色印花和镂版单色印花两类。

1.模戳多色印花

模戳印技艺是用雕刻了图案的木模蘸上各种天然植物、矿物染料，戳印到手工纺织的土白布上，使多种不同的木模图案组合在一起，形成彩印花布。木模戳印花布有一百多种纹样，不拘一格，丰富多彩。但这些纹样中没有人物和动物形象，这是受伊斯兰教不得表现有灵魂生物的教规禁约所致。

模戳多色印花，是将纹样覆画于梨木或核桃木木模上，雕刻成凹凸分明的图案，然后用此模戳蘸黑色染液(面汤浸泡铁锈屑液)印出黑色纹样。一个模戳就是一个单独纹样。用一个单独纹样模戳可以拓印形式多样的适合纹样、两方连续和四方连续纹样，形成一个组合的整体图案。然后，再用不同的填色模戳或用毛笔、毛刷蘸上其他各种染液(红、黄、蓝、橙、绿、紫、玫瑰、靛蓝、杏黄色等)，按其纹样所需加以拓涂，形成色泽绚丽的多色印花布。

传统的染料为植物质和矿物质染料，均用土法制染。如用槐花、槐籽、桑树根制染黄色；核桃皮制染柠檬黄和黄绿色；红花、茜草制染绯红色；红柳根、红柳穗、杏树根制染赭褐色、土红色；葡萄干制染红赭色；锈铁屑和

用梨木、杏木等果树木料雕刻的印花布模戳。李芝庭摄

第一道工序，将备好的土布先在开水锅里浆一遍，有的也加少量底色。韩连赟摄

染料是用核桃皮、石榴皮、槐豆、茜草、锅锈等植物和矿物配制而成。韩连赟摄

将晾干的土布捶平。韩连赟摄

面汤的酵液制染黑色；靛蓝制染深蓝色，等等。还把一种叫“扎克”的石料（含矾性）作为媒介剂。

2.镂版单色印花

镂版单色印花，是将纹样覆画于厚纸板或铁皮上，镂空花纹成为印版。印染时将镂版置于白布之上，用灰浆（石膏粉配以面粉和少量的鸡蛋清）涂抹于镂空花纹处，灰浆即黏着于布上。取去镂版，待灰浆干后，将布放入染液中浸染、晾干，剥去灰粉，即现出蓝、白相间的印花来。这种镂版单色印花布一般采用蓝靛草浸染，能现出蓝底白花的效果，所以也被称为“蓝印花布”。

镂版单色印花布图案的主体纹样多为各种团花（适合纹样）配以散花（单独纹样），以纵横平行的两方连续或颠倒拼接的四方连续排列。花纹结构严谨，主次分明，色彩协调，朴素雅致。这种印花布以其色彩与花纹的特点，被看做是土制的高级装饰品与实用工艺美术品。

准备工作就绪，先在土布上画上边线，再在左手绑上布条，左手执模戳蘸上颜色开印，右手不停地砸左手的模子，即可印出各种颜色。最后再进行手工填补颜色。 李芝庭摄

饮食民俗

鲜嫩香辣的烤羊肉串与馕坑烤肉

新疆烤羊肉串，历史悠久。据《食经》记载，它最早发源于新疆和田和喀什民间，距今大约1500年。新疆烤羊肉串是新疆维吾尔族人民最喜爱的食物之一，也是新疆各族人民喜爱的食物之一，其独特的风味使之成为风靡全国的一种特色小吃。

在新疆，无论是五星级酒店，还是街头小巷的小餐馆以及少数民族人家里，都能够品尝到这种鲜嫩香辣的新疆美食。新疆烤羊肉串，既是人们日常喜爱的风味快餐，也是维吾尔族群众待客的美味佳肴之一。

往铁钎上穿羊肉串。

将穿好羊肉串的铁钎放在烤炉上烤。

麦盖提县烤羊肉串。

新疆烤羊肉串的制作方法简单而绝妙。通常原料采用新鲜羊肉，作料采用精盐、红辣椒粉和孜然粉。先把羊肉切为薄片穿在铁钎子上，成串，勾芡后，再把它们依次排架在特制的长条形铁皮烤炉上，用点燃的无烟煤进行烧烤，高温很快使羊肉串散发出烤肉的香味。这时，往羊肉串上撒上精盐、红辣椒粉和孜然粉。哇，羊肉串散发出的烤肉味道更香

和田县烤羊肉串。

尉犁县罗布人村寨烤羊肉串。

乌鲁木齐市解放路山西巷烤羊腰。

了……

馕坑肉的制作方法与羊肉串方法相似，不同的是羊肉要切为块状，挂糊后，放在烧红的馕坑里烤。馕坑烤肉串味道微辣中带着鲜香，不腻不膻，肉嫩可口。

穿烤肉。

挂糊。

放入馕坑烤。

取出烤熟的馕坑烤肉。

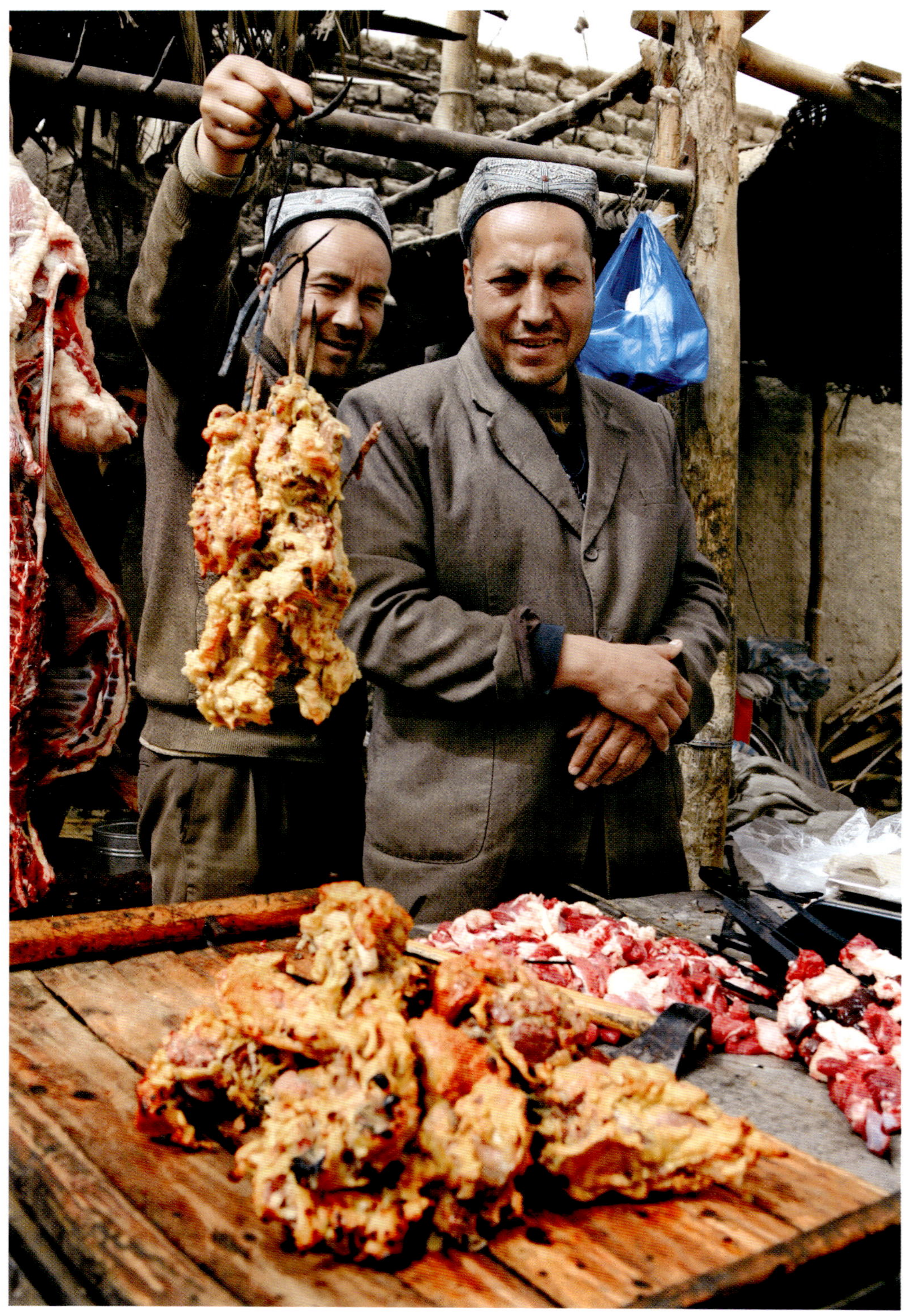

烤熟的馕坑烤肉。

色香味美的烤全羊

烤全羊(烤整羊)是新疆的一大传统名肴,是新疆人招待贵客的上等佳肴之一,常常在各类大型宴会上赢得来自五湖四海食者的赞誉和青睐,是高级筵席上的一道佳品大餐。

烤全羊多选用绵羯羊或一岁左右的肥羊羔为原料,因为一岁左右的肥羊羔肉嫩、极富营养,味美可口。

技艺高超的厨师选用上好的肥羊羔宰杀剥皮、去蹄和内脏后,用钉有大铁钉的木棍,将羊贯穿。再把羊的全身抹上用胡椒粉、白面粉、盐水、孜然粉、蛋黄、姜黄等调成糊状

烤全羊。

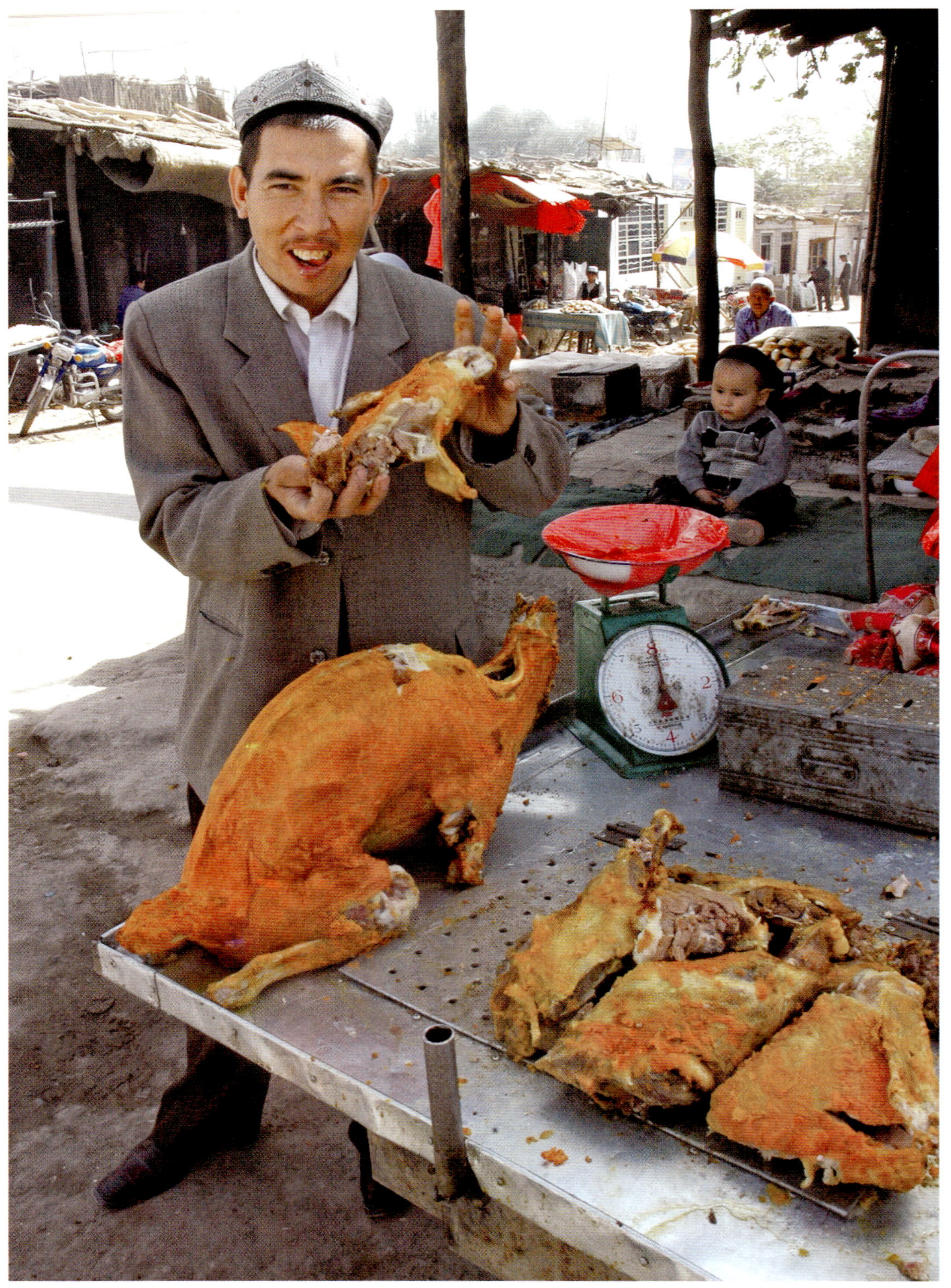

乌鲁木齐解放路山西巷巴扎上的烤全羊。

的汁液，随即将整个羊放入特制的高温炽热的馕坑里，将坑口盖严，并随时翻动木棍观察，连焖带烤大约一两个小时，观察木棍靠肉处呈白色，全羊成金黄色，就可出坑食用了。

烤全羊润黄油亮的色泽，肉嫩皮脆的特点，异常鲜香的口感，使之成为“美食中的美食”。

如今，在新疆的各大酒店，烤全羊在上餐车时，被打扮成了罕见的“艺术品”。烤全羊羊头上系着夺目的红彩绸，打成花结，羊嘴里含着少许香菜、芹菜，仿佛羊儿还在那里吃草。

烤全羊驰名全国乃至世界。一方面是因为它的制作方法独特考究，另一个重要因素就是新疆羊肉质地鲜嫩无膻味。

乌鲁木齐二道桥巴扎上的烤全羊。

烤全羊之一。

烤全羊之二。

新疆羊肉，在全国以及世界肉食市场上均闻名遐迩。

在新疆各城市的街头小巷和许多乡镇的巴扎上，还有现烤现卖的烤全羊摊档，专门切块零卖。平常市民、村民和各地游客，不用去酒店和宴会，也能够尽情品尝这种风味小吃。

烤全羊之三。

烤全羊之四。李芝庭摄

烤全羊之五。宋丹人摄

烤馕前，须将馕坑烧热。

在擀制好的馕饼上用模戳印花纹图案。

酥脆可口的馕

馕是用馕坑烤制而成的呈圆形的面饼，是新疆各族人民都喜爱食用的主食之一。特别是对于维吾尔族群众来说，馕是日常饮食中不可缺少的主食。馕的历史非常悠久，大约在唐朝，吐鲁番地区就有人开始制作馕了。有的学者认为古书上记载的“胡饼”“炉饼”，指的可能就是馕。

馕的原料一般采用小麦面粉和玉米面粉，辅以葱花、冰糖水、芝麻、鸡蛋、清油、牛奶、精盐等作料。馕的种类繁多，通常有葱花馕、白馕、油馕、小圆窝馕、甜馕、肉馕等等。

烤制好的窝窝馕。

烤制好的玉米面馕。

将擀制好并印好花纹的馕，放在手托具上。

用手托具将馕饼贴在烧红的馕坑壁上。

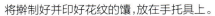

烤制好的印花薄皮大馕。

喀什烤馕。

在新疆各地农村，几乎每户维吾尔族家庭都有一个打（制作）馕的馕坑，有的是两三家合用一个馕坑。在城市，每个街道社区都有专业打馕的店家，专门打馕出售，馕很受各族群众的欢迎。有的专业打馕的店家，一天就能够卖出几百甚至上千个馕。而馕价廉物美，2008 年一般售价是小圆窝馕五角一个，葱花馕、白馕、油馕、甜馕一元，大馕两元。其中"托喀其"（油馕）做工较为精细，和面时里面放油、牛奶、鸡蛋等，烤出来后香脆，久储不坏、不干，见茶水就酥，是维吾尔人旅途生活中的方便餐，也作为节日食品招待客人。最大的馕称作"艾曼克馕"（中间薄，边沿厚），直径足有 35 ~ 45 厘米，是馕中之

哈密市西山乡烤馕。

王。最厚的馕为“格尔德”(窝窝馕),厚 5 ~ 6 厘米,中间有一个窝。此外,也有用死面做馕的,是将清油或羊油揉入面里,擀薄后烤制;还有一种馕是把冰糖水涂在表面的甜馕;另外还有一种将肉馅和在或包在发酵的面粉中烤制的馕,俗称“肉馕”,是馕中佳品。馕由于含水分少,因此久储不坏,便于携带,香酥可口,富有营养。2008 年 5 月 12 日,汶川大地震发生后,馕作为新疆人民支援灾区的主要食品,再次体现了特殊的作用。

馕,在新疆各族人民的饮食文化里,占据着重要的位置,是人们日常生活里老少皆宜的美食。

库车县烤馕。

烤制好的各种馕品。

蒙古族图瓦人用草或木材将自制的烤炉烧热后把特大的饼用铁盘放进烤炉，盖上炉门 15 分钟，金黄喷香的大饼便烤制好了。

柯尔克孜族将大饼放入两口小平锅内上下合在一起，埋入点燃的干牛粪中烤制大饼。

蒙古族烤饼制作技艺，将发酵好的面（小麦粉）擀制成圆形大饼。

将大饼放入两口小平锅内上下合在一起，用点燃的干牛粪在小平锅上下烧，烤饼就做成了。

包烤包子之一。

包烤包子之二。

味鲜喷香的烤包子和薄皮包子

烤包子（维吾尔语称“沙木萨”）和 薄皮包子（维吾尔语称“皮特尔曼吐”）都是新疆各族人民喜爱的风味食品。

在新疆各地，无论是城市，还是乡村；无论是酒店饭馆，还是居民家里，都能品尝到味鲜喷香的烤包子和薄皮包子。

烤包子与薄皮包子在烹饪技巧上不同是，烤包子是馕坑烤制的，而薄皮包子是蒸制的。

烤包子是维吾尔族喜食的传统食品，是逢年过节招待亲朋好友的佳品， 也常用来作为红白喜事互相馈赠的礼品。在新疆广大城乡巴扎的饭馆、食摊随处可见，不仅深受维吾尔族的喜爱，也受到新疆其他民族的喜爱。

烤包子是在馕坑里烤制的， 用未经发酵

包子包好后放入馕坑烤。

烤熟的包子。

的面做皮放馅四边折合成方形。馅用牛羊肉丁、拌少许洋葱、孜然、精盐、胡椒和水拌匀而成。将包好的烤包子贴在馕坑里，十几分钟即可烤熟，皮色黄亮，入口皮脆肉嫩，味鲜油香。

薄皮包子除单独食用外，还常和抓饭在一起混合吃，称为抓饭包子，这是维吾尔人上等饭食之一。

维吾尔族还有一种风味独特的薄皮包子，叫“卡瓦曼塔”（葫芦包子），馅用葫芦（这种葫芦脖子长、皮呈酱黄色、略带甜味，是维吾尔族喜食的蔬菜）、牛羊肉拌少许洋葱、精盐、清油及胡椒等作料，皮同薄皮包子。这种包子馅里汁多，咬一口其汁顺嘴往下淌。每当这种可以做馅的葫芦上市，维吾尔族便开始做这种“卡瓦曼塔”，秋季还储存，以备冬季食用。

吃烤包子。

薄皮包子。

喀什市街头上的抓饭。

营养丰富的新疆抓饭

抓饭，是新疆各族人民喜爱的饭食之一。

抓饭的原料一般采用的是优质大米和羊肉，再添些胡萝卜、清油等，有的还放皮牙子（洋葱）、葡萄干等，合在一起用铁锅焖熟。

维吾尔语称抓饭为“坡落”。过去，人们吃抓饭时多用手直接抓着吃，故俗称“抓饭”。现在，很多人开始使用木勺、铁勺等餐具。

抓饭的种类很多，除用羊肉做抓饭外，还有用牛肉、鸡肉，辅之以葡萄干、杏干、鸡蛋、南瓜等做的抓饭和用素菜作辅料做成的抓饭，都有不同的特色。

也有一种抓饭配薄皮包子的吃法，就是在香气四溢的抓饭上放三五个薄皮包子，这种吃法多用来招待亲朋好友和尊贵的客人。

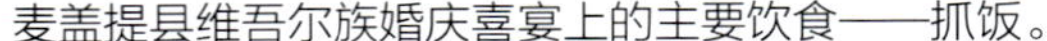

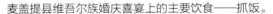

麦盖提县维吾尔族婚庆喜宴上的主要饮食——抓饭。

和田市街头的抓饭。

温泉县蒙古族牧民婚庆喜宴上的主要饮食——抓饭。

塔吉克族婚庆喜宴上的主要饮食——抓饭。

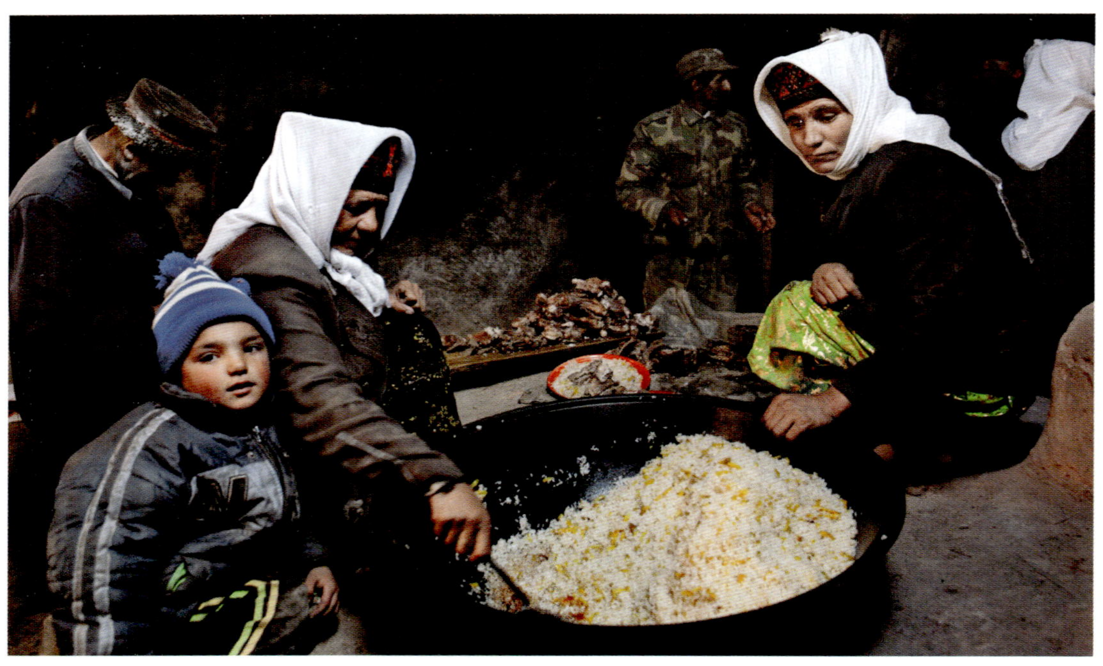

有的地方在吃抓饭时，配一碟凉拌小菜，小菜原料是胡萝卜丝、辣椒丝、粉条、西红柿、白菜丝、皮牙子（洋葱）等，吃起来既爽口，又开胃。

抓饭味道鲜美，营养丰富，不仅是新疆各民族群众家里常吃的美味佳肴，也是婚丧嫁娶、逢年过节用来招待亲朋好友的理想食品。

说抓饭营养丰富，是因为羊肉含大量蛋白质、脂肪和氨基酸，而古代医者认为，羊肉有益肾补血强壮身体的功能；胡萝卜含丰富的维生素，而古代医者认为，胡萝卜是“小人参”，能生津止渴、补气生血、安神利眠；皮牙子（洋葱）含丰富维生素、钙、铁、镁等。

在民间，人们普遍认为，吃抓饭可“大补”，常吃抓饭身体强健、精神饱满、延年益寿。

塔吉克族婚庆喜宴上的主要饮食——抓饭。

麦盖提县维吾尔族婚庆喜宴上的主要饮食——抓饭。

麦盖提县维吾尔族婚庆喜宴上的主要饮食——抓饭。

麦盖提县维吾尔族婚庆喜宴上的主要饮食——抓饭。

哈密市回城乡维吾尔族婚庆喜宴上的主要饮食——抓饭。

拉面制作。

别具风味的新疆拌面

新疆拌面，也叫拉面、拉条子，是新疆维吾尔族群众的日常主食之一，也是新疆各民族群众非常喜欢的食品之一。新疆拌面由拉条子和菜两部分组成。拉条子制作方法是用水和面，放少许精盐在里面（目的是为了把面剂子拉成圆细长条，盐少了容易拉断，盐多了面又拉不开，因此盐量一定要适当），和成面团后，再搓成面剂子，放一两个小时，再将面剂子拉制成圆细长条后，即刻放入沸腾的水锅里，煮五六分钟，待熟后捞出盛盘。新疆拌面的菜，通常有过油肉、辣椒肉、皮牙子（洋葱）肉、土豆丝肉、韭菜肉、白菜肉、芹菜肉、蘑菇肉、茄子肉、酸菜肉、豆角肉等，一般要放西红柿等。

拉面制作。

煮拉面。 韩连赟摄

婚宴上用大锅煮的手抓肉。

风味独特的手抓羊肉

手抓羊肉，是新疆维吾尔族、哈萨克族、蒙古族、柯尔克孜族、塔吉克族等民族群众日常生活中十分喜爱的食品之一。一般是就着饼、馕等主食吃，喝的饮料通常为奶茶、砖茶或羊肉汤。

手抓羊肉的原料一般是连骨羊肉，以羯羊肉为最好。调料使用精盐、皮牙子（洋葱）等。其制作方法一般是先将羊肉连骨分解成大块放入铁锅里，加足凉水，不放任何作料，清炖。水沸时，不断撇去浮沫，继续煮至肉熟烂不脱骨为好，快出锅时，加少许盐，捞出盛

维吾尔族婚宴上的手抓肉。

用小斧头将手抓肉剁成小块装盘后，分发给大家分享。

柯尔克孜族婚宴上的手抓肉。

博斯腾湖边的手抓肉。

塔吉克族节庆宴席上的手抓肉。

哈萨克族节庆宴席上的手抓肉。

入大盘中。把皮芽子(即洋葱)切碎,放在小碗里,同时放一勺食盐和一勺羊肉汤,同大盘羊肉一起上桌。

手抓羊肉的吃法也很特别。饭前,大家都得把手洗干净。一般在大盘羊肉边放上小刀。食用时先将用小碗调好咸盐、皮牙子的肉汤浇在大盘羊肉上,善于削肉的人拿刀,将肉切成小块,其他人开始用手抓着吃。吃饱后,一般都喝一碗肉汤。

手抓羊肉通常都是趁热吃最香,上桌时,刚出锅的手抓羊肉,浓香扑鼻,食用时鲜嫩可口,油而不腻,再加上盐和皮牙子(洋葱)调味,堪称绝妙美食。

在新疆,不管你来到维吾尔族人家、哈萨克族毡房还是蒙古包前,热情好客的主人都会请你品尝一顿美味的手抓羊肉。通常这是彼此亲近、加深友谊的表示。

手抓羊肉极富营养。古代医学就发现,羊肉味甘性温,对肾虚、胃寒都有一定疗效。

手抓羊肉,是用来招待亲友的上等佳肴,日常食用,又是一种风味独特的美食。

哈萨克族节庆宴席上的手抓肉。

蒙古族节庆宴席上的手抓肉。

哈萨克族宰羊待客的礼俗和禁忌

哈萨克族在婚庆、节庆宴请客人和平时宴请尊贵客人时，一般都要宰羊做手抓肉招待客人。

宰羊前，主人将准备要宰的羊拉进毡房门或牵到火塘前，面对客人半跪在地上，右胳膊搂着羊脖子，两手掌心向里放在胸前，对客人说："请允许吧"（意为请求祝福）。这时，客人都把双手举到眼前，掌心向里，由一位年长有威望的人作"巴塔"（祝词），其祝词内容一般是"人畜两旺，儿是英雄，女是阿肯，全家光荣"。然后，大家双手从脸颊上轻轻捋下，齐声说"安拉奥克巴尔！"（意即真主保佑）。这个仪式完毕后，主人才能把羊拉出去宰杀，哈萨克族人宴请客人时不能宰黑羊，因为他们认为黑羊代表不吉利和对客人

婚庆喜宴上准备要宰的羊。

为婚宴宰的羊。

左邻右舍、亲戚朋友都来帮忙。

大家围着餐布边谈边吃边喝。

的不尊重，万一家中只有黑羊而必须宰时，可以在黑羊上绑一白布，也就表示不是全黑的羊了。

客人来时，主人行完见面礼后一一让进房内上炕按辈分盘腿坐定（长者或尊贵的客人让坐在面对门正中的上席），把餐布铺好，放上包尔沙克、奶疙瘩、奶豆腐、奶皮子、酥油、奶茶等食品，大家围着放满食品的餐布边谈边吃边喝。在吃喝时，主人及陪客人弹起冬不拉，唱起“阿依特斯”，然后请客人唱歌或讲故事、猜谜语等进行游戏娱乐。

娱乐一阵后，在手抓肉端来前，由小孩提来盛凉水的小茶壶和脸盆，给客人浇水洗手。洗好后不能乱甩手上的水（乱甩手上的水被

大家相聚在一起，围着放满奶制品、包尔沙克等食品的餐布，谈边吃边喝。

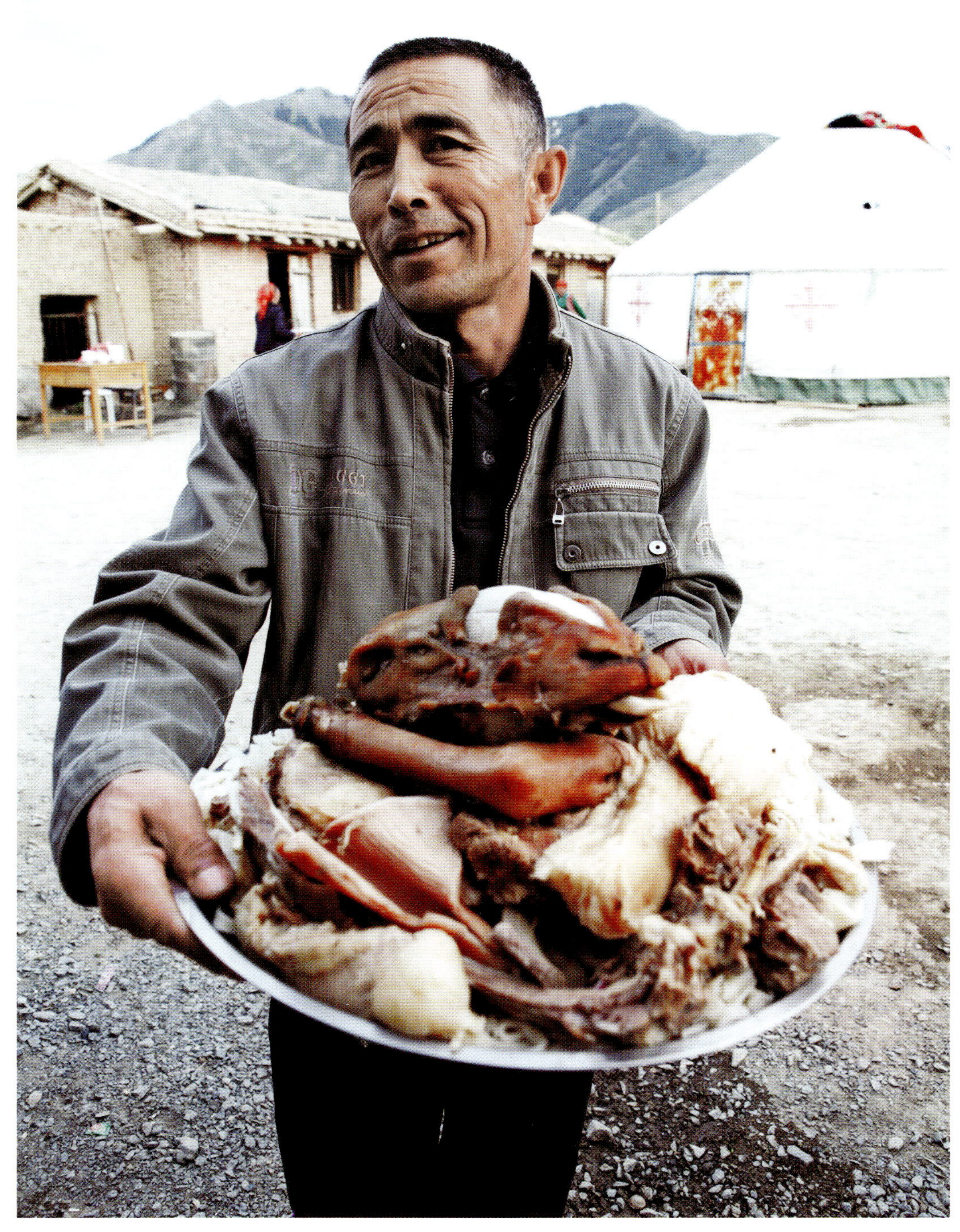

在婚庆喜宴上，必须把盛有羊头、盆骨肉、肋条肉的大盘手抓肉，放在尊贵的客人和长者面前，并将羊头的嘴对准上座的客人。

认为是对主人不礼貌的表现），要用主人拿来的毛巾擦干。

洗手后，主人先将放有包尔沙克、奶疙瘩等食品的餐布撤走，重新铺上干净的餐布，再把盛有羊头、臀部肉、肋条肉的大盘手抓肉端上来，摆放肉盘时必须将羊头的嘴对准上座的客人。客人中年长者带领大家做“巴塔”（祝福），之后由长着将羊头上的腮帮肉割一块回敬给年老的主人，再削下羊头上的右耳朵给在座的最小的孩子，割一片鼻前肉放进盘内或自己吃。如席间有一位长者，就让长者先吃。然后把羊头敬还主人，以此向主人表示满意和谢意。之后，大家开始吃肉，直到吃饱为止，否则主人是不满意的在吃肉时，主人还

手抓肉端上来，将羊头对准尊贵的客人；然后大家在长者的带领下做“巴塔”。

向客人献“捧肉”，即把肥肉和油给客人吃等礼俗。

席间羊各部位的骨头和肉，如何分配给客人是有严格规矩的。如对长者和尊贵的客人给盆骨肉，对女婿和媳妇给羊的髀骨（羊腿上的关节）和胸肌肉，给小孩吃羊的舌头、耳朵、腰子和心脏。吃完肉后，让客人喝肉汤。客人再次做“巴塔”，才能收起餐布。

吃手抓肉的有关禁忌：请客人吃肉不能将羊头的嘴对准毡房门，如把羊头嘴对准了门，这是对客人很不礼貌的事，意为驱逐客人；请客人吃饭时，不能将“托巴斯肌力克”（即前腿上有一块像拳头状的圆形骨头）放在上面，如放在了上面是对客人不尊敬；前腿骨

在婚庆喜宴上，把羊的髀骨（羊腿上的关节）和胸肌肉，给新郎、新娘吃，意为相亲相爱、永不分离。

客人必须先将羊头上的腮帮肉割一块回敬给年老的主人，再削下羊头上的右耳朵给在座的最小的孩子，割一片鼻前肉放进盘内或自己吃。

吃完肉后，让每位客人喝一碗肉汤。

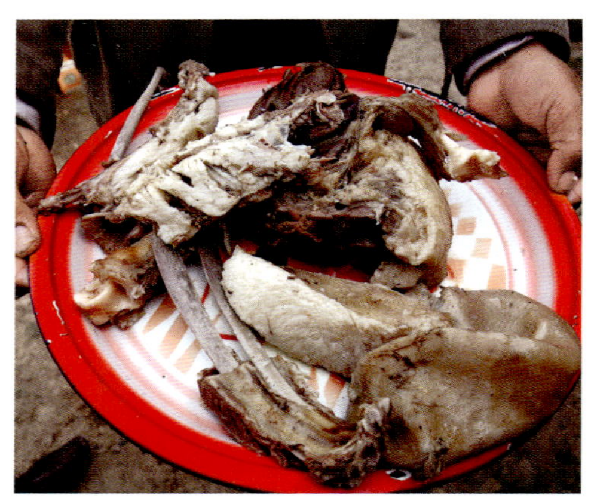

在婚庆喜宴上，给中青年客人吃的手抓肉。

（哈萨克语称“卡尔及勒克”，意为老骨头），不能给未婚的女子吃，哈萨克人认为吃了“老骨头”，女子嫁不出去或要晚婚；肋骨前胸尖处的肉（哈萨克语称“吐丝特素伦曲克”）不能给未婚的青年吃，如果吃了，男子去岳父母家时，会马失前蹄；客人吃完羊肉要擦手上的油时，应递给毛巾，如果客人提出要用马叉子或皮带擦手油，可以给他；如果客人不说而给了马叉子擦手上的油，则是对客人不尊重。

蒙古族宰羊待客的礼俗和禁忌

蒙古族牧民用肉食招待客人有很多的习俗，如重大的节庆宴席、婚礼宴席或家里来了远方的亲朋好友，一定要把“乌叉”“托里嘎”和羊的四腿、胛骨各一件，带尾入锅煮熟来招待。“乌叉”即羊脊椎骨第七肋骨处至尾骨部的一段脊椎连骨肉，“托里嘎”即去掉下巴的羊头。肉煮熟后把“乌叉”盛在大盘子上，再将“托里嘎”放在“乌叉”的上面。

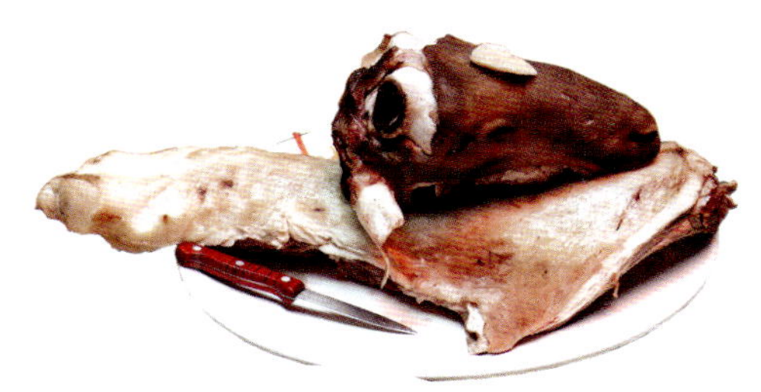

最尊贵的肉“乌叉”“托里嘎”。

蒙古族人认为羊头和羊的脊椎骨肉属羊的上半部肉最为尊贵，因此娱乐庆典、婚礼、祭祀中将“乌叉”“托里嘎”敬献给最尊贵的客人和威望最高的长者或供于祭祀场所（这

2009年，乌鲁木齐麦德尔节庆宴席上“乌叉”“托里嘎”敬献给了尊敬的领导和德高望重的长者。

和布克赛尔蒙古自治县蒙古族节庆宴席待客前，一位女士手提茶壶和脸盆请每位客人洗手。

是蒙古人祖祖辈辈流传下来的古老习俗）。蒙古人认为脊椎骨肉、肋骨为贵，是待客首选。冬季宰了食用牛以后，用线捆扎好保存好脊椎和肋骨肉，春节或其他时间来客人，通常煮脊椎骨和肋骨肉招待，等于给客人宰一头牛接待。走亲访友时，也可带上作为礼物。同样，在来客回去时，也可以将脊椎骨和肋骨肉塞进他的包里。肩胛骨肉是敬献给长者的肉，但长者也不一人独享，而是要分给在座的所有人同食，禁止孩子在父辈面前吃肩胛骨；胸骨肉是敬献给妇女吃的肉，招待妇女时一般都将胸骨肉放在上面端到妇女们的面前。另外，当来访的妇女走时，主人一般还要往她的包里塞胸骨肉。有时也将胸骨肉作为带给远方的女儿的礼物。

主人将大盘的肩胛骨肉、脊椎骨肉、肋条肉端上来，放在尊敬的客人面前。

首先将肩胛骨肉敬献给长者，但长者并不一人独享，而是要分给在座的所有人同食。

男主人向客人说欢迎词。

女主人向客人唱敬酒歌。

女主人唱完敬酒歌后，向客人敬奶酒。

为客人弹唱《江格尔》。

最后，主人与客人一同跳起欢快的“萨吾尔登”舞。

柯尔克孜族待客杀羊，是最高礼节之一。宰羊前主人将准备要宰的羊拉进毡房门，面对客人，举行“巴塔”（祝词）仪式，由客人向主人说祝词。肉煮熟之后，先给客人中最尊贵或最年长者献上羊头。客人首先用刀划开羊头的鼻，吃右边的肉，耳朵给主人的孩子或在座的孩子，自己吃右眼睛，也可与在座最亲密的人分享，然后割下腮肉，给其他客人，再把羊头敬还给主人。

柯尔克孜族的饮食

柯尔克孜族的饮食，以肉和奶制品为主要食品。以放养牛、羊、马、骆驼、牦牛提供肉和乳，几乎一日三餐都离不开肉或乳制品，小麦、青稞等粮食只是辅助食品。主要饮食为肉、鲜奶、酸奶酪、奶皮子、奶油、酸奶、奶疙瘩、酥油、面食等。柯尔克孜人在饮食中喜好食马肉、马肠及牦牛肉、牛羊肉，特别喜欢食马肉。招待客人最珍贵的食品是马肉，宰马驹招待客人是最高的礼遇。在英雄史诗《玛纳斯》中多有宰白马驹招待贵宾的描写。

为客人煮手抓肉。

柯尔克孜人吃肉也有一定讲究，给客人分肉也有讲究，吃肉时，先削哪块，后削哪块，顺序是不能乱的。

柯尔克孜人认为马后腿骨肉是最珍贵的，要先给尊贵或年长者吃。上面的肉不能削光，剩下下面的肉要回敬给主人表示对主人的敬意。客人吃肉时剩下一点，给主人家的孩子们吃，若吃光了也被视为是不礼貌的。

特色小吃米肠面肺。

软嫩喷香的米肠面肺

维吾尔族群众不仅能用牛羊肉做出种类繁多的风味食品，而且还能以羊的内脏做原料，烹制出鲜香异常的美味来，灌面肺、灌米肠就是代表。

面肺和米肠是维吾尔族群众喜爱的传统风味小吃，也是待客的佳品。现在这种独特的风味小吃深受新疆各族人民的喜爱。

其做法是，首先将羊肺、羊肠洗净，羊肺里灌清油、面浆、鸡蛋等，肠子灌用羊肝、羊心、羊肠油加作料与大米搅拌加水的馅，用水煮熟即成。面肺软嫩、米肠糯鲜，喷香可口，风味独特。

清洁爽口的羊头、羊肺、羊蹄

清炖羊头、羊蹄是维吾尔族带有原始风味的一种小吃。它的制作方法十分简单，取新鲜羊头、羊肺、羊蹄，烧去羊毛，洗干净，去掉羊角和羊蹄壳后，放入锅内不加任何作料煮，煮熟后蘸盐吃。它以风味独特深受各族群众喜爱，在广大城乡到处可见到这种小吃。

特色小吃清炖羊肺。

特色小吃清炖羊头。

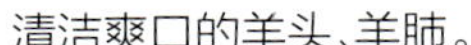

清洁爽口的羊头、羊肺。

鲜美的熏马肠。

味道鲜美的熏肉、熏马肠

哈萨克族群众日常饮食中的熏肉、熏马肠，味道鲜美。

熏肉是为了长时期保存而制作的用来贮备过冬的食物。按照传统习惯，每年11—12月间，牛壮羊肥，是哈萨克族牧民制作熏肉的旺季。熏肉时，先将牛、马、羊肉剁成块，挂在屋顶房梁挂钩上，关闭门窗，用松枝柴烟来熏制，直到将肉熏成深黑色，再把肉翻过来至完全熏透即可。熏肉一般要煮着吃，不喝其汤。这种熏制的过冬肉哈萨克族一直要吃到来年春天。

熏马肠是挑选膘肥体壮的马宰杀后，取其肠子，洗净，再把马的肋条连骨代肉均匀地切成条状（切忌不能让肉脱离骨头），敷上咸盐调料搁置1～2天后，再用凉水泡1～2小时，塞进长约一米的马肠内，两头用畜筋扎好对接成圆形挂在高处，下面用松枝柴浓烟来熏制一天左右，然后挂在屋里风干，两个月左右即成。

油多不腻的油塔子

油塔子，顾名思义，形状似塔，是维吾尔族、回族等民族群众喜爱的一种面油食品。

油塔子色白油亮，面薄似纸，层次很多，油多而不腻，香软而不沾，是老少皆宜的美味食品。通常，人们做早餐配合粉汤吃。

油塔子的制作是很讲究技巧的。经验丰富的厨师先用温水加酵母把面和好，发约一个小时，然后将面平铺在案板上擀薄拉开，利用面团良好的延展性和韧性，拉得越薄越好，抹上羊尾油。据说，天热时，要在羊尾油里加适量羊肚油，因羊肚油凝固性大，不至于天热油熔化而流出面层；天冷时，羊尾油中加少许清油，清油不易凝固。如此制作的油塔子油饱满，且不流不漏，保持了油塔子浓香丰腴的独特风味。在里面撒少许精盐和花椒粉，将面边拉边卷，卷好后搓成细条，再切成若干小段，然后拧成塔状，放入笼屉里蒸半小时，就能够启笼食用了。

油塔子用来待客是一种上乘主食。平时，人们在新疆各地城乡饭馆里，也能够品尝到这种美食。在一些清真饭馆里，丸子汤配油塔子吃，也非常受食客欢迎。

油塔子。

馅嫩爽口的曲曲儿

曲曲儿是深受维吾尔族群众喜爱的传统风味小吃，类似汉族的馄饨。

制作时先将肥羊肉切成小肉丁，再加洋葱末、盐、胡椒粉、孜然粉和少许的水拌和成馅。将和的面擀成薄片，切成方形片，将肉馅包在面片里，然后将曲曲儿下到肉汤里，汤里放些揉碎的薄荷叶或香菜末。皮薄馅嫩，散发出特有的香气，风味别具特色，十分爽口。

用小麦面包的曲曲儿馅嫩爽口。

用玉米面做出的曲曲儿别有一番味道。

下锅煮曲曲儿。

哈萨克族每餐必备的油果子。

精致好吃的油果子

油果子，是哈萨克族、柯尔克孜族、塔吉克族等民族节日、婚庆、平日每餐必备的主要食品之一。哈萨克语称其为“包吾尔沙克”、柯尔克孜语称其为“包尔索克”。

油果子是用牛奶、鸡蛋加适量盐水或糖和面（发酵的面为佳），然后搓成或切成各种形状，如菱形、齿边形、条形、圆蛋形，以及用芨芨草杆压出平行多条图案等形，再用煮沸的牛、羊、骆驼油或植物油炸成黄色即可。油果子精致好吃，老少皆宜，深受哈萨克、柯尔克孜、塔吉克等民族，尤其受到儿童的喜爱。

塔吉克族婚宴上的油果子。

用小麦面擀制油果子。

用清油炸油果子。

美观味佳的馓子

新疆各民族的节日食品——馓子。

馓子是维吾尔族、回族、汉族等新疆各民族的节日食品之一。做法是：将用花椒水、熟油、鸡蛋清等和好的面搓成细条，放油锅里炸，使其形状呈大半圆状，炸至金黄色时捞出摆放在盘内，围摆成多层圆柱形，形状美观，色泽黄亮，酥脆爽口。

喀什市巴扎上的馓子。 石树森摄

香气四溢的“阔尔达克”

“阔尔达克”是维吾尔族用羊肉、黄萝卜、土豆等炖的一种菜，是维吾尔族在喜宴、逢年过节用来招待亲友的一种理想食品。做法是：将羊肉剁成小块，放锅里炒，放少许洋葱、花椒、姜等调味品，然后放入黄萝卜、土豆，炒至七成熟，倒水炖。这种菜味美，香气四溢，色彩丰富，一般常用馕来就这种菜。

阔尔达克。

鲜美下酒的“合勒克乔孜”

新疆的达斡尔族不仅喜欢吃牛羊肉，还善于用牛羊杂碎制作精美菜肴“合勒克乔孜”。

合勒克乔孜的做法是：宰杀牛羊时，预先准备半盆清水，放少许盐。牛羊的血流入盆中，然后用木棍搅拌，再用纱布过滤，去除杂质。之后把心、肝剁碎，放入适量葱花、花椒、盐等作料和血搅拌在一起，灌入洗净的牛羊大肠或小肠内，同肉一起煮。

煮熟后捞起来，切成一节一节的小块即可食用了。这种灌肠味道鲜美可口，达斡尔人把这种菜视为招待客人下酒的上等菜。

合勒克乔孜。

放少许盐。

也有先煮好茶水，再放牛奶、奶皮等调配奶茶。

浓香扑鼻的奶茶

新疆的哈萨克族、蒙古族、维吾尔族、柯尔克孜族、乌孜别克族、塔塔尔族、达斡尔族等民族都爱喝奶茶。

在新疆，人们常说：“可以一日无食，不可以一日无茶。”这里的“茶”指的就是奶茶。因此，无论是在草原牧区，还是绿洲农区，你都能够品尝到浓香的奶茶。

在新疆，奶茶是少数民族不可或缺的主要饮料之一。人们在文艺作品里常常使用“奶茶飘香”来形容丰衣足食、幸福美满的生活。

以哈萨克族为例，哈萨克族日常饮食以肉、奶为主，通常是手抓羊肉和奶茶。茶在哈萨克族饮食生活中占极其重要的位置，奶茶是哈萨克族牧民家家户户、长年累月、终日必备的必需品。一日早、中、晚三次喝奶茶。白天两餐，一般是喝奶茶，吃面饼、馕或炒面、炒小麦，晚餐则吃手抓羊肉、喝奶茶。

奶茶含茶和奶，有的还放些酥油、羊油。喝奶茶，充饥，解渴，一举两得。

哈萨克族牧民常用奶茶招待客人。倘若有客人从远方来，好客的男主人就会热情迎客。女主人在一块洁净的白布上，摆上馕饼（一种用小麦烤制而成的饼）、羊肉、蜂蜜、奶油、水果等，再沏一碗热奶茶。主客边喝奶茶，边说事、聊天，欢声笑语，其乐融融。

哈萨克族煮奶茶使用的器具，通常是铝锅或铜壶，喝茶用的是大茶碗。煮奶茶时，先将砖茶捣成碎末，加水煎熬，待茶水卷着茶末哗哗响起时，随即加入鲜羊奶或者鲜牛奶（用量约为茶水的 1/3），用汤勺搅动，使茶与奶充分混合，再加适量精盐，熬开后便可以喝了。

喝奶茶。

调配奶茶。

哈萨克人家家户户常年必喝的奶茶。

一日三餐都要喝奶茶。

奶皮子制作方法

奶皮子是哈萨克族、蒙古族、柯尔克孜族等游牧民族喜欢的奶制品。其制作方法有三种：一种是生奶皮子，提取的方法是将傍晚挤的牛奶或羊奶，静置一夜后，第二天鲜奶上面奶油结的一层皮，便是生奶皮子。这种生奶皮子经自然发酵略含酸味，吃起来有一股浓郁的香味。另一种奶皮子是熟奶皮子，提取的方法是，将鲜牛、羊奶煮沸后，经过一夜时间的凉却，第二天就会在熬过的奶子上结一层厚而多皱纹的表皮，这就是熟奶皮子。这种奶皮一般抹在馕上或是放在奶茶中食用。特别是哈萨克族早晨喝奶茶时，要喝带有厚厚奶皮的奶茶，其味特别香。还有一种奶皮子提取方法是，将鲜牛、羊奶放在盘内用火炖制，炖制时不断地用勺子扬奶直到起泡沫，其目的是为了奶皮加厚，炖制奶皮要掌握好火候，火小奶皮淡薄，火大了则味焦，因此火候十分重要，必须恰到好处，才能使奶皮具有奶香和脂肪香，略有甜味，十分可口。这种奶皮做好要用一根干净的木棍从中间挑起，然后找一个阴凉通风的地方晾干，不能直接暴晒在太阳下，因为这样会使奶皮子变黄变硬。等奶皮子干了之后，就用一个半圆形的笸箩来存放，以备冬春季节食用。

制作奶皮子。

品尝酸奶。

将提取熟奶皮后的奶加温后，加入少许酸奶引子(也可用酸奶疙瘩泡制成引子)搅匀。

酸奶制作方法

酸奶是维吾尔族、哈萨克族、蒙古族、柯尔克孜族等民族日常饮食中传统的乳制品之一。其原料是牛羊鲜奶。制作方法是将纯牛羊奶煮熟后降温至40℃，或将提取熟奶皮后的奶加温至40℃后，也有用提取过酥油的奶加温至40℃后，加入少许酸奶引子(也可用酸奶疙瘩泡制成引子)搅匀。用布料裹严保温约使其发酵4~8个小时，酸奶即成。

喀什市巴扎上卖酸奶的维吾尔人。

酥油制作方法

酥油是哈萨克族、蒙古族、柯尔克孜族等民族喜爱的乳制品之一。

制作方法：将牛、羊鲜奶和酸奶混合在一起发酵后，加少许盐倒入专制的木桶，用一头钻有圆或长方形洞眼的木杵，连续上下捣动2～3小时，使奶油分离出来并漂浮在表面，这时取出木杵，再轻摇奶桶数分钟，使奶油聚集成一团后，将奶油取出放入盆内，用凉水冲洗几遍，待奶油上的渣滓冲洗干净后，再放入布袋过滤掉黄水，酥油便做好了。牧民们一般都要将酥油存放至冬季食用，因为羊肚具有透气和渗水的性能，所以他们都把做好的酥油放在经过加工的羊肚子里，这样可长期储存不变质。

连续上下捣动2～3小时，使奶油分离出来并漂浮在表面。

经分离方法制作好的酥油。

制作好的酥油，再放锅中加温熬出的油就叫酸奶性酥油，色泽金黄。

奶豆腐、奶酪制作方法

奶豆腐是哈萨克族、蒙古族、柯尔克孜族等民族群众日常饮食中必备的主要乳制品之一。制作方法是：将鲜奶放入皮囊或器皿中加入少许酸奶，待其发酵凝固后，搅匀倒进锅里，用文火熬煮，一直煮到牛奶分离成黄色水和白色乳浆即可，过滤掉黄水，晾凉后用刀切或用手捏成各种形状的奶疙瘩，也有放入特制的各种木模制出形状各异的奶制品，人们称其为“奶豆腐”。

奶酪是哈萨克族、蒙古族、柯尔克孜族等民族群众日常饮食中主要乳制品之一，制作奶酪的主要原料是牛、羊鲜奶。各民族的作法大致相同，略有差别，品种较多，叫法不一。

哈萨克人将半干的奶豆腐用手捏成各种形状或捣成黍子大小的颗粒状晾干后奶酪是含钙最多的白奶酪（俗称白奶疙瘩）。

红奶酪制作方法是：在鲜奶中加入少许凝乳酸或用胶奶干制成的引子，稍许加温后捂上半个小时左右奶子即凝固，再用木制刀片切碎后放入锅内文火煮，直至变成血红色稠糊为止，待降温后滤去其水，晾干便是红奶酪。半干时奶味很浓，味甜；干透后脆，口感极好。

蒙古族奶酪制作方法：在酸奶里加上鲜牛、羊奶，再放入锅内用文火煮，然后放凉包在纱布内，放在木板上，再用石头压上，挤压

将鲜奶放入皮囊或器皿中加入少许酸奶，待其发酵凝固后，进行上下搅动。

将发酵好的奶倒进锅里。

用文火熬煮。

一直煮到奶子分离成黄色水和白色乳浆即可。

出黄水，奶酪就做成了，奶酪用刀切薄片、晾干后可长期保存。另一种方法是将酵母放入奶子中煮 2~3 小时，牛奶就如同蜂蜜一样稠，一样的黄，待放凉后，用纱布过滤出黄水再经挤压后晾干即成红色的奶酪。

柯尔克孜族奶酪制作工艺：1. 酸奶疙瘩(称“加依库鲁特”)。是将干酸奶倒进锅内，再加适量酸奶、盐煮干制成的奶疙瘩，食用时通常稀释成酸奶。2. 正酸奶疙瘩(称“奇库鲁特”)。是浓酸奶或酸奶制成干酸奶，加少许盐煮出来，制成小块即成，味酸甜。3. 酥油奶疙瘩(称“买库鲁特”)。煮干酸奶时加入适量奶皮或酥油、盐晒干即成，味香甜。4. 奶酪酸奶疙瘩(称“艾吉盖库鲁特”)。是鲜奶内放一种奶酪发酵剂，在锅里用文火煮煎去水，

过滤掉黄水。

晾凉后用刀切成条状，奶豆腐便做好了。

将去掉黄水的白色乳浆倒在芨芨草编的帘子上，再用力挤去黄水即可。

用手捏成各种形状奶疙瘩。

直到煮干，再加少量盐和干酸奶拌匀，搁置一段时间而成。5. 酸凝乳酸奶疙瘩（称“依口米奇克库鲁特”）。是干酸奶、奶皮、盐制成的一种食品。柯尔克孜人喜欢用以上五种方法煮干浓缩的奶酪，再用手捏成小圆球状晾干即可，能保存七八年不变质，可干吃，也可还原成酸奶吃。

奶酪能增进人体抵抗疾病的能力，增进代谢加强活力，保护眼睛健康，并保持肌肤健美。奶酪中的乳酸菌及其代谢产物对人体有一定的保健作用，有利于维持人体肠道内正常菌群的稳定和平衡，防止便秘和腹泻。

晾晒奶疙瘩。

酸甜可口的马奶酒

哈萨克族、蒙古族、柯尔克孜族群众日常饮食中的马奶酒是一种非常有益健康的饮料。

马奶酒是把刚挤出来的马奶倒进皮囊里加入酵母，用捣奶木杵上下搅动数小时，使其发酵，第二天即可饮用。在高温天气发酵时，要将马奶子适当的放在凉爽和潮湿的地方，以免马奶子过酸。酿制骆驼奶也是采用同样的方法。

马奶酒为乳酒，营养丰富，酸甜可口。据说还可治疗多种疾病，是牧民夏季最常见的饮料。

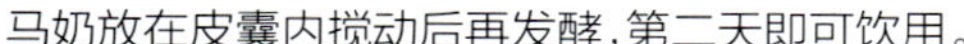

马奶放在皮囊内搅动后再发酵，第二天即可饮用。

挤马奶。

把刚挤出来的马奶倒进皮囊里加入酵母，用捣奶木杵上下搅动数小时，使其发酵。

木孜卡依玛克制作方法之一。

木孜卡依玛克制作方法

新疆南疆维吾尔人夏天喜吃“木孜卡依玛克(冰激凌)”。为了应对夏季的炎热,人们在冬季最冷的时候,到冰河上把冰运回来,用稻草包好放在地窖里储藏到夏天享用。到来年的5—10月份天气最热的时候,把冰块从地窖里取出来,冲洗干净,放进土造的冰激凌机的木桶里,将鲜奶、蛋、糖、水等原料调配成的木孜卡依玛克汁倒入铜桶内后,开动机器使铜桶不停地转动,铜桶内的木孜卡依玛克汁让外围的冰块使之冷却即可做成清凉可口的“麦来孜”。

木孜卡依玛克制作方法之二。

木孜卡依玛克制作方法之三。

清凉可口的木孜卡依玛克。

品尝木孜卡依玛克。

蒙古族酿造奶酒方法

蒙古族自古崇尚白色。他们将洁白的奶酒奉为至宝，不仅在各种宴席中视其为佳品饮料，备受推崇，而且还赋予它纯洁、吉祥等诸多象征意义，在迎候尊贵客人、乔迁新居、祭祀敖包、祭奠故人等重大民间活动中，无不用奶酒来祈盼吉祥、平安，表达美好的祝福心愿。奶酒在他们的生活中占有重要位置，并在中国酒文化中散发着草原风味的馨香。

蒙古族牧民离不开奶酒，且在长期的游牧生活实践中，创造出许多民间酿造奶酒的工艺。当代卫拉特蒙古民间酿造奶酒的方法

木桶酿造奶酒法：首先把发酵的酸奶倒入大铁锅里。

在无底木桶内吊一个平底小木桶。

在木桶上面放一口尖铁锅，并用毛巾将空隙围严。

主要有木桶酿造法，拐木管酿造法等。

木桶酿造奶酒的制作方法是：首先把发酵的酸奶倒入大铁锅里，在大铁锅上面罩一个比大铁锅口径略小一点的无底木桶，无底木桶上面再放一口比木桶口径略大一点的尖底铁锅，尖底铁锅的底下吊一个小的平底木桶来接奶酒。准备工作就绪后，开始点火并往木桶上的尖底铁锅里倒满凉水，等木桶下面大铁锅里的酸奶烧开后，蒸气就会往上走，遇到上面放冷水的锅底后，就会变成液体，顺着尖锅底流入小木桶里，那就是奶酒。木桶上尖底铁锅里的水要不断换凉水，始终保持冰凉状态，这样奶酒就出得多。

拐木管酿造奶酒的制作方法是：先将发

下面大铁锅里的酸奶烧开后，蒸气就会往上走，遇到上面放冷水的锅底后，就会变成液体，顺着尖锅底流入小锅里，那就是奶酒。

拐木管酿造法，先把酸奶倒入大铁锅里。

酵好的酸奶倒进锅里，盖好锅盖，在锅盖中央一侧安装好拐木管，拐木管另一头放进茶壶里，并用布和牛粪把锅盖和茶壶缝隙围严。茶壶放在小铁锅里，然后将冷水倒进小铁锅里后，开始生火烧制奶酒。其原理是烧开酸奶的蒸气顺着拐木管进入茶壶被小铁锅里的冷水冷却后变成奶酒。

奶酒烧制成后首先要敬天地，之后，亲朋好友方能品尝奶酒。

用布和牛粪把锅盖和茶壶缝隙围严。

往铁锅里不停地换冷水。

敬天地后，亲朋好友方能品尝奶酒。

“穆塞来斯”制作方法

传统的葡萄饮料“穆塞来斯”在新疆南部特别盛行。20 世纪 70 年代，民间有这样的顺口溜：“坐的是‘皮卡甫’（汽车），吃的是‘卡瓦甫’（烤肉），喝的是‘麦扎甫’（穆塞来斯）。”到 20 世纪八九十年代这些饮料非常盛行，做穆塞来斯在农村有不少，但市场上买不到，原因是制作穆塞来斯大多是家庭作坊，而作坊里设有专门的“酒吧”。喜欢的人自带小菜、乐器来这里自饮自乐，消费很低。

穆塞来斯的制作方法是：首先将熟透的葡萄用清水洗净，再由大家用双手挤搓成汁，放少量水，在大锅中煮开，舀去上面的漂浮物，然后过滤晾凉至 30℃左右，再倒入洗净的坛子里加酵头搅匀，将坛置入屋内温暖处，三至四天就发酵好，可饮。还有加白酒的，也有放乳鸽、玉米的，可在坛中酵熟。据说喝了穆塞来斯养胃、补肾，不伤身体，在民间特受欢迎。（韩连赟摄影）

摘葡萄。

放少量水，用双手将葡萄挤搓成汁。

过滤。

将挤搓成的葡萄汁煮开。

在坛里加酵头搅匀，密封坛口，放置屋内温暖处，三至四天就发酵好。

乡亲们自饮自乐。

锡伯族面包烤制方法

因长期与俄罗斯族饮食文化互为影响，世居在伊宁、塔城等地的锡伯族居民，很早就学会了俄式面包烤制方法，并结合本民族饮食习惯不断改进，代代承传，使其逐渐融入自己的饮食文化序列。其中烤制“皮罗格”（俄式面包一种）已是当地锡伯族居民逢年过节待客的必备食品之一。

其制作方法是：先将酵母用温水化开，放白糖、盐各一勺，加入适量的面粉搅成糊状使其发酵，待酵母糊充分发酵成泡沫状时，将适

锡伯族面包烤制方法。

量的酥油化开，按比例加入砂糖，打入四五个鸡蛋，拌成雪花状，然后倒入酵母糊和适量牛奶中再搅拌匀，将干面粉徐徐倒入，和成柔软的面团，放在温暖的地方使其发酵。待面团发起，里面呈蜂窝状，扒开一闻，酵母香味扑鼻，方取出面团，掺入干面粉轻揉并擀制成与烤盘大小相同的长方形面饼，放入烤盘内，在其表面均匀涂上一层果酱，再取一团面制成圆形或条形铺在果酱上，放置30分钟后，在面团上抹一层鸡蛋糊，送进烤炉烘烤。出炉的“皮罗格”油亮金黄，入口酥软香甜，营养价值高，深受老人、小孩的欢迎。

烤制“皮罗格”（俄式面包一种）已是当地锡伯族居民逢年过节待客的必备食品之一。

制作好的“皮罗格”和已出炉的“皮罗格”。

把新鲜的活鱼破肚收拾干净。

用一根稍粗并比鱼身长 20 多厘米的红柳枝沿鱼脊竖穿插入鱼身。

叶尔羌河烤鱼

叶尔羌河流域有 42 座水库，每座水库都有一个大渔场。在大漠边缘的麦盖提、巴楚、伽师等地吃鱼，比海边城市还方便便宜。

假如您有机会到生活在河湖两岸的维吾尔族家里做客，好客的主人一定会驾着独木舟或小木船去河湖里打来鲜鱼，当场破肚洗净摊平，用红柳枝条从鱼中穿过形成骨架，像风帆那样在沙滩上插成一圈，在圈中燃起木柴、麦草秆、甚至干牛粪火进行炙烤，待半

用几根筷子粗细的红柳枝条横着穿入鱼腹。

熟时再撒上茴香、盐、辣椒面等作料，两面都烤熟烤黄后，他们使用铁叉将鱼挑到事先铺好的芦苇叶子上或瓷盘上，请您和他们一起就地手抓而食。这种烤鱼金黄酥软，皮脆肉嫩，味道鲜美。尤其叶尔羌河下游平原水库较多的麦盖提县及巴楚县的烤鱼最负盛名，烤制方法独特，烤鱼鲜嫩不腥，香脆可口，别具风味，是当地维吾尔主人盛情款待客人的一道美味佳肴。

待半熟时，再放到木炭余火上准备撒佐料。

撒上茴香、盐、辣椒面等佐料，两面都烤熟烤黄后，即可食用。

依次将鱼插在地上呈圆弧形或一字形，鱼背向外，将干柴放在鱼的腹部一面点燃烘烤。

诺鲁孜粥制作方法

诺鲁孜粥的主要成分是未经加工的谷种。

诺鲁孜节是“春天之首”辞旧迎新的意思，标志着新一年的到来。每年农历的春分日，即公历 3 月 21 日前后举行。为了欢度节日，新疆维吾尔、哈萨克、柯尔克孜、塔吉克、乌孜别克等民族，家家户户在节前都打扫屋内外卫生，准备过节食品。节日的食品主要是用没有经过加工的原粮，即小麦、豌豆、黄豆、大豆等七种谷种用大火煮，然后再加入贮藏过冬的羊肉、马肥肠、马碎肉灌肠 、马脖

每年农历的春分日，为了欢度节日，新疆维吾尔、哈萨克、柯尔克孜、塔吉克、乌孜别克等民族，家家户户都用没有经过加工的原粮，即小麦、豌豆、黄豆、大豆等七种谷种和肉、菜熬诺鲁孜粥。

肉、马盆骨肉、奶油、奶疙瘩，以文火慢熬成诺鲁孜粥，快熟时再加入胡萝卜、土豆等七种蔬菜即可。人们选择春分这一天过诺鲁孜节，是因为这一天的昼夜时间相等，阳光明媚，将进入播种时期。所以认为，在这个时辰喝了诺鲁孜粥会给人间带来好运，来年就能老幼平安、五谷丰登、六畜兴旺。

为诺鲁孜粥配制蔬菜。

人们身着鲜艳的民族服装，成群结队地走家串户，互相拜年。拜年时，宾主互相拥抱，祝贺新年，一起吃诺鲁孜饭，唱诺鲁孜歌。歌词多为祝愿大家在新的一年里五谷丰登、六畜兴旺。

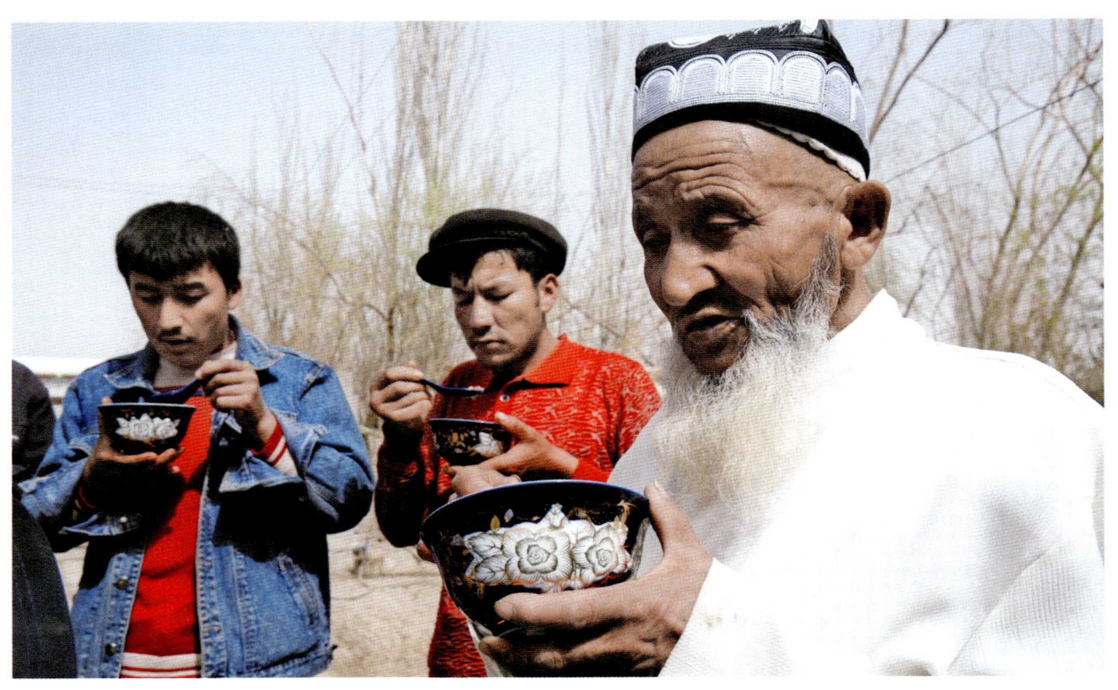

特色小吃凉粉

提起凉粉，人们都知道这是新疆回族人的传统小吃。如今，凉粉这个特色小吃，已经以它极其独到的优势，成为新疆各族人民喜爱的特色小吃。凉粉摊点已遍布新疆各大城市及乡村。

凉粉的吃法以冷调和热炒为主。冷调以酸辣为主，不仅好吃，而且有去暑、消热的功效；热炒的凉粉不烂片儿，吃着酸柔、清爽利口。

凉粉是把绿豆浸泡后经过打浆、发酵、撇浆、提取淀粉、熬制而成。绿豆有清热解毒的作用，做成凉粉后，既好吃充饥，又能驱病健身。

阿克苏市阿依库勒镇塔什塔村的特色小吃——凉粉摊点之一。

阿克苏市阿依库勒镇塔什塔村的特色小吃——凉粉摊点之二。

塔里木河维吾尔族罗布人家的饮食

位于尉犁县西南的琼库勒牧场，有千姿百态的原始胡杨林，塔里木河与渭干河在这里交相辉映，塔克拉玛干大沙漠一望无际。划独木舟、食烤鱼、讲罗布泊方言的罗布人就生长在这里，是维吾尔族的又一支系。

罗布人是新疆最古老的民族之一，清朝以前，罗布淖尔水边，生活着400到500户罗布人。因长期生活在封闭的社会环境中，与外界隔绝，他们没有严密的社会组织，没有武装，没有文字，讲着浑浊的罗布语。在经济生活上，他们“不种五谷，不牧牲畜，唯划“卡盆”（胡杨独木掏成的小舟）捕鱼为食”。20世纪初期以前，罗布人还主要以渔猎为生，划“卡盆”捕鱼，夏季捕的鱼淹晒制干备冬季食用。后来由于生态环境的改变，罗布人单一食鱼的时代已一去不复返，现今他们受迁徙来的其他地区的维吾尔族、汉族、回族等民族的影响也养了牲畜，种了地，过上了和现代农、牧人一样的饮食生活习俗。

如今，罗布人居住区建立了旅游景点，开设了饭店、旅馆，旅游者可以在这里赤脚爬沙山，逛胡杨林，吃罗布人的烤鱼，喝鱼汤。

塔里木河维吾尔族罗布人家的早餐。

乌鲁木齐市叫卖早餐油条的维吾尔族人。

喀什市巴扎上，用各种果仁和糖稀制作的特色小吃。

喀什市巴扎上的特色小吃缸子肉。

新疆的"吆喝"

从前在新疆各地的巴扎上，你都可以看到有头顶油炸食品叫卖的，也有左手挎水果篮子,右手拿着一杆秤叫卖的,还有叫卖自制饮料的,以及每个饭馆、各种手工艺品制作等小商小贩门前几乎都有各自专门的吆喝用语及专门的声调。这种吆喝起源何时已无从考证，他不像大都市商场内为促销商品而进行的大喊大叫。而是以吆喝人的幽默风趣,极丰富面部表情和特有的夸张和自我嘲弄，听罢能给前来就餐或路过者带来无比的快乐和享受。如今这些街头吆喝逐渐被现代文明的商品经营方式所取代。

喀什街头的特色小吃

喀什街头上的特色小吃著名的有:烤全羊、烤羊肉串、抓饭、包子、烤馕和拉条子等,但花样繁多的其他小吃也很有特色，如油条、缸子肉以及各种果仁和糖稀制作的特色小吃……

民居与交通

布尔津县禾木乡白哈巴村落。

居住民俗

民居建筑是人类精彩的文化之一，不同地区的文化氛围产生风格各异的民居建筑。每个民族的文化各有特色，每个民族的民居建筑都具有不同民族文化特色。

新疆地域辽阔，是一个多民族聚居地区。不同民族所处的地理环境、气候条件多有不同，生活习俗也有所不同，各地的民居建筑风格也各具特色。

新疆民居建筑的形式主要取决于地域的气候和建筑材料，至于民族的迁移，宗教的改变，并未改变在一定经济条件下的地方特点，如酷暑区生土半穴居窑洞、森林区井干式木房、草原的毡帐以及绿洲的木构密梁平顶等。

民间建筑可分为两大类：一类是牧区的民居；另一类是农区的民居。民间建筑分布广，数量多，不像官式建筑，都有一整套程序化的规章制度和做法，而民居的建筑是根据当地的自然条件、居民的经济水平和建筑材料特点，因地因材建造房子。

新疆的民居建筑，通常建造者和使用者是相同的。他们自己设计、自己建造、自己使用，因而民居的实践更富有人民性、经济性和现实性，也最能反映本民族的特征和本地的地方特色，并且与各民族人民的生活生产密切相关，具有明显的地方特色和浓郁的民族特色。

新疆的官式建筑有宫殿、陵寝、寺庙、宅第等。

交河故城

交河故城坐落在吐鲁番市以西雅儿乃孜沟河水冲砌的大约28~35米高的崖台上，台地周缘形成了高达几十米的断崖，地势险峻，易守难攻，自古就是兵家必争之地。它是历史最古老、保存最完好的生土城市建筑遗址，1961年被列为国家级重点文物保护单位。

从高空俯视，整个故城的形状有点像柳树叶，长约1.7千米，最宽处约0.35千米。据说此城有两条河流绕城在城南交汇，故名交河。

交河故城基本上是通过挖掘天然生土建

交河故城。

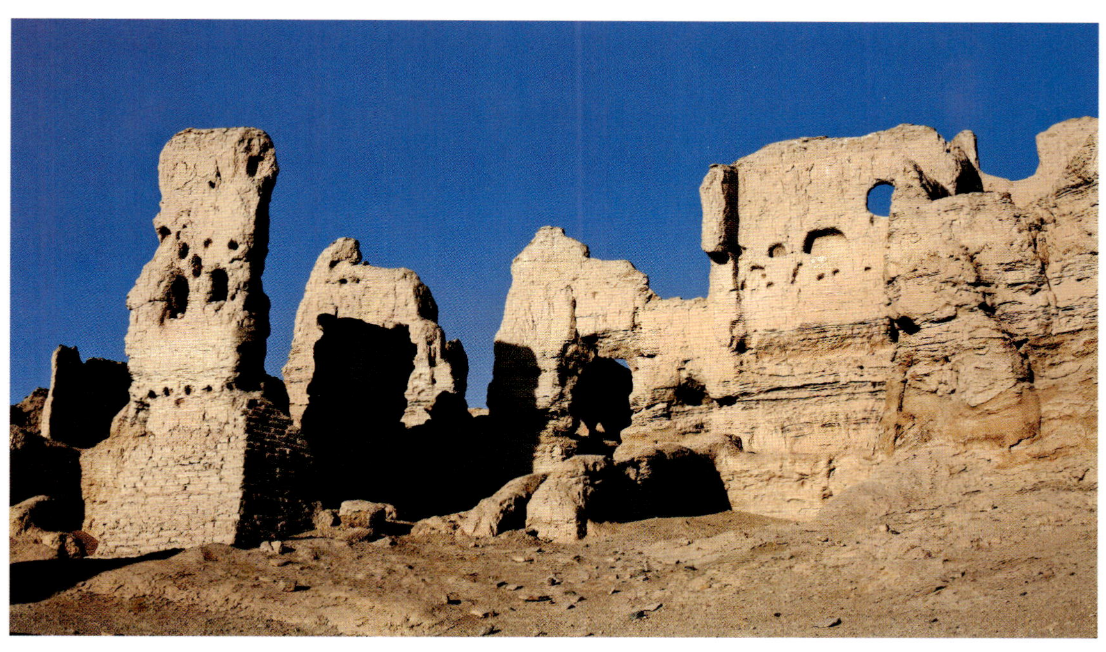

贯穿南北的一条中心大道把居住区分为东、西两部分。

筑而成的，最高建筑物有五层楼那么高。由官署、庙宇、民居、塔群和作坊等建筑组成，总面积约 47 万平方米，其中建筑面积大约 37 万平方米，主要集中在故城的东南部，占故城总面积的 3/5。

城内的建筑大多为唐代所建，也有相当一部分为回鹘人所建或改建。如今交河故城的规模大体为唐代的建筑。

交河故城北有车师王族的陵墓。早在公元前 1 世纪前后西汉时期，当地土著的车师前国就在这里建都，当时有“户七百、口六千五十，胜兵八百六十五人”，是车师前国政治、经济、军事和文化的中心。450 年，来自河西的北凉残余沮渠安周(沮渠安周：? —460 年，北凉国君主)攻破交河，灭车师前国。

大道东区北部民居。

其后到 9 世纪中期，交河一直是中原王朝统治下的郡县属地，并曾是唐朝在西域的最高军政机构——安西都护府的所在地。

840 年，回鹘人占据吐鲁番，交河是回鹘王国的属下重镇。1383 年，察合台汗国黑的儿火者汗攻破交河，交河城逐渐毁弃。

1994—1996 年，考古工作者对这一大型遗址中的部分重要遗存进行了发掘，出土了一批文物，有汉代车师人的遗物和遗迹，有唐代占据交河的汉人的遗物和遗迹，有回鹘人的遗物和遗迹。

经历了大约 2300 年的战争烽火、自然灾害、人为破坏的考验，交河故城俨然像一名勇士屹立在那里。

交河故城之所以历经千年沧桑还能够奇

西北区民居。

迹般地保存其主体结构，是因为吐鲁番地区气候干燥少雨。

据有关专家分析，交河故城的建筑布局主要由明显可见的三个部分组成：贯穿南北的一条中心大道把居住区分为东、西两部分，大道北端是一座规模宏大的寺院。以寺院为中心构成了北部的寺院区，这一区的建筑面积约为 10 万平方米，建筑多是长方形院落，院落门向着所临街巷。从每所院落的平面布置来看当为寺院，尤其是主室里都有一个方土柱，应是神坛或塔柱。大道东区南部为大型民居区，建筑面积约为 8 万平方米；北部为小型居民区；中部为官署区。大道西区除大部分为民居外，还分布有许多手工作坊。

城中大道两旁皆是高厚的街墙，临街不

东城门，在 30 米悬崖上挖凿而成。

整座城市的大部分建筑物不论大小基本上是用“减地留墙”的方法，从高耸的台地表面向下挖出来的。图为大道西区民居的内饰。

设门窗。大体南北、东西向垂直交叉、纵横相连的街巷把37万平方米的建筑群分为若干小区，颇似中国内地古代城市的坊、曲。

这种建筑布局反映出交河故城在唐代曾经进行过一次有规划的重修改建，而唐代以前旧城痕迹则早已大不相同了。

从城市布局来看，它一方面受到了中原传统城市建筑的影响，另一方面又独具地方特征。以街巷为骨架的交通网络、城门及其他建筑，在营建时，无不把军事防御作为其建筑指导思想，整座古城就是一个巨大的军事堡垒，反映出了历史上这一地区激烈的民族矛盾和社会矛盾。

令人惊奇的是，建筑形式除了没有城墙外，还有一个明显的特征，即整座城市的大部分建筑物不论大小基本上是用“减地留墙”的方法，从高耸的台地表面向下挖出来的。寺院、官署、城门、民舍的墙体基本为生土墙，尤其是街巷，幽深、蜿蜒。

有学者认为，这座城市就是一个庞大的古代雕塑，其建筑之独特，不仅国内仅此一家，国外也罕见其例，体现出古代劳动者的智慧和神奇的创造力。

东北中部官署建筑。

东北部狭长而幽深的街巷。

高昌故城。

高昌故城

高昌故城在今天的吐鲁番市东面的三堡乡。大约 200 万平方米，分为宫城、内城、外城三层。城的周长近 6000 米，残高 10 米左右。现在残存的部分是马面和瓮城遗址等等。高昌故城公元前 1 世纪始建“高昌壁”，5 世纪时它是北凉的都城。唐代为西州的政治、军事中心所在地。13 世纪末毁于战火。虽历经 2000 多年的风吹日晒，故城轮廓犹存，城墙气势雄伟屹立在火焰山下。1961 年被列为国家重点文物保护单位。

现在残存的遗址是在唐代高昌城的基础上经过回鹘时期进一步改建、扩建过的残存的遗址。

城堡建在高约 20 米的高丘上，城虽小，地势却极为险峻。城外建有多层或断或续的城垣，隔墙之间石丘重叠，乱石成堆，构成独特的石头城风光。

石头城

石头城位于塔什库尔干塔吉克自治县城北侧，南有海拔 8611 米的世界第二高峰——乔戈里峰，北有海拔 7546 米的“冰山之父”——慕士塔格峰。是古丝道上一个著名的古城遗址。

汉代时，这里是西域三十六国之一的蒲犁国的王城。大约在偈盘陀时期，这里开始大规模建造城郭。唐朝政府统一西域后，这里设有葱岭守捉所。元朝初期，大兴土木扩建城郭，旧的石头城换了新颜。光绪二十八年（1903 年），清廷在此建立蒲犁厅，对旧城堡

城中布满乱石，原有建筑物已全部塌圮。

进行了维修和增补修缮。现存的石头城遗址基本上反映了清代的建筑格局。

石头城位于一个高约 20 米的孤丘上，城围呈椭圆形，周长 1300 多米，城分内外两部分。外城已遭严重破坏，只能见到城墙、炮台和民居的残址。城外建有多层或断或续的城垣。内城保留较完整，古代城堡的规模依稀可见。城基石砌，城墙用泥、石砌成，还有几处用土坯修筑的哨所和炮台。辕的四角有四座大门，其中东北角外城的大门保留较为完好。 城东有寺院，城西和东南部残存 40 余间居址。城下有一宽约 3 米的土路，路旁有三五户人家，有一条小溪，上建小桥，宽不过三步，即古代丝绸之路所经之地。

城堡的东北角外城墙保留较为完好。

城基由块石砌筑,墙上有垛口,是了望口。

城外建有多层或断或续的城垣。

城内东北角的哨所炮台和神龛。

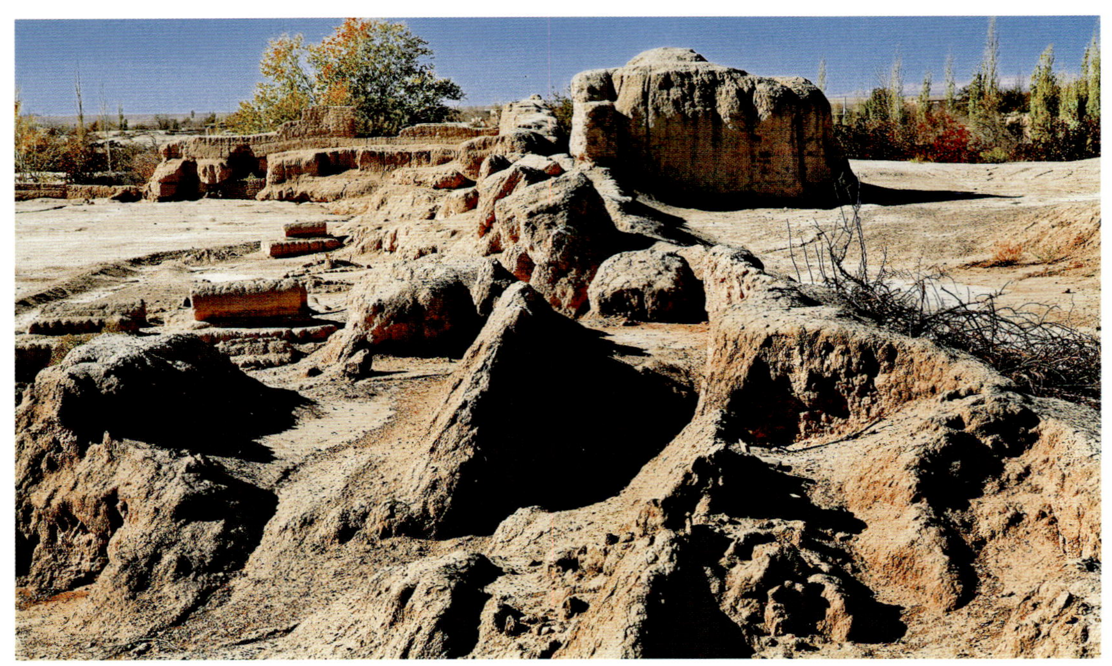

拉甫却克古城遗址。

拉甫却克古城

拉甫却克古城是著名的双代古城（汉代和唐代）。古城位于哈密市五堡乡四堡村内，距哈密市区约 65 千米。1957 年被列为新疆维吾尔自治区重点文物保护单位。

古城颇具规模，有南北二城，平面呈“吕”字形。由于白杨河水自两城间流过，致使古城遭受破坏。城内已被辟为村民居住地或果园，原有建筑大多被毁。城西北角有角楼，城内有残存的房屋和土墩。有的房屋呈洞窟式，洞内有壁画。城北有残存的烽火台及佛寺遗址多处，一直延伸到白杨沟上游。

哈密市五堡乡四堡村拉甫却克古城遗址。

拉甫却克古城北处的佛寺遗址。

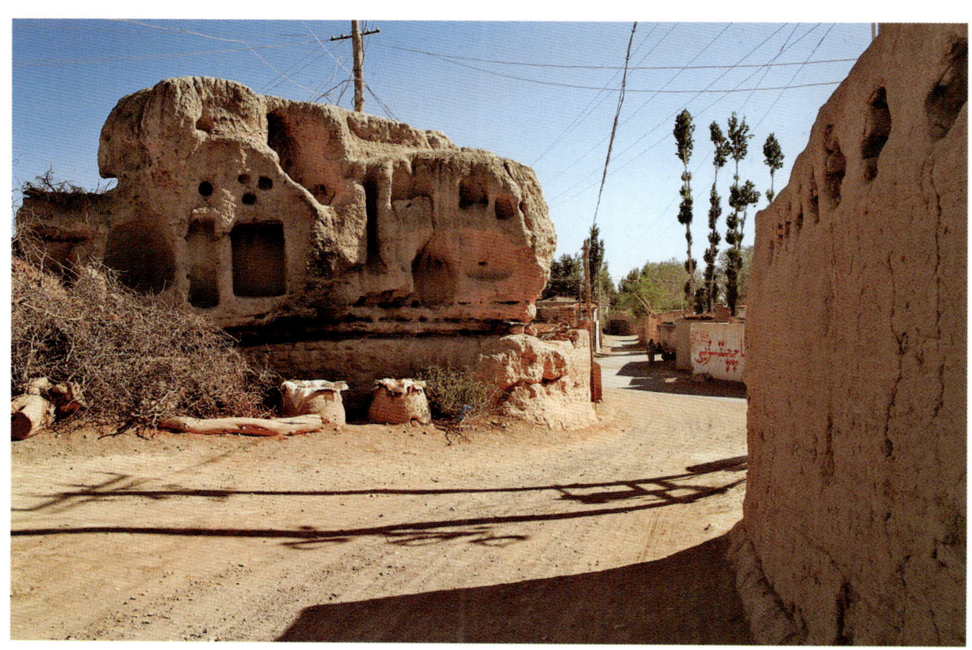

庄严华丽的阿帕克·霍加墓

阿帕克·霍加墓又名香妃墓，位于喀什市东北约5000米处。占地面积约2万平方米，始建于1640年前后，是一座典型的伊斯兰式陵墓建筑。现为国家级重点文物保护单位。

陵园是一组构筑得极其精美宏伟的古建筑群，陵墓由门楼、小礼拜寺、大礼拜寺、教经堂和主墓室五部分组成。

主墓室在陵园东部，是这处建筑群的主体建筑，造型宏伟壮观，风格华丽庄严。为整个建筑群之冠，也是新疆最为宏大精美的陵墓。主墓为方体圆顶，横长36米，纵深29米，通高27米。墓室四周的墙上，由绿色琉璃砖贴面，间以黄蓝两色瓷砖镶嵌，瓷砖表面绘有彩色图案，还有阿拉伯文警句。

大礼拜寺在陵园的西半部，名“文衣提甲依”，节日期间供教徒们做礼拜用。

小礼拜寺和门楼是一组最外面的建筑物，彩绘和砖雕图案十分精美。寺外有一池清水，林木参天，清幽宜人。

墓室内的墓台上，排列着大小不等的58个坟丘，埋葬着阿帕克·霍加五代72人。阿帕克·霍加墓是我国古代维吾尔族建筑艺术的典范。

喀什市阿帕克·霍加墓（俗称香妃墓）。

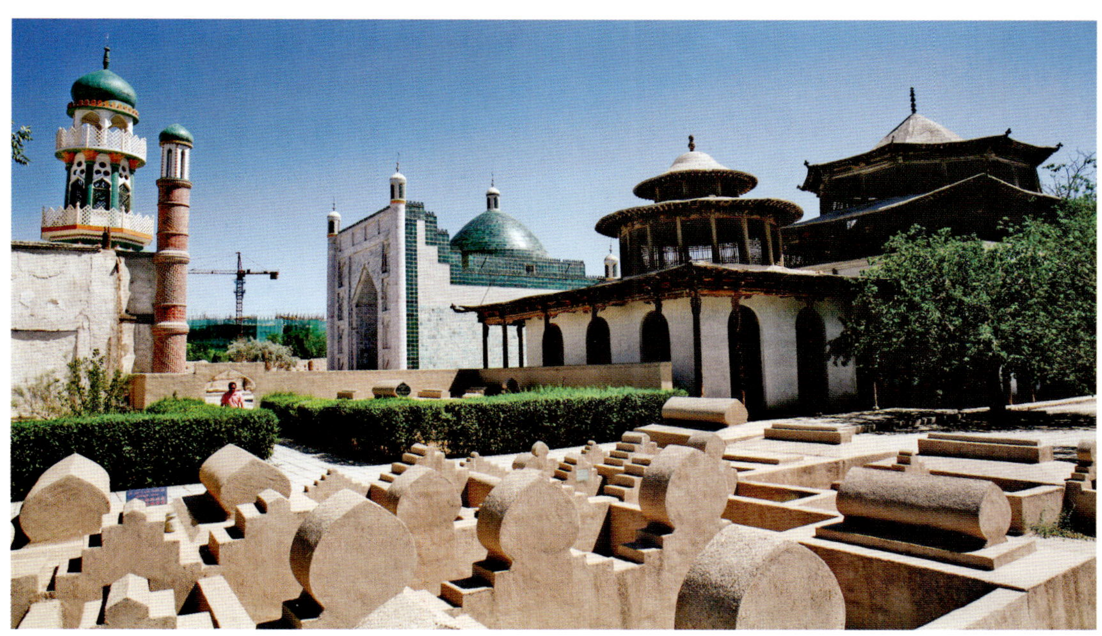

哈密回王墓全景。

风格精美的哈密回王墓

哈密回王墓位于哈密市回城，现存东部高大建筑物是七世回王伯锡尔的大拱拜（拱拜原来有“穹隆顶”的意思，指阿拉伯风格的建筑，引申为“圣人墓”）。修建于清光绪初年，是哈密历代回王及王室成员的墓葬建筑群。占地面积约 1.3 公顷。现为新疆维吾尔自治区级文物保护单位。

20 世纪，哈密回王墓全景。

哈密回王是清代哈密维吾尔族的地方封建领主，统治时间较长，从康熙三十六年（1697 年）第一代回王额贝都拉受封起，至民国十九年（1930 年）末代回王沙木胡索特止，历经九世，共 233 年。现存回王墓建筑群中，保存较好、处于突出地位的建筑是七世回王

哈密回王墓室内釉面砖装饰。

南边东面回王陵墓的内景。

南边西面回王陵墓的内景。

伯锡尔的大拱拜。伯锡尔于清嘉庆十八年(1813 年)袭位,道光十二年(1832 年)晋封为郡王,同治三年(1864 年)赐亲王衔,同治六年(1867 年)被农民起义军处死,次年追封为和硕亲王。拱拜的建筑年代,有人认为是道光二十年(1840 年),也有人认为建于光绪初年。如今这片建筑基本完好,建筑高 17.8 米,底部东西长 20 米,南北 15 米,顶部则是墙垣支撑的穹隆顶,顶四周有平台,周围有围墙围护,四角上有塔柱。

大门侧有台阶延至墓顶,拱拜外墙均镶嵌蓝花祥云白底琉璃砖及绿花祥云白底琉璃砖,图案精美。拱拜大门向西开。

回王墓为新疆著名的伊斯兰建筑,下方上圆,建筑面积 1500 平方米,雄伟壮观,素雅庄严。

20 世纪 80 年代,哈密市人民政府拨款对大拱拜进行全面维修。1999—2000 年通过

门右边一角。

哈密回王墓旁的艾提卡清真寺内景。

政府拨款的形式对七世回王陵、清真寺进行了保护维修。

陵墓建筑群共分三部分：第一部分为大拱拜，埋葬着七世回王伯锡尔及其大小福晋、八世回王莫哈默得及其王妃、王族 40 人。

第二部分为南边的五座亭木式结构小拱拜，东西排列，为历代回王陵墓。其建筑融合了伊斯兰文化、中原文化的建筑风格，独具特色。现完整保存的只有两座。

第三部分为艾提卡大礼拜寺。该寺东西长 60 米，南北宽 36 米，占地 2280 平方米，可容纳 5000 人做礼拜。大寺顶棚内由 108 根雕花木柱承重，四壁饰花卉图案及阿拉伯文古兰经。艾提卡大礼拜寺是哈密地区最大的清真寺，是维吾尔族穆斯林举行会礼的场所。

哈密艾提卡清真寺一角。

艾提卡清真寺阿訇宣礼台。

吐鲁番郡王府

吐鲁番郡王府位于吐鲁番市区东郊的葡萄乡木纳尔村，距吐鲁番市区2000米，周围葡萄园环抱，环境优美。

吐鲁番郡王府是清王朝期间，吐鲁番郡王额敏和卓生活和主持政务、指挥军事的地方。其主人额敏和卓不仅是当时吐鲁番维吾尔族的领袖、清政府的参赞大臣，也是一位杰出的爱国者和军事家。

原吐鲁番郡王府占地数百亩，有房数百间，设有议事厅、接待厅、正宅、清真寺、兵营、马厩等。1933年被盛世才的军队放火烧毁。现在的郡王府是根据史料记载基本按以前的维吾尔族建筑风格、布局和规模恢复兴建的，占地面积约14667平方米，宫殿建筑面积约2500平方米。

吐鲁番郡王府大门。

吐鲁番郡王府。

吐鲁番郡王府。

吐鲁番郡王夏府

吐鲁番郡王府夏府位于吐鲁番地区鄯善县达浪坎乡的乔牙村，自治区文物保护单位，是一座具有伊斯兰文化、中原文化建筑风格的带凉棚的两层楼。建于民国时期，是末代吐鲁番郡王避暑办公的场所。建筑面积约1100平方米，分上下两层，前有巨大的凉棚，由12根高大挺直的柱子支撑。一楼与二楼以外用木制楼梯连接，二楼有两米宽的走廊。它的窑洞式的建筑风格和布局非常适合于生活在干燥酷热的吐鲁番地区的人居住（冬暖夏凉）。郡王府的整体建筑融合了中原文化及中亚伊斯兰传统建筑文化艺术，建筑风格独特，是吐鲁番伊斯兰教风格中保存最完好的建筑之一。

达浪坎尔沙郡王夏府。

吐鲁番郡王夏府全景。

吐鲁番郡王夏府屋内一角。

吐鲁番郡王夏府二楼过厅。

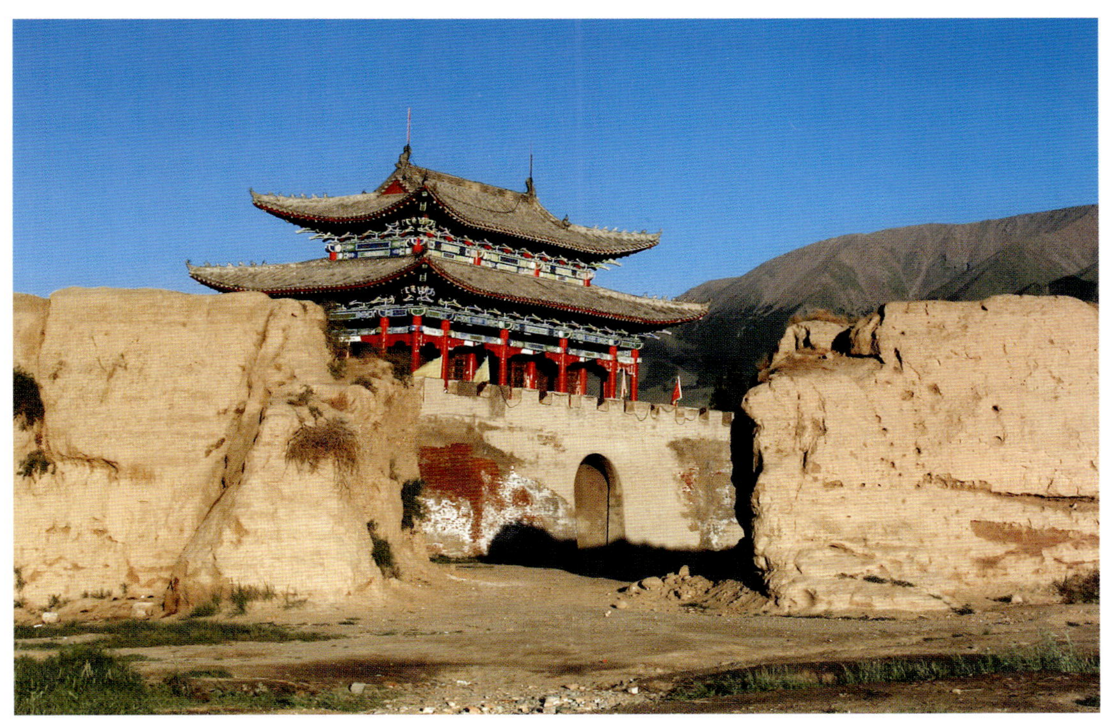

巴里坤汉城西城门楼。

巴里坤古城

巴里坤古城由两个城垣毗连而成。西边的叫汉城，因里面居住的是汉族而得名。

汉城建于清朝雍正九年（1731 年），是为宁远大将军岳钟琪军队所建造的“绿营兵城”。城墙周长 4000 余米，为长方形，东西长 1553.5 米，南北宽 788.7 米。西城门外有翁城，半径为 35.4 米，基本保存完好，其余 3 座翁城已毁。汉城开有 4 个城门。城墙上有门楼 4 座（均毁），还有垛口 3600 个，炮台 7 座，马道 8 座，四角设有角楼。城外挖有护城河并设吊桥 4 座，城墙高 6.8 米，底宽 6 米，顶宽 4

米，上筑女儿墙高 0.5 米，宽 0.6 米。据史料记载，汉城是由岳飞第二十一代孙、陕甘总督、宁远大将军岳钟琪督军修建的。据说当年筑城时，岳钟琪的部队就驻扎在城南的山包上，因此这个山包得名“岳公台”。人在城里仰望岳公台，因天气晴阴而有所不同，有时高大雄伟，近在眼前，似伸手可触；有时遥远缥缈，因而成为八景之一的“岳台留胜”。关于汉城的修建还有一个美妙的传说：地处沼泽地带的北城墙，修筑时很不容易，修起便塌。岳钟琪正为这件事发愁，梦见先祖岳飞指点迷津，梦醒走出帐外，果然见有一匹白马拖长缰而行，于是就沿缰绳痕迹筑城墙，才得成功。

巴里坤汉城西城门楼炮台。

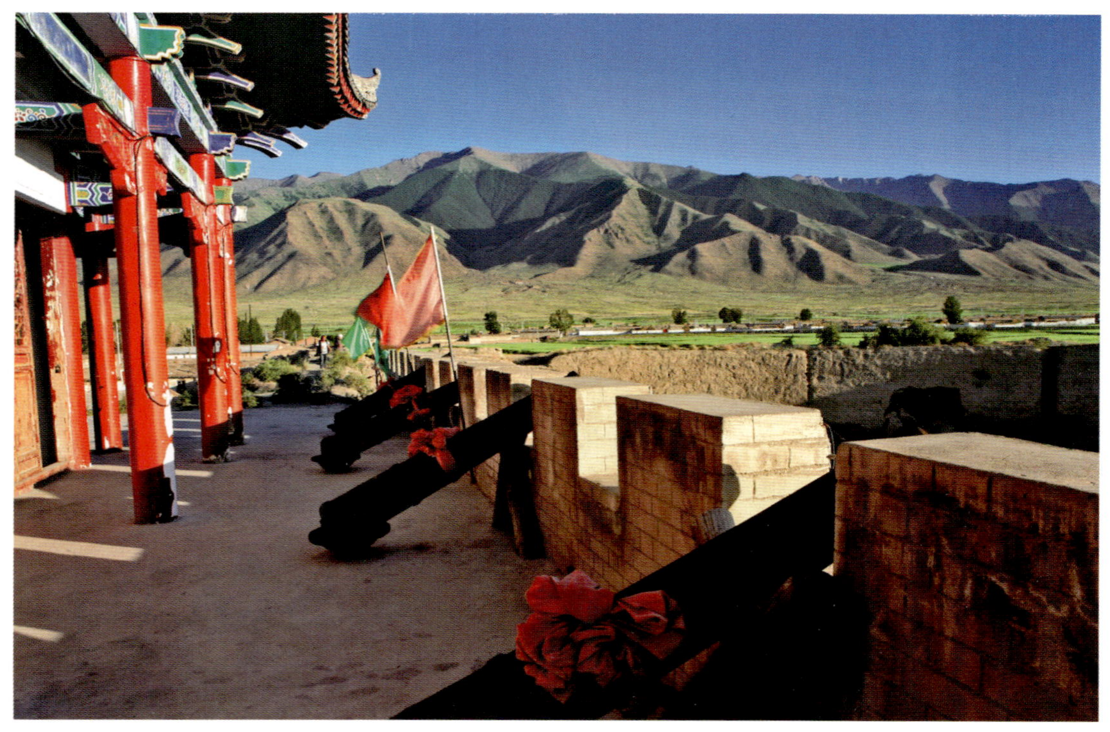

巴里坤汉城，200多年来一直在军事上发挥着重要作用。直到新中国建立之后，天下太平，城墙才失去其军事作用。

满城修建于清朝乾隆三十七年（1772年），驻扎满洲旗兵，而得这个名称。城墙周长3000米，高6.6米，原来也有4个城门及4个角楼、炮台12座，垛口1161个，4门都筑有4座小翁城。19世纪末，随着旗兵撤离，人走城空，房屋拆毁，城墙坍塌。

巴里坤汉、满两城首尾衔接，登高俯视，苍茫草地一碧如海，而两座城如海中游动的两条扬子鳄，昔日共同承担着保卫国家疆土的重任。

巴里坤满城东城门。

巴里坤汉城古粮仓。

巴里坤汉城西城门楼外的翁城保存较为完好。

布尔津县禾木乡禾木河大桥。

就地取材的蒙古族图瓦人的房屋

在阿尔泰山、天山靠近森林的地带，生活着哈萨克族、蒙古族图瓦人和柯尔克孜族等居民，他们的居所通常是井干式木屋，即用圆木横叠做外墙，剖锯后开门开窗，整个构造不用一根铁钉，俗称“垛木房”。

自古以来，人类就有“挖地建穴、构木筑

布尔津县禾木乡图瓦人村落。

巢”之说，就地取材，以最简单的技术、最廉价的成本建造庇护所，才使得人类能够在严酷的自然环境中繁衍生息。

井干式木屋构造虽然简单，却很坚固。通常从地面向下挖下去30厘米左右的槽沟，把圆木横嵌在沟底，然后将一根根砍了刻口的圆木纵横交错地嵌垒，相互咬合而成，这种构造如同古时水井井框的铰接做法，所以称“井干式”木屋，其平面呈矩形或八边形。

布尔津县白哈巴村图瓦人井干式矩形木屋内景。

布尔津县白哈巴村图瓦人井干式六边形木屋内景。

布尔津县禾木乡图瓦人村落。

布尔津县白哈巴村图瓦人井干式四边形木屋外景。

布尔津县禾木乡图瓦人家井干式矩形木屋。

搭建毡房骨架。

用红柳木制作毡房骨架。

空间阔绰的草原毡帐民居

在草原上过着游牧生活的哈萨克、蒙古、柯尔克孜等民族，主要居所就是毡房，这已有 2000 多年的历史了。

毡房是一种从平面到立面、形体都极为简洁的建筑，既能遮阳隔热，又能避寒挡风，搭建、拆卸很方便，并且不用做基础。房高一般在 3 米左右，占地面积二三十平方米。四周是环形的毡墙，毡房最外层的围护材料是用未脱脂的羊毛擀成，厚度在一厘米左右；顶部做成 40° 左右的坡面，便于泄水。

搭建好的毡房骨架。

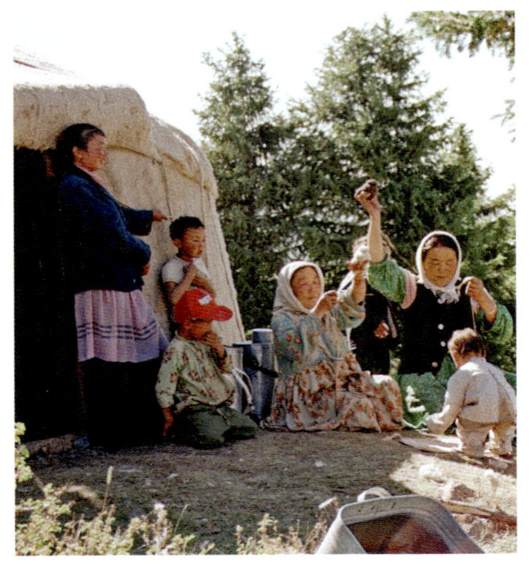
用一根棍捻缝制毡房大毡和编织“帕拉斯”的羊毛线。

毡房的骨架是用戈壁滩上的红柳木做的，外围的墙篱是用芨芨草编的，横竖交错成菱形的围墙也是用红柳木做的，连接的材料是牛皮绳和牛筋，节点为铰接。

门框和门用松木制作。除此以外，整个毡房不用一枚钉子，而是用大量的毡子和毛绳。毡房是通体绑扎在一起的圆形，整体性强而且具备了极好的柔性结构。

毡房民居用最少的材料获得了最大的面积和空间；用最轻的结构获得最强的刚度；用最佳的形体削弱大风的影响；利用畜牧业的原料，便于人力的拆装，适合牲畜驮运，这就是毡帐建筑久盛不衰的根本原因。

外围的墙篱是用芨芨草编的。

各民族的毡房构造基本相同，外形稍有差别。哈萨克族和柯尔克孜族人的毡屋转角处呈圆弧形，而蒙古包则较平直。哈萨克族毡房门朝东，柯尔克孜族毡房门朝东南。毡房的内外图案、纹样、色彩和内部布置，各民族各有其特点。

毡房内部的住宿和放物处，各民族之间差不多，但布置有些差别。一般前半部分放物品、用具，后半部分住人、待客，正中对天窗放炉子。

牧民们一年要搬十几次家，在春、夏、秋三季住蒙古包和毡房，到了冬天则住土房、木屋、地窝子和石头房。

缝制毡房大毡。

哈萨克族传统的毡房用品木床之一。

哈萨克族传统的毡房用品木床之二。

毡房内布置，不同的民族各有特点。

毡房内装饰。

搭建完工的毡房。

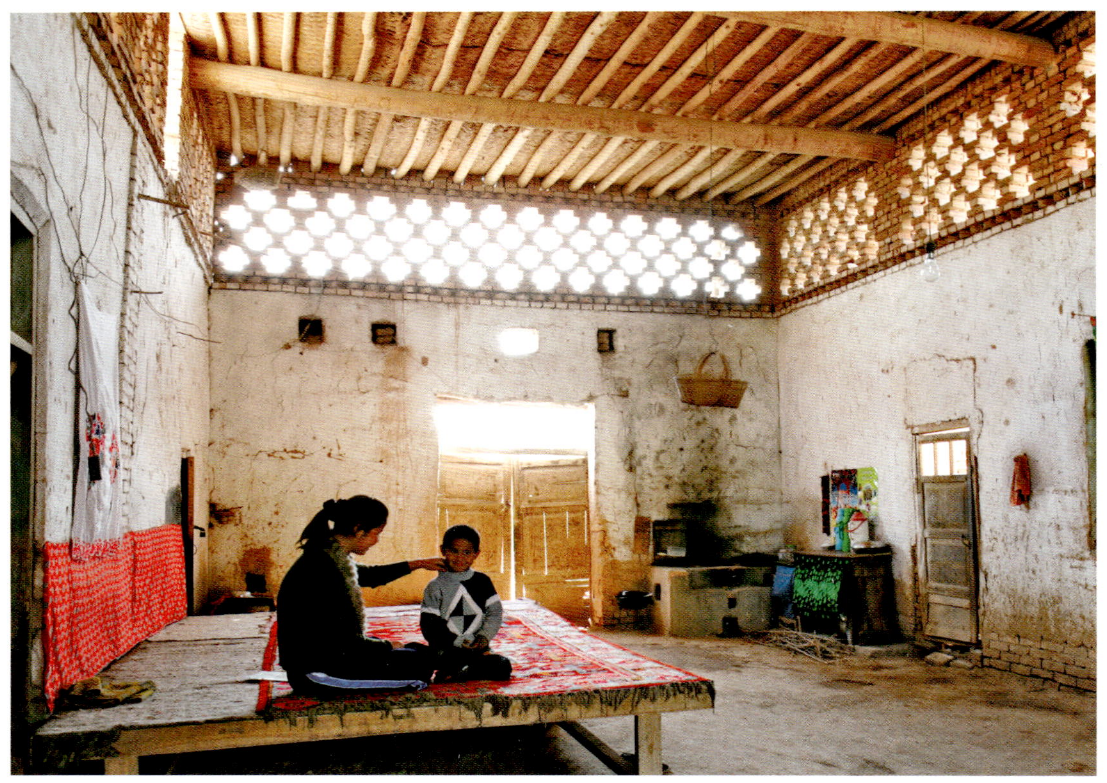

鄯善县民居庭院。

冬暖夏凉的农区房屋

新疆绿洲分布广泛，大小总计有 8000 多个。绿洲民居建造相对较集中，民居的结构类型主要有木构架及生土木结构。

木构架是用立柱支撑底部卧梁和上部顶梁而形成，屋盖部分为密置小梁，上作草泥屋面。围护墙做法有两种：

编笆墙：在木构架上加密支柱和水平撑挡，用树枝条、红柳、芦苇束在构架上编成笆子，然后抹泥而成。

插坯墙：在木构架的立柱间加密立杆或斜撑并水平支撑后，用土坯斜插在立杆间空隙内，墙两侧抹泥压光而成。木构架建筑具有

吐鲁番市红砖砌筑的房屋和庭院。

鄯善县吐峪沟村民居庭院。

较好的抗震性能，广泛用于新疆南部地震多发区。

生土木结构墙体的构造方法有两种：一是生土夯筑，二是土坯砌筑。夯筑墙一般不做基础。夯筑用木夹板做模具，分层分段进行。为了抗震，在夯筑墙的转角处每隔 20 厘米高放置十余根芦苇拉接。夯筑墙下厚上薄，墙基约 80 厘米厚，上部约 50 厘米厚。

土坯砌筑墙下部基础通常用地产片石、卵石或红砖砌筑，埋深 60 ~ 80 厘米，高出自然地坪 30 厘米左右，上部土坯外墙厚度 50 厘米，内墙厚度 30 厘米。

生土木结构屋面采用木檩条、木椽条承重；上铺芦苇束或红柳束、厚麦草做保温层；最后用草泥做屋面，分三层抹好，总厚度约 18 厘米。

哈密市板房沟乡土坯砌筑的房屋内装饰。

室内墙顶由带状石膏花或手工木雕花镶嵌，与绘有彩绘的棚顶连为一体。内墙面上设有壁龛，挂有壁毯。地面铺有色调艳丽的地毯。

布局一般是前庭后院。前庭又分主人起居用房和客厅两部分。住宅由客厅、卧室、储藏室组成。客厅的布置较为讲究，通常设有火炕、壁炉、火墙，内部设回环盘绕的烟道，炊烟先通过火炕，然后通过空斗火墙排出，把炊事余热作为采暖热源二次利用得很充分。

后院大都栽植葡萄、无花果和石榴等果木。葡萄架既可蔽日纳凉，又可生产鲜美水果，种植和经营果园已是家庭经济收入的重要来源。

生土木结构具有就地取材、造价低廉、冬

尉犁县罗布人民居壁炉。

莎车县维吾尔族民居庭院。

鄯善县维吾尔族民居内装饰。

哈密市西山乡土坯砌筑的房屋内装饰。

暖夏凉等优点，应用很广泛。

现在很多富裕起来的维吾尔人修建了不少很有特色的民居，既保留了传统的前庭后院的庭院风格，又融入了现代气息和元素，红砖与梁柱式木建筑相结合，研磨拼图造型，雕刻工艺极好。

室内外通常多用石膏浮雕图案、彩添绘制图案、雕刻图案、雕花窗格图案、木雕组合图案和玻璃花等进行装饰，充分显示出维吾尔建筑的富丽堂皇和独特的使用价值，又体现出现代气息。

吐鲁番古村民居。

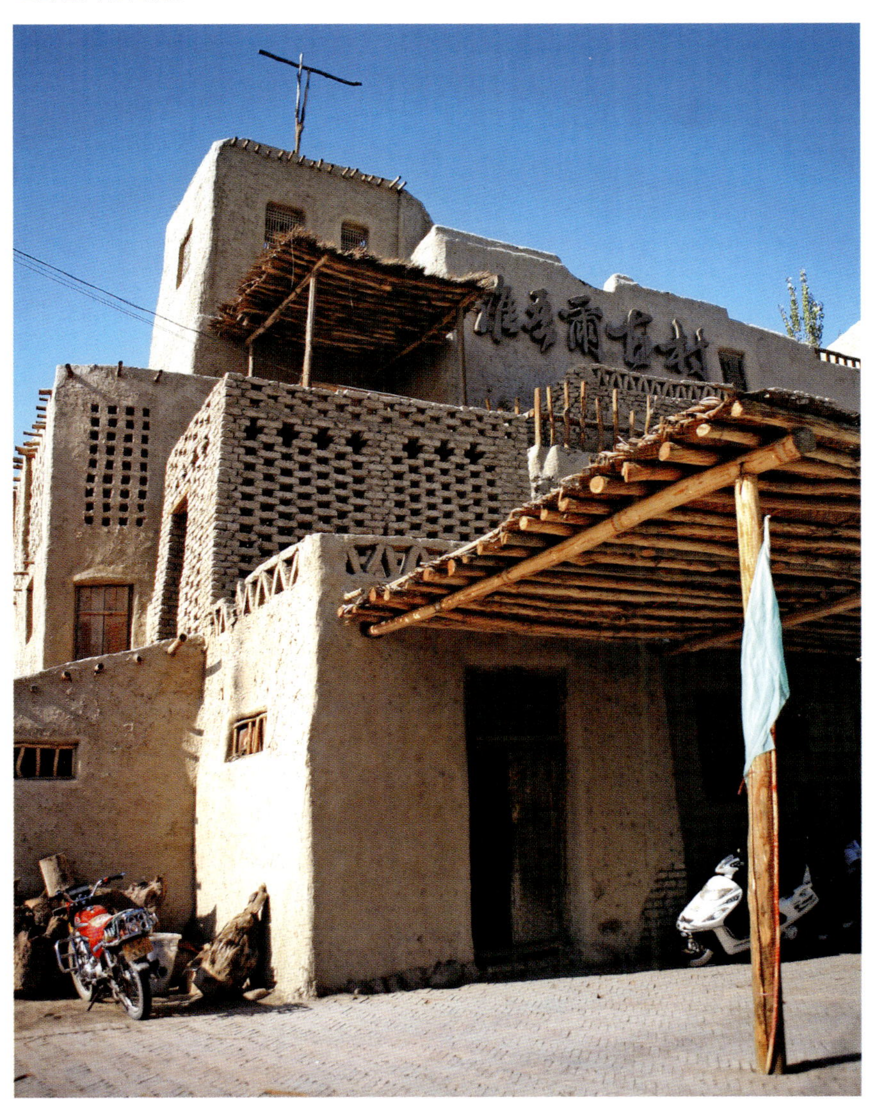

历史悠久的高台民居

喀什噶尔（简称喀什）老城东南吐曼河边的高台民居，维吾尔语为“阔孜其亚贝希”，意为“高崖土陶”。据说很久以前，有位维吾尔土陶工匠发现高崖上的土特别适合做陶器，于是便在高崖上开设了土陶作坊，他做的陶器远近闻名，高崖土陶因此而得名。

高台民居经数千年的演变，现有居民640多户，民居大多都有数百年的历史。许多民居院落都是七八代人传下来的，房的结构、屋顶、墙体、门窗，甚至颜色都依然如故。是目前新疆保留最完整的独具特色的维吾尔古代民居群落。

高台居民历史悠久，一户民居就是一部家族繁衍、生息、兴衰、延续的历史。如今仍可看到它古朴、自然的原始风貌。

大街小巷随民居的增设自然形成，弯曲而幽深。几乎没有横平竖直犹如棋盘的巷道。小巷两旁的民居，都没有“中轴对称”的讲究，均为顺应需要的自然构筑。爷爷的居室上面加盖爸爸的房子，爸爸的房子上面又加盖了儿子的房子……于是，在狭窄的小巷上空常常横跨着木架式过街土楼，使巷道呈现出奇特的空间造型。民居的特点是：独门独户，户户相连；每户几乎都有大小不等、形状各异的内院，屋门和窗户开向院内，既便于炊饮、纳凉、会客，又利于通风、换气、晾晒；各家院子里种着葡萄、无花果、花草盆栽，干净整

喀什高台民居小巷的孩子和妇女。

喀什高台民居。

喀什高台民居小巷。

喀什高台民居小巷的孩子。

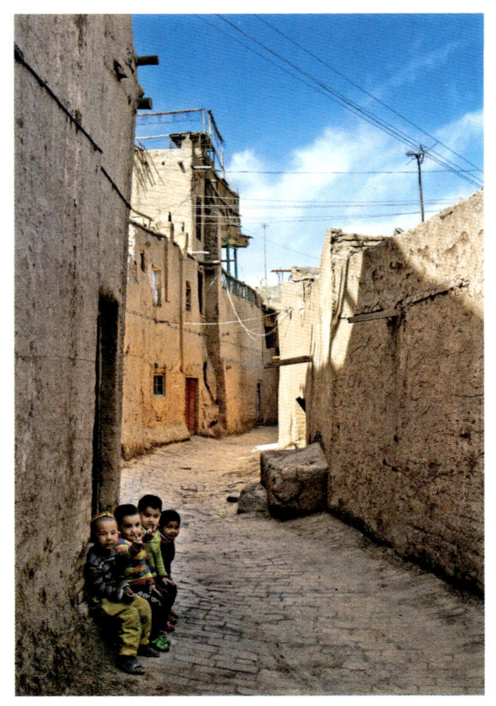

喀什高台民居小巷。

洁;室内装饰得艳丽华贵,富有维吾尔民族特色。

各户进院的大木门开向巷道。居室外墙设有高窗,以便借助小巷产生的风道作用,使室内的空气自然对流。

由于维吾尔族的宗族观念很强，民居文化中的核心就是对家眷故土的依恋。

有些大的民居院落内住房多达一二十间，楼上楼下、两侧厢房几代人同住一个院落,是真正的四世同堂。

看过民居小巷景观,便能了解维吾尔族民居文化特色，领略、体验到小巷深院里蕴藏着的一个民族生活的历史和民宅的文化内涵。

喀什高台民居内装饰。

喀什三层砖木结构的楼房。

俯瞰历史悠久的喀什高台民居。

喀什高台民居。

喀什高台民居的院门。

质朴自然的吐峪沟村落民居

吐鲁番地区俗称“火洲”，夏季日平均气温高达 38℃，最高气温达 49.6℃。尽管绝对温度很高，但早晚温差却很大。早在两千多年前就有了以交河故城为代表的挖土或半穴居建筑，后来发展为下沉式窑洞建筑，到了近代，演变为“下窑上屋”土坯砌拱顶的民居。

鄯善县吐峪沟麻扎尔村落至今仍遗存着古老、独具特色的维吾尔民居。

在这里可看到质朴、自然的原始文化、农耕文化的衍生和发展，甚至还可以看到交河、高昌故城民居的一些遗存。

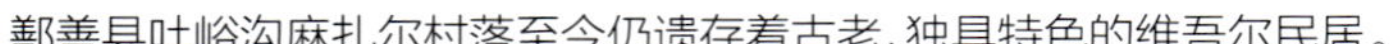

鄯善县吐峪沟麻扎尔村落至今仍遗存着古老、独具特色的维吾尔民居。

村落随吐峪沟河谷两岸依山坡民居的增加而自然形成。小巷两旁的民宅，均为顺应需要和地形自然构筑，虽然相貌平平，甚至有些古老、原始，但是其建筑构想，非常适合该地区夏季酷热、冬季寒冷的气候特点要求。

据考察，吐峪沟民居也像喀什民居一样经历了数百年的风风雨雨。吐峪沟麻扎尔村落民居与喀什老街民居的建筑结构基本相同，均为土木结构的两或三层的平顶土楼。

喀什民居所具有的特点，如空中楼阁、过巷土楼等，在吐峪沟麻扎尔村落随处可见。但与喀什民居不同的是：这里的每户民居庭院的顶部都修有高大的屋顶，四周和屋顶均有通风的窗洞及天窗，不少屋顶上方有用土

造型独特的拱顶式两层土楼。

昔日大户人家的庭院大门。

昔日大户人家的两层土楼。

坯砌制的四壁设有通风孔的晾房，为挑选和晾晒葡萄干提供了宽阔的空间。个别屋顶上方同时还搭有凉棚，为会客、纳凉提供了场所。更具特色的是每家都有通往屋顶的门洞，沿屋顶可串门。

这里的维吾尔人将传统的地面凉棚改为“空中楼阁式凉棚”。室内一般都砌有很大的土炕，上面铺有地毯，供起居坐卧，土炕的三周钉挂着布料做的墙裙。

在卧室和厨房四面墙上根据需要设置大小不等的壁龛，摆放东西，尤其喜欢将名贵的地毯挂在室内的墙上以供欣赏。

作者曾去过新疆很多地方，考察过喀什

民居彩绘院门。

现代民居内装饰。

彩绘院门。

民居和吐峪沟麻扎尔村落，通过比较，作者认为吐峪沟麻扎尔村落的民居是新疆多元文化中最具特色，至今保存较完好的维吾尔民居，其建筑形式多种多样，从传统的土坯房到做工精细的宅院、商铺，式样应有尽有，真像一个鲜活的维吾尔民居博物馆。

彩绘院门。

土木结构的两层土楼。

吐峪沟数百年的两层土楼。

吐峪沟河大桥旁的一座古老商铺、客栈。德国探险家冯·勒柯克曾经在这里住过。

土木结构的两层土楼。

巴里坤古民宅

最早的巴里坤古民宅具有200多年的历史，已有十三代人居住过，最晚的也有上百年的历史，已有五代人居住过，完整和较完整的有五家。九座门楼，除兰州湾子有一家外，其余均在汉城内。

巴里坤古民宅是清代康熙至乾隆年间古丝绸之路新北道鼎盛时期开始修建，嘉庆至民国末年之间陆续形成的古民宅群落，与巴里坤的“庙宇建筑”是同一时期的文化遗存，是中原文化建筑艺术在西域保存较完好的民居建筑，具有较高的历史价值和艺术价值。

汉族古民居——巴里坤兰州湾子倪家大院门前的栓马桩。

汉族古民居——巴里坤兰州湾子倪家大院门楼。

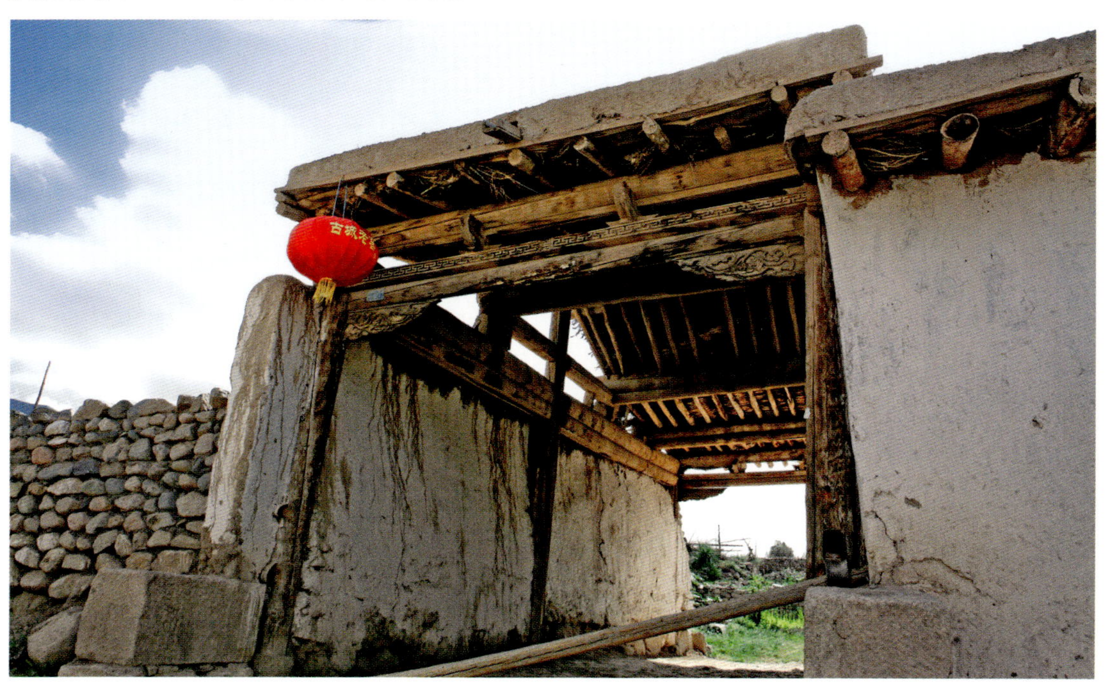

巴里坤汉族韩老泉家四合院门楼。

巴里坤汉族韩老泉家四合院西厢房。

四合院里高大宽敞的正房，坐北朝南，冬暖夏凉，由长辈居住。正房中间祠堂，左侧是书房，右侧是主卧室。

巴里坤木结构的四合院里高大宽敞的北房为正房，坐北朝南，冬暖夏凉，由长辈居住；西厢房位于正房前右面，由儿女居住，东厢房位于正房前左面，由孙子辈居住。长辈一旦有什么不适，哪怕刮风、下雨、下雪，儿孙们也可以沿着游廊到正房去问安。这种房屋布局，充分体现了中国传统民居的家庭观念和东方的伦理道德观念。

长辈居住的主室门窗，位于祠堂的右边，左边是书房。

祠堂门正对着正房的大门，祠堂内放有百年红漆供桌，供有祖先的牌位。

巴里坤哈萨克自治县汉族韩老泉家四合院。

独具地方特色的阿以旺民居外装饰。

绿色明亮的"阿以旺"民居

"阿以旺"是维吾尔语，意为"明亮的处所"，具有十分鲜明的民族特点和地方特色，已有两千多年的历史。

民居以阿以旺为中心，居所内用房围绕阿以旺布置，到顶部提高阿以旺屋顶面，侧面加天窗围护而成。

这种构造一方面提高了自然采光效率，另一方面促进了利用热压进行的自然通风，它是绿色民居的一种最简单、最经济的自然空调技术。

从建筑的角度看，阿以旺完全是室内部分，是民居内共有的起居室，但从功能分析，它却是室外活动场地，是待客、聚会、歌舞活动的场所。

独具地方特色的阿以旺民居内装饰之一。

阿以旺比其他庭院活动场所，如外廊、天井，对风沙及寒冷、酷暑更加适应。这是一种根植于当地地理、文化环境中的本土建筑。

新疆特有的气候特征，是维吾尔族人民创造出阿以旺民居最根本的因由。

独具地方特色的阿以旺民居内装饰之二。

独具地方特色的阿以旺民居内装饰之三。

现代赛然依内的豪华装饰。

现代赛然依的大天窗。

坚厚居高的塔吉克族民居

塔吉克族住在“世界屋脊”的帕米尔高原上，住屋比较矮小，入内必须躬身，房屋多建造在比较干硬和地势较高的地方。

塔吉克族的房屋比较简陋。建筑材料多用石块和草皮，顶部架树枝，抹上有秸泥土，并开天窗，墙厚而坚实。房屋正方平顶，木石结构。

房子四周均有围墙，围墙内有一间比较大的房子称“赛然依”，另外还有畜棚和库房。赛然依的构造有其独特性，如其门都开在墙角处，而且又极为低矮，整个房子的造型

民居中最大的一间房子称赛然依。

塔吉克族民居院落大门一律朝东。

民居室内的碗柜(上左)。
现代赛然依内的豪华装饰(上右)。

是窑洞形，正中留有一个大天窗。赛然依内部分上下左右，上处是做饭和放炊具的地方，下处放置其他用品，左右是住房。

室内宽敞，但较低矮，四周筑土炕。长辈、客人和晚辈分侧而居，土炕上铺毛毡以供坐卧。

牧民夏季放牧多住毡房或牧场土屋，富有者还另外有客房与厨房。

大门一律朝东，意思是“永远朝向光明”。

赛然依正中都留一个大天窗。

塔吉克族民居独具特色的传统伙房。

交通民俗

衣食住行是人类生存的基础。为了生产生活，人们必须出行，自从人类在地球上出现，就开始不停地奔走。随着生产力的发展、社会分工的出现，交通情况由单纯的步行趋向多样化。在历史的演进过程中，也形成了独具特色的文化——交通民俗。

“交通”的古代含义：“交，胫也”，指小腿，即行走中运动频率最高的部位；“通，达也”。“交通”相组，就是通过双腿的运动而达及四方。交通运输过程中反映出各民族的不同风俗习惯。而各种不同的风俗习惯又是通过交通运输的两大要素——交通运输通道和运输工具反映出来的。

中国传统的交通工具可分为陆行和水行两大类，正所谓“陆行以车马，水行以舟船”。陆路交通民俗中的车，根据牵引力的不同，可为畜力车和人力车两类。畜力车是马、牛、骆驼等动物拉的车，尤其以马拉车最为普遍。常见的马车是四马拉一车，因此古人常以“驷”作为计数单位统计车马，如《论语·季氏》的“齐景公有马千驷”，成语有“一言既出，驷马难追”。

从近代至现代，世界上出现了汽车、火车、飞机，公路、铁路、航空四通八达，历史进入了铁路时代、汽车时代、航空时代，为人们的生活提供了巨大便利。

新疆地段的古丝绸之路

古丝绸之路全长7000千米，东起长安，经河西走廊、敦煌、玉门关、阳关，进入“西域”。

南路出阳关沿昆仑山北麓西行。北路出玉门关沿天山南麓西行，翻越葱岭进入中亚地区，再往西，经波斯到大秦。

汉代多走南路。唐代多走北路。

从张骞出使西域后，通过丝绸之路，中原地区的丝绸、铁器、打井技术等传到西域，西域的土特产、乐器，印度的佛教等也传入中原地区。

丝绸之路是汉、唐、元千余年间中外经济、文化交流的重要通道。人类航海事业兴起后，丝绸之路才逐渐冷寂。

新疆地处丝绸之路的中段要道，千百年来，一直是交通往来的繁忙地区。

沙漠之舟。

传统交通工具

智慧的新疆各族人民长期生活的地理环境是一个主要由山脉、绿洲、戈壁、沙漠、河流、草原、森林等构成的辽阔世界，所以新疆传统交通工具在各族人民长期生活的地理环境中就变得尤为重要。

马、驴、骆驼、牛，是新疆人的四大传统交通工具。比较起来，农耕为主的维吾尔人特别倚重毛驴，游牧为主的哈萨克人特别倚重马匹，生活在帕米尔高原上的塔吉克、柯尔克孜人特别倚重牦牛，而在茫茫荒漠中行进的商队就更加倚重骆驼了。

新疆的马、驴、骆驼、牛，都一无例外地被

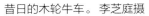

昔日的木轮牛车。 李芝庭摄

“马的士”。

用来拉车。传统的木轮高车——轱辘大，车身小。用柳木盘成的轮子足有一人高，过沟过坎都方便，无路之处也能走，这可能就是古代“高车”之遗制。

20 世纪 50 年代之前，新疆传统的交通运输工具主要有马、牛、骆驼、驴和各种木轮大车。

这种古老的交通工具至今仍在一些地区使用。除了马和木轮车外，交通运输工具还有牛、驴、骡子、骆驼、船、皮筏子、木排等。现在除了皮筏子和木排外，牛、驴、骡子、骆驼、船等在许多地区仍是今天各族群众的主要交通运输工具。

马，主要用作乘骑，也用来拉车，常用作长途旅行。

牛，由于牛的负重力大，维吾尔族最早是在农业生产中使用牛，将牛用于拉犁耕地，以后逐渐发展成为交通运输工具，用牛拉车，用牛驮运，有时也用来乘骑。

驴，在交通运输中占据着重要的位置。由于驴饲养使用方便，因此在各民族聚居的农村，驴被广泛作为交通运输工具使用，几乎家家户户都有驴。由于驴的普遍使用，维吾尔族群众中还有了专门用驴作为交通运输工具的职业——“驴脚夫”，维吾尔语称为“依夏克气”。从事这一职业的人，其役用的驴少则八九头，多则十几头，甚至有二三十头的。

骆驼，也是各民族古老的交通工具。很早以前人们就将骆驼用于长途运输，特别是沙

昔日的木轮驴车。李芝庭摄

漠地带的运输，俗称“沙漠之舟”。过去将骆驼用于商队的运输比较普遍，骆驼商队中领头和收尾的骆驼脖子上一般系有铃铛，行走时响声不断，成为古丝绸之路上的一大奇观。

木船，塔里木的罗布人不仅将木船作为捕鱼的工具，而且也作为一种交通工具来使用。这种船是将大块胡杨木用凿子挖凿成的，其实是一种独木舟，主要用于水上客运。有时也用于运输物资。当做货运时，常将几只小船捆绑在一起。

皮筏子，用若干个山羊皮充气后连接在一起，上面绑上木板，用于水上客运和货运。

木排，是一种简单的水上交通运输工具，主要用于人、木柴等的运输。一般把两三块木板连接起来使用。

木轮车，过去是一种大型运输工具。根据

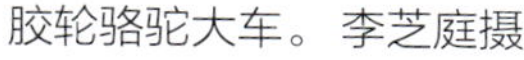
胶轮骆驼大车。李芝庭摄

昔日叶尔羌河上的“大桥”。 李芝庭摄

昔日叶尔羌河上的木船。 李芝庭摄

卡盆——昔日塔里木罗布人用胡杨木制作的捕鱼和水路上的交通工具。

制作车子的材料和车轮的形状分为"亚日亚"(轻便木轮车)车、"库太克"(粗轮)车和铁轮车三种;根据套车的牲畜分为马车、牛车、驴车三种。还有一种专门拉乘客用的轿车,维吾尔语称"买帕",通常用一匹马拉,马身上的套具装饰得非常漂亮,马的脖子上系有一串铜铃。过去这种车主要在城市和城郊行驶,供行人乘坐。

胶轮木车,20 世纪 40 年代以后,胶轮木车逐渐开始在维吾尔族地区普及。现在农村几乎家家户户都有一辆胶轮木车,成为广大农民群众主要的运输工具。

新中国成立后,汽车运输事业迅速发展,但民间畜力交通运输因其具有方便灵活、适应性强等特点,仍然发挥着不容忽视的作用。

在现代化交通工具十分普及的今天，胶轮木车、马、驴不仅在乡镇农村交通运输方面发挥着重要作用，而且在新疆的一些中小城市也发挥着它的作用。

土“巴士”，在吐鲁番、托克逊、库车、喀什、莎车等城市，在机械交通工具不发达的情况下，装饰漂亮、富有浓郁地方特色的马车、毛驴车成为城市的主要交通工具，这种土“巴士”，颇受各族群众和游客的青睐。

草原上的“卧车”，卫拉特蒙古放牧、转场、外出所用的交通工具主要是马、骆驼和牛。马是蒙古族牧民的伙伴，他们爱护马，歌颂马，“马和歌，是蒙古人的两只翅膀，没有骏马，牧人难飞远方。”蒙古族牧民训练出来的走马，走得又平又稳，被人们称之为草原上的卧车。

牧民转场。

山区牧民喜爱的坐骑。

六根棍"马的士"。

六根棍"马的士",六根棍马车有四个胶轮,车身由六根圆形木棍组成,颇有弹性。车上铺以地毯,可坐可卧。它是南北疆一带城镇盛行的"豪华"型交通工具。

改进的胶轮车可载人运货,现今新疆城乡已经普遍采用,是农业生产和短途运输的得力工具。

新发明的毛驴"的士",是一种用毛驴牵引的胶轮小车。车上铺着红色毡毯,顶上支着彩色篷幡,专门用于短途拉人送客。目前,盛行于吐鲁番、喀什等地。对旅游观光客来说,乘这种小车逛街赏景,花钱不多,起落方便。那"哒哒"的蹄声伴着车身有节奏地摇荡,能给你增添不少边塞旅行的情趣。

牧民转场搬家的主要交通工具—— 骆驼。

驼铃雄风。

丝路驼铃。

传统交通习俗

新疆地域辽阔，自然条件特殊，老百姓出行远游，自古以来形成一套特有的规矩和习惯。

新疆出门三件宝：馕、葫芦、大皮袄。

馕是日常主食，易干耐存，携带方便。长途旅行，有时前不挨村后不着店，若备足馕，就不致挨饿。

葫芦又称水葫芦，比太上老君的丹药葫芦大得多，是新疆老乡盛水的器具。在气候干燥的新疆，出门远行带上个水葫芦，若中途缺水，就不致受困。

大皮袄是新疆的大羊皮袄，冬天防冻，夏天防晒，白天是衣，夜来当被，骑马乘驴还可当坐垫。远行时如果错过了宿店，披上件大皮

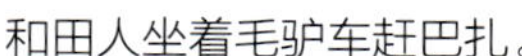
和田人坐着毛驴车赶巴扎。

袱便可以在树根、沟边、岩下度过一宿。

此外，新疆一些少数民族还有随带乐器旅行的习惯，边走边弹，以消除旅途的寂寞。新疆传统的出行季节是七八九月份。此时气温宜人，粮食瓜果次第成熟，牲畜膘肥体壮，是旅行的黄金季节。兄弟民族探亲访友、男女婚嫁，以及朝拜圣地、麻扎等等，一般都安排在这段时间。

现在，时代变了，条件不同了，新疆主要交通干线已有火车、汽车或飞机连接；从城市到偏远乡镇，许多人都有自行车、摩托车、拖拉机，部分人已有了汽车。现代交通设施和运输工具已大大改变了丝绸古道的落后交通面貌。然而对幅员辽阔的新疆来说，在交通方式、交通工具方面，现代化与老传统还会并存一段很长的时间。

毛驴至今仍是南北疆农民喜爱的坐骑。

伊犁草原骏马。

生产民俗

塔里木捕鱼人

塔里木河通过自身的流动，滋养了塔里木盆地的文明，在塔里木河流域生活着以鱼为食、以渔猎为业的部族——罗布人和刀郎人的一些部落，他们很少吃粮食，主要以鱼、虾、水禽和水生植物为主。

为了渔猎，他们砍伐胡杨木制造独木舟。由于古老的胡杨木具有外实内朽，外坚内空的特点，最坚实致密的部分在树干的外周，罗布人和刀郎人很容易利用粗笨的工具把树心掏空，制成简陋、实用的渔舟，简称“卡盆”。

塔里木河上的现代捕鱼之一。

塔里木河上的现代捕鱼之二。

塔里木河上的“卡盆”捕鱼之一。

塔里木河上的“卡盆”捕鱼之二

维吾尔族驯鹰人。

维吾尔族猎鹰

鹰在维吾尔族先民观念中占有非常重要的地位。

在当今维吾尔人心目中，鹰仍然是一种神奇的猛禽，其眼睛锐利无比，甚至能看到鬼魅，并能将它捕捉吃掉。

据说，有人患病，特别是妇女得了“产后风”时，就把猎鹰放入病室，任它在蒙头盖被的病人身上乱扑、乱啄，以达到逐鬼祛病的目的。这些用鹰来治病的人被称为“鹰巴克西”。

驯鹰是南疆维吾尔族民间男人们喜好的

115 岁的托呼提·买买提与儿子在一起。 吴凤翔摄

一种传统狩猎方式。维吾尔人自古就把驯鹰养鹰视为一种专业技能,多用来狩猎或娱乐。如莎车县的维吾尔族老人托呼提·买买提驯鹰已长达80多年,从他手里驯养的猎鹰不计其数。老人100岁的时候因生了儿子,还高兴地带着猎鹰去给老婆猎了几只野兔。

老人的三儿子艾海提·托呼提从小跟着父亲驯鹰狩猎,现年已七旬,经他驯养过的猎鹰也有几十只了,其中一只灰花黄眼球的鹰,是艾海提·托呼提最心爱的。冬季农闲时,艾海提带着儿子一天要走20多千米的路,去沙漠边缘的湿地去放鹰。

17岁的驯鹰人努尔·艾海提。吴凤翔摄

托呼提·买买提的三儿子艾海提·托呼提在驯鹰。吴凤翔摄

驯鹰捕捉狐狸。

驯鹰用的工具。

哈萨克族猎手

鹰是一种凶猛而灵敏的动物，让它听从人的指挥不是一件容易的事情。但哈萨克族猎手都有一套独特而有趣的驯鹰方法，使鹰成为猎人的最好帮手。

驯鹰方法十分严格而又符合科学道理。在正式放鹰捕猎时，不能给鹰喂得过饱，否则会影响捕捉猎物的积极性。（涂苏别克摄影）

驯鹰。

及时得到犒劳，鹰才松开猎物。

走马驯鹰。

猎人心疼地抚摸着与野猪搏杀受伤的猎狗。

锡伯族冬猎

据史学家考证，锡伯族系古代鲜卑之后裔。17世纪以前，主要活动在大、小兴安岭及呼伦贝尔草原一带，以狩猎、游牧为生，史称“打牲部落”。流传在该族群中一首古老的猎歌形象地记叙了他们那时的生活：雪飘如蝶飞，驰骋共撒围；踏遍千重山，猎夫凯歌回。

1764年，清政府为了巩固西北边疆，从镇守盛京（今沈阳）等城池的锡伯族兵营中抽调年富力强、英勇善战的1000余名官兵，连同家眷共4000余人。经长途跋涉，调遣至伊犁河流域，屯田驻守。

初来伊犁时，伊犁河两岸芦苇丛中野猪很多，常在夜间窜进农田，啃食庄稼。锡伯族

跨马携枪，奔向猎场。

青年冬闲时，手持长矛，骑马在芦苇丛中猎杀野猪，既减少了野猪对农业生产的破坏，又为佳肴增添了野味，使锡伯族源于古代的狩猎传统得以延续。锡伯人狩猎有个古老的习俗，不论猎取的野味多少，所有参加者无论大小都是平均分配，即便过路人碰到分猎物时，也毫无例外地分得一份。不过，猎物的头和蹄子应分给首先命中者，这是一种奖励。锡伯人认为，猎物是大自然赐予大家的，不是属于哪一个人的，不能独用。锡伯人不光把狩猎看成是取得食物的手段，同时还将其看成是一种团结和吉祥的象征。

如今，锡伯族人民对野生动物保护十分重视。围猎，这一古老传统很少举行，而捕鱼却成了他们有趣的活动 。

将长矛刺向野猪的心脏。

围歼野猪。

每到捕鱼季节，锡伯族人带叉拿网纷纷来到伊犁河上，一显身手。鱼肉是人们餐桌上的佳肴，常常以鱼汤和高粱米饭同吃。他们把多余的鱼腌制成“腊鱼肉”留作冬季食用。（王德钧摄影）

猎人高兴地拉着猎物踏过冰河。

按锡伯族人的习俗，在现场打猎和看热闹的人，每人都可分得一份猎物。

草原民族的四季转场

转场，对哈萨克族、蒙古族、柯尔克孜族等草原民族来说，是生活中最普通的事。他们把牧场分为春、夏、秋、冬四季牧场，根据气候、季节和环境特点，按季节在各牧场放牧，过着逐水草而居的游牧生活。这些草原民族每年按季节要进行四次大的转场，而在各季根据牧业生产需要，小规模的搬迁则更频繁。转场时多选择天气晴朗、风和日丽的好日子，以保证转场途中人畜安全。

迁入春草场的时间为每年3月中旬至6月中旬，一般选在水草丰盛，地势向阳的地方，除方便于放牧外，对春季接羔育幼，以及

又要转场了。

夏季转场。

夏季割草，为牲畜准备过冬的饲草。

剪春毛等牧业活动都很有利。母羊产羔的时间一般从每年4月上旬开始到5月底结束，在接羔的前一个月，母羊群就被赶进接羔圈场，这一时期对母羊采取“四慢”喂养，即出圈慢、进圈慢、行走慢、喝水慢，防止母羊流产。

迁入夏牧场的时间是每年6月中旬至8月中旬，一般选在气候凉爽、湿润的山地，雨水充沛，牧草丰盛，有利于牲畜育肥。牧民一般都在夏季擀毡、加工奶制品，举办婚礼、庆典和集会，

迁入秋牧场的时间是每年8月中旬至12月中旬，哈萨克族谚语称“夏抓肉腰，秋抓油腰”“有膘才有羔，体壮成活高”“有膘才有

对羊逐个检查有无病情。

药浴。

早晨，巴里坤哈萨克族牧民在挤牛奶。

羔，一母产双羔”。秋季是畜群抓油膘的关键时期，一般都要选择草质好、凉爽的靠山谷和平坦的草场，以及戈壁滩和地势较低、避风条件较好的地方，以增强牲畜的耐寒能力。主要生产活动为抓秋膘、保膘、牲畜配种以及擀毡、加工奶制品、举办婚礼、庆典和集会，

迁入冬牧场的时间是每年12月中旬至来年3月中旬，冬季牧场一般都选择山涧沟谷、河湾、芨芨草滩、山丘向阳、避风雪地带，气候较为暖和，以保证牲畜安全越冬。

大自然赐予游牧民族独有的生活情趣。人们无不为之慨然：世上走路最多的是游牧人，世上搬家最勤的是游牧人，游牧人的历史在迁徙中谱写，游牧人的家在飘游中诞生。

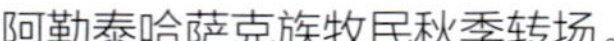

阿勒泰哈萨克族牧民秋季转场。

哈萨克族牧民人家的秋季牧场。

和布克赛尔县蒙古族牧民在秋季牧场放牧。

转场。

转场去冬季牧场的途中。

巴里坤哈萨克自治县哈萨克牧民人家的冬窝子。

伊犁巩乃斯牧民人家的冬窝子。

身高尾大最重可达 148 公斤的刀郎羊。李芝庭摄

农牧民的活银行——刀郎羊

麦盖提刀郎羊是当地土种羊与阿富汗引进的瓦格吉尔羊杂交而成的，经过麦盖提县当地农牧民精心选育而成，是自治区重点保护并大力发展的优良地方小畜品种。该品种具有体型高大、生长发育快、早熟、产肉和繁殖率高、适应性强、遗传性稳定等特点。刀郎羊结构匀称，体大躯长，肋骨拱圆，胸深而宽，前后躯较丰满，头中等大小，鼻梁隆起，耳朵特别长而宽。比一般绵羊性成熟早，一般公羔在 6 ~ 7 月龄性成熟，母羔在 6 ~ 8 月龄初配，周岁母羊大多数已产羔。大部分母羊可两年三产，饲养管理条件好时一年可两

良种繁育基地的刀郎羊。

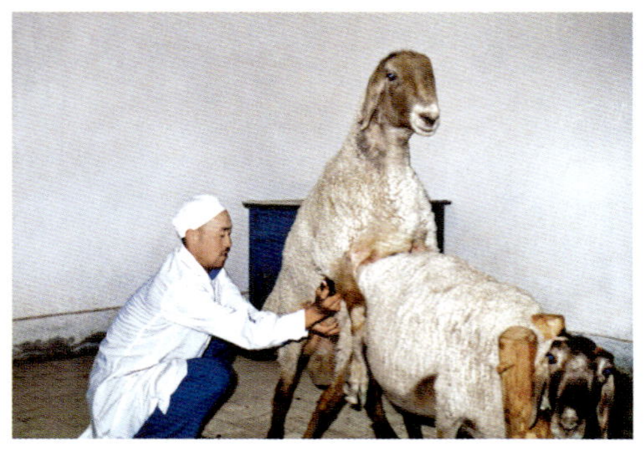

采精。李芝庭摄

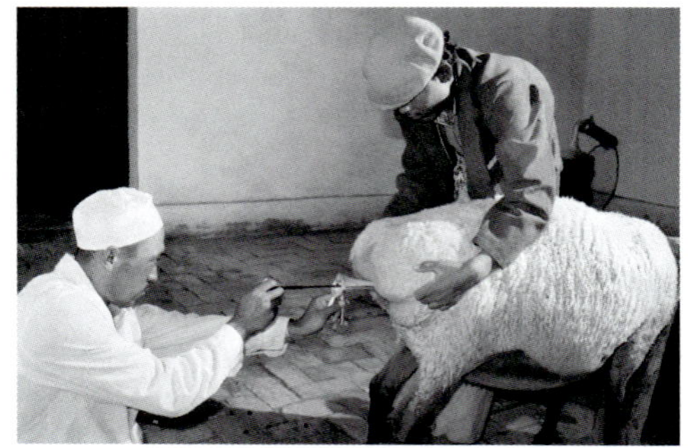

授精。李芝庭摄

产，而且双羔率高，可达30%，并有一胎三羔、四羔的，一只母羊一生可产羔15只，最多可达32只。繁殖成活率接近100%。刀郎羊的中心产区在喀什地区的麦盖提县，附近的巴楚县、岳普湖县、莎车县和农三师各团场也有分布。目前，麦盖提县养殖刀郎羊已形成了规模，全县刀郎羊存栏39万只，占绵羊总数的91%。刀郎羊适应性强，耐粗饲，在南北疆各地均可饲养。该品种前期生长发育快，当年出生、当年育肥、当年就可屠宰，出栏率高，生产周期短，经济效益高。如果一农户饲养两只刀郎母羊，利用它的高繁殖性能一年内可脱贫，两年后成为万元户，因此麦盖提刀郎羊又被当地农民称为可靠便利又不降利息的“活银行”。

刀郎羊巴扎。李芝庭摄

每逢春暖花开时节，养蜂人就要转战南北，追花夺蜜。

新疆的养蜂人

新疆的养蜂人，每年3月下旬从家里出来，先杏花、果花，再油葵、油菜……花开花落中，意味着又一次新的开始。为了寻找蜜源，他们把移动的帐篷当成了家，足迹顺着花香留在新疆大地上。

蜜蜂分为蜂王、工蜂和雄蜂三种。工蜂数量最多，是主要劳动力，负责采花蜜、打扫蜂巢、侍候蜂王、照顾幼仔；雄蜂主要负责与蜂王交配，一个蜂巢里只有少数雄蜂；蜂王主要负责生育小宝宝，每个蜂巢只有一只蜂王，如果蜂王一死，蜜蜂们就会不知所措，如果一群蜂里有多只蜂王，蜜蜂们就会让它们决斗，最

养蜂是一种师徒相授的工作，必须熟悉蜜蜂的习性，具有蜜蜂般勤劳的秉性。

后只能剩下一只蜂王。虽然蜜蜂不会说话，但它们有一种独特舞蹈——“8”字舞向同类来传递信息，“8”字舞可以理解成表示不同方向的指引，表示出太阳与蜜源的角度。

平时我们所见的蜜蜂其实是其中最庞大的群体——工蜂。顾名思义，也就是工作的蜜蜂。它们的寿命最长时 6 个月，最短时 15 天。每年入冬前在蜂箱中成长起来的最后一批幼虫叫越冬蜂，它们的使命就是在冬天时，附着在虫蛹之上，为它们保温；开春后通过几日的工作，为蛹出的新虫提供食物，之后它们就会死去。而蜂王则寿命长达几年，或者是它只负责产蜂吧，这个伟大的母亲，被箱内所有的蜜蜂供奉着。

每箱蜜蜂有几万只。每个养蜂专业户在每年的高峰期时会有一百多万只蜜蜂，一年可以采到十多吨的蜜。

养蜂是一种师徒相授的工作，必须熟悉蜜蜂的习性，具有蜜蜂勤劳的秉性。每逢春暖花开时节，养蜂人就要转战南北，追花夺蜜，风餐露宿，千里奔波，异常辛苦，一直到中秋才赶回去过冬。到了冬天更要辛勤伺候，生怕出现意外。

新疆是个好地方，花期长，雨水少，许多内地的蜂农也都跑来新疆采蜜。

每箱蜜蜂有几万只。每个养蜂专业户在每年的高峰期时会有一百多万只蜜蜂，一年可以采到十多吨的蜜。

为了寻找蜜源，他们把移动的帐篷当成了家，足迹顺着花香留在新疆大地上。

葡萄“巴扎”。

哈密瓜、葡萄。

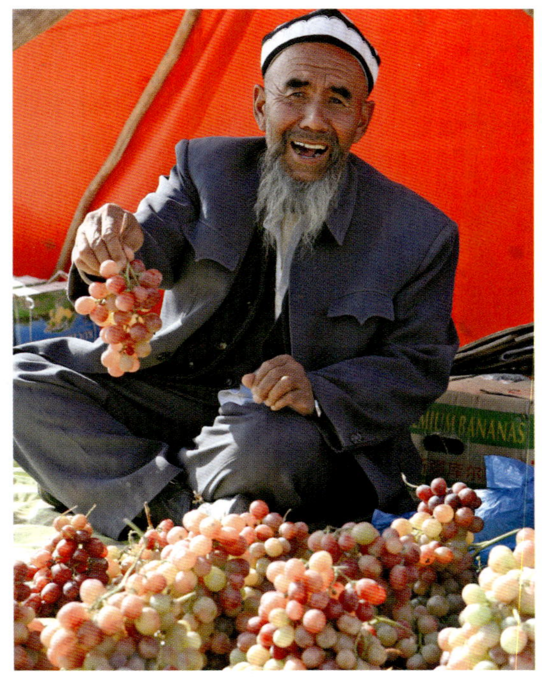

麦盖提县卖葡萄的维吾尔族老人。

新疆是久负盛名的“瓜果之乡”

新疆民谣说：“吐鲁番的葡萄哈密的瓜，库尔勒的香梨人人夸，叶城的石榴顶呱呱，”形象生动地道出了新疆是瓜果之乡。

新疆是久负盛名的“瓜果之乡”，瓜果品种繁多，质地优良，一年四季干鲜瓜果不绝于市，这里不妨顺着瓜果上市的次序来个大盘点：桑葚、草莓、杏子、李子、蜜桃、樱桃、无花果、西瓜、哈密瓜、葡萄、蟠桃、海棠果、香瓜、梨瓜、沙枣、苹果、香梨、沙棘、伽师甜瓜、核桃、大枣、石榴、巴旦木、乌梅……真是个年年瓜果迎宾客，“瓜果之乡”名不虚传。

新疆地处亚欧大陆的中心，是典型的大陆性气候，干燥少雨，但高山冰雪融水非常丰富，有利于农林瓜果业灌溉生长，尤其是这里的日照时间长，日夜温差较大，这些地理气候条件非常有利于瓜果和农作物的生长及瓜果糖分的积累。因此，新疆的哈密瓜、西瓜、葡萄、杏子等各种瓜果类含糖量都很高，营养成分也很丰富。全世界有六大驰名果区，新疆就是其中之一。

吐鲁番的葡萄种植、加工

吐鲁番闻名遐迩，不仅因为它是我国最低、最热、最干旱的地区，更是因为这里盛产品质优良的葡萄。吐鲁番地区农业有着十分悠久的历史，传统的农产品中葡萄最为著名。

吐鲁番干热少雨、日光充足的气候特别适宜瓜果的种植，因此这里家家户户都种葡萄，门前屋后的葡萄架下是家人吃饭、纳凉的好地方，所以也就有了“没有葡萄的人就等于没有生命”的谚语。据传说，吐鲁番的葡萄与“七女变石”的传说有关。在七女变成石头时，她以身上佩戴的金银珠宝变成了晶莹剔

春天，将埋在土里的葡萄藤挖出来上架。

秋天，喜获丰收。

晾制葡萄干前，要用配制好的清水漂洗一下便于快干，不易腐烂。

将葡萄挂在晾房的木架上晾制葡萄干。 吴凤翔摄

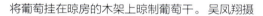

透的葡萄。

由于自然条件独特，葡萄产量丰盛，这里的人们自古以来就掌握了一套晾制葡萄干的技艺。他们用土坯垒砌成房屋，四壁都留有密密匝匝的通风口，里面布满了木架。采来的葡萄经挑选、上架悬挂，经吐鲁番特有的热风吹拂一个月左右，就成了可食用的葡萄干了。远销世界各地的吐鲁番葡萄干就是这样制成的。而那一座座建在高坡上大小不等的葡萄干晾房，则又为吐鲁番盆地独特的自然风光增添了一笔浓浓的色彩，引得游人频频回头。

葡萄干脱粒机正在脱粒除去葡萄茎秆。

分拣葡萄干。

丰收的葡萄干。

火焰山下的葡萄园。

吐峪沟村民在分拣葡萄干。

吐峪沟的葡萄种植

在吐峪沟村，依河谷两旁，围绕清真大寺的四周，居住着百十户维吾尔人家，较完整地保留了古老的维吾尔族传统和民俗。当地人日出而作，日落而息，以单一的葡萄种植为业，具有十分悠久的历史，盛产品质优良的葡萄，晾制的葡萄干远销世界各地。

用土埋好准备越冬的葡萄园。

以单一的葡萄种植为业的吐峪沟村落。

给贡瓜地哈密瓜秧根部压的蒿草，据说压了这种草哈密瓜就特别甜。

冬季大棚种植的哈密瓜。

哈密瓜种植

哈密瓜，古称甜瓜、甘瓜，维吾尔语称“库洪”。大约1600年前在新疆就大量种植了。

新疆除少数高寒地带之外，天山南北的多数绿洲，都可以种植哈密瓜。全疆现年产鲜瓜约50万吨。哈密瓜的著名产区为哈密、吐鲁番、南疆伽师、麦盖提、皮山、于田和北疆下野地、精河、五家渠等地。现在全疆大约有180多个品种及类型，最受人们欢迎的有：香蜜瓜、黑眉毛、红心脆、蜜极甘、黄金龙、网纹香、老头乐等20多个品种，含糖量在15%左右。其中以哈密红星四场所产之红心脆甜瓜最为出类拔萃，含糖量高达21%，这种瓜

哈密贡瓜地。

现已成为出口的高档商品（售价高出一般水果 2～4 倍）而远涉重洋。瓜的外形呈长卵圆，重 2～3 千克，皮色灰绿而果柄处布有粗网纹，瓜肉色如晶玉，甘美肥厚，芳香醇郁，细脆爽口，吃上几口，唇上就像抹了一层黏黏的蜜糖。哈密大南湖一带所产的哈密瓜皇后、芙蓉、含笑三个品种，于 1990 年 8 月，在西北五省首届嘉峪关瓜州赛瓜节上分别获金、银、铜三个奖项，再一次为新疆争得荣誉。

另外，哈密瓜还有早熟夏瓜和晚熟冬瓜之分。冬瓜易贮存，新疆本地人家藏的冬瓜可以放到来年春天，仍然新鲜可食用。

冬季大棚种植的西瓜。

冬季大棚种植的哈密瓜。

哈密市南湖的贡瓜地。 晏先摄

为保护哈密瓜种植这一非物质文化遗产，哈密市政府在贡瓜地修建的哈密瓜历史文化馆。

哈密贡瓜地第七代传人尼牙孜·哈斯木。

哈密贡瓜地第七代传人尼牙孜·哈斯木

2007 年 10 月，作者在哈密文化馆馆长张廷国等四人的陪同下，来到哈密花园乡小南湖村，采访了哈密贡瓜地的第七代传人尼牙孜·哈斯木。

当时尼牙孜·哈斯木正在瓜地清理当年用过的塑料地膜。我们上前说明来意后，他放下手里的铁叉沉思片刻，便滔滔不绝地讲起：他们这个村过去只有四户人家和四个果园，他们家就是其中的一户。他小时候听爷爷讲，他们家种的哈密瓜就是哈密王给皇帝进贡的瓜，特别甜，当时名气很大。他的先辈曾经跟随哈密王 100 人的贡瓜队，每五年一次，前后

鄯善县的哈密瓜地。

三次运送哈密瓜到过北京。用骆驼和马拉车运送哈密瓜要走三个月才能到北京。开始用麦草垫裹哈密瓜，途中大部分的瓜都烂了，后来将瓜放进陶罐里再倒进蜂蜜后将盖密封，用这种办法运送到北京的哈密瓜烂得就很少了。

说到这儿，他转身到地头的瓜棚下扒开瓜秧拿出一个小瓜蛋，用小刀切开，嘴里还不停地说："你们来得太晚了，这是最后拉秧的生瓜蛋子，不好了。"尼牙孜·哈斯木一边说着一边递给我们每人一块哈密瓜。

我们四人吃了后，几乎异口同声地说："啊！拉秧的生瓜蛋也这么甜，看来贡瓜地的传人真是名不虚传。"

哈密市南湖的贡瓜地。

馆藏的昔日贡瓜地瓜农的部分农具。

哈密市南湖的贡瓜地。

叶城的石榴“顶呱呱”

新疆的石榴，维吾尔语称“阿娜尔”，以“石榴之乡”叶城县的石榴最为有名。叶城县地处昆仑山北麓，霜期短，日照时间长，昼夜温差大，土质好，非常适合石榴的生长。叶城石榴色红汁甜，深受人们喜爱。

叶城石榴顶呱呱。

叶城石榴。

叶城石榴巴扎。

石榴榨汁。

库尔勒香梨。

库尔勒砀山梨。

库尔勒香梨

新疆梨的资源十分丰富，共有 60 多个品种，其中库尔勒梨和砀山梨（从安徽砀山县引进）较为有名，都有果大、皮薄、肉细、汁多、味甜的特点，极受人们的喜爱，梨含糖量高，维生素 C 、磷、钙含量也较丰富。

库尔勒香梨园。

又一个丰收年。 晏先摄

分拣装箱。 晏先摄

质地优良，品种繁多的新疆瓜果

新疆除了最出名的吐鲁番的葡萄、哈密的瓜、库尔勒的香梨、叶城的石榴外，质地优良，品种繁多的瓜果，还有无花果、油桃、蟠桃、桑葚、红枣、杏子、核桃、巴旦木、沙棘、草莓、樱桃、沙枣……

喀什盛产无花果，与哈密瓜、吐鲁番葡萄、库尔勒香梨齐名。无花果果形扁圆，果肉细 软，果味甘甜，营养丰富并有药用价值，含糖量高达 24% 。由于无花果枝干光洁，树冠整齐，人们还把它栽在庭院里美化环境。 阿布力克木·艾买提摄

油桃。桃子的一种，形状圆润饱满，其果皮光亮呈红黄色，是近几年嫁接培育的新品种。

蟠桃。桃子的一种，形状扁圆，顶部凹陷形成一个小窝，其果皮呈深黄色，顶部有一片红晕，味甜汁多，不愧为“仙桃”之称。

桑葚。新疆土沃泉甘，宜于植桑，故桑葚很多。桑葚是新疆成熟比较早的果实，被称为“瓜果中的报春花”。新疆桑葚有白、紫两种。因桑葚性寒、味甘，除有补肝益肾、滋阴养血的功能和对阴虚、头晕目眩、失眠等症有明显疗效外，还含有芸香苷、花色素、胡萝卜素、维生素 B1、维生素B2、维生素C 等成分而深受人们喜爱。

喀什大枣。

杏。维语称“玉吕克”，是受人们普遍喜爱的果实之一。新疆杏子品种繁多，肉厚汁多，味道甜美，营养丰富。杏子除鲜食外，还可以晒制杏干，有的地方还加工制成杏脯、杏包仁。

哈密市庙尔沟杏园秋色。

核桃。又名胡桃，是世界著名的四大干果之一，被公认为“长寿之果”。核桃仁含脂肪 65%～70%、蛋白质 15%～27%，碳水化合物 16%，还含有维生素 A、维生素 B、维生素 C 、维生素 E、维生素 K 、胡萝卜素、核黄素、钙、磷、铁、锌、碘等多种元素。叶城县是新疆重要的核桃产区，栽培历史悠久，品种繁多，年总产量在 1200 吨左右。

巴旦杏。喀什的名贵特产，是维吾尔族人民最珍视的干果，常用它待客赠友，还把它的图案绣在衣帽上，雕刻在建筑物上。巴旦杏属落叶乔木中的桃类植物，它的果肉不能食，但果仁香甜可口，营养丰富，在喀什的维吾尔医药中，60%的药里都配有它。喀什巴旦杏远销国内外，在国际市场干果交易中售价很高。

沙棘。新疆沙棘资源十分丰富，营养丰富，果味酸中有甜，内含多种维生素和其他活性物质，特别是维生素 C 的含量极高。以沙棘为原料制成的各种饮料，深受人们欢迎。

掏挖坎儿井的人抓住辘轳上的绳子下到井底掏挖淤泥。

用毛驴往上拉掏挖的淤泥。

坎儿井每年都要掏挖一次淤泥。掏挖时首先打开封盖的竖井口。

坎儿井

坎儿井是中国古老的地下引水工程，被地理学家称为“地下运河”，与万里长城、京杭大运河并称为“中国古代三大工程”。

坎儿井是我国劳动人民在长期的生产实践中，为适应干旱地区的自然环境而创造的一种地下水利工程。在新疆它主要分布在哈密、木垒和吐鲁番，而吐鲁番最多，达 1100 多条，总长 5000 千米，相当于从乌鲁木齐至哈尔滨的里程。其在吐鲁番大量兴建的成因，是吐鲁番有利的自然环境：吐鲁番盆地北有东天山的支脉博格达山，西有东天山的支脉喀拉乌成山，每到雨季，大量的雪融水和雨水就流向盆地，渗入戈壁，汇成潜流，从而成为吐鲁番坎儿井的丰富水源。

坎儿井由立井、暗渠（地下渠道）、明渠（地表渠道）、涝坝（蓄水池）四部分构成。

掏挖上来的淤泥。

哈密地区套种的小麦与玉米。

新疆的粮食生产

进入新世纪以来，新疆的农业，坚持粮食区内平衡、自给有余的原则，在稳定发展粮食生产，为特色农业发展奠定坚实基础上，重点在北疆和南疆阿克苏地区，建设优质商品粮产业带，确保粮食生产能力不断提高，确保了粮食安全。2009 年全疆粮食种植面积 2990 万亩，总产量 1150 万吨，面积和产量均创历史新高，全疆国有粮食购销企业收购小麦 360 万吨。粮食市场供应平稳、充足。农民因收购价格提高和小麦直补增收超过 14 亿元。

红花地。

小麦地。

玉米地。

丰收的玉米。

收割小麦。

伊犁哈萨克自治州农民种植的向日葵。

科技推广的温室大棚。

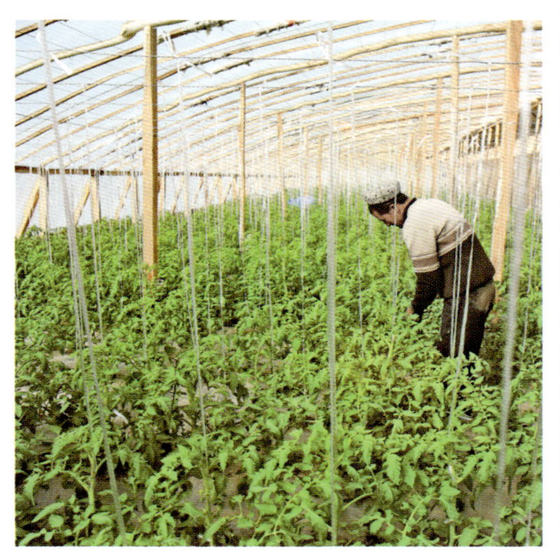

温室大棚种植的番茄。

新疆再不用为吃不到新鲜蔬菜发愁

新疆是我国的传统畜牧区，加之气候寒冷，过去，每年冬春，不少单位都要组织车队到内地拉菜。现在，随着温室大棚等农业科技的推广，新疆居民再也不用为吃菜发愁，一年到头都可以吃到时令鲜菜。

丰收的大白菜。

温室大棚种植的黄瓜。

巴扎上卖蔬菜的农民。

温室大棚种植的葫芦瓜。

长绒棉桃。

丰收的长绒棉。

特色产业——棉花

棉花是目前新疆最大的特色产业。近年来，按照"稳定面积，提升质量，提升单产，增加总产，以高产优质低成本提高市场竞争力"的方针，进一步调整优化棉花区域布局。叶尔羌河流域、塔里木河中下游地区、准噶尔盆地南缘三大优质棉产业带，棉花产量占全区85%以上。长绒棉、彩色棉也已形成一定规模，有机棉开始发展。棉花在全区农民收入中占25%，主产区农民棉花收入占到其年收入的一半以上，成为新疆农村经济的支柱。

维吾尔族姑娘采摘长绒棉。

棉花种植促进了纺织业的发展。

麦盖提县棉纺厂的维吾尔族纺纱女工。

巴　扎

“巴扎”一词原为波斯语，突厥语系民族多采用，都是市场的意思。

通过一些国内外探险者和游客对历史上各个时期新疆巴扎概况的描写，我们大致对新疆的巴扎可以得到这样的概念：新疆的巴扎历史源远流长，但由于没有可靠的史料为证，目前尚无法确定巴扎具体的起始年代。

维吾尔族妇女在巴扎上叫卖自制的维吾尔族花帽。

根据目前的考古发现和有关史料，至少可以肯定，巴扎应该是在西域最善于经商的粟特人的伟大创举，因为粟特人是曾经辉煌一时的欧亚大陆丝路贸易的主要拓荒者之一，而大部分粟特人早在 1000 多年前，就已经融入维吾尔人中。

因此，可以肯定维吾尔人继承并发扬了巴扎文化传统，使其不仅成为新疆绿洲农牧经济得以延续的动力，也可作为适时调节绿洲农牧经济的杠杆，同时，巴扎文化也成为维吾尔等民族传统的生活方式之一。

乡村巴扎。

巴扎上卖柴火的老人。

巴扎上卖土盐的农民。

背着自家养的鹅在麦盖提县巴扎上叫卖。

20 世纪 80 年代农村妇女在巴扎上交换生活用品。

巴扎是维吾尔人经济、文化生活的重要组成部分。

新疆的巴扎，与历史上中原地区的集市一样，都是周围的农民及商贩定期在某一经济中心，即城镇集中进行的贸易行为，主要是交换农民的各种生产和生活资料，满足人们基本的生产和生活消费需求，且相当一部分交易是以易货贸易方式进行。即使农民在一次交易中换来少量货币，但这些货币在相对封闭的绿洲村落，几乎没有什么使用价值，只能拿到下一个巴扎日兑换自己需要的实物，所以历史上新疆农民很少聚敛和囤积货币。

只有少数商贩和手工业者出于业务上的需要，才囤积一定的货币。但这些货币只能满足他们相对于农民比较宽裕的生产和生活需要，很少用于研发新技术或进行扩大再生产。历史上，新疆巴扎交易，只是满足低水平耕牧

20 世纪 80 年代喀什市热闹的巴扎。

20 世纪 80 年代喀什市巴扎上的野兽皮毛。

喀什市现代土陶巴扎。

20 世纪 80 年代的土陶巴扎。

喀什市现代土陶巴扎上的艺术品。

麦盖提县现代木器巴扎。

喀什市现代木器巴扎上的家具。

喀什市现代木器巴扎的木箱和摇床。

喀什市现代木器巴扎上的儿童摇床。

社会的生产生活消费需求，维持一种低层次的社会生产和消费平衡，并且这种情况基本维持到了 20 世纪初。

经过千百年的发展，巴扎遍布于全疆各地，并形成了自己有别于中原集市的特色。特别是南疆各绿洲的巴扎，更具自己的独特风格。一是由于南疆各个绿洲相距甚远，巴扎只是一个绿洲内的贸易中心，一般不跨绿洲，地域性很强；二是各个绿洲内人口相对集中，绿洲社会的各种人群都有逛巴扎的习俗，所以巴扎的人流量较大，决定了巴扎的热闹非凡；三

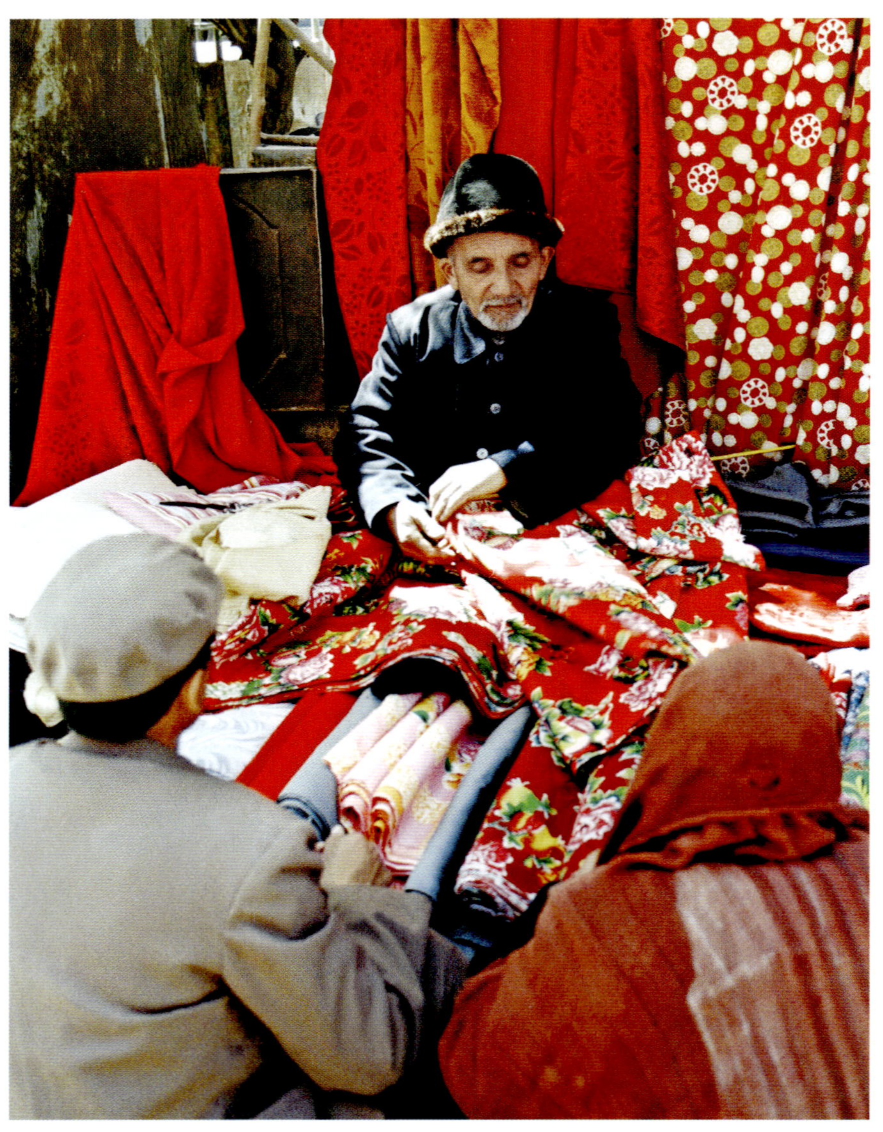

20 世纪 80 年代喀什市巴扎的布匹交易。

20 世纪 80 年代喀什市布匹巴扎。

喀什市现代帽子巴扎。

20 世纪 80 年代喀什市帽子巴扎。

喀什市现代帽子巴扎。

是巴扎兼具集散和传播各种社会文化信息乃至生活方式的人文功能,俨然成为展现绿洲风土人情的社会大展台。任何西域绿洲民族的民风民俗、衣食住行等生活方式,乃至社会的政治经济文化思想等,都可以在巴扎上集中呈现。

1997 年夏的一天，笔者亲眼看到莎车县塔尕尔其乡的一位民间艺人,星夜赶到城里参加亲戚的婚礼。婚礼当天上午,他有些失礼地婉谢了主人的盛情款待,非要到城里的巴扎逛一逛。其实他并没有什么消费需求，也不出卖什么商品，只是为了在巴扎上露露面,免得世人以为他“移居麻扎”。

由此可见,绿洲人逛巴扎,不仅仅是出于商品交换的需要,更

喀什市现代帽子巴扎。

库车县的帽子巴扎。

葫芦工艺品。

喀什市现代巴扎上的工艺品。

20 世纪 80 年代喀什市工艺品巴扎。

是出于向世人证实自我存在，得到社会各种信息，了解周围世界的需要。通过定期逛逛巴扎，绿洲社会的所有成员，包括达官贵人等上流人士，都要完成向世人传递自我存在的各种信息，在巴扎上通过与社会其他成员的各种交流，达到相互认同的目的。这其实就是南北疆各地的维吾尔民族生活方式具有很强同一性的社会原因之一。

新疆的传统巴扎，除了是一个商品交易市场外，还是绿洲社会主要的信息传播途径，绿洲成员主要的社交场合，民族文化传统传承的有效载体，开展各种娱乐休闲活动的乐园，落实各种社会管理措施的具体场所。总之一句

喀什市巴扎。

和田市巴扎之一。

和田市巴扎之二。

和田市巴扎之三。

和田市巴扎之四。

话，巴扎就是整个维吾尔人社会方方面面的高度浓缩。

在信息传播相对落后的时代，无论是农民、手工业者，还是商人、学者、神职人员和王公贵族，都要通过巴扎得到大部分社会信息。在没有报刊和广播电视等现代通信手段，缺少图书的年代，人们在巴扎上不仅可以得到自己需要的各种生产和手工业商业信息，而且也可以得到关于人生和周围世界的各种信息和知识。从这个角度上讲，逛巴扎就是逛世界。

绿洲社会成员逛巴扎的多寡，直接影响和决定个人的文化素质、社会地位。通常情况下，每个星期逛一次巴扎的，是农民等低层次的绿洲成员；逛两到三次或两到三个巴扎的，是手工业者；每天都要逛巴扎的，无疑是职业商人。南疆许多县市，除了县城有一个每周一次的大巴扎外，还要在所属乡镇轮流举行巴扎，所以有些乡镇的名称都是“星期几巴扎”。

逛巴扎次数多的人，是周围农村见多识广的能人；逛过许多地方巴扎的人，是绿洲社会中知识较为丰富的商人或贵族；逛过中原、波斯、阿拉伯和地中海沿岸巴扎和集市的人，则是才高八斗的大学者，如《突厥语大词典》的作者马合穆德·喀什噶里。

汉文史料中记载的西域各国频繁的朝贡，其实就是西域各绿洲的帝王将相，通过自己的耳目——商贾驼客逛中原地区的集市，了解掌握和交换各种社会信息，也包括其他更重要的政治经济信息，为巩固自己的政权服务。

在南疆绿洲还没有收获的季节里，经常可以看到这样的风景：一到星期六，某农民全家倾巢出动，带着自家院里的一只老母鸡，染成紫红色的数十个鸡蛋，连夜坐着毛驴车赶到县城逛巴扎。一到巴扎，一家人就如同隐身于茂密的庄稼地，不见了踪影。原来他们在巴扎上，男人找男人、主妇找主妇、男孩找男孩、女孩找女孩，分别聚到了同类的小圈子里了。小圈子里的同类也和自己一样，都是来逛巴扎的其他村的农民。他们一个个眉飞色舞，指手画脚，滔滔不绝地谈天说地。那只老母鸡只是为了换一顿丰盛的午餐，几十个彩蛋则用来交友娱乐，或换点儿小玩意。人们经常在南疆的林荫公路

麦盖提县巴扎上的牲畜套具之一。

麦盖提县巴扎上的牲畜套具市场之二。

麦盖提县巴扎上的干果。

麦盖提县巴扎上的干果。

边，见到来往巴扎的一些农民毛驴车上，并没有多少可以买卖的东西，但他们依然兴高采烈，唱着古老悠扬的民歌，满怀希望地去赶巴扎，又心满意足地回来，继续他们的田间劳作。这就是那些绿洲主要成员典型的正式社交生活。不仅如此，在整个绿洲，从普通农民到达官贵人，都将逛巴扎作为自己的主要社交方式。

他们在巴扎谈天说地的内容，从不局限于农牧业生产和商品交换，而是涉及社会生活的方方面面。他们各自的生活方式和生存状况，则是谈天说地的主要内容。通过这种在巴扎上面对面地交流，可以完成对周围其他人生活方式的认同过程，使绿洲各种人物在具体生活方式上的差别，得到有效地调整和统一。所以，巴

和田市巴扎上的民间艺人在弹唱“达斯坦”。韩连赟摄

和田市巴扎上的杂耍艺人。

麦盖提县巴扎上的草鱼。

麦盖提县巴扎上的鸡蛋。

经历，仅靠坐在阿布都热西提汗的王宫里，是整理不出篇幅浩瀚的《十二木卡姆》的。

新疆巴扎与中原地区的集市，是有很大区别的，其中有的区别往往是质的差别。具体地说，一是新疆巴扎无论大小，一般都在某个政治经济中心——城镇。但它们不像某些内地集市设在城墙之外，而是百分之百地设在城墙之内，而且一般都设在城内最大的清真寺广场上。有宫殿的城镇，则设在宫门与大清真寺（也称居玛清真寺）之间的广场上；二是新疆赶巴扎的主体是全体社会成员，包括国王王侯达官贵人，而不像内地集市，主体仅限于农民、商贩和手工业者。因为内地在历史上封建等级森严，社会上层人士不屑于与市井之人为伍；三

麦盖提县巴扎上的牛羊肉。

麦盖提县蔬菜巴扎之一。

麦盖提县蔬菜巴扎之二。

扎不仅是维系维吾尔民族传统文化和社会生活方式的纽带，而且是传承民族文化传统的有效载体。

农民逛巴扎，还有一个重要内容，那就是劳累了一个星期，到城里的巴扎娱乐休闲，放松一下筋骨和精神。听老人讲，以前的巴扎，除

西域民族文化图典

是绿洲几乎所有的自然经济行为，皆以巴扎为主要调节杠杆，很少行政干预，有点类似于西方的大市场小政府现象，如历史上的“巴扎伯克”（管理巴扎的封建官吏）只对商贩和手工业者的大宗买卖征税，对农民的交易一般不征税。所以巴扎的内容特别丰富，成交量却不是很大。而内地传统的集市，在市场调节社会经济的程度和范围上，显然不及巴扎；四是由于全体社会成员经常都在逛巴扎，所以从底层百姓到上流人士，人人都有很强的巴扎概念；五是由于伊斯兰教的世俗化，寺庙一般都辟出一些房屋租赁经营，宗教观念与商贾

20 世纪 80 年代喀什市巴扎上的民间医药。

之道没有矛盾。寺庙不分等级，对所有的人敞开大门，帝王将相和达官贵人到寺庙礼拜，必经巴扎，形成巴扎“达瓦孜”、民间歌舞艺术等娱乐内容上的雅俗共赏。而内地集市虽设有庙会，但烧香拜佛和欣赏梨园杂耍者多为下里巴人，追求阳春白雪的达官贵人很少光顾；儒学家和道家长老、佛教和尚，从来就嫌弃贾利的商人，不耻与他们为伍；最后一点也是最重要的一点，维吾尔民族的巴扎完全是自然形成的，绝少有人为的行政性干预。几个人或一群人经常凑到一起，固定在一个地方做生意，这里就自然形成一个巴扎，由于巴扎交易量不大，一般不讲究巴扎的外在形式，如巴扎建筑、店铺等，等到巴扎形成一定规模之后，才有一

精河县的枸杞药材。

20 世纪 80 年代喀什市巴扎上的民间医生。

和田市的牲畜巴扎之一。

和田市的牲畜巴扎之二。

些人为了商业利益，搞一些巴扎建筑。这些明显的区别，证明巴扎是维吾尔族、乌孜别克族等民族全民参与的社会活动，甚至可以从这个角度上说，维吾尔族、乌孜别克族等民族就是一个典型的“巴扎民族”。

维吾尔族、乌孜别克族等民族之所以善于经商，完全得益于新疆经久不衰的巴扎。换句话说，在历史上就热闹非凡的巴扎，塑造了他们精于商贾之道的民族性格。巴扎除了适时调节绿洲农牧经济发展导向的杠杆作用外，还有力地促进了社会分工的细化，使各种手工业、餐饮业、园艺业和职业演职人员逐渐从生产中脱离出来，丰富了绿洲农牧经济的产业结构和

卖牲畜的巴扎上，最热闹、最激烈的场面是独具地方特色、传统的讨价还价方式。他们用手指互相拉扯着并伴随着高昂的吆喝声进行讨价还价，最后以击掌表示成交，十分有趣。

社会结构，而且造就了一定规模的职业商人群体，形成绿洲社会经济文化的丰富性和多元化现象。但是由于历史上绿洲经济超乎寻常的自给自足，绿洲社会经济和文化的封闭性，社会消费需求的单一和弱势，使这种脱离的进度相当缓慢，绿洲农牧经济向商业经济和工业经济转型的进度，也相对缓慢。也就是说，相对发达的手工业、餐饮业和有限的传统商业，对绿洲农牧经济的反作用力过于弱小，还未达到能够激起农牧经济发生裂变的力量对比。

一个民族整体的开放程度，包括民族文化、民族传统和宗教观念的开放程度，往往直接影响这个民族的综合素质。巴扎在近代维吾

和田市的牲畜巴扎之三。

伊宁市的牲畜巴扎。

尔民族历史上，曾经促使许多优秀的维吾尔商人脱颖而出，他们走南闯北，经历了周围民族和地区先进优秀文化的熏陶，甚至转型为近代工业家。他们特别想在自己的故乡发挥一点作用，但他们在几乎完全封闭的农牧社会里，毕竟势单力薄，他们微弱的革新呼声，犹如渗进浩瀚沙漠的几滴清水，马上就被铜墙铁壁似的抵制埋没了，最后迫使他们不得不远走他乡，客殒异国。

巴扎进入近代以来，工业产品通过俄国和中原地区开始批量进入巴扎，使巴扎交易的内容开始有了一些质的变化。新中国成立以来，大规模的工业化建设，曾经强烈地刺激了传统的巴扎经济，但由于受到计划经济对巴扎的制约作用，巴扎没有多大的作为，甚至有一些倒退现象。改革开放以来，国家实行市场经济，使新疆巴扎遇到了前所未有的发展机遇。内地特别是江、浙、鲁一带的工业品大量进入全疆的巴扎，迅速改变了巴扎交易的传统内容，扩大了巴扎的规模和影响力。现在的新疆巴扎经过各级政府的修缮和越来越科学的管理，可谓青春焕发，真正成为刺激绿洲农牧经济发生“核裂变”的强有力的推动力量，特别是最近以来，新疆巴扎开始引进现代超市理念和现代物流意识，使巴扎调节社会经济的杠杆作用更加有力，引导生产和

巴里坤哈萨克自治县的草原巴扎之一。

生活消费的功能更加明显，目前已经促成了维吾尔民族现代工业的萌发。而且,巴扎对人们转变传统观念的作用,也日趋增强。维吾尔民族正在通过日趋现代化的巴扎,耳濡目染,潜移默化,了解和学习世界先进的科学文化和生活方式，逐渐地实现包括民族文化在内的社会转型。

这是自从草原社会到农业社会转型之后，维吾尔民族又一次伟大的社会转型。一切维吾尔民族的有识之士，无不为此感到欢欣鼓舞,精神焕发,斗志昂扬。的确,现在的这个社会转型期,对于

巴里坤哈萨克自治县的草原巴扎之二。

巴里坤哈萨克自治县的草原巴扎之三。

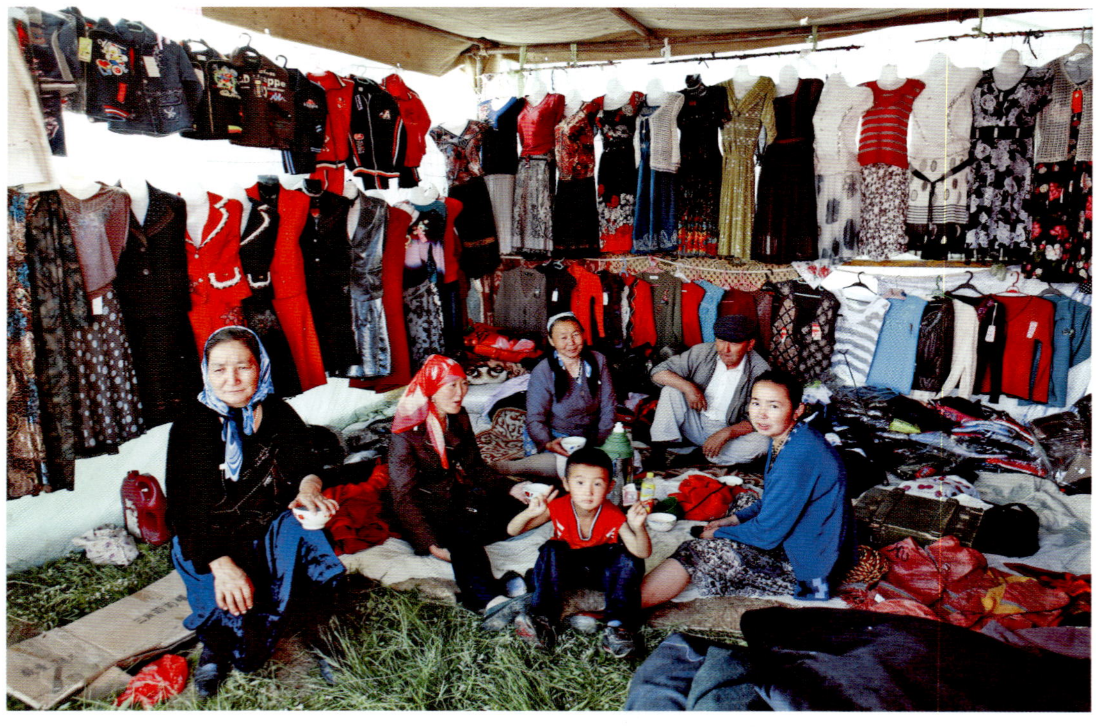

巴里坤哈萨克自治县的草原巴扎之四。

中华民族，是一个伟大复兴的时代，也是各种人才脱颖而出的时代，更是英雄辈出的时代。

所以，我们应该清醒地认识到，现代市场经济是集国家经济政策及关税政策、市场调查与预测、商业资本运作、商品研发和生产、市场营销策划、运输与销售、通讯联络、现代物流、营销和管理人才培训、客户服务管理、市场培育和挖掘开拓市场空间、企业具体的运作管理、合理安全的结算手段和售后服务为一体的、立体交叉的、大规模的综合市场运行模式，并且是与日新月异的现代高新技术紧密结合，并与国际大市场联系越来越紧密的复杂市场运作过程。传统的巴扎与之相比，只能是小巫见大巫，就如同一个古老的家庭小作坊与一个

巴里坤哈萨克自治县的草原巴扎之五。

巴里坤哈萨克自治县的草原巴扎之六。

乌鲁木齐市国际大巴扎。

乌鲁木齐市国际大巴扎上的各种织毯。

乌鲁木齐市国际大巴扎上的各种民间乐器。

现代化工厂相比。当前开始出现的传统商人通过巴扎的磨砺，转型为现代商人和企业家的个案，只是一个初步的和少量的转型过程，而且其转型的程度也没有真正到位。这种转型的过程不可能一蹴而就，而是需要一个漫长而艰苦的脱胎换骨过程。

但是，巴扎和其他民族类似的集市，毕竟是现代市场经济得以脱胎诞生的母体。所以，深入研究维吾尔民族传统巴扎的目的，就是要继承和发扬巴扎传统的精华，弃其糟粕，让现代市场经济更加顺利和健康一些，避免任何先天性的不良基因，从而保障优秀的现代市场经济。

维吾尔民族历来就是一个相信巴扎，崇尚

乌鲁木齐市国际大巴扎上的各种工艺品。

乌鲁木齐市国际大巴扎上的手工织品。

乌鲁木齐市国际大巴扎上出售的各种艺术品。

巴扎，具备浓厚巴扎意识的民族，这是维吾尔民族丰富的社会文化资源优势。相信他们会继续继承和发扬自己古老的巴扎传统，在国家大力发展市场经济的进程中，学习和掌握一切现代理念，摒弃某些落后的思想意识，进一步改革和完善巴扎体系，在现代巴扎自然合理的调节和政府的大力扶持下，促进民族现代工业的发展壮大，尽快实现民族整体向现代社会转型。

乌鲁木齐市国际大巴扎上的服饰。

民间工艺

“帕拉斯”制作技艺

“帕拉斯”是深受草原民族喜爱的用途极广的艺术品，用做毡房、大衣、床铺、马鞍、褡裢、用具等。

帕拉斯结实、耐用、美丽，让人们的生活富有幻想。

帕拉斯的制作过程：首先选上好的羊毛或驼毛，只用一根棍转，就能捻成毛线，然后染成各种颜色，也有用毛本色的。根据不同的图案配置色彩，先把线串在简易编织机上。

用一根棍转，先将羊毛、驼毛捻成毛线。

在草原上一头钉一木橛，扯开大概 20 米的“彩虹”，只用三根棍支起串织用的纬线，精心穿梭周围纬线，编织各类图案。晚上可随时收到毡房，第二天再支起来继续编织。设备简单，远不像农业民族的织机那样麻烦。

织好的帕拉斯可以根据不同的用途，把草原牧人的生活装点得五彩缤纷。

哈萨克族帕拉斯制作技艺。

蒙古族“帕拉斯”制作技艺之一。

哈萨克族“帕拉斯”制作技艺。

蒙古族“帕拉斯”制作技艺之二。

和田地区地毯制作技艺之一。

地毯成品。

哈密地区地毯制作技艺。

和田地毯制作技艺

和田地毯是新疆地毯的代表作，其历史十分悠久，早在2000年前，和田就有盛行地毯的记载。

在和田除了工厂制作地毯外，许多家庭都以户为单位制作地毯，连七八岁的娃娃也都会织地毯。当地有句谚语："天上有多少云彩，和田有多少地毯。"可见和田地毯在当地的普及程度了。

和田地毯具有鲜明的民族特点和浓厚的地方色彩，被称为独具一格的"东方式"地毯。其图案别致，独具风格，色调高雅。图案

和田地区地毯制作技艺之二。

设计题材广泛，内容丰富，多以植物的花、果、枝、叶及饶有风趣的各类动物为纹样的基本造型，再加以扩张变形，并辅以有变化的几何形纹理，充分体现维吾尔族的艺术特色

和田地毯按图案内容和形式可分为八大类：阿娜古丽（石榴花）、夏姆努斯卡（蜡花式）、开力肯（波浪式）、伊朗努斯卡（波斯式）、卡斯曼（散点排列式）、艾地亚努斯卡（洋花式）、拜西其切克(五枝花式)和博古式。除此八类外，还有拜垫毯及近代设计纺织的人物、花鸟和风景挂毯，各具特色。

吐鲁番地区地毯制作技艺。

编织好的胡尔据。

2010 年 6 月 12 日,"胡尔据" 第五代传承人斯迪克·爱莎,在自治区博物馆 2010 年"文化遗产日"系列活动上展示了自治区级非物质文化遗产名录的传统工艺绝活——胡尔据制作技艺。

"胡尔据"制作技艺

"胡尔据"(维吾尔语的称谓，汉语称褡裢)是新疆农牧区维吾尔、哈萨克、柯尔克孜等民族喜欢的用粗棉、毛线手工编织的旅行袋,有 50 厘米宽,1 米多长,开口在中央,两端各成一个口袋,口边留有绳扣,可以串连成锁,结实耐用。

和田市吉亚乡农民斯迪克·爱莎,是当地祖传第五代"胡尔据"制作艺人,他的妻子铁木尔汗和四个儿子、四个女儿也都是"胡尔据"制作的能工巧匠,他们制作的"胡尔据"颜色绚丽夺目,图案富有民族特色,多用几何纹样,配以色彩斑斓的粗犷线条,格外悦目,反映了他们对生活的热爱，及艺术的爱好和审美情趣。

现在他们除了制作农牧民喜爱实用的褡裢外，还专门为游客设计了一种小巧玲珑的小褡裢,工艺精细,色彩艳丽,深受游客的喜爱。

哈萨克族芨芨草编织技艺。 涂苏别克摄

芨芨草编织技艺

在我国南方，人们用稻秸和麦秆编织许多叫人爱不释手的工艺品，在新疆的哈萨克族、柯尔克孜族、蒙古族等民族中，则用俯拾皆是的芨芨草编织成门帘、墙帷和席等工艺品。

芨芨草，古代称“息鸡草”“白草”，根系发达，生长繁茂，生命力极强，分蘖多，每丛少则几十根，多则上百根，粗细如女同志打毛衣的竹针。它坚韧、细长，富有弹性。当地少数民族多用它编席、筐和扎笤帚。但生活在牧区的哈萨克族、柯尔克孜族等民族的牧民却

哈萨克族芨芨草编织品。

芨芨草编织的毡房内墙篱。

柯尔克孜族芨芨草编织品。

用它来做毡房里的装饰品。每年 9 月，是芨芨草成熟的季节，牧民们把它们收割回来，暴晒数日，使其干透，剥去外皮，按需要截成各种长度。编织是妇女的拿手好戏，她们把染成五颜六色的羊毛捻成线，一种方法是把彩线缠在芨芨草上，按图案花纹进行编织；另一种方法是用彩色毛线和芨芨草混合编织。哈萨克族妇女大多采用几何形纹样，色彩对比强烈，图案变化多样，富有牧区草原气息。柯尔克孜族的芨芨草编织花样较多，有的和绣花毡上的图案相差无几，有的则采用独特的编织方法，把飞禽走兽、高山瀑布、花卉异草编织在门帘和墙帷上，各种图案美观大方，线条清晰，色彩艳丽。

形式多样的芨芨草编织品不仅是赏心悦目的工艺品，而且是毡房里阻挡蚊蝇进入和保持屋内空气流通的佳品。盛夏，牧民们常将毡房四周的毡子撩起来，这样使室内的空气流通，蚊蝇不宜钻入，使人感到舒适欢畅。

维吾尔族柳条编制技艺。

柳条编制技艺

新疆的柳条编制历史非常久远。无论是在自给自足的自然经济条件下，还是在发达的商品经济条件下，柳条编制品以其方便、实用在人们的日常生活中都占有一席之地。生活在新疆的维吾尔族人民在从事农业生产过程中，逐渐掌握并发展了柳条编制技术。

手工柳条编制品大致分为以下几类：1.农业中所使用的柳条编制品，如柳条抬耙子；2. 畜牧业中使用的柳条编制品，如柳条食槽；3. 日常生活中所使用的柳条编制品，如柳条筐子；4. 作为美术欣赏、旅游纪念的柳条编制品，如柳条花瓶。

在制作柳条编制品时，所用器具可分为原材料和工具两类：一是原材料：粗细、长短不一的枝条（榆树枝、

柳条篮子。

柳条筐子。

红柳枝、杨树枝、柳树枝）。二是工具：剪刀、锤子、刀子、水盆、水桶、锡桶或铁桶。

千百年来，手工柳条编制逐渐形成了一些特征：1.广泛性。柳条编制品广泛用于维吾尔人生活的许多方面。2.实用性。柳条编制品结实耐用，制作简单，成本低。生产过程无毒无害，环保健康。3.艺术性。柳条编制品不仅是一种生活用品，也是一种艺术欣赏品。

手工柳条编制是我国维吾尔族优秀的民间技艺，同时又具有浓厚的地域特色。柳条编制品广泛应用于各族人民生活的许多方面，已经成为生活中不可或缺的一部分。

当代的柳条编制技艺，不仅继续发挥着它的实用价值，而且也是维吾尔族传统文化传承的一种表现。

柳条编制的各种工艺品。

柳条抬耙子。

柳条编制的各种工艺品。

手拿红柳条棍将羊毛抽打成絮状。

将絮状的羊毛在芨芨草帘子上铺匀。

毡房大毡制作技艺

在新疆美丽的大草原上，白色的毡房犹如天上的云散落在各处。这些毡房美观、实用、拆迁轻便，是哈萨克族、蒙古族、柯尔克孜族等牧民流动的房屋，随牧民的迁徙而迁移。但做毡房用的羊毛大毡是怎样制成的呢？

首先将羊毛晾好铺在三米宽五米长的芨芨草做的帘子上，由妇女们双手拿红柳条棍在羊毛上抽打，把羊毛抽打成絮状。草原上不用弓弹，抽打代替了弓弹。然后铺匀洒上

洒上开水，用帘子卷起。

开水，用帘子卷起绑好。帘子中间穿一长木棍做轴，木棍两头用马镫套上，用绳连接到另一和它平行的木棍上，用长绳套在骆驼上或由拖拉机拉着，在草原上转一小时，毡坯完成。人们将帘子破开摊平再次洒上开水，只把毡坯卷起，用羊毛绳绑好。年轻人一字排好跪爬在帘子上用胳膊擀制半小时，解开晾干。一条三米宽五米长的毡房专用大毡就做成了。

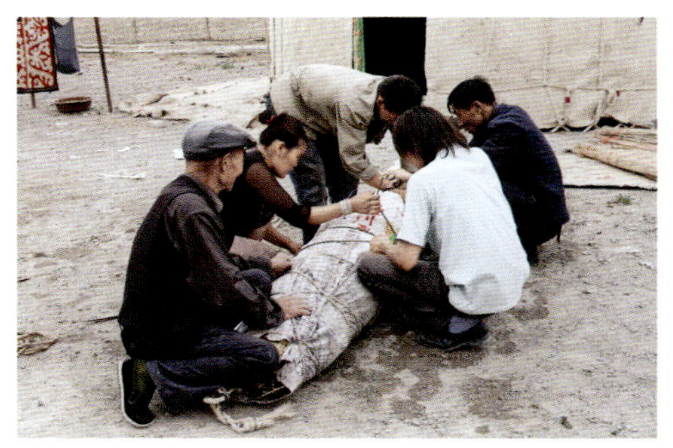

将帘子捆绑好。

用拖拉机在草原上拉着转一小时，毡坯完成。

将擀制好的毡坯帘子解开。

毡坯帘子解开后，年轻人在长者带领下，一字排好用胳膊擀制半小时，大毡完成。

将擀制好的大毡摊开晾干。

花毡制作技艺

花毡，是维吾尔族、哈萨克族、蒙古族、柯尔克孜族、塔吉克族等少数民族生活中必不可少的生活用品和装饰品，同时也是色彩绚丽的工艺品。

历来以制作精美，风格独特而享有盛誉的花毡，是用新疆优质羊毛制成的。光泽细致，厚度适中，保暖性好，各少数民族根据自己所好，在毡面绣以各式花纹、图案，极为精美。

花毡的种类主要有：

1.绣花毡。维吾尔语称凯西特基克孜。这

蒙古族花毡成品局部。

蒙古族花毡制作技艺。

种花毡做工十分考究，用彩色丝绒锁盘针法，把各种花卉、几何图形对称地绣在紫、墨绿、红等色的毡子上，显得十分华丽，主人常把这种花毡铺在客厅客人的座位上。

2.补花毡。用彩色布缝制在毡子上的补花毡，它主要用于毡房的地面上，农村的炕头上，既可防寒、防潮，又可美化室内。其做法也很考究，用红、黑、橘、绿、蓝等色布套剪，正反对补，大都用羊角、树枝、云等变形图案，特点粗豪狂放，色彩对比强烈，充满草原气息。这种花毡也是姑娘出嫁时，不可缺少的嫁妆。哈萨克族、蒙古族、柯尔克孜族牧民最常用；维吾尔族、塔吉克族等民族亦制作使用。

柯尔克孜族花毡成品局部之一。

柯尔克孜族花毡成品局部之二。

哈萨克族补花毡制作技艺。

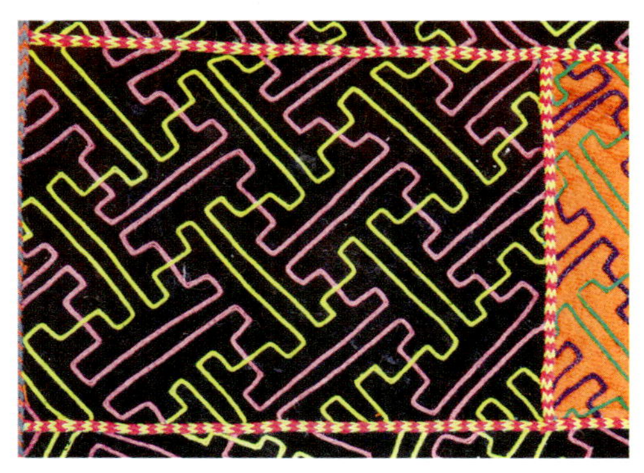
蒙古族花毡成品局部之一。

蒙古族花毡成品局部之二。

3.擀花毡。维吾尔语称坦力马特，新疆诸多民族均喜欢制作。该毡历史悠久，工艺复杂。事先要把图案设计好，然后根据图案，把染成五颜六色的毛或薄毡，经过剪、拼、贴、喷水、擀制、干燥等几个工序制作而成。毡面多以各种组合式花卉、几何图案、自然景物、禽兽器官、生活用具、建筑形体等变形纹样图案。其特点是牢固耐用，纹样清晰，美观大方。

4.印花毡。维吾尔语称巴斯玛古丽克基克孜。其制作过程与模戳印花布制法相似，按不同花色需要，先准备好木基，经刨平、绘花及雕模，再蘸以各种颜色，套印于纯白羊毛毡上，部分底色用小刷修补，工序比较简单，但印制的花纹十分悦目新颖。

新疆少数民族喜欢用花毡，大都用于房间的装饰和铺地并作褥子，既美化了房间，又保持室内的清洁，还有隔潮、防寒之效，所以受到新疆各族群众的喜爱。

柯尔克孜族花毡成品。

蒙古族花毡成品。

蒙古族花毡制作技艺。

弹羊毛。

染色。

将染好色的薄毡晾干。

维吾尔族花毡制作技艺

维吾尔族花毡，维吾尔语称“坦力马特”。它是具有强烈的维吾尔族独特风格的一种很受群众喜爱、具有实用价值的民间手工艺品。

和田地区维吾尔人制作的花毡是维吾尔族花毡的典型代表。

和田维吾尔族擀花毡历史悠久，制作工艺需经以下过程：剪花样、弹毛、染色、剪裁染过色的毛坯纹样、拼贴图案、铺放弹好的羊毛、喷开水、擀制、晾干。

用以上工艺擀制的花毡牢固耐用、纹样清晰、粗犷有力，既美观大方，又品种繁多。花纹图案一般采用花卉、几何纹饰、自然景物、生活生产用具以及建筑形体变形纹样图案等。

和田花毡制作工艺流程：首先将羊毛晾晒好，置于清扫干净的地上，把弹毛的弓悬于房梁或树杈上。绳子拴在弓背中间，下垂到地面和羊毛接触，左手握弓，右手拿木槌，有节奏地把羊毛弹成絮状，一条毡大概 10 千克左右（视大小薄厚用途而定）。一人弹毛，其他人在芨芨草做的帘子上用事先备好的各色毡剪好毡条，摆成所需的图案，图案是传统的花卉、几何图形组成。他们没有图纸，各种图样都在工匠的心里，并根据情况不断变化创造，随心所欲，之后在毡条摆好的图形中填上不

将染好色的薄毡剪成花样拼贴图案。

同的彩色羊毛，再把弹好的羊毛铺匀，喷洒上开水。几个人一起快速把帘子裹好、卷紧、用羊毛绳绑牢。只见 3～5 人用脚踏着卷好的帘子在平地上来回踏蹬，节奏性很强，几人配合得很默契，并喊着劳动号子。50 分钟毡坯做成，解开帘子，几人拉平毡坯，修整边角再洒上开水将毡坯卷起，人们跪爬在帘子上用双臂对毡坯反复搓滚半小时，展开拉平在阳光下晾干就可以销售使用。三人一般每天可做两条。现在也有用土机器打擀的，但远不如这种传统工艺受欢迎。（韩连赟摄影）

拼贴完工的图案。

传统水磨磨面技艺

水磨历史悠久，是新疆古代先民利用水的落差产生的动力，用来磨面、碾米、榨油的古老传统技艺。

英吉沙县芒辛乡11村，喀拉巴什水库出水口一带，由于沟壑纵横，地势落差大，产生的动力强，易于建造水磨坊。因此芒辛乡的村民们至今仍沿袭祖辈传承下来的这种利用水力磨面的磨坊。目前还有水磨坊8座，水磨21盘在周而复始地吟唱着古老的歌谣。

英吉沙县芒辛乡的水磨坊主要由引水渠、闸口、引水槽、木制水轮、小木屋、下泄排

水磨坊上游的引水渠。

古老的水磨坊。

修建在土崖上的水磨坊。

水磨坊后面的排水渠。

水渠组成。其工艺是靠水从斜度近 45° 的引水槽中飞流而下，冲击大水轮旋转，再通过大小齿轮变速使石磨盘飞速旋转来磨面。磨坊内的主要设施有石磨盘、木斗、控制机关、木槽等。磨盘由上下两个直径一米左右，重达 200 千克的石磨构成，口朝上的喇叭形木斗是盛放加工粮食（小麦、玉米）用的，木斗下端有一个小机关，由一根浮在磨盘上的木棍控制开启闭合，小麦或玉米顺着小机关出口缓缓流入磨盘中心碗口大的入口处。（包迪摄影）

英吉沙县芒辛乡的村民们至今仍沿袭祖辈千百年传承下来的利用水力磨面的磨坊。

百年老油坊内的一角布局。

百年老油坊

巴里坤哈萨克自治县大河镇有一家百年老油坊，建于 19 世纪四五十年代，距今已有一百五十多年的历史，是现今新疆保存最完好的油坊。

传说当年，骆宾王流放西域时，曾在巴里坤临时讨了个小老婆，也有说是相好的，虽然不是明媒正娶，但却香火不断，越来越旺。到他的后人外号“骆半街”这代，在巴里坤汉城北街已经拥有了 24 个商铺、1 个大磨坊和 1 座油坊，占了半条街，故此得名。老油坊当时所生产的菜籽油质量上乘，60%的巴里坤人

巴里坤百年老油坊的门厅。

生铁铸成的炒锅直径达 1.2 米。

凭人力转动油梁，利用杠杆原理形成的挤压力榨油。

用巴里坤红松做成的盛菜籽的用具。

重达九百多千克的石坠子。

家吃的都是那里的油。这家油坊的家什（设备）是当时巴里坤境内14家榨油坊中规模最大的。新中国成立后，大河乡政府收购了"老油坊"，更名为大河综合加工厂，令人称奇的是老油坊内最古老的杠杆式榨油机，直到现在依然在使用。

老油坊屋内耸立着两台黑漆漆的大木架，木架下两根长约13米，大头直径1米、小头直径约50厘米的油梁在"百年老油坊"里占据了主要位置。靠右墙边的石磨是用青石凿成的，上面还残存着磨碎的油菜籽。重达九百多千克的石坠子也是用青石凿成的，如同一个巨大的秤砣，承载着逝去的历史，上面还凿有一个10厘米左右的环，是专门用来穿

靠右墙边的石磨是用青石凿成的，上面还残存着磨碎的油菜籽。

绳子的。生铁铸成的炒锅直径达 1.2 米，下面虽然没有炉火升腾，但却有炒料时散发的余香。灶台上的蒸笼，是用巴里坤红松做成的，在今天的人们看来，真可谓古色古香。长方形的蒸笼，长 1.8 米，宽 1.2 米、高 1.3 米，一笼能蒸磨好的油菜籽 100 多千克。

传统的榨油方法是，先将油料放进炒锅，用微火炒至微糊，再把炒好的油料用畜力牵引的石磨磨成浆后，放进木制的蒸笼里蒸，等温度超过 100℃、满屋蒸气升腾时，凭人力拉动油梁利用杠杆原理形成的挤压力榨油。一个班次需五人操作榨油设备，一次压榨 800 千克菜籽，六小时压榨一遍，然后，再压榨二遍三遍。当地民间也因此有这样的说法：头

木架下两根长约 13 米，大头直径 1 米、小头直径约 50 厘米的油梁在“百年老油坊”里占据了主要位置。

油香，二油清，三油少。该传统设备年生产食用油能力为 90 吨。

2002 年以前，老油坊的生产靠的还是这台机器。后来老油坊进了几台现代榨油机，老机器才得以清闲。目前，老机器每年只压 30 吨左右清油，主要是满足市场上一些人们对老油坊怀旧情结的需要。

历史上，巴里坤曾经是西域军事重镇，镇西府所在地，历史积淀深厚，民风民俗古朴，大河唐城、古民居、仙姑庙、汉城、满城，包括老油坊在内的很多文物古迹，为这片土地积淀了浓郁的历史文化底蕴，让巴里坤拥有了新疆汉民族文化发祥地的称谓。

老油坊屋内耸立着两台黑漆漆的大木架。

喀什土陶制作技艺

新疆喀什土陶，维吾尔语称其为“阔孜其亚贝希”，意为高崖土陶。

800 多年前，维吾尔土陶艺人发现崖上有适合做陶器的泥土，很多土陶艺人便开设土陶作坊，高崖土陶因此而得名。

高崖上至今还保留有四五百年前的土陶作坊多处。制陶所用的泥土材料、工具、配料、工艺设备及陶坯成型、刻花晾晒、彩绘上釉、入窑火烧等二三十道工序、工艺过程都是祖传下来的，但完整按照祖传工艺进行土陶生产的作坊仅存下两户人家。

他们制作的土陶器以做工精良、品种繁多以及浓郁的地方特色和民族特色而驰名中外。众多工匠常以住宅为作坊，以临街房屋为店铺，现做现售，形成了遍布新疆各地城乡的一道人文奇景。

当今，维吾尔族手工匠人在保存传统工艺和生产方式的同时，融入了一些现代科技和管理手段，使原本古老的工艺及产品，带有一定的现代意蕴。

手工制坯工艺。

手工制坯工艺。

入窑火烧。

具有浓郁地方特色和民族特色的土陶制品。

土陶老艺人。

吐鲁番土陶制作技艺

吐鲁番维吾尔族土陶技艺主要分素陶、素釉陶和彩釉陶三种。吐鲁番土陶器以各种造型的壶见长。近代吐鲁番维吾尔族土陶器中的壶形器物上的压花、刻花十分精美，彩釉陶盘和陶罐大都用彩釉装饰得五彩缤纷。

手工制坯工艺。

现存的斯尔克甫古窑位于鄯善县鲁克沁镇东北，距离镇政府8000米，因位于鲁克沁镇斯尔克甫村而得名。

据传，在2000多年前的高昌王国时期，这里曾烧制过大量的专供王宫用的土陶生活用品。现在遗留下来的老窑遗址占地约四千多平方米，尚存古窑六座，手工作坊四间。古窑的主人是斯尔克甫村村民，叫买买提·依明尼牙孜。这个古窑是吐鲁番郡王额敏和卓赐予他的先辈经营的，他是第11代传人。他的家族经营古窑有三百多年了。

目前，古窑的主打产品则是馕坑，其制作流程是：取土－和泥－拓模－烧制。火焰山上的生土，是一种理想的烧陶原材料。生土按比例搀进煤渣等，总共需要四种土和在一起。

古窑第11代传人买买提·依明尼牙孜在精心制坯。

如今，很多陶器日用品逐渐被价廉物美的塑料、不锈钢等现代制品替代，很少有人再来购买千百年来生产的那些传统陶器，它们被堆放在一个仓库里，几乎成了文物，古窑转而生产仍有市场的馕坑陶片，销往乌鲁木齐、昌吉、库车、喀什等地。

古窑一直秉承传男不传女的习俗。古窑第12代继承人是买买提·依明尼牙孜的大儿子阿不力米提·买买提，他14岁开始学习土陶制作技艺，现已掌握全套的技术，从和土、锯泥、拓模，到给泥坯打补丁、架火等，能够指导制陶的每个环节。

按比例配好土和水后用坎土曼不断搅拌后，再放入土造的泥土搅拌机里搅拌，然后将搅拌好的泥土打成2米长，40多厘米宽的泥墙。

工人们用锯子将泥片锯下来，往烧制馕坑的模子上贴。

贴好后，用布缠好，两个工人用木板子不断地击打，直到将外表打平，显得光滑圆润。

光滑圆润后揭掉布，进行修饰。

用手捏出馕坑的圆边。

最后，工人起运刚拓模好的馕坑并一个个排列放好晾干。

古窑。

工人用锯子将晾干的馕坑锯成四片。

将锯成四片的馕坑泥坯入窑烧制。

千年古窑——整个烧制过程需要 24 个小时。如果是烧制馕坑，温度达到 1200℃时，就可以撤火了。过去，没有温度计的时候，是用一种土做成“蜡烛”状，放在窑洞边。如果“蜡烛”化了，说明温度就够了。烧制水桶的话，则要达到 1800℃。燃料以前是柴火，现在已改作了煤。

和田桑皮纸制造技艺

“和田桑皮纸”维吾尔语称其为“卡格孜”，因产地和主要原料而得名，是绿洲经济家庭手工业的一种，也是较为古老的民间工艺之一。

桑皮纸制造，以剥自桑树枝上的皮为主要原料。通过砍条、浸泡、剥皮、煮皮、砸浆、发酵、搅拌纸浆、入模、晾晒、粗磨等工序造成，规格一般长 53 厘米，宽 47 厘米。其生产工具有煮桑皮的铁锅、砸桑皮的木槌、盛纸浆的木盆、分纸浆的木碗、造纸的模具(一种长方形木架，一面蒙以土纱布，维吾尔语称“架扎”，即汉语“架子”的音变)等。用这些工具造出来的纸，和田人称“哈木凯盖孜”，意为“棉布一样的纸”，其他地区的人们都称其为“和田纸”。新疆和田地区使用和制作桑皮纸历史十分久远，现和田地区博物馆收藏的桑皮纸文书，有用桑皮纸书写的于阗文文书、藏文文书、波斯文文书，经考证为宋元之物，这说明和田桑皮纸已有 1000 多年的历史。在明清时期使用和田桑皮纸已经非常盛行，直至 20 世纪 30—40 年代，许多公文、契约和包装都还在使用和田桑皮纸。和田桑皮纸被人们称作“活化石”。

和田地区墨玉县桑皮纸制作艺人之一，吾布力卡斯木·依明，被邀请在自治区 2010 年文化遗产活动日现场演示桑皮纸制造工艺。图为用大木锤将桑树皮槌砸成泥浆。

吾布力卡斯木·依明的妻子阿米娜·阿布都在剥桑树皮。

这种纸透气性和吸湿性兼备，不易霉烂，柔韧结实，中亚地带出土的大量古代文献多用这种纸书写。由此可知，这种纸在新疆和中亚文化史上的重要地位。

纸浆搅拌均匀入模后提起模架，造纸完成。

自治区 2010 年文化遗产活动日，各族群众纷纷购买吾布力卡斯木·依明用祖传的工艺制造的和田桑皮纸。

搅拌纸浆。

皮衣、皮具制作技艺

新疆哈萨克族、蒙古族、柯尔克孜族等民族的牧民中不少人都会自己熟皮子，但也有不少人送去让本村的熟皮子手艺高的专业户熟皮子。大家都是慕名而去，有给钱的，有送奶豆腐的，有送皮子的……价钱视交情与自觉而付。

牧民在熟皮子时，首先将专为熟皮子制作的酸奶疙瘩用水化开，再配以适量的芒硝和盐搅拌均匀，涂抹在生皮板上。若是羊皮，就把羊皮折叠好或把两张差不多大小的皮子对压在一起，再放到室外晒太阳。三天后，需时不时翻出来看一下，检查皮子是否软到了一定程度。估计差不离了，从边儿上刺个口子，如果颜色仍旧是黄的，说明里面还有油，得继续晒太阳。若已经发白，说明油脂已经去得差不多了，可以用手揉或者拿木棒在皮板儿上擀，这就是所谓的揉制，好叫涂料彻底渗进皮子里。揉擀工序完成，就可以再涂一层掺了芒硝和盐的酸奶，这次的涂料可以稀一些，不用像第一次那么稠。然后跟上次一样，放到室外晒太阳，几天后再揉擀一番。完成后，用皮条把羊皮挂起来，拿一种名字叫“脚登”的刮刀，把皮板上的肉里子刮干净。所谓肉里子，是皮子外头附着的筋膜，动物活着时为增大皮子的拉力而生，若去不净，皮板虽说相对防水，可皮子必然发硬发干，缺少了

专为熟皮子制作的酸奶疙瘩。

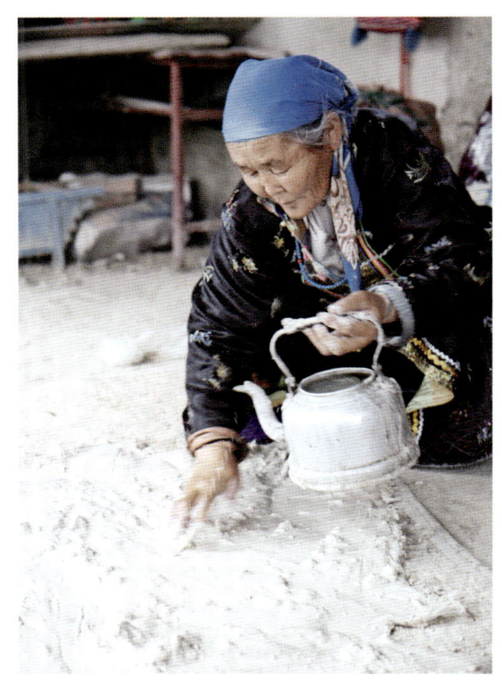

将酸奶疙瘩用水化开、再配以适量的芒硝、盐搅拌均匀，涂抹在生皮板上。

把涂抹均匀的生皮板折叠好，再放到室外晒太阳。

最后用特制的木刮刀把熟好的皮板上的筋膜再一次刮干净，使皮板儿更加柔软。

柔韧性。刮刀的名字奇怪，形状也很独特，木制呈倒 Y 字形，竖着的一道是手柄，两个分叉一长一短，长的一头拴根皮条，皮条上系个套子，为把脚伸进去能踩住，两个叉上横着一枚刀片。用的时候右手握住手柄，另一只手揪紧挂着的皮子，右脚踩住皮套，拿刀从皮板上头往下推，把肉里子刮干净。为让羊毛干净，在毛上还要洒上煮熟的小米汤，皮子晾干后，在上面刮一刮、抖搂抖搂，皮毛就会变白了。整个熟羊皮的过程都属于手工操作，不能马虎。俗话说慢工出细活，手艺高的熟出的皮板儿柔软，皮毛洁白如新；活儿糙的，板子发硬，毛发黄还脏兮兮的。

熟牛皮和熟羊皮的程序基本相同。由于牛皮面积大，要把它铺在地上，把放了芒硝和盐的酸奶均匀涂抹在上面，再将牛皮叠成长条状，放在室外晒太阳，原理跟熟羊皮一样，是为保持水分。过个三四天打开，趁着皮板是湿的，用普通刀就可以刮去肉里子和牛毛。然后再刷一次酸奶涂料，折起来再晒太阳，直到涂料彻底渗透，拿出来阴干就可以了。牧区熟牛皮不为做衣服使用，只为去掉皮子里的蛋白质与油脂，不需像对待羊皮那样揉搓。做皮条使用时，如果觉得太硬，只要抹些獭子油在上面，两根皮条互相揉搓，就能变软。

缝制皮衣。

蒙古族皮匠在切割牛皮，编织皮具。

蒙古族皮匠制作的盛奶酒的皮囊。新疆蒙古族盛奶酒的酒囊，刻有图案，做工精细，俨然是件工艺品，它是用驼峰皮或牛皮刮去表皮的毛制成的，外沿用骆驼筋或牛筋缝制，然后放在坑内用烟熏 10 天左右，这种皮囊新疆蒙古人叫“库克儿”。

蒙古族皮匠编织的各种马套具。

哈萨克族马具编织技艺。

哈萨克族马车后鞧。

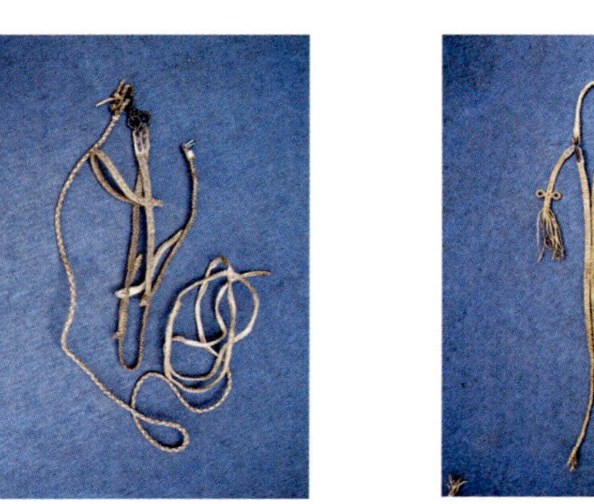

哈萨克族马叉子。

哈萨克族马后鞧。

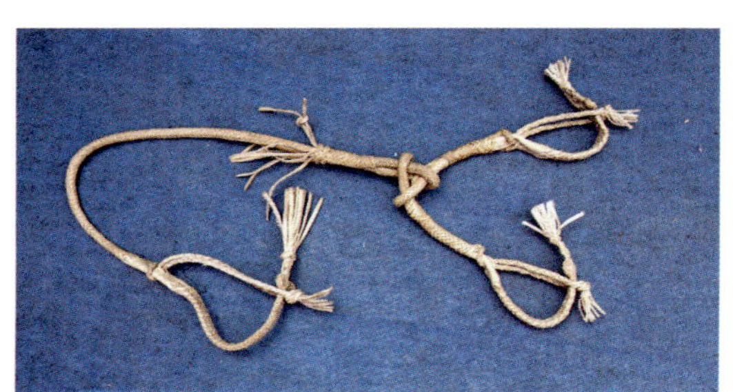

哈萨克族马绊绳。

哈萨克族牛皮编织品。

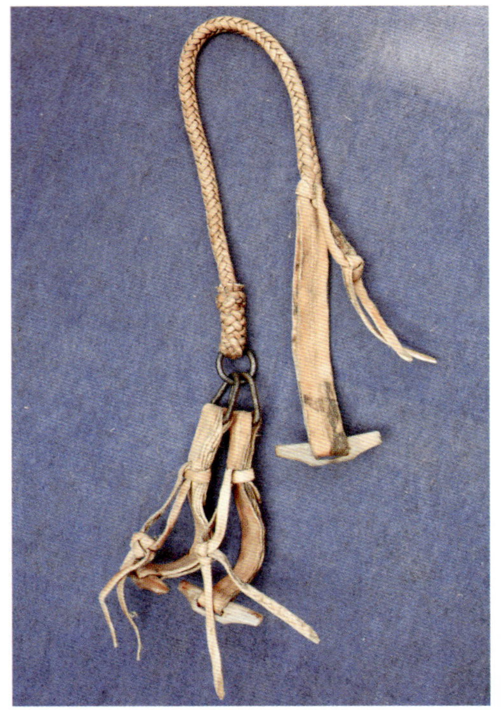

柯尔克孜族马镫带。

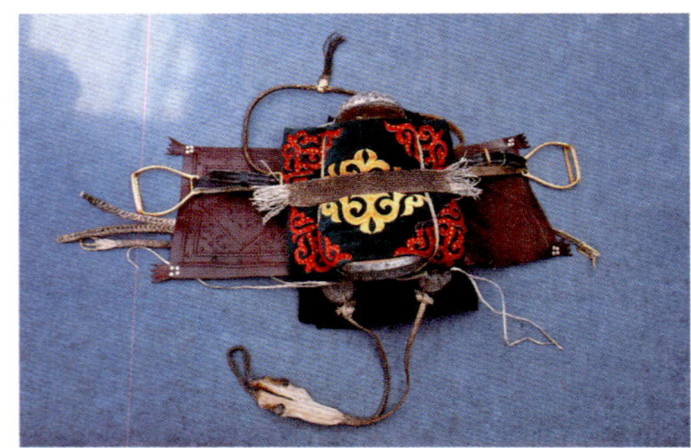

哈萨克族马鞍。

马鞍。

柯尔克孜族马龙头。

柯尔克孜族马鞍。

柯尔克孜族马肚带、后鞧。

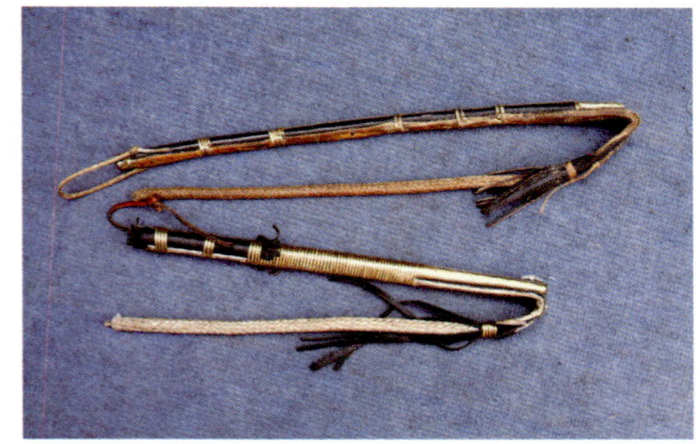

马鞭。

铁器制作技艺

维吾尔族铁器制作工匠，曾是绿洲经济领域里一支活跃的生力军。他们以家庭为生产单位，以自己的住宅庭院为作坊，以临街的房屋为店铺，现做现售。铁器制作最好的是库车县的“坎土曼”（一种铁制农具），乌鲁木齐市的乌修尔镰刀等。目前这种铁器作坊已越来越少。

喀什市铁器作坊的守望者。

爷爷向孙子传授技艺。

喀什市的铁器作坊。

喀什市铁器作坊。

喀什市铁器作坊的年轻工匠。

喀什市铁器作坊生产的各种铁质工具。

喀什市铁器作坊生产的农业用具坎土曼。

喀什市铁器作坊生产的修整树枝用的工具。

马掌铁制作技艺。

农区固定钉马掌的工匠。

牧区流动的钉马掌的工匠。

马掌制作技艺

骑马人都知道,“好马看马蹄”,想有好马蹄就要有好的马掌师。过去新疆的马掌铺很多,如今还能看到的马掌铺已不多了。

马掌铺面积约有20余平方米,屋子的左边是风箱和火炉,那是烧马掌铁的。其锻造工艺是,先将做马掌用的铁坯扔进炉火里去煅烧。待铁坯烧红以后,师傅用火钳夹起和徒弟根据马蹄的大小,将铁坯锻打成可以配上不同大小马蹄的马掌铁,一般厚度为三四毫米的U状,上面有五六个钉眼。

钉马掌时,大师傅把马的前蹄撩起来,放在自己的腿上,先用专用的钳子,取下旧马掌铁,再用一把锋利的竖形刀,将马蹄上的老茧削得稍微平整一点。小徒弟递过来一块新的马掌铁,大师傅比划一阵,再去锻打台上敲打整形后,大师傅再次撩起马蹄,将马掌铁按在马掌上,为了使马掌铁和马掌更好地结合,要反复几次。之后,大师傅将铁钉含在嘴里,第三次撩起马蹄,拿起短把钉锤把马掌铁钉钉在马蹄上。钉好之后,放下马蹄,试试马掌落地是否马有疼痛,如果马感到疼痛,就要重钉。通常,钉四只马掌需半小时。

英吉沙小刀制作技艺

英吉沙小刀，因产地在新疆英吉沙县而得名，约有400多年的历史。它选料精良，做工考究，造型美观，纹饰秀丽，具有浓郁的民族风格。刀把有角质的、铜质的、银质的和玉质的，非常讲究。

维吾尔、哈萨克、柯尔克孜等少数民族男子都有佩戴小刀的习俗，日常切瓜割肉都离不开小刀，因此，小刀的制作工艺日益精良。

所有的刀品中，以英吉沙、库车等地的小

英吉沙小刀之一。

英吉沙小刀之二。

打制刀坯。 黄永中摄

别具特色的哈萨克族小刀。

哈萨克族工匠锻造的小刀。

刀最为出名。正宗英吉沙小刀，是由工匠精心挑选的特种不锈钢打制成型，制成粗坯和细坯之后，用锉刀锉磨光，然后再淬火。淬火是工匠们世代传承的绝技，相互保密，绝不外传。经名师淬火处理过的英吉沙小刀锋刃锐利，用其削刮铁条，刀锋不崩口、卷刃。讲究的还用纯银和宝石镶嵌装饰刀柄。

如今，刀匠们普遍使用色彩艳丽的有机玻璃和工艺宝石来装饰刀柄。刀鞘内部为扁薄的木刀室，外裹压花的牛皮，全手工制作。

巴扎上的英吉沙小刀。

铜器制作技艺

铜器具，是喀什主要的民间工艺品之一。它历史悠久，别具特色。

主要种类有：盛水用的阿卜吐勒（手壶）、接水用的其拉布其（盆）、盛饭用的里干（盘）等等。

喀什铜器作坊和技艺传承方式，大都是以家族为单位世代相传。

镀锡。

以家庭为单位的祖传作坊。

维吾尔族老铜匠。

雕刻图案。

精心雕刻。

喀什维吾尔族铜匠们在制作过程中从不用任何模具，完全靠经验和手感，一块毫无生气的铜片在他们手里敲敲砸砸就变成了造型美观大方，图案纹饰秀丽，具有显著的民族风格和地方特色的铜器具。不仅是良好的生活用品，而且具有较高的观赏价值。

特制的铜壶和铜火锅。

精美的铜壶。

传统工艺。

精工细作。

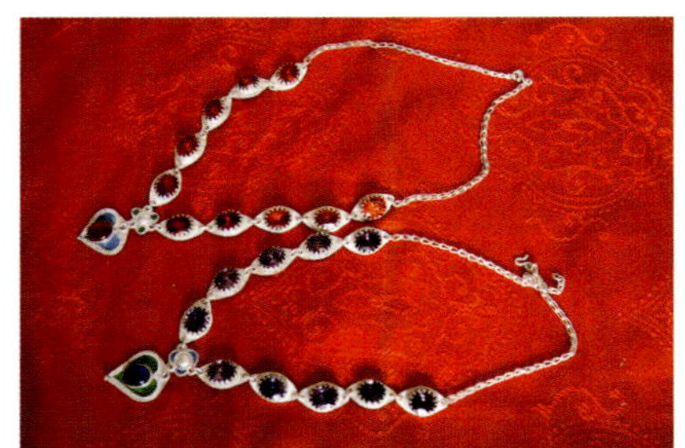

哈萨克族宝石项链。

哈萨克族手镯、戒指。

金银首饰制作技艺

新疆民间的金银首饰有耳环、手镯、戒指、发坠等，均由当地维吾尔族、哈萨克族等民族金匠用拉丝、打磨、雕刻、浇铸、镶嵌、焊接等工艺制成。

打制的金器形态不同、花纹各异、大小不等，色彩诱人，为不同年龄、不同身份的妇女所珍爱。

喀什市的金器作坊。

精心打造。

喀什市的金器作坊。

手镯。

宝石纽扣。

哈萨克族喜爱的项链、手镯、戒指。

玉雕制作技艺

新疆玉石是我国玉石中的佼佼者，其中又以和田玉最负盛名，史称“白玉之精”的羊脂玉又是和田玉中的最上品。

当年周穆王就曾“载玉万只”而东归。《天工开物》的《珠玉》卷中，也对和田玉做了生动描绘。

清代有“六城人拥双河畔”的诗句，是为踏玉。民国初年，和田于田县深山产玉处有齐家矿坑等，新疆第一代采玉矿工也由此产生。

琢玉新疆古代就有，并作为贡物、商品输

古老的机器加工和田玉器。 晏先摄

维吾尔族老人在玉石市场上出售玉石原料。 李芝庭摄

往内地，许多琢玉人以手工脚踏磨玉机打磨雕刻玉器。现在，更是充分发挥玉料丰富的优势，因材施艺，创造出了许多精美绝伦的玉雕工艺品，雕刻出“宝塔炉”“飞天”“刁羊”等造型生动、富有民族特色的大件玉器以及人物、鸟兽等多种形象的工艺品和装饰物，它们受到国内外客人的赏识，各种高档玉雕品供不应求。

古老的玉石加工技艺。 艾热提·艾莎摄

和田现代玉石加工技艺。 晏先摄

苏里坦赛依德汗陵墓的木雕。

木雕盘子。

民间木雕

新疆民间木雕，通常是以胡杨木、白杨木、松木、榆木等为主要用材，按一定的艺术设计精雕细刻而成的工艺用品，多用于建筑、家具等装饰以及文具、摆设、神像等。

新疆民间木雕工艺已有上千年的历史。历经沧桑，木雕技艺日趋精湛。许多保存至今的木雕佛像，是中国古代艺术品中的杰作，具有造型凝练、刀法熟练流畅、线条清晰明快的工艺特点。

新疆民间木雕艺术成就也很高，它表现的内容很丰富。

喀什市香妃墓大门旁清真寺柱子木雕特写。

新疆民间木雕的题材有人物、山水、花鸟和生活风俗、神话故事等，深受各族群众喜爱。

新疆民间木雕以绘画为基础，但是又和绘画不同，绘画里面还会有虚的成分，有留白的地方，而在新疆民间木雕的构图里，每一个角落都要有所表现。

新疆民间木雕艺术家运用了圆雕、半圆雕、浮雕、高浮雕等多层叠雕手法。木雕工艺趋于成熟，绘画、雕刻技术精致完美。

随着人们的物质文化生活水平的提高，新疆民间木雕市场也逐渐扩大。

书架木雕。

木雕工艺品之一。

木雕工艺品之二。

木雕制作技艺。

木雕工艺品之三。

“葫芦雕”。

昭苏县喇嘛庙大门旁的木雕狮子。

木器制作技艺

新疆喀什、和田等地的维吾尔族人用木头制作木碗、木盆、木盘、木勺、木桶、木蒸笼等木器，历史悠久，所制作的木制品是用银白杨、柳树、杏树、枣树、桑树等木料做成的。吐鲁番唐代墓葬里就有木碗出土。

现在制作的木制品主要有旋木装饰和家庭建筑等，这些木制品都是旋出来的，大小根据需要而定，极具民族特色。随着时代和市场经济的发展，陶瓷、搪瓷、铝制品大量上市，对木制品形成了一定的冲击，但不少当地人还是喜欢使用传统的木制品，一些旅游者常常买些木制品作为纪念或收藏。

民族特色的木箱。

民族特色的木箱、小孩摇床。

喀什市现代电动旋木工艺。

工匠在盘制木蒸笼。

工匠在制作木蒸笼。

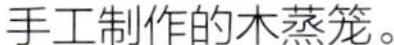

手工制作的木蒸笼。

维吾尔族乐器制作技艺

喀什地区疏附县吾库沙克乡托万克吾库沙克村，是一个远近闻名的民族乐器村，2000 年被国务院命名为新疆民族乐器村。

砍制乐器毛坯。

千百年来，托万克吾库沙克该村心灵手巧的乐器工匠们，日复一日地钻研着自己的手艺,用双手传承着新疆的传统民族艺术。

现在，全村 570 户中有 270 户都是制作民族乐器的作坊，他们大都采取家族式经营方式，进行各种乐器的制作。在乐器制作和传承上，各作坊的手法和技巧只能传给自己的儿女或是亲属。制作过程难度大、技术要求高的弹拨弦乐都它尔、热瓦甫等古老乐器,只有那些经验丰富的匠人才能做出来。制作乐器原材料采用的是桑树、牛骨、牛角、塑料等，其装饰都是靠手工一个一个嵌上去的;图案,不是画的,也都是手工一个个镶上去的。最高档的热瓦甫做成一个要一个多月,十分精美华丽。这些乐器经过匠人精心装饰后显得典雅古朴,除了能演奏,还是一件工艺珍品。

目前,托万克吾库沙克村能够制作 27 大类、50 多个品种的民族传统乐器。喀什乐器市场 90%的产品,都是由这个乐器村的工匠们制作的。

近年来,随着新疆旅游业的快速发展,维吾尔族传统民族乐器深受国内外客人的欢迎,一些外国游客甚至将它作为珍品收藏。

磨光乐器毛坯。

精工细作。

喀什市的乐器作坊。

精心制作乐器的共鸣箱。

刻琴把。

做工精细的维吾尔族乐器。

琳琅满目的维吾尔族乐器。

喀什市著名民间艺术大师、新疆艺术学院民间音乐特聘教师阿布都吉力力·肉孜在喀什传承班教学生木卡姆音乐。

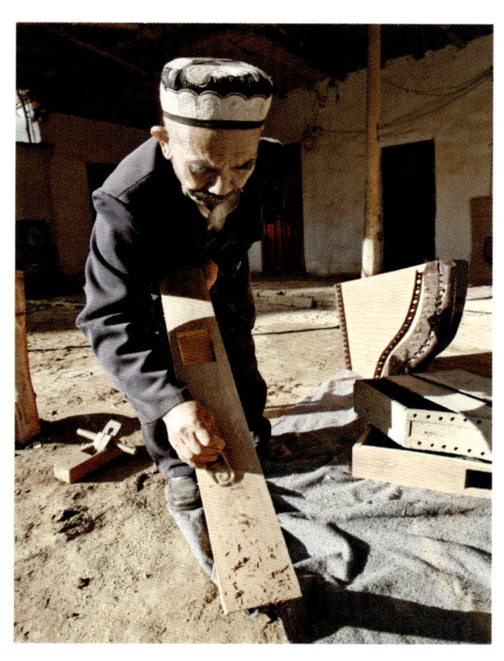

麦盖提县的阿布都吉力力·肉孜在制作卡龙乐器。

“卡龙”制作技艺

“卡龙”，维吾尔族弹弦乐器，又称七十二弦琵琶、喀尔奈，曾广泛流传于新疆喀什、和田、麦盖提、莎车等地。

据成书于19世纪的《乐师史》记载，卡龙是中世纪著名突厥诗人法拉比创制的，清代也被称做“喀尔奈”，列入“回部乐”之中。

相传，第一位制作卡龙琴的是麦盖提的毛拉曼，他使用空胡杨树干做琴框，上面蒙以薄木板，张以羊肠弦而成，当时还不知其名，只称作“有声音的木箱子”。大约在20世纪初，民间的卡龙才使用一些金属弦。卡龙音箱通体用桑木或核桃木制作，呈扁平半梯形，前宽后窄，左曲右直。面板、底板松木制。音箱左侧有一排琴枕，琴枕右边是一条固定琴码，两根一组的琴弦经琴头通到右边的弦栓。卡龙有 16 组或 18 组钢丝琴弦，定弦以各种调式的自然音阶为主，具体定弦法随乐曲的调式而定。上世纪 70 年代改革制成的卡龙，外形不变，加大音箱以增强音量，张 22 对弦，最低音 d，按 7 声音阶排列，音域 d—d3，扩展为三个 8 度。

演奏时，琴置于木架或桌上，右手持竹、木制拨片或食指戴指套弹奏，左手持铁制揉弦器（俗称“推抹”）上下按抑或左右移动，产生各种装饰音。右手技巧有单弹、双弹、多弹和快弹等；左手技巧有实音、滑音、颤动音、压弦颤音等。如今卡龙已发展为双手各执一拨片，左手兼执揉弦器演奏，主要用做大型古典套曲《十二木卡姆》和《刀郎木卡姆》的伴奏。

卡龙弹奏木卡姆。

精心制作。

阿布都吉力力·肉孜在制作刀郎热瓦甫。

阿克陶县克孜勒陶乡著名库姆孜乐器制作传承人买买提依明·买买提用果木砍制的库姆孜雏形。

精工细作。

上琴弦。

“库姆孜”制作技艺

“库姆孜”是柯尔克孜族独有的古老弦鸣类弹拨乐器，具有悠久的历史，形制多样，主要流传于新疆克孜勒苏柯尔克孜自治州和伊犁、阿克苏地区部分县境内的柯尔克孜族聚居区。

库姆孜的制作看似简单，实际上在制作过程中用料很讲究，盖板薄厚、琴弦的调制都非常专业，技艺的细处是无法用语言说清楚的，只能靠匠人的经验和心领神会，才能制作出最好的库姆孜。

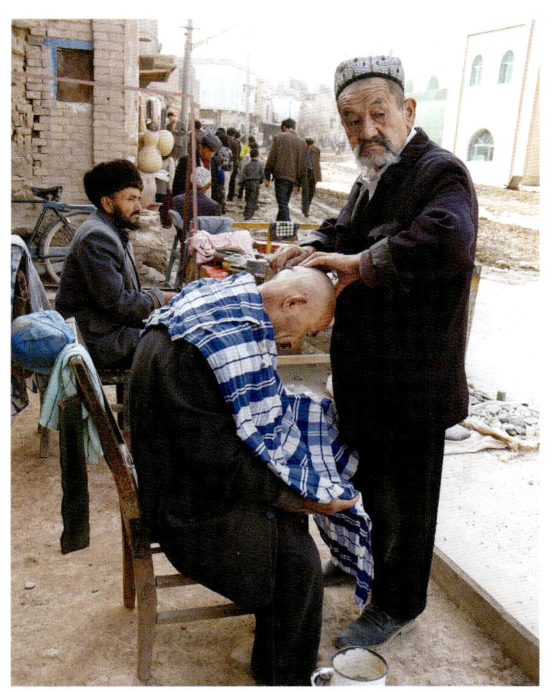

路边的剃头匠。

匠人独特的技艺。

传统剃头匠

在喀什市的剃头巴扎上，维吾尔族剃头匠们闲不住。他们的行头极简单：木板凳、围脖布、陶罐水、毛巾和剃头刀。剃头匠喜欢凑堆，排成几列，形成阵势。

有趣的是，匠人握刀的手势与内地人大不相同，是满把攥。更有趣的是，刀锋不是朝怀中方向，而是朝外剃，看似别扭，而剃头匠们却得心应手。对此，有人称之为“反弹琵琶”。

剃头过程不是朝内剃，而是朝外剃。

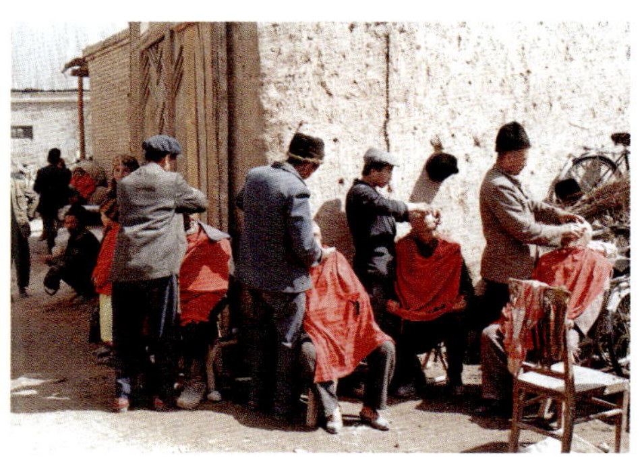

剃头匠喜欢凑堆，排成几列，形成阵势。

民间雕塑

新疆民间雕塑是中国文化中的瑰宝之一。

新疆民间雕塑，是造型艺术的重要门类。它分为雕刻和塑造。雕刻艺术分为木雕、石雕、玉雕等；塑造艺术分为泥塑、面塑等。

1.新疆民间雕刻艺术

吐鲁番市阿斯塔那古墓群出土的彩绘泥塑胡人俑。时代在晋—唐间，唐代西域雕塑无论是石窟造像，还是泥俑、石刻及陶塑等都处于一个空前繁荣的时期。这里出土的塑像多，造型各异，具有独特的民族与地方色彩。 刘玉生摄

交河故城大佛寺出土的人面陶灯。刘玉生摄

塔什库尔干塔吉克自治县石头城出土的羊型陶灯。 刘玉生摄

吐鲁番市阿斯塔那古墓群出土的彩绘天王踏鬼木俑。 刘玉生摄

吐鲁番阿斯塔那古墓群出土的彩绘人首镇墓兽。刘玉生摄

新疆民间雕刻中的玉雕，历史悠久，品种也愈来愈丰富，并逐渐形成具有独特艺术风格的玉雕产地。

雕塑的原料颇多，有玉（主要是和田玉）、翡翠、玛瑙、水晶、松石、青金石等。产品种类各异，有人物、花卉、鸟兽、盆景、器皿等。

玉雕的工艺分为琢、磨、碾、钻、抛光等方法，镂空、活链、玉环等，是玉雕的绝技。

新疆民间雕刻中的石雕工艺多集中在王陵周围。石雕除人物外，主要有马、虎、狮、鸵鸟、独角兽等。明清时代，民用石雕也得到发展。

自南北朝起，传统雕塑同佛教艺术相融合，形成了西域石窟艺术，举世闻名。

吐鲁番雕塑。

马雕塑。

2.新疆民间塑造艺术

新疆民间雕塑中的塑造艺术，起源很早，塑造技艺无与伦比。

新疆民间塑造艺术，通常主要有泥塑和面塑两种。

泥塑，也称彩塑。它是在黏土里掺入少量棉花纤维，捣匀后，捏成各种形象的泥胎，阴干后，先上粉底再施以彩绘。泥塑不受材料所限，造价低廉，作品可大可小，流传很广。

面塑，是用面粉、糯米粉为主要原料，加

铜雕塑。

维吾尔木卡姆铜雕。

十二木卡姆铜浮雕。

上色彩、石蜡、蜂蜜等，经过防裂、防霉变的处理，手工制作塑造出各种各样艺术形象和手工艺品。面塑俗称“面人”。

面塑所表现的内容十分广泛，人物、山水、花鸟以及历史传说和民间故事等，其主要技法有捏、搓、揉、掀等。

塔吉克族刁羊雕塑。

刀郎木卡姆雕塑。

麦盖提县阿曼·尼莎汗雕塑。

鄯善县唐僧取经雕塑。

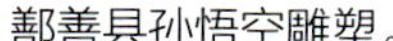

鄯善县孙悟空雕塑。

伊吾县军功马雕塑。

杜俊玲创作的软陶泥彩雕作品。

软陶泥制作技艺

2010年6月12日，新疆工艺美术大师杜俊玲，在自治区2010年"文化遗产日"系列活动上展示了非物质文化遗产传统工艺绝活——软陶泥制作技艺。杜俊玲介绍，软陶泥是一种陶土材料，非常具有可塑性。用软陶泥制作的工艺品，经过高温烘烤后，不易变形，可以保存很长时间。

数年来，杜俊玲在继承传统工艺的基础上，创作出具有新疆特色的软陶泥工艺品近200件。有精美的软陶花瓶，还有以新疆民俗为题材的软陶泥彩雕人偶。这些人偶有十二木卡姆、热闹赶巴扎、民族美食宴、新疆歌舞等，惟妙惟肖、灵动传神。其中软陶花瓶系列和软陶壁画《南疆风情》作品在2010年3月扬州举办的中国第四十五届金凤凰工艺品创新设计大奖赛中获铜奖。

2010年"文化遗产日"系列活动中，新疆工艺美术大师杜俊玲现场演示软陶泥制作技艺。

面塑制作技艺

新疆2010年"文化遗产日"系列活动中，年轻的新疆工艺美术大师那鼎浩（满族），格外引人注目，只见一根竹签捏在他的手里，红、黄、蓝、白、黑各色面团在他十指中揉、搓、挤、压、团、挑、按、拨、拍的连续动作之下，不一会儿就变成了一个栩栩如生的新疆人形象，令人赞叹不已。

捏面人用的面是糯米粉和白面混和而成，并需要加适量的蜂蜜、甘油等，这样不容易腐裂。然后经过揉匀、调色，制成各种彩色的面塑。捏面人一般先从头捏起，用行话说是"开脸"，然后再塑造身体，同时给不同的人物"穿"上不同的衣服，这样，整个面人就完成了。所使用的工具极其简单，主要是拨子、梳子和剪子这些日常的工具。有时还要采用羽毛、丝线、棉花等材料来制作人物的胡须、头发、冠顶之类，增加了作品的生动性。

新疆工艺美术大师那鼎浩（满族），在2010年"文化遗产日"系列活动中展示绝活——面塑技艺。

面塑作品之一。

面塑作品之二。

民间工艺木偶大师姚连成，在 2010 年新疆“文化遗产日”系列活动中展示他制作的木偶作品。

克拉玛依市木偶传统技艺

新疆克拉玛依市一中退休职工姚连成，自 1995 年创办秦腔木偶剧团以来，日常经费、音响设备添置完全由他筹集；剧团成员既是演员，又是木工、钳工、缝纫工、雕刻工，演出的木偶均为自制。演出时几根钢筋，几大块帷布，支撑起了一块四方形区域。几平方米的空间内，一排插放木偶的铁架、一台 VCD 机、一台小电视，几条供休息的长凳，组成了演出后台。这方不大的舞台，就是木偶剧团的全部天地。

剧团十多年深入克拉玛依地区及周边甚至内地无偿演出三百多场，多次受到市委市政府的表彰，姚连成也被自治区文化厅授予“自治区优秀民间工艺工作者”和“新疆木偶第一人”称号。2006 年 3 月，以木偶剧团为核心的“克拉玛依木偶系列”正式被克拉玛依市政府列为非物质遗产保护项目。

民间工艺新疆绣大师钱美容，在 2010 年“文化遗产日”系列活动中现场展示新疆绣传统技艺。

新疆绣制作技艺

新疆一品绣文化传播有限公司经理钱美容从小就喜欢刺绣、钩针、布贴等多种手工制作，经过十几年的精心研究，她在苏绣的基础上，融合了新疆少数民族如维吾尔、哈萨克、柯尔克孜、蒙古等民族刺绣的特点，总结出平绣、柳绣、掺针绣、乱针绣等百余种刺绣针法。重点突出新疆地方特色，线条鲜艳流畅，针法特点为平、光、细、密，表现手法灵活多变，真正达到了以针代笔、以线代墨的艺术效果。题材以西域戈壁、大漠胡杨、风土人情为主题的一个新绣种——新疆绣。

钱美容的代表作《毛主席亲切接见库尔班·吐鲁木大叔》，创作时为了清晰逼真地表现场景，充分表现人物皮肤、衣服质感，处理好不同人物的受光面、背光面以及灰面三者的素描关系，她在 48 厘米 × 55 厘米的真丝布上，将不同颜色、不同粗细的线，运用乱针绣、平绣等多种绣法，将整幅画绣了二十多层，每一层都用了几十种线，仅毛主席脸部一层就用了二十多种线。在第十届中国工艺美术大师作品暨国际艺术精品博览会上，荣获中国工艺美术界的最高级别奖——“2009‘天工艺苑·百花杯’”金奖。

布艺制作技艺

中国工艺美术大师单秀梅，创作的一组又一组表现新疆民俗的“新疆布衣”生动有趣，形象逼真，惟妙惟肖。2001年首届新疆旅游产品设计大赛上，单秀梅一举夺得金奖；2002年，她的作品“龟兹情”在首届中国旅游纪念品设计大赛中又荣获金奖；2005年，在杭州举办的西湖博览会第六届中国工艺美术大师作品展上，她的作品获得2005百花杯中国工艺美术精品奖金奖；2006年，单秀梅和她的“新疆布偶”应邀参加了中央电视台《小崔说话》直播节目；2006年被国家评为第五届中国工艺美术大师称号；2007年作品《木卡姆》《剃头匠》《于田情》被国家博物馆收藏。2009年作品《赶巴扎》入选中国美术馆展

孔子与弟子。

“十二木卡姆”中惟妙惟肖的人物造型，仿佛能听到他们动情的歌声。

出一个月。

单秀梅的美术细胞来自她的母亲。她从小就喜欢布娃娃，但因为家里孩子多，买不起玩具，母亲就用布缝制布娃娃，并在上面画上脸谱之类的图案，这就是一个好看的布娃娃玩具了。单秀梅很快就跟母亲学会了这套手艺，便在布娃娃上任意发挥，画出不同表情的脸部形象。她还可以把母亲剪出来的纸人用布缝制出来，这时已经初现出她的天分。

1982年单秀梅参加工作，先后在乌鲁木齐市饮服公司机关工会任宣传干事、鸿春园饭店从事宣传、广告设计等工作。因为酷爱美术绘画，1992年进入中央美术学院进修，并取得长足进步。回新疆后，她以自己对新疆少数民族民俗风情的了解以及跟随母亲学习的布衣娃娃制作技艺，萌发了用布衣制作“新疆娃娃”的想法。

经过十年的钻研、创作，单秀梅的“龟兹情”系列布艺作品，已从初期的七种达到现在的上百种。有表现音乐故事的《十二木卡姆》、表现历史故事的《玛纳斯》、表现传奇故事的《阿凡提》、表现民间饮食文化的《烤馕》及《赶巴扎》等。每件作品神态各异，惟妙惟肖，充满了灵性，流溢着西域风情，成为新疆各民族文化、民俗、风情的载体，是新疆民族文化的重要组成部分。

单秀梅的作品在乌鲁木齐各大星级酒店都有专柜展出，而且已销往日本、台湾、香港等东南亚国家和地区。

赶巴扎。

维吾尔族姑娘。

草原石人

昭苏县草原石雕之一。

草原墓地石人，是一种附属于草原墓葬的文物，它与墓葬一起构成一种草原文化现象。新疆草原石人墓地，从表现形制上说，主要是石人石堆墓、环石围石堆石人墓和茔院式石棺石人墓等，而石人石堆墓则是新疆石人墓地比较常见的一种墓葬形式。

草原墓地石人的起源，带有浓厚的宗教崇拜色彩，它是草原历史文化发展到一定阶段的产物，促成了草原居民特有的文化现象，是草原居民艺术创作的典范。新疆草原石人的历史发展，大致经历了以下四个阶段：

1.新疆草原文化的青铜时代（公元前1200—公元前700年）；

2.新疆草原的早期铁器时代（公元前700年—公元6世纪）；

昭苏县草原石雕之二。

昭苏县草原石雕之三。

阿勒泰草原石雕。

3.隋唐时代(6—9 世纪);

4.宋辽时期(9—11 世纪)。

新疆草原石人在阿勒泰地区分布有 78 尊,塔城地区有 22 尊,博尔塔拉蒙古自治州有 27 尊,哈密地区、昌吉回族自治州、乌鲁木齐有 20 尊,巴音郭楞蒙古自治州、阿克苏地区、克孜勒苏柯尔克孜自治州 7 尊,伊犁地区 29 尊,共计 183 尊。这些石人的冠帽、服饰、执持的器皿和佩饰,大都表现了草原古代居民当时的风俗习惯,反映了各个时代的演变过程,具有时代特征。

新疆草原石人从族属上说,有塞克石人(西方人称为斯基泰人、西徐亚人、萨迦人)、突厥石人、铁勒石人、回鹘石人和黠戛斯石人等,但主要是突厥石人。

巴里坤草原石雕。

昭苏县草原石雕之四。

昭苏县草原石雕正面(唐代)。

昭苏县草原石雕背面(唐代)。

温泉县草原石雕之一(隋唐)。

温泉县草原石雕之二(隋唐)。

砖雕装饰

新疆伊斯兰建筑的砖雕装饰是中国伊斯兰建筑中独具特色的典型代表。如,吐鲁番市额敏塔、于田县艾提尕尔清真寺、阿图什市麦西提大清真寺、喀什艾提尕尔清真寺等。

它们的砖雕装饰艺术大多采用以下三种基本工艺:

1.直接用砖通过各种排列组合,形成高低起伏的各种装饰形式;

2.先将花纹制成模具,然后用模具翻制具有各种装饰纹样的砖,根据建筑各部分的需要,组成两方连续、四方连续拼接;有些翻制的大方砖图案本身就是一组单独纹样,既

形似花瓣、几何图形的砖雕艺术。

于田县艾提尕尔清真寺砖雕艺术。

吐鲁番市额敏塔砖雕艺术。

可单用，也可连续排列；

3.直接在砖上雕刻各种装饰纹样。砖雕装饰常见的颜色有瓦灰、土赭两种。后者组成的装饰形式是新疆伊斯兰建筑装饰艺术的主要制作方法。

新疆的工匠们就是这样用砖相互穿插、交错重叠、组合成各种平面和立体的几何图案和花纹，极富立体感和装饰性。

形似花瓶的砖雕艺术。

于田县艾提尕尔清真寺砖雕艺术。

麦盖提县清真寺砖雕艺术。

人生礼俗

新疆少数民族的见面礼

在新疆的少数民族中，至今仍保留着很多人性纯真的东西，比如在行见面礼的时候有身体的接触、面颊与嘴唇的接触，像拥抱礼、碰胸礼、贴面礼、吻礼等等。各个民族有不同的见面礼节，其中以塔吉克族的见面礼最饶有趣味。

塔吉克族是居住在世界屋脊边缘的塔什库尔干高原上的民族，信仰伊斯兰教，待人热情而真诚，他们之间的见面礼在长辈与晚辈、同龄人之间、男女之间各不相同，但都表达了真挚纯朴的感情。

晚辈见到长辈时要先请安。妇女和男性

好久不见的维吾尔族男子，见面时要施拥抱礼。韩连赟摄

哈萨克族见面时的握手礼。韩连赟摄

维吾尔族见面时，右手放在胸前相互鞠躬施礼。韩连赟摄

塔吉克族妇女和男性长辈见面时，男性长者伸手，手心朝上，妇女躬下腰吻男性长辈的手心。李汉记摄

塔吉克族同辈男子见面时相互亲吻手背。

长辈见面时，男性长者伸手，手心朝上，妇女拉着长者的指尖，躬下腰吻一下手心，表示敬意。

中年男子与长辈见面，或者是同辈见面时，两人的右手大拇指勾在一起手背朝对方，相互亲吻手背，以示尊敬和热情。

妇女见面时，一般要拥抱，年长者吻晚辈的眼和前额，晚辈吻长辈的手；平辈之间要互吻面颊或嘴唇。

小伙子见面时，一般有两个动作：一是握手，二是把手送到对方的唇边，互相亲吻对方的手背。

男女见面时，女的要吻男的手心。男的若年龄大于女方，女的在吻男的手心时，男的还要轻轻按一下女的头部，以示敬意。

塔吉克族是十分注重礼节的民族，他们见面时，无论是大街小巷，还是在旷无人烟的草原上，只要双方都是塔吉克族，都要按传统的礼节施礼。即使是素不相识的远道来客，也要热情问候，并热情地说“索嘎多”“青加姆”（“平安健康”的意思），并施握手礼。

对外来的客人，塔吉克人非常热情、友好。主人要拿出最好吃的东西招待客人，请客人坐在上座，并铺上坐垫。

柯尔克孜族在家门口迎接客人的礼俗。韩连赟摄

塔吉克族妇女见面时，晚辈要吻长辈的手。

柯尔克孜族平辈妇女见面时，互吻面颊或嘴唇。 韩连赟摄

少数民族用净壶洗手的习俗

新疆人有饭前便后洗手的严格习俗，在吃饭之前，主人会持净壶为客人倒水洗手。

新疆各少数民族洗手时忌用死水而必用活水，因此家家都备有专用于洗濯的净壶和接水盆，用从净壶里倒出来的水冲洗，并用接水盆将脏水接住。用净壶里倒出的水冲洗就是活水，而在脸盆里的水就是死水。冲洗可以避免交叉污染，是一种科学卫生的洗濯方式。据统计，新疆维吾尔人患沙眼病的人数远远低于卫生条件相似的内地农村居民，其原因就是维吾尔人有使用净壶冲洗、洗濯的习俗。

洗手须洗三把（即倒三次水），忌洗一两把就走开或觉得没洗干净而要求倒第四次水。洗手之后可将手上的水滴入接水盆，或用主人提供、自己随带的手帕及纸巾擦干，但不可抖动双手甩水。

在婚宴之前，主人持净壶为客人倒水洗手。

老妇拿起木杵砸地唱“落地歌”。韩连赟摄

哈萨克族的诞生礼

一个生命的诞生不仅孕育着家族的兴旺，而且还昭示着民族的未来。当哈萨克族孩子出生时，邀请一位“肯迪克阿娜”，为孩子接生、剪脐带，从此这位剪脐带的人就被称做孩子的“脐带妈妈”。此时“肯迪克阿娜”在几位亲邻妇女的协助下，先在房中拉起一根毛绳，让产妇手抓绳子，用力助产。另一边同时举行为产妇宰“哈勒加”(专为坐月子妇女精心饲养的羊)仪式。毡房中生起火，煮起羊肉，鼓励产妇和锅叫劲，要在肉熟前生下孩子。另有一位老妇手拿木杵砸地唱“落地歌”。

让产妇握紧毛绳好用力生产。韩连赟摄

孩子出生后，按传统习惯要为新生儿举行诞生礼仪式。这时“阿吾勒”(村落)的妇女们都纷纷携带“葵热木德克”(见面礼物)前来庆贺，祝福新生儿无病无灾，长命百岁。哈萨克人认为生孩子不仅是一家一户的喜事，而且是整个“阿吾勒”的大喜事。晚上，全“阿吾勒”的青年男女欢聚在产妇家或门前举行“切里地哈那”仪式，唱歌，跳舞，弹冬不拉，一是欢庆新生命来到人间；二是为新生儿驱赶邪气，保佑母子平安。

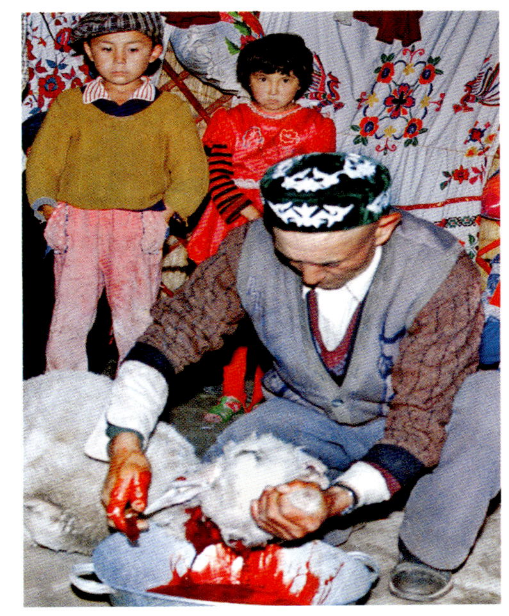

为产妇宰“哈勒加”羊。 涂苏别克摄

当天晚上，在产妇家门前唱歌、跳舞、弹冬不拉，为新生儿驱赶邪气，保佑母子平安。涂苏别克摄

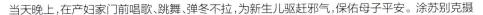

新疆少数民族的命名礼

新疆是一个多民族聚居地区，由于独特的生活环境和各民族间不同的文化传统，新疆各民族都有着不尽相同的习俗。但是他们都认为新生命的即将出生，是一件头等大事，各民族都以各自的方式、郑重的态度对待新生命的到来。比如塔吉克族在产妇临盆时，在门口生起一团火以避灾祈福；在新生命诞生后立即向天窗处鸣枪三声，或者大喊三声，向人们宣布这家有新生命诞生了。

新疆的少数民族妇女生孩子时，大都要回到娘家，特别是第一胎，一定要回到娘家生。给孩子取名时，一般在孩子出生后的 3 ~ 7 天里。无论是男孩还是女孩，都要为其举行命

在唤过三遍婴儿的名字以后，家里的长辈会抱过婴儿，呼唤婴儿的名字，这样仪式才算结束。韩连赟摄

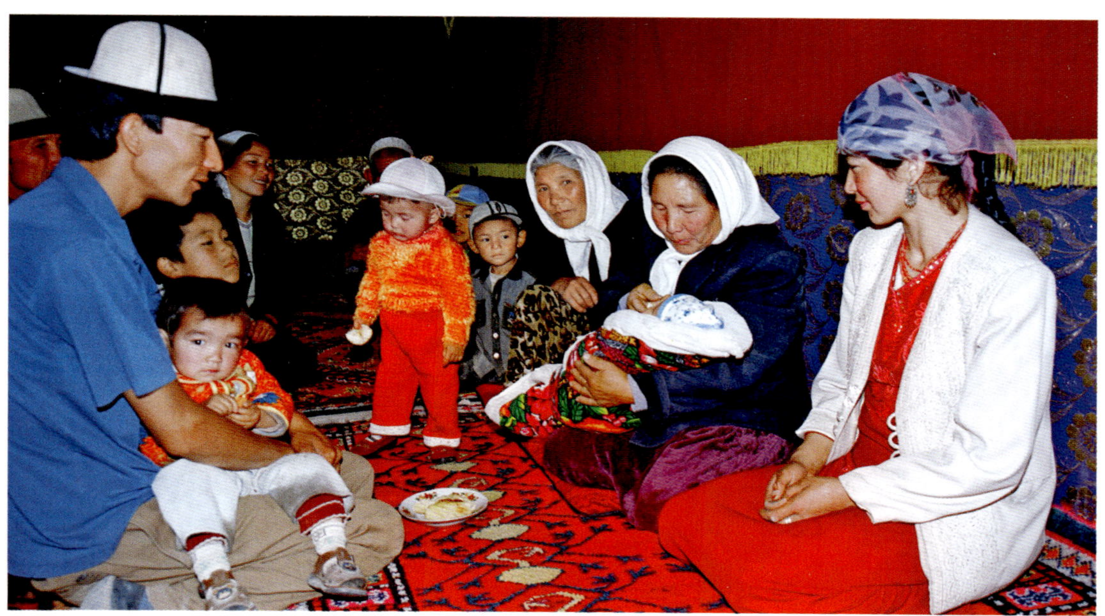

名仪式，这是一个家庭内部的仪式，一般只有婴儿近亲长辈参加。

给小孩取名时，要请一位阿訇或长者为孩子取名，并主持仪式。这天，要将小孩用小棉被包得严严实实，只露出一张小脸，由阿訇或年长者双手抱起，先对着婴儿的右耳朵诵念祷告词，再对着婴儿的左耳朵念赞祝词，并呼唤为婴儿取的名字。在唤过三遍婴儿的名字以后，家里的长辈会抱过婴儿，呼唤婴儿的名字，这样仪式才算结束。接着，妇女们轮流抱着孩子进行祝福，并向小孩赠送礼品。然后大家一边喝茶、吃饭，一边祝贺，气氛显得隆重而欢快。

哈萨克族的摇床礼暨命名礼

哈萨克族孩子出生后的 7 ~ 10 天，家人要为他举行人生中的第一个礼仪——“摇床礼”暨命名礼。

这一天，周围的邻居和亲戚都带“恰绣”（糖果或童装等礼品）来到孩子家，参加的人大多是妇女和孩子，毡房里气氛热情、融洽、祥和。仪式开始前，孩子的“脐带妈妈”手里托着一个盛了很多干果食品的大果盘，在来宾中绕上一圈，大家纷纷将自己身上带来的糖果和奶疙瘩争相投入盘中，并带来对孩子的祝福话。“脐带妈妈”不停地答谢着大家对孩子的喜爱和祝福。“脐带妈妈”端着盛满糖

带着“恰绣”来参加摇床礼。涂苏别克摄

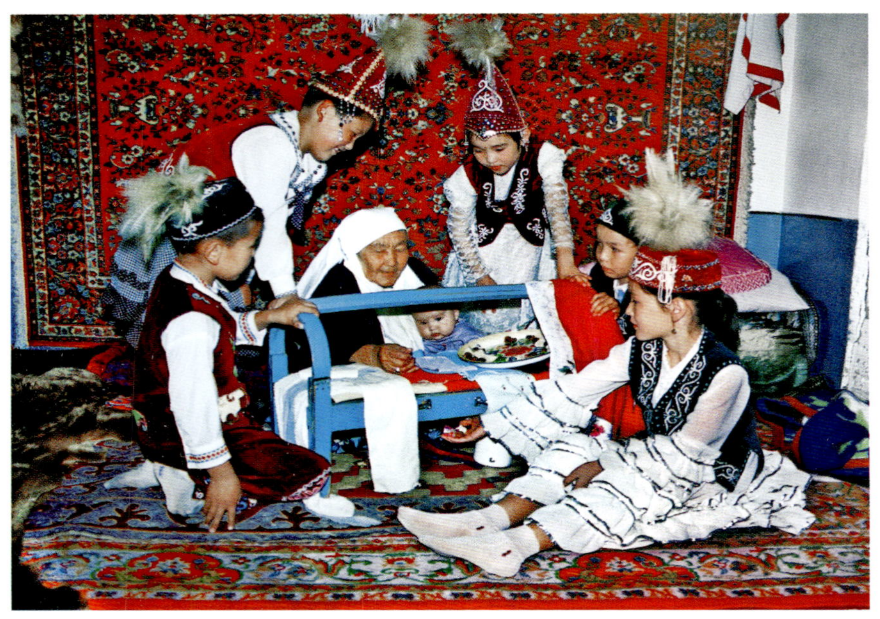

老人从摇床洞口撒下食品。 涂苏别克摄

果的盘子来到孩子的床前，将盘子在孩子的头上绕一下，然后把尿壶放在摇床旁边，抓起一把糖果等食物从摇床中尿壶洞上往下撒，这时在场观看的小孩们要抢着拾起撒在摇篮下的食品。“脐带妈妈”问：“下去了吗？”小姑娘答：“下来了！”以此祝福婴儿今后大小便通畅，身体健康。这种仪式叫做“特西特玛”（意为“畅通无阻”）。

在摇床礼上，同时举行命名仪式。这时参加摇床礼的妇女都提供一至两个名字，然后大家共同选定一个最好的名字，或者请阿訇（宗教人士）在《古兰经》中找一个伊斯兰圣贤人物的名字来命名。名字选定后，由一位老人在婴儿的耳朵旁连续呼唤三声。最后由一位年长而有威望的妇女将婴儿抱进摇床，紧接着主人开始宴请参加庆祝仪式的人们，大家纷纷向婴儿祝福，向主人道贺。

蒙古族的洗礼和命名礼

新疆的蒙古族在婴儿出生脐带脱落之后(一般在出生后第七天)要给孩子举行洗礼和命名仪式。

届时，孩子祖母或年长的妇女用羊骨头汤给婴儿洗澡。有人还在羊骨头汤中放入适量的牛奶、盐,洗完后,再给婴儿的全身搽上炼过的羊尾油。据说常这样洗浴的孩子骨头长得结实,不易得皮肤病,不易感冒、咳嗽,不易尿床。

孩子的父亲还要设盛宴招待亲友以示庆贺。亲戚、近邻以及朋友都要送一点小礼物,有的送羊羔、美酒,有的送花布、彩绸,有的送衣、帽、鞋、袜,还有的送礼钱,礼都不重,意味着不让孩子财多压身。宴席前,孩子的妈妈要抱孩子到众人面前让大家看看，然后进行命名仪式，由宴席上最尊贵的人或者请喇嘛给小孩起一个名字，大家为婴儿说一些祝福和向主人祝贺的话。

礼毕，一些富裕的人家还要开展娱乐活动助兴。

奶奶要给满月的孙子举行洗礼仪式。韩连赟摄

哈萨克族的满月礼

哈萨克族孩子的满月礼在出生后 40 天举行。参加的人大多是妇女和孩子，他们给婴儿带来了衣服、纽扣、串珠以及猫头鹰羽毛等礼物。

仪式开始，孩子的奶奶把摇床整理一下，铺上新被褥。孩子的母亲把水盆递上，奶奶先在水盆里放少许盐，慢慢地把孩子放入温水中，用很小的木勺舀盆中的水往孩子身上浇 40 勺水。紧接着孩子的奶奶用喀拉萨苯（自制的香皂）轻轻在孩子身上擦拭一遍，用温水把泡沫冲洗干净后，赶紧抱起孩子放在自己的腿上用毛巾擦净身子。然后用早已备好的羊油在孩子身上抹一遍，目的是保养皮肤，把

奶奶把孩子放入摇床里。韩连赟摄

孩子的四肢扯一遍，希望他快快长大。再由一位德高望重的人为孩子剪去头发，并将剪下的头发缝制在一个小布袋里，挂在孩子的脖子上，终身收藏。程序进行完后，奶奶把孩子放入摇床里绑好，由孩子的母亲提起摇床，去与各毡房的所有来宾见面。

大盘的抓肉端上来，在欢声中贺宴正式开始。母亲手晃摇床唱起摇床歌。贺宴后父亲还为孩子的摇床礼举行“刁羊”比赛。

柯尔克孜族满月礼

柯尔克孜族满月礼，是在孩子出生 40 天举行的。这一天来的都是妇女和小孩。屋中放着的一个大铁盆里盛了大半盆温水，孩子的祖母在盆中放入一枚金戒指和 40 颗羊粪后

把孩子放入盆中的温水里。

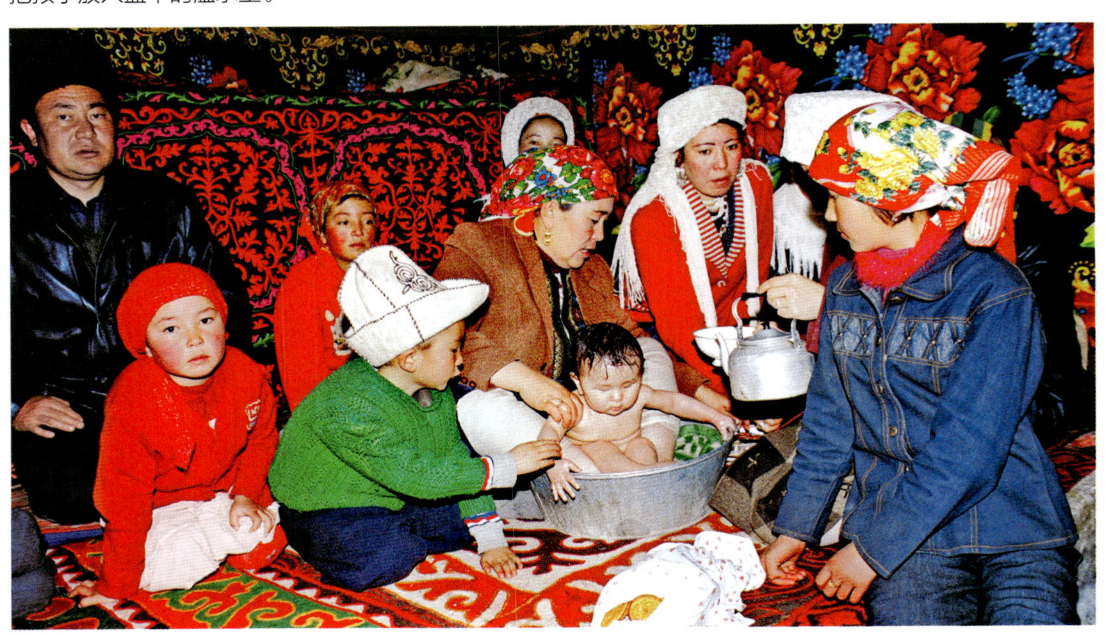

参加的妇女每人在孩子身上浇一勺温水。

把孩子放入温水中，来的妇女每人用木勺在孩子身上浇一勺温水，浇够40勺水，并在盘中放一些奶酪，据说是一定要满40颗，放在孩子的面前表示祝贺。洗完后由爷爷象征性地剪去一缕头发（也有专门举行剪发礼的），然后穿上新衣，包上祖爷的老羊皮大衣。整个礼仪中有40勺水、40颗奶酪、40颗羊粪，加起来是120颗，有希望孩子活120岁之意。用祖爷的羊皮大衣包一下是希望孩子像祖爷一样英勇、富有、长寿。人们要吃贺宴，还在草原上举办民间游艺活动表示祝贺。客人出门时，第一个给孩子浇水的老妇人要扯下生孩子时挂在门上的“红布条”。（韩连赟摄影）

由爷爷剪去一缕头发。

穿上新衣，再包上祖爷的老羊皮大衣。

剪断绑在脚脖上的花羊毛绳。

努尔·拜克的学步礼

2003 年 7 月的一天，在巴里坤草原上，几个哈萨克族妇女在赛跑。跑在前面的妇女钻进了一个大毡房，只见小努尔·拜克脚脖上的花羊毛绳被刚跑进去的妇人用剪刀一刀剪断，努尔·拜克摇来摇去地迈开他人生的第一步，向呼叫他的方向迈去。原来努尔·拜克今天刚满周岁，他的家人正为他举行“学步礼”。刚才草原上比赛跑步的女人都是部落中儿女双全、德高望重的女人，比赛中谁跑在最前面，谁就剪断孩子脚上的花羊毛绳，意在希望孩子不走邪路，品行端正，成为草原英雄。（韩连赟摄影）

努尔·拜克迈开人生第一步。

蒙古族的剪发礼

蒙古族孩子周岁时留下的胎发，一直要等到孩子 3～5 岁时，才由家人为孩子举行隆重的“剪发礼”仪式。

届时，邀请亲属和近邻来为孩子祝福，先由孩子的最年长的舅舅剪去一缕，然后按年龄依次每人剪一缕。来宾还要送牛、马、羊等礼物。

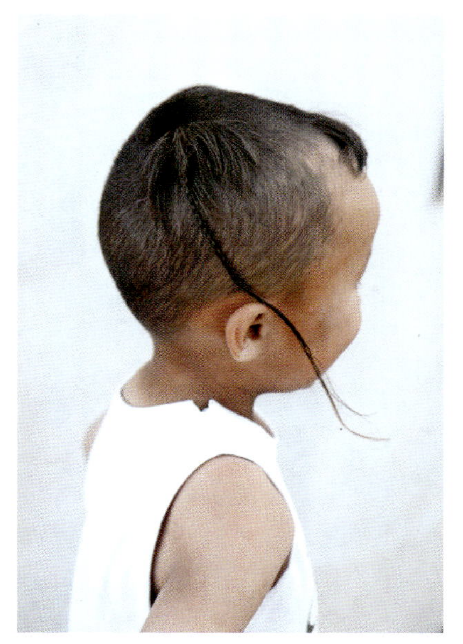

周岁理发时留下的胎发。

先由舅舅剪去一缕头发。

舅舅剪去一缕头发后，按年龄依次每人剪去一缕头发。

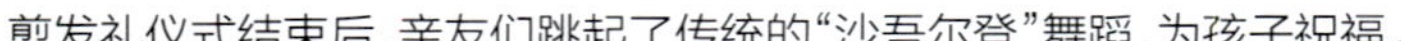

剪发礼仪式结束后，亲友们跳起了传统的“沙吾尔登”舞蹈，为孩子祝福。

蒙古族的骑马礼

“骑马礼”是新疆蒙古族人的成年礼。新疆蒙古族人有句谚语:“马镫啊！马镫！人生的起点。”由此可见“骑马礼”是蒙古族人生中一项十分重要的仪式。蒙古族孩子 5 ~ 7 岁时,按照习俗,家人都要为他举办极为隆重的“骑马礼”。

“骑马礼”的第一步就是准备一桌丰盛的宴席，宴请来宾。母亲和奶奶则要给孩子洗头,换新衣服、新鞋、新帽。蒙古族人认为舅舅为大，所以被邀请的客人里最主要的是舅舅,其次是亲戚和近邻。邀请的客人到齐后,舅舅牵出一匹备好特制鞍鞯的 2 ~ 3 岁的马驹，当众宣布这是他赠送给外甥或外甥女的坐骑(过去骑马礼仪式只为男孩举行,现在男女一样了,都要举行骑马礼仪式),希望他早日学会骑马、驯马,掌握马背上的各种技能和生活技能,成为一名真正的草原雄鹰。紧接着宴席开始,之后还要举行舞蹈、赛马、摔跤等活动。

礼毕,舅舅亲自将外甥或外甥女扶上马,骑在特制的小马鞍上。喝罢外甥或外甥女的母亲或奶奶送行的奶酒，舅舅骑马带领外甥或外甥女挨家挨户到亲戚家去拜访。亲戚们要为孩子赠送牛、马、羊等礼物表示祝福。

礼毕,舅舅把孩子抱上马。

孩子喝了奶奶的送行奶酒，便随舅舅到各亲戚家拜访。

挨家挨户地前往亲戚家去拜访。

来到亲戚家门口时，都有热情的奶酒迎接仪式。

“骑马礼”上，乡亲们为祝福孩子成为一名真正的草原雄鹰，跳起了传统的蒙古族舞蹈。

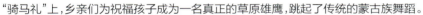

柯尔克孜族的骑马礼

柯尔克孜人在男孩长到五六岁时，要为其举办“骑马礼”。

届时，仪式由爷爷或父母操办，参加礼仪的亲朋好友要给孩子赠送马鞍、马肚带、马镫、马鞭、衣服等礼品。

清晨，父亲开始宰羊，煮大块肉，准备宴请来宾。奶奶和母亲则要给孩子换新衣服、新鞋、新帽。

受邀请的客人到齐后，爷爷牵出一匹精心挑选并备好鞍鞯的骏马，亲自将孩子扶上马背牵着缰绳在草地上走一圈。然后再由小朋友陪着这个孩子在草地上慢走七圈。

此时，孩子的父亲当众宣布：这是我家最好的马，从今天起就是我孩子的坐骑了，希望他长大后成为草原上的雄鹰。

礼毕，由爷爷或父亲或哥哥牵着马带领他到亲戚家拜访。

亲戚们要为这孩子搞“恰秀”，即把奶疙瘩、水果糖等混在一起，撒向小孩表示祝福。（韩连赟摄影）

接受“骑马礼”的柯尔克孜儿童。

爷爷高兴地跳起柯尔克孜族舞蹈，为孩子祝福。

礼毕，由哥哥、姐姐骑着马带领弟弟到亲戚家拜访。

割礼仪式上的维吾尔族鼓乐队。

割礼仪式

“割礼”，早先是阿拉伯半岛古代居民的习俗，以后被伊斯兰教沿袭作为教俗，规定所有信仰伊斯兰教的男子都必须接受割礼的习俗。

“割礼”就是把“小鸡鸡”的包皮割下一块，在医院的外科，把这个叫做“阴茎包皮环形切割手术”。

新疆穆斯林的男孩长到五岁或者七岁的时候，都要举行割礼仪式。时间一般是在单月，为了有利于伤口愈合，多选在春秋季节举行。

这天，主人家要请村里的鼓乐队来助兴，还要杀肥羊做抓饭招待宾客。亲戚朋友、街坊乡邻带着礼物前来祝贺，其热闹程度只有婚礼可与之相比。

在举行割礼前，父母要给接受割礼的孩子准备好新衣服、新被褥、新枕头等等。

割礼是一件大事，要由擅长此道的阿訇或长者来施行手术。手术的器械只有两样：一是被称做“吾斯土拉”的木柄折叠式小钢刀；一是劈成两半的芦苇竿。

施行割礼手术时，孩子的父亲或其他男性亲属跪坐在炕或床上，以“端”的姿势握着孩子的两条腿，另有一位男子在旁边当帮手，以防在“割”的一刹那孩子乱蹬乱抓。施礼者将一把锋利的小钢刀藏在袖子里，对男孩进行“蒙哄”，用手揉搓男孩“小鸡鸡”的包皮，佯装若无其事地给小孩讲故事，一是为了麻痹孩子的注意力；二是为了把那里的血液挤走。然后用芦苇竿夹住包皮，将要割去的部分凸现在上面。施行手术者从袖筒里甩出钢刀，一下子把那截包皮割掉。

这些动作都在瞬间完成，等到男孩感觉疼痛准备张大嘴巴哭喊的时候，人们连忙把剥好皮的熟鸡蛋塞进男孩的嘴里，堵住了他的哭声。鸡蛋在口，男孩不得不嚼，等咽下这个鸡蛋，伤口处就已经被敷上了民间传统的止血消炎药包扎停当了。

割礼之后，男孩要卧床休息几天，受到家里人的特殊照顾。

这种割礼方式已经流传了1000多年，现在农村牧区仍然使用这种方式。在城市里，近一二十年来，越来越多的人把外科医生请到家里来，或者把孩子送到医院里去做环切术。而割礼仪式则于手术完成后，在家里或者饭店里招待前来祝贺的亲友。（韩连赟摄影）

维吾尔族孩子割礼手术后，父亲把孩子抱到床上，再往两腿之间倒些炒过的沙子消炎镇痛。

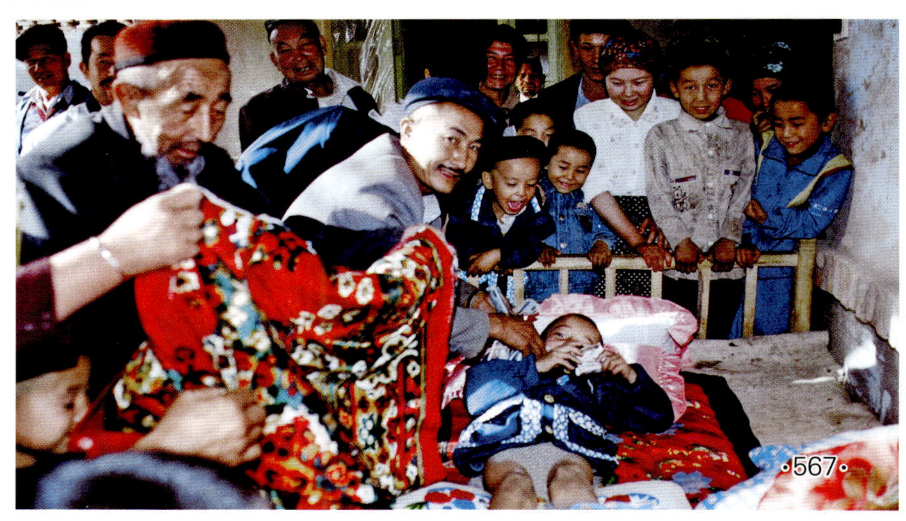

火焰山下的维吾尔族婚礼

火焰山下吐峪沟村落维吾尔人传统的成婚礼俗，一般包括择偶、提亲、订婚、议婚、完婚、拜亲、会亲等七大过程。

择　偶：男方的父母在为孩子择偶时，会从亲友、邻里、乡里或者外村、异乡为儿子物色对象。选中之后再通过别人征求儿子意见，若儿子没意见，即可选定。男孩也可以自己物色对象，但须经父母同意。也有托媒人替子女物色对象的。

提　亲：姑娘选定后，男方的父母请亲友中成年女性到女方家说媒提亲。女方的父

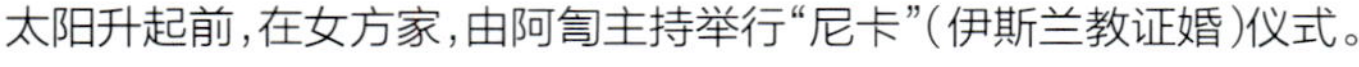

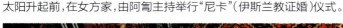

太阳升起前，在女方家，由阿訇主持举行“尼卡”（伊斯兰教证婚）仪式。

母要热情接待来客。若女方父母同意，便可定亲。

订　婚：男方的母亲在一些女性亲友陪伴下带着礼物（通常为三五块布料、九个馕、一些糖果，一包砖茶等）前往女方家。女方家要备餐热情招待来客。招待完后，男方的母亲将带来的礼品逐一呈上，表示谢意，并商定彩礼和正式举行婚礼的日子。

议　婚：通常女方将彩礼的数目列出一个清单交给男方，然后由双方家长协商而定。双方家长一般不直接参加协商，主要由双方代表进行。协商一般在女方家进行。彩礼主要包括三项：

1.为新娘买的衣服、衣料、鞋帽、头巾、首

婚礼上的鼓吹乐队。

“尼卡”证婚仪式结束，女方开始宴请，此时女性来宾将贺礼逐一呈上。

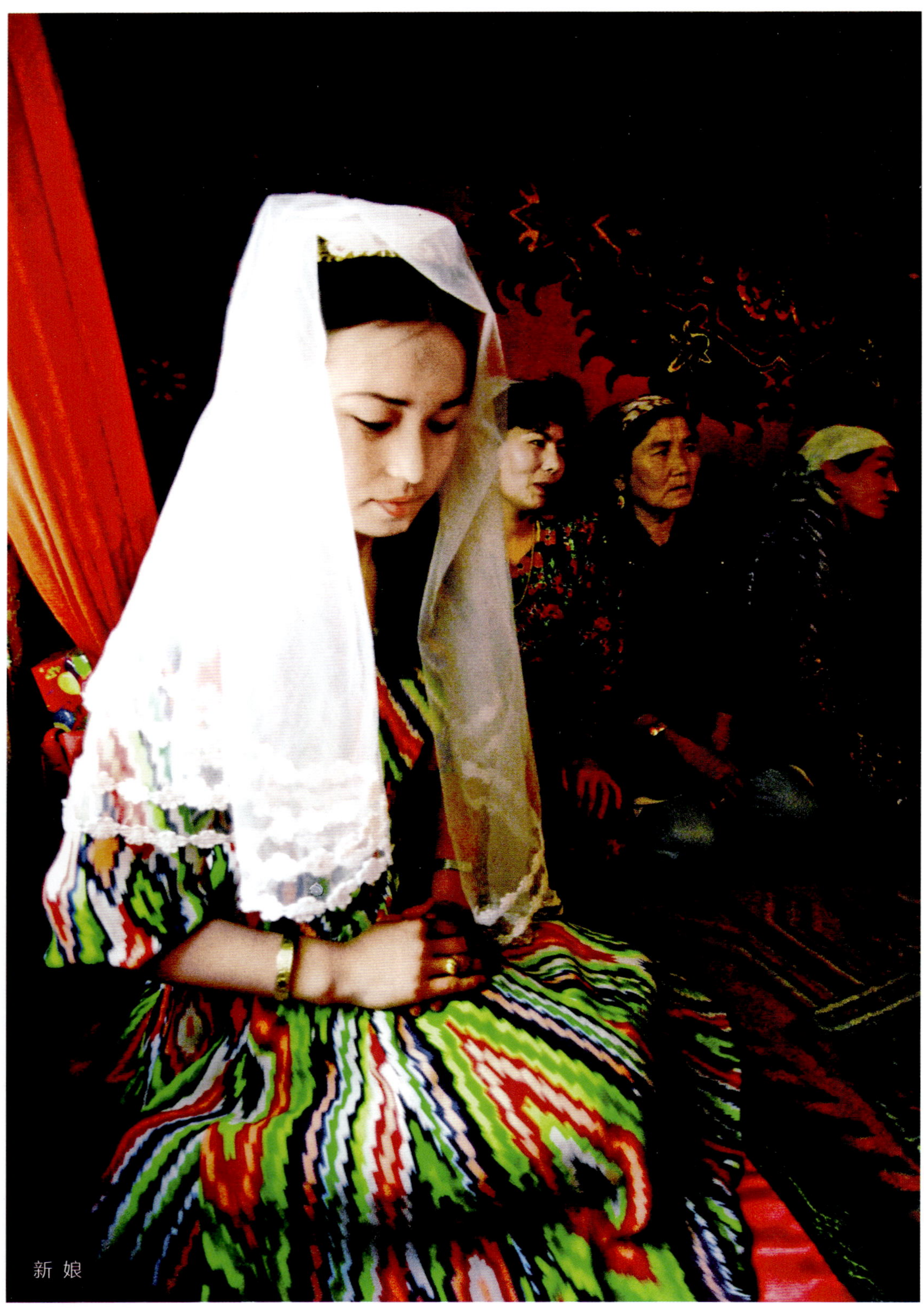

新 娘

饰等物品。

2.专为女方父母兄弟姐妹及其他亲属送的礼物，主要以衣料为主。

3.女方婚宴上所需的食物，包括肉、米、油、馕等。彩礼数额多少一般视男方的经济条件而定。现在随着人们物质文化水平的提高，有很多女方只是象征性地要一些彩礼，因此付不起彩礼的人家在吐峪沟几乎没有。

婚　礼：婚礼的七大过程一天内完成最为隆重，充满欢乐的气氛。在太阳还未升起前，首先在女方家举行伊斯兰教的“尼卡”证婚仪式。这是整个婚礼中唯一由男性参加、而且多以村里德高望重的老人为主的活动。

宗教人士阿訇坐在正前方，在满屋子虔诚的教民中主持“尼卡”证婚仪式。“尼卡”结束后，女方开始宴请阿訇、亲友和来宾。本村几位德高望重的老妇人开始为新郎装饰衣帽。此时新娘在伴娘和女友的陪伴下在自己的屋里等待接亲队伍的到来。

下午，男方接亲队伍簇拥着新郎乘车向新娘家出发，一路上唢呐齐奏，手鼓、纳格拉鼓声震天，而新娘家的亲友早已在大门口迎候。有趣的是，接亲的人都可以进入女方家院内，唯独新郎和两位伴郎不能入内，只能站在新娘家院外等候。

在女方家庭院里，人们围着站在一块大地毯周围观看男方接亲队伍卸下车的彩礼，男方一位能说会道的女性代表，将彩礼当众打开一件一件地展示。然后，女方代表也不

德高望重的老妇人为新郎装饰衣帽。

展示男方代表送来的彩礼。

甘示弱，把给新娘的陪嫁一一向来宾展示。最后又展示出为新郎装饰一新的衣帽和披挂在身上的丝绸，当即交给男方代表。男方代表接过新郎衣帽、披挂后，迅速到院外给新郎穿戴好。这时，头蒙面纱的新娘在伴娘和亲友的陪伴下走出屋子，与母亲拥抱哭别后，母亲拿出装有三个馕的盘子在女儿头顶绕三圈，以此希望两位新人婚后生活美满幸福，食物充足。然后新娘在接亲队伍的簇拥下走出院门，被新郎接上彩车。

回程的路上，男方德高望重的长者走在前面，接亲的乐队吹着唢呐，打起手鼓，载歌载舞、跟在新娘、新郎乘坐的彩车后，朝男方家走去。沿途的乡亲们早都在自己家门前、马路上拉着布料欢迎接亲的队伍，并请接亲的人品尝摆在自家门前桌子上的糖果、点心、茶

女方代表也不示弱，把给新娘的陪嫁一一当众展示。

在院外穿戴好披挂的新郎。

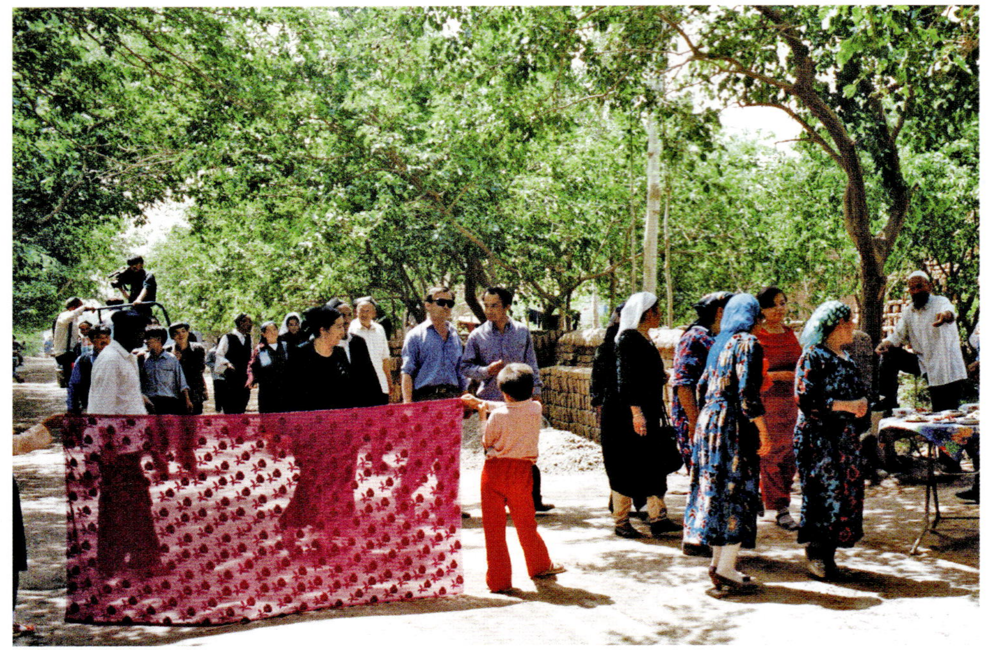

沿途的乡亲们在自己家门前拉着布料“拦驾”。

水，互赠礼品，相互祝福、施礼，以示庆贺。就这样一家又一家重复着，不到 2000 米的路程接亲队伍竟要走三个多小时。全村的人们都沉浸在与新人同喜同乐的喜悦之中，热闹非凡。接亲队伍到达男方家巷道口时，全村的人又都沸腾起来，欢快的唢呐、手鼓声伴随着欢歌笑语。新娘走出彩车坐在早已准备好的红地毯上，由四位乡亲抬着跳过点燃的火堆（以避邪气），之后进入男方为其准备的新房。

紧接着举行隆重的揭盖头仪式。所有来宾在进入举行揭盖头仪式的新房时须先吃沾有盐水的馕和馓子，表示自己祝福新人如盐和馕那样有滋有味、富足美满的意愿。揭开新娘神秘面纱的不是新郎，而是新郎的母亲，即

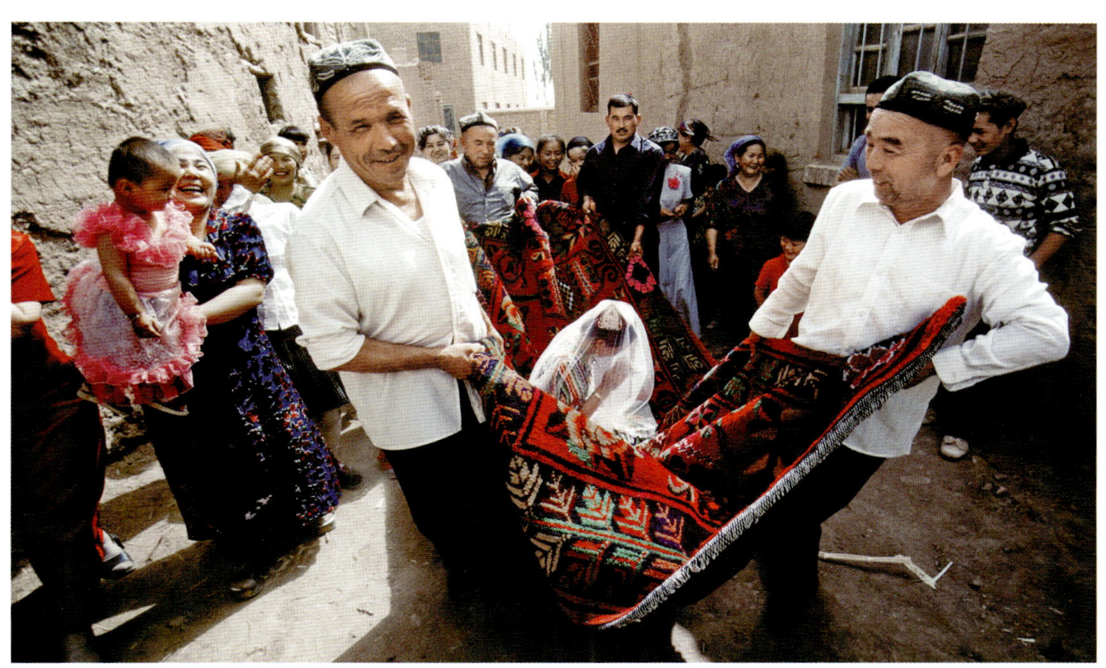

当接亲队伍走到男方家巷口时，等待已久的人群顿时沸腾起来，新娘走下彩车，坐在早已准备好的红地毯上，被四人抬入新房。

新娘未来的婆婆。当婆婆揭开新娘面纱时，担任唱喜歌的人就即兴唱起揭盖头歌，歌词大意是赞美新娘的美丽、贤惠和祝福新生活。歌词幽默诙谐，引人入胜，逗人发笑。然后婆婆亲自为新娘戴上戒指。

揭盖头仪式结束后，来宾入席吃喜宴。宴席后是麦西热甫，大家翩翩起舞，通宵达旦，以示庆贺。

拜　亲：婚礼后第二天，新郎带着新娘拜见公婆及男方亲友。

会　亲：拜亲后亲家之间还要相互宴请，以此达到增进亲家之间情感和互认亲戚的目的。

维吾尔族都市婚礼

维吾尔族传统的成婚礼俗一般包括提亲、订婚、议婚、完婚、拜亲、会亲等步骤，其过程往往延续很长时间。都市婚俗，为适应快节奏的现代生活，已发生了“礼节简化”“时间短化”，但却“排场化”等变化。

过去，婚礼在自家院内举行，如果不够用，还借用左邻右舍的庭院和家具。如今，在集餐饮、娱乐、歌舞为一体的宴会厅举办，传统的三天婚礼已在一天内完成。

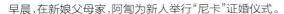

早晨，在新娘父母家，阿訇为新人举行“尼卡”证婚仪式。

下午五六点钟，新郎在一群小伙乐队的陪同下前往女方家迎接新娘，在一片欢声笑语中，新郎接走了新娘。

接新娘的车队到宴会厅，新娘走下彩车踩在红布上，由小伙们抬着新娘，并将红布撕碎，使新娘落地，小伙们开始争抢红布，抢到一小块红布者，方可沾到喜气。

紧接着，争抢红布的小伙们又在宴会厅门前拦截、嬉闹新人，让一对新人表演节目，直到满意才肯放行，新郎新娘开始向宴会厅走去。

新郎新娘步入宴会厅后，举行隆重的揭盖头仪式，由婆婆为新娘揭开神秘的面纱。然后，新郎新娘步入舞池与庆贺的人们一起跳起麦西热甫。跳舞后，新郎新娘入座，喜宴正式开始。

新疆汉族婚礼

新疆的汉族人来自全国各地，同时也把各地的风俗习惯带到了新疆。他们在长期的共同劳作生活中，相互吸收融合，而且还融合了当地少数民族的一些风情，从而形成了独具特色的新疆汉族婚俗。它既包含千年来的汉族传统习俗，又有不同于内地的一种特有的活泼明快、文明而大胆的融合性婚俗。

现在新疆汉族人结婚，主要有以下几种形式：一是方便婚礼，领了结婚证，两人搬到一起住就行了，寻求一种自由和宁静的结婚乐趣；二是茶话婚礼，由双方家长或朋友主持，备有茶水、糖、瓜子，新郎新娘介绍恋爱经过，热闹一番，这在五六十年代、七八十年代为多。目前只有极少数的农村、农场还使用这种形式；三是旅行结婚，坐火车、飞机旅行，去全国各地旅游结婚；四是集体婚礼，几对或几十对新人利用春节、“五·一”“十·一”等节日同时举行婚礼，多为官方操办，届时由官员来主持；五是婚宴典礼，在大酒店、大宾馆举行，以示婚姻典雅大方，目前这种婚姻最为流行。随着时间的推移新疆的汉族婚礼仪式还在不断改进。

早晨，接亲队伍到新娘家后，首先新郎要从门缝向新娘家里塞红包，直到女方家亲戚满意。

红包塞进房门打开，新郎进去后要到处找被藏起来的新娘的鞋，找到后给新娘穿上，方能接走新娘。

分发红包后，新郎高兴地抱起新娘走出女方家。

拜天地后，拜见双方父母。

夫妻对拜后，一对新人分别宣誓爱到永远。

宣誓后，新郎新娘喝交杯酒。

哈萨克族婚礼

哈萨克人的婚礼是在歌声中举行的，从订亲到迎亲，无处不伴随着歌声。如果您有幸在阿勒泰、巴里坤、那拉提草原上碰见结婚的仪式，一定要从头到尾地参加，您不仅能分享到他们的幸福，更会被他们的歌声所陶醉……

哈萨克族的婚礼与其他民族不同，要经过一系列仪式，即说亲、订婚、送彩礼和出嫁、娶亲仪式。这些仪式的规模大小，主要根据男女双方的经济状况而定。

说亲仪式。由男方父母或亲朋好友携带礼物前往女方家。如女方有意，则收下礼物，并宴请男方客人；如果双方都满意，即商定订

说亲仪式。

婚日期。

订婚仪式。婚礼的重要仪式之一，在女方家举行。这天，男方父母及近亲带上一匹马和其他一些礼品到女方家，女方家也邀请亲戚朋友和邻居参加。女方家接受了男方父母送来的马和衣料等物品，就表示订了亲。然后，女方家要宰羊款待。一般要挑选红毛白头羊或黄毛白头羊宰杀，切忌宰胸部有黑毛的羊。宰杀红毛白头羊或黄毛白头羊，表示以赤诚、纯洁无瑕的心来订亲。

送彩礼仪式。在送彩礼的这一天，未婚夫在一位小伙子的陪同下，骑马并驮着彩礼前往女方家，男方父母及姑、舅、姨等近亲同往。走到离女方家三五百米的地方时，未婚夫要下马回避，不能随父母及亲戚一同进女方家的门。这时，女方前来迎接的年轻人接过未

送彩礼仪式上，男方代表向女方家展示彩礼。 韩连赟摄

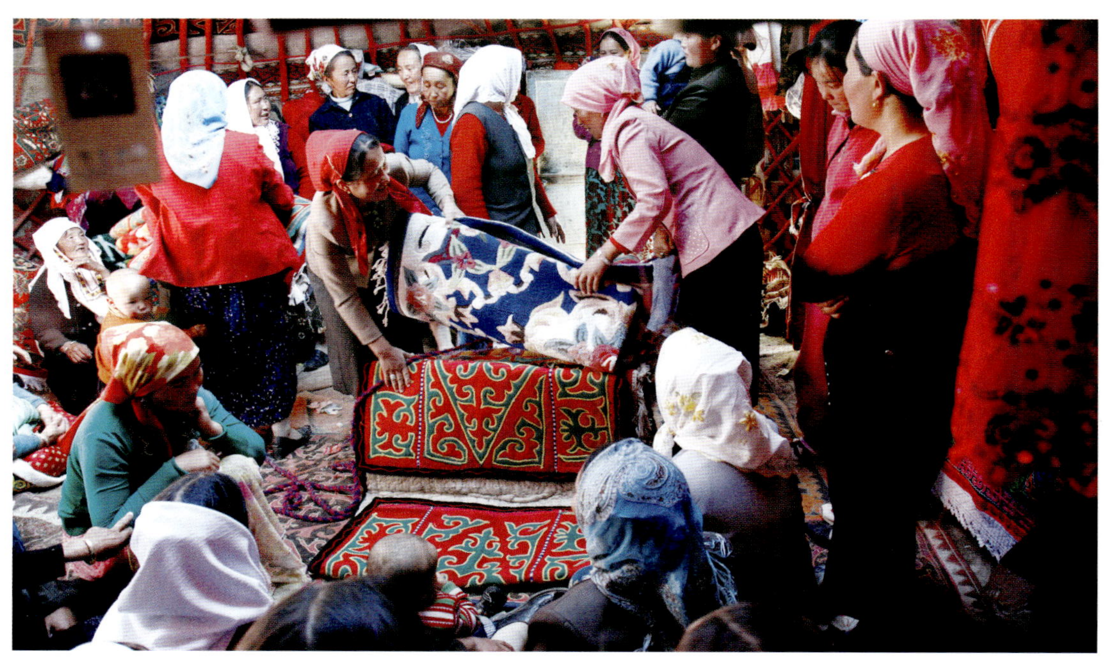

婚夫的乘骑，驮着彩礼向女方家飞奔而去。女方的姑母、亲朋在毡房外，热情地迎接男方来客。而女方姑娘嫂子（亲嫂或堂嫂）就带领一伙年轻妇女和姑娘一路嬉笑着去迎接未婚夫。未婚夫在女方妇女的陪同下来到家门口时，女方的一位德高望重的老年妇女向新郎身上撒"恰修"（即糖果、包尔沙克、奶疙瘩等食物），在场观看的小孩和青年男女抢着去捡抛在地上的食品。然后女方主人把未来的女婿领进事先安排好的小毡房里招待。这一天，女方家宰羊招待所有来客和未来的女婿。宴席间，弹唱冬不拉、对歌、跳舞，欢庆一番。第二天吃过早饭后，女方选两三位有经验的妇女，打开男方送来的物品展现在女方父母亲友的面前，任凭大家观赏，评论。哈萨克人把这一仪式叫做"吉尔提斯阿修"，即验收彩礼

毡房的左角被揭起一角，里面的姑娘和迎亲的小伙子对歌。 宋丹人摄

之意。另外，男方还要给女方的父母、兄弟、姐妹等近亲赠送衣服、衣料等礼品，同时还要带来举行婚礼时女方招待宴客的羊只等。这一天，未婚夫与青年男女在另一毡房欢聚（也可与父母亲友同在一处），但未婚夫与未婚妻彼此不能说话、接触，只能互相默默对视。晚上留宿时，未婚夫单独在一顶毡房里就寝，人们都安寝后，夜深人静，姑娘由嫂子陪伴着来到未婚夫就寝的毡房，未婚夫有权享受"恰西赛帕他尔"（意即可以成婚同房）。这时，未婚夫要向嫂子赠以厚礼答谢她成全之意。

父亲紧紧地拥抱着女儿。

娶亲仪式开始了。新郎穿着漂亮的衣服，骑着剽悍的枣红马，被六七个伴郎簇拥着，向新娘家奔去。一群姑娘、媳妇把他们迎到一顶毡房前。毡房的门紧紧闭着，门左边的毡墙被揭起一角，里面的姑娘和迎亲小伙子的对歌便开始了。此时新娘头顶头巾或面纱，由四位年轻媳妇和少女陪同，端坐在花毡上哭泣。前来迎亲的新郎的弟弟和伙伴们唱起"沙仁"祝贺、劝导新娘。

"加尔——加尔"的歌声打动着新娘和婚礼参加者的心。特别是毡房外听歌的老大嫂和老大爷们，听到歌声会情不自禁地以"艾木因，艾木因"的《古兰经》祈祷词随之附和，祝愿每个人都称心如意。

新郎走进毡房，四名伴娘一起向新郎脸上抹锅灰，新郎躲闪着夺路而逃，如果新郎脸上被抹上锅灰，就得向伴娘们馈赠礼物，若没有被抹上则备受赞扬。然后，新娘家盛情招待迎亲的人们。饭后，小伙子、姑娘们跳舞唱歌，祝贺新郎、新娘婚姻美满幸福。

午后，伴娘扶着新娘，唱辞别歌、哭嫁歌，由两个年轻媳妇搀扶着来到父母、兄弟、姐妹面前一一哭别，歌词唱出了与父母及亲人依依难舍的情景。然后，新娘倚门哭泣，动身前还要向亲朋哭别。新娘唱完哭别歌之后，即在伴娘的搀扶和妇女们的簇拥之下，和父老兄弟及亲人们一一拥抱，挥泪告别。姑娘和每一个亲人拥抱时就要对他（她）唱一段告别歌。

唱罢，新娘就要随着迎亲的人向婆家行进，不再回头。

当他们走到离婆家不远时，新郎家的迎亲姑娘迎上前来，将新娘扶下马，簇拥着向

新娘挥泪告别后，在亲友的陪同下随迎亲队伍走出娘家的院门。

新房走去。到了毡房前，新郎的母亲、嫂子端出包尔沙克、奶疙瘩、糖果等食品，向新娘身上抛撒，所有来参加婚礼的人争抢嬉戏。

赞礼完毕，揭盖头的仪式开始了。由一个手持系着红白绸的马鞭的人唱《别他夏尔》歌，即《揭面纱》歌。歌唱完后用马鞭轻轻揭开新娘的面纱，向众人介绍，并且向新娘劝诫、忠告。新娘向公婆等行礼，向炉火内倒油，油燃起时在座的人都口念“火娘娘，油娘娘，给我们把福降。”以此祝福新婚夫妇幸福。此时，人们争相观看和嬉逗新娘。新郎的母亲拿出带颜色的布块，撕成宽窄不等的布条，分给前来贺喜的人们。新婚夫妇合饮一碗由毛拉念过经的圣水，或由老人给新娘倒碗茶，并做“巴塔”（祝福）。

揭盖头的仪式开始了，由一个手持系着红白绸的马鞭的人唱《别他夏尔》歌后，用马鞭轻轻揭开新娘的面纱。 韩连赟摄

亲友们在一起观看揭盖头仪式。

揭盖头仪式结束后，主人将来宾分别让进不同的房间按辈分坐定，边谈边吃。

接着，新娘坐在刚宰的羊的羊皮上（哈萨克人认为坐在这种羊皮上生育顺利），主人给新娘端来一盘特意准备的羊肉，新娘先把盛羊肉的盘奉送给公公、婆婆，先请长辈吃肉，并屈膝施礼。得到公婆允许后，才能吃肉和喝茶，吃喝完，老人要给新娘做“巴塔”。

然后，婚礼进入另一高潮，进行富有民族特色的刁羊、姑娘追、赛马、摔跤等活动，草原沸腾了……

婚宴上手抓肉端来前，由小孩提来盛凉水的小茶壶和脸盆，给客人浇水洗手。洗手后，主人先将放有包尔沙克、奶疙瘩等食品的餐布撤走，重新铺上干净的餐布，把盛有羊

大家在长者的带领下做“巴塔”，为新人祝福。

头、臀部肉、肋条肉的大盘手抓肉端上来，必须将羊头的嘴对准上座的客人。客人中一位中年长者先将羊头上的腮帮肉割一块回敬给年老的主人，再削下羊头上的右耳朵给在座的最小的孩子，割一片鼻前肉放进盘内或自己吃。如席间有一位长者，就让长者先吃。然后把羊头敬还主人，以此向主人表示满意和谢意。之后，大家开始吃肉，直到吃饱为止，否则主人是不满意的。

夜幕降临了，阿肯们弹起冬不拉，小伙子姑娘们欢聚在宴会厅，载歌载舞，欢呼跳跃。他们在为新人祝福，也在为生活歌唱。一直到第二天破晓，歌声还在草原上荡漾……

载歌载舞，为新人祝福。

蒙古族婚礼

新疆蒙古族实行氏族外婚制，严禁氏族内部通婚，实行本民族通婚。婚礼有一套特有的习俗，其过程主要有提亲、走亲、送聘礼、搭新房及姑娘宴、婚礼、揭围帐、回门等七项。

提亲。一般男孩到了成婚年龄，父母就开始为其物色对象，找亲家。物色好对象就托一媒人去说亲。这次提亲，新疆蒙古人称“爱日合戈恩吉勒呼”，即“带酒提亲”之意。媒人若是带着酒和食品代表男方家长向女方父母说明来意，女方家长一般都要说一些推托之词。经过一段时间后，媒人及男方亲戚若干

走亲仪式上，男方一长辈把涂有黄胶水的哈达双手捧在胸前，口诵祝词后将哈达双手献给女方的长辈。

人将带着酒、哈达、食品正式到女方家提亲，这次提亲称为“玉格阿布呼”，意为“是否同意这门亲事”。去时男方亲戚向女方家长献哈达、敬酒，并庄重地说明来意，请女方父母能够接受他们的提亲。如果女方家长不同意这门亲事，则婉言谢绝，不喝他们敬的酒，并要求他们将所带礼品带回去。

走亲。蒙语称这一过程为“祖苏哈德格”，意为“相交哈达”，又称“哈德格太布哈”，“献哈达”之意。新疆蒙古族很看重这一走亲程序。这天，男方的媒人及若干亲戚要带着酒、哈达、半熟的羊尾骨肉去女方家走亲，这时女方将亲友及邻居请来参加走亲宴会。男方代表施礼后，将带来的礼物放在女方家长面前，男方一长辈把涂有黄胶水（表示两家的关系似木胶永不分离）的哈达双手捧在胸前，口诵祝词后将哈达双手献给女方的长辈，然后一一敬酒。男女两家父母认为满意后，开始商议聘礼的日子。

送聘礼。新疆蒙古人俗称“奥日德布思格尔”，意为“床被褥”。聘礼一般以马、牛、羊为主，其数目视贫富情况各有差别。以 9 为吉数，家贫不足 9 数者则取 5、7 等单数牲畜。按照传统，还要请喇嘛根据两个孩子的生辰年月，择定举行婚礼的良辰吉日和迎亲者到达的时辰。订好婚礼日子后，男女双方都要做紧张的准备工作：男方要举行一次隆重的造新房仪式，祝颂人将一条哈达（哈达内包麦子或金、银、钱，以示将来富贵）挂在天幕正

女方代表高兴地喝下男方代表敬的提亲酒。

亲朋好友带上礼品前来祝福。

隆重的造新房仪式上，祝颂人将一条哈达（哈达内包麦子或金、银、钱，以示将来富贵）挂在天幕正中，并用奶子涂在包内侧壁等处，以示吉祥。

接亲队伍返达男方家时，先需骑马跨过点燃冒烟的松柏枝，然后新郎将新娘扶下马。

中，并用奶子涂在包内侧壁等处，以示吉祥。用酒祭天、祭地、祭火灶，然后祝词，祝颂人用美好的诗句祝福，有《毡房木圈顶的祝词》《毡墙的祝词》《锅的祝词》等等，之后大家一同将毡房布置好。接着主人用手抓羊肉、奶酒等款待亲朋好友，大家互相祝词唱歌；女方要举行为姑娘出嫁饯行的各种宴会，俗称“姑娘宴”。结婚前几天，姑娘分别由亲戚请去吃饭，每个亲戚还要送一件衣服料子、一条头巾等礼物给新娘。婚礼前一天，姑娘的父母要为即将出嫁的姑娘举行宴会，宴请姑娘的亲朋好友一同入席。姑娘们唱着《姑娘宴歌》，用歌词祝福将要出嫁的姑娘，倾吐离别之情，姑娘的母亲向众人展示新娘的嫁妆。蒙古族很重视姑娘的嫁妆，嫁妆一般是首饰、四季服装，也有牲畜，随着时代的变迁现在家用电器

此时婆婆早已端着新鲜牛奶在院外等候。

代替了牲畜。

婚礼。在婚礼前一天傍晚，男方选出若干善于辞令的人，带上酒肉等礼品，并偕新郎拜见女方父母亲。一开始新郎不进，其他人先进。他们向女方父母致敬问好、敬酒、献礼物，正在喝酒唱歌时，新郎由两位男子陪同突然进来。新郎入内后，总是让几个陪同的人遮住他，“怕”被人看见“轰”出去。几道程序完成后，经女方允许，新郎才向大家一一敬酒。夜深事毕，男方来客一一告别。此时发现新郎的马鞭（或马镫）“丢失”，是女方故意收藏。这时男方家就留下能言善辩者三人，新郎及其他人乘马先归。女方有意问他们还有什么事，来客一一对答。如果男方都答出来了则可拿上马鞭或者是马镫离去，否则将受罚。婚礼当天男女双方家里都热闹非凡：男方组成迎娶队伍，新郎穿着崭新的袍子，在伴郎的陪同下随着迎亲队伍，拿着酒肉去接亲。接亲队伍在临近女方家不远处下马，选派两名能言善辩的人向女方报讯。女方则立即做好迎亲准备。女方嫂子或舅母若干人在院门口等候。这时，男方中一位善于辞令者说："贵方宠爱的姑娘早已许配给我们的儿子为妻，在今日这个良辰吉日前来迎娶新娘，请接受圣洁崇高的迎亲之礼。"而女方口齿伶俐的一位嫂子上前对答，双方进行一番礼俗对答后，才邀请迎亲的人们进屋。男方进屋施礼后，新郎在伴郎的陪同下，向女方的灶神和其他供神叩头，敬献哈达，然后向岳父、岳母及亲属献哈达。新娘临行前，要给父母亲友一一敬酒辞别。此时大家一齐唱送别歌，亲朋好友都用吉祥的话语和赞美之词祝福一对新

婆婆让新娘喝新鲜牛奶，以示吉利。

人。这时，女方父母同意接去新娘，接亲者中一位身强力壮的小伙子将新娘抱着出门。新娘抱着亲友们不愿离家，伴随新娘的姑娘也要纠缠一番才放行。迎亲队伍返回途中，一路纵马奔驰，奏乐唱歌，嬉戏追逐。到达男方家以后，新郎将新娘扶下马。首先，婆婆让新娘喝下新鲜牛奶，以示吉利。然后举行拜天地仪式。此仪式由喇嘛主持。届时，新婚夫妇在蒙古包外铺好的白毡上共持一羊肩胛骨，朝着太阳跪拜，先拜天地日月，然后向喇嘛叩拜。喇嘛诵经，请佛爷保佑他们平安无事。新娘在众人陪护下入新房。进新房时一定要踏着毛毡。然后是梳头礼。由母亲或嫂子将新娘的头发重新梳理，将新娘的头发从中间分成两半，然后放入新郎的几根头发梳成两根辫子，戴好全部首饰，以示做媳妇的开始。

新娘在迎亲队伍的簇拥下进入新房后举行拜天地仪式。此仪式由喇嘛来主持。

拜过天地后，由母亲或嫂子为新娘进行梳头礼。

梳妆完毕，在嫂子的带领下，新媳妇向公公、婆婆、伯伯、叔叔、舅舅等长辈一一敬酒献哈达，并施磕头礼。磕头时要从长辈往下依次排列。接受新媳妇磕头的人，要回赠礼物。礼毕，喜宴开始，之后唱歌跳舞，至此结婚仪式达到高潮。隆重热闹的婚宴结束以后，送亲的人除了新娘的嫂子和伴娘外都要当天返回。当他们返回时，新娘的母亲给来的每一位客人送一份衣料，以示谢意。

揭围帐。这一仪式又称“霍西格太勒”。时

间是婚礼的第三天，围帐就是指新婚夫妇床前的围帐。按照新疆蒙古族的习惯，新娘由伴娘陪同在揭围帐前是不能露面的。结婚第三天，新娘父母同亲戚们来新房同男方亲戚一同举行“揭围帐”仪式。仪式开始时，一位善于辞令的长辈有节奏地吟诵祝词后将围帐揭开。新娘从围帐里走出来，拿起新盘、新碗盛满奶茶和奶酒，从公公、婆婆开始给在座的客人每人敬一碗。婆婆当着来宾的面将锅、碗、瓢、盆等家什交给新娘，表明从此新娘开始尽媳妇的义务掌管家务。同时给儿媳送布料、手饰等礼品。接着大家喝酒吃肉、唱歌跳舞，欢庆活动通宵达旦。

揭围帐仪式后的第二天，新娘在新郎和婆婆的带领下回娘家施亲家之礼，也叫“新娘回门”。回门时同样带哈达、整羊、酒等礼物。新娘家人要邀请亲友、邻居一同入席。酒宴开始时，新郎带新娘要向岳父、岳母和长辈们献哈达、敬酒，席间仍然要唱歌奏曲助兴。当新娘、新郎返回时，新娘的母亲要给他们及亲家赠送布料、头巾等礼物。（韩连赟摄影）

三天后，新娘父母、亲戚在新房与男方亲戚一同举行“揭围帐”仪式。

新郎和伴郎来女方家接新娘，新娘的亲朋堵门嬉闹新郎要红包。

回族婚礼

婚礼是新疆回族人一生中的大礼。父母亲把为儿女举办的婚礼叫“卸担儿”，认为这是“终身大事”，完成了一桩重大夙愿，因而对婚礼特别重视和讲究。一般按提亲、送大礼、婚礼、回门等几项程序进行。

提亲（俗称：开口礼、落话礼）。小伙看中一个姑娘，就要由男方选择德高望重的长辈为媒到女方家提亲，携带“四色礼”（茶叶、核桃仁、红枣、糕点）前往女方家；女方父母则极为慎重，当时都不会表态。一般要征求女儿意见、多方了解小伙子人品及其家庭情况再派人到男方“看家道”，即看男方的条件和为人等情况，如各方面都满意，才聘请媒人作为女方代言人通报男方，表示正式同意两家联

新郎给新娘佩带鲜花。

新郎抱着新娘上彩车。

姻。此后，男方家便择吉日，准备好聘礼，由媒人陪同小伙子来女方家拜见女方父母，并商议定婚事宜。

送大礼（俗称：定亲）。这天，男方家要准备好订婚的大礼，并摆宴席，宴请媒人及送大礼的人，后派媒人及几位主要亲属陪同小伙子一道前往女方家；女方也要摆宴席款待客人。之后，男方呈上订婚大礼，主要有金银首饰、服装、现金和红黄绿蓝“四色礼”，也叫“包包子”，请姑娘家的人及亲朋查收；女方父母也送小伙子“适当的回礼”，礼品一般为鞋袜。这时女方的媒人则根据女方家的直系亲属的多少，要“包包子”。喝“包包子”（接收包包子）的人除了父母，还有父母双方的老人和兄弟姊妹及姑娘的舅舅、叔叔、姑姑等，少则三五家，多则一二十家。喝“包包子”的人，一般在婚礼中都要随重礼，婚后，新郎新娘还要专程“回门”，所以在要“包包子”之前，均要征得对方的同意（“包包子”在新疆回族社会关系中具有重要的纽带作用。有些时候看似非常圆满的一门姻缘，会因为“包包子”出了问题，导致退婚，从而留下终生遗憾）。最后，双方商议结婚吉日和婚礼用品等，同时女方家还要确定“卧其里”。“卧其里”是阿拉伯语，意为“主婚”，是一种身份的象征，一般都由娘舅或亲友中德高望重的长辈担任此重任，地位仅次于新娘父母，必须终生相认。特别是在婚礼过程中，大小事必须征得“卧其里”所谓的“应声”，就是说婚礼程序、进程，完全由“卧其里”说了算。

婚礼的前一天，双方家长分别请阿訇举行“尔麦里”仪式(既平安礼)，一是告慰、纪念先人；二是祝福一对新人平安、吉祥。然后女方家为新娘开脸、沐浴，男方家为新郎修面、沐浴，还要给女方送去待客用的肉、粮、油等(现在一般都送现金)。傍晚，女方家还要为女儿举行“喝花茶”仪式。“喝花茶”就是新娘告别少女，走向成熟的意思，因而受邀对象均为未婚姑娘。姑娘们一边畅所欲言，回忆青春年少的亲密无间；一边祈愿新娘，走进婚姻殿堂美满幸福。这是新娘人生转折的重要一晚，因而餐桌上要敬上13个花碟子，各种糖果和糕点五颜六色，令人目不暇接。

婚礼。婚礼的当天，可根据路途的远近，一般是中午在男女双方来客宴席进行到一半的时候，由媒人带领新郎、伴郎和德高望重的男人，德淑贤惠的小媳妇等人(一般不超过两席的人数)组成娶亲队伍(新郎的父母和哥嫂一般不参加娶亲)，带着给“卧其里”的“四色包”和“谢娘衣”(给新娘母亲准备的衣服)、“催妆礼”(给新娘的一套衣服)、“裙带钱”(新娘上迎亲车前，女方父母给新娘的践行钱和男方给新娘的迎娶钱。这个钱数须经双方媒人商定，男女双方数目相等，类似于新娘的私房钱，押在箱底不能轻易花销，所以民间俗语说：“裙带钱装得齐，一辈子不受气”。)来女方家接新娘。经女方亲友堵门嬉闹新郎，并索要红包后方能进入女方家。首先由“卧其

被亲友抹成花脸的母亲和婶婶。

被亲友抹成花脸，反穿皮袄的父母高兴地唱起了“花儿”，跳起了舞。

新郎高兴地掀起新娘的面纱。

掀起面纱，新郎幸福地跳起了舞。

“压箱”小孩给一对新人送上金戒指。

里”带领新郎“认大小”，即新郎官就要按女方亲戚辈分的大小一一拜见，并鞠九十度躬说“赛俩姆”（请安了）。然后，娘家人为新娘戴上红绸盖头，由两位伴娘相陪，两位“压箱”小孩随后，带着嫁妆，随迎亲人去婆婆家，还有一男性长辈率领几位晚辈亲友，为新娘送行。当接亲车辆行至婆家时，众亲友便捉住新郎父母，使其反穿皮袄、倒插扫把、抹成花脸、耳戴辣椒、倒骑毛驴去迎亲拉车。在城里，公婆只能象征性地拉汽车，有时驾驶员一踩刹车，使拉车的公婆摔倒，大家哄堂大笑。打扮得花里胡哨的公婆，喜笑颜开，情绪激昂，俨然摆出一副“只知低头拉车，不知抬头看路”的架势。当然实际上都是做做样子而已。之后，将新娘引进新房，此时新郎会迅速地抢先进入新房，据说谁先进入新房，新家将来就由谁主事。“卧其里”妈为新人铺好新床，舅舅订好新房的门帘和打开小孩压的“箱子”后，在新房由宗教人士为一对新人举行“尼卡”仪式，“卧其里”代表男女双方的家长参加“尼卡”仪式。“尼卡”仪式结束，开始摆“九碗三行子”席（用九只大小一样的碗盛菜，而且在摆法上也要讲究对称相等，即每行摆三碗，成为一个正方形，故名“九碗三行子”。除此之外，在上菜时也有技巧，先摆四角，再放中间，而且一律不过油全是用蒸笼蒸的，吃起来不油腻且爽口，别有一番风味）款待来宾。此后男方还要问女方明天早晨来几席的人“下汤”（一般不超四席的人数）。傍晚，还有闹洞房的习俗。

结婚第二天早晨，女方家人会做好包子端到新郎新娘面前，俗称“睁眼包子”。就是娘家人有意在包子当中，搭配一两个特别咸，或者特别辣的，其用意既有戏要的成分，也有考验女婿是否心细的因素。如果新郎是个愣头青，狼吞虎咽时或许真的碰上其中一个，随之大呼小叫起来，一来显得不成熟，二来还成了笑话。如果早有思想准备，即使不小心吃到了，也一定会在不动声色中吞进肚里，因为生活的酸甜苦辣，从此时起已经真正开始了。然后，女方来宾和男方家人一同吃长寿面，祝愿一对新人天长地久，永远相亲相爱，白头到老。

回门。婚礼后三天，新郎要准备礼品陪同新娘回门，也叫回娘家，看望岳父母。岳父母家也要事先做好准备，款待女婿女儿。除此以外，新郎新娘还要根据自己的经济情况，有计划地在较短的时间内，到所有喝过“包包子”的人家一家家地回门。

新郎新娘给双方父母深情地敬上盖碗茶。

新郎新娘与双方父母合影。

在新房由阿訇主持“尼卡”仪式。

新郎的爷爷、奶奶和“卧其里”等长辈在款待女方送亲客人的喜宴上。

新郎的外婆、母亲、姑妈、姨妈和妹妹在款待女方送亲客人的传统喜宴上。

锡伯族婚礼

婚姻是人生大事。传统的锡伯族婚姻一般都依“父母之命，媒人之约”进行。已议定的婚姻则成为男女家族和亲友中的一件大事，大家全力相助，乐此不疲，为筹办婚礼做大量的准备工作。其中之一是由男方聘请与女方父母年龄辈分相配、有一定声望、善于辞令又能歌善舞的男女各一人，充任“迎亲爹”“迎亲娘”，作为娶亲队伍的代表，全权解决迎亲过程中的各项事宜，再挑选七八名能歌善舞的小伙子，和新郎共同组成迎亲队伍。

传统的婚礼一般要举行三天。第一天由

哥、嫂和娘家晚辈亲人乘坐的送亲车。

由伴娘扶着的新娘和新郎行至正房门前。

新郎跨入门内，隔门栏男女对拜。

女方家举办出嫁仪式，这是以宴客为主的礼仪活动，称做“阿吉喜林”（小喜筵）。通常在阿吉喜林的前一天上午，男方家就要把喜筵所需的肉、米、菜、烟、酒等礼物送到女方家。喜筵这一天四方宾客前来庆贺姑娘出嫁之喜。岳父向新郎正式介绍亲戚和德高望重的老人，新郎则向长辈一一跪拜敬酒。晚上举行娱乐活动，迎亲的小伙子们各显身手，与新娘家的姑娘们赛歌比舞，将出嫁仪式推向高潮。

第二天是男方家举办的成婚大典日，即“安巴喜林”。为保证婚礼顺利进行，娶亲队伍在黎明前就要赶到新娘家。这时新娘与父母一一哭别，歌手则不失时机地唱出一曲曲感人肺腑的《劝嫁歌》，由哥嫂们将新娘送到喜篷车上。临行前岳父将两包装满五谷种子

此后，夫妻才到正屋，先向喇嘛叩头，喇嘛摸顶后，再向父母跪拜。

的布袋拴在新郎坐骑的鞍鞯上，以祝新人一家将来五谷丰登、粮食满仓。随后迎亲的小伙子们个个跨上坐骑，在新郎的带领下，簇拥着喜篷车和满载嫁妆的由哥嫂和娘家晚辈亲人乘坐的送亲车，一路马不停蹄地赶回新郎家。

将新娘接到男方家后，按旧俗，将新娘扶下车，由伴娘扶着和新郎并肩而行，至正房门前，新郎新娘叩首，参拜天地。然后，新郎跨入门内，隔门栏男女对拜，再入厨房向火神跪拜，用“哈达”将切成片的羊尾油投入灶火之中，以作“白头之誓”。此后，新郎新娘才到正屋，先向喇嘛叩头，喇嘛摸顶后，再向父母跪拜。这一切完毕后，新娘入新房坐帐，男方开始大宴宾客。伊犁锡伯族与各民族都有广泛

进门礼毕后，新娘入新房坐帐。

男方家开始大宴宾客。

接触，客人中的民族成分多，一般多用清真酒席待客，席间不时有歌手领头唱婚宴歌，众来宾呼应为喜筵助兴。傍晚，在众亲友的欢笑声中，新郎新娘喝“合欢酒”，新娘才下炕，给公婆敬酒（这些风俗大多已改变，或从简）。

随后大家一起参加贝伦舞会，欢庆至深夜。

第三天是男方家款待新娘父母的日子。新郎新娘先上坟祭祖。男方家将亲家长辈接来热情款待，共叙和亲之美。到第九天新娘新郎回娘家省亲。（王德钧摄影）

大家一起参加贝伦舞会，欢庆至深夜。

柯尔克孜族婚礼

柯尔克孜族的婚礼十分隆重，仪式主要在女方家进行。

第一天，男方家人携带聘礼及婚宴所需的马和绵羊数只来女方家娶亲。女方家将众多接亲者安置在几个毡房内款待，并验收彩礼。

第二天清晨，女方的一位舅舅用一根木杆从新支的毡房天窗处掷出一包用绸布裹着的食物，前来贺喜的人纷纷争抢，得到绸布者，被视为将交好运。

这个仪式被称为“顶天窗”，表明婚礼所有筹备已就绪，对男方所送的彩礼表示满意。随后，主人煮肉款待来客，并举办传统的赛马、刁羊、摔跤等活动。

傍晚，当夜空出现第一颗星星时，新婚男女各头盖一块绸布，并用山羊肺拍打头部，以此驱邪。之后，各自奔向两个不同的毡房，谁先进毡房便预示着谁在今后的家庭生活中将主事。

夜深，新郎新娘在年轻人的陪伴下，通宵歌舞喜庆。

第三天清晨，由阿訇主持“尼卡”(伊斯兰教证婚)仪式，仪式上新郎新娘认同对方为自己的终生伴侣，将阿訇蘸了盐水的馕分食，表示终生相依。

之后，毡房外，来宾们围在一起弹起“库

第一天，男方家人携带聘礼及婚宴所需的马和绵羊数只来女方家娶亲。女方家人将众多接亲者安置在几个房间内款待，并验收彩礼。

第二天清晨，新娘舅舅用木杆从毡房天窗处掷出一包食物，贺喜的人纷纷争抢，得到绸布者，被视为将交好运。

毡房外，来宾们围在一起弹起“库姆孜”，唱起《玛纳斯》。

傍晚，当夜空出现第一颗星星时，新郎新娘各头盖一块绸布，用山羊肺拍打头部，以此驱邪。

姆孜"，唱起《玛纳斯》。毡房内，由一位德高望重的妇女将新娘满头的小辫梳成两条大辫，边梳边往新娘头发上抹马油，同时唱《送嫁歌》。

此时，女方主妇在毡房外将来宾送的贺礼衣服当众分送给亲戚。

最后，新娘唱着《哭嫁歌》与家人惜别，母亲陪着新娘随接亲队伍来到男方家，婚礼才基本结束。

毡房内，由一位德高望重的妇女将新娘满头的小辫梳成两条大辫，边梳边往新娘头发上抹马油，同时唱《送嫁歌》。

婚礼第一天，将手鼓放在本村年内发生不幸的人面前，如他们敲响手鼓，即表示同意婚礼如期进行。韩连赟摄

塔吉克族婚礼

生活在我国帕米尔高原的塔吉克族青年男女，彼此表示爱慕之情的方式非常有趣。通常，男子在送给情人的荷包中装一根烧了半截的火柴棍，表示爱情之火已将他的心灼伤；女子给意中人的信物中，藏一颗杏仁，表示已将心献给了他。随后由老人出面提亲，直至完婚。

婚礼一般为三天。第一天，男女双方先要将本村年内家中发生不幸的人请来，将一面手鼓放在他们面前，请他们拭去悲痛的眼泪，为新人祝福。如客人敲响手鼓，即表示同意婚礼如期进行。第二天，所有的亲戚和村里的男女老幼都前来祝贺，女宾每人都带一点面粉，

婚礼第二天，迎亲卡车在亲人的簇拥下伴着鹰笛和手鼓的乐声去接新娘。

新娘在伴娘的陪同下等待男方的娶亲队伍。

为婚宴准备的油炸食品。

女方代表让新郎喝放了酥油的牛奶。

撒在主人身上，以示祝福。这时户外已响起节奏欢快的手鼓和鹰笛声。青年们有的引吭高歌，翩翩起舞；有的扬鞭策马，投入激烈的刁羊比赛。下午，按照传统习俗，新郎新娘都要戴有黄白两色绸带的戒指，新郎头上还须缠黄白两色绸带，直垂到肩。白色象征牛奶，黄色喻为酥油，取两者相融和谐之意，表达了婚姻美满的意愿。新郎骑高头大马，由伴郎和证婚人“拜德尔汗”陪同，在亲人的簇拥下伴着鹰笛和手鼓的乐声去迎接新娘。沿途不时有年轻人出来，给证婚人身上撒面粉以示祝贺。当迎亲队伍来到新娘家门前时，迎候的女方代表，先向新郎献上放了酥油的牛奶，让新郎

宗教人士“海里派”主持婚礼仪式，由证婚人“拜德尔汉”公证婚礼，“海里派”诵经祈祷。

当众喝光，表示接受新娘家的盛情美意和新娘的甜蜜爱情。进屋后，新郎新娘交换戒指，娘家人设宴招待新郎和迎亲客人。当晚，宗教人士“海里派”主持婚礼仪式。之后，两家宾客簇拥着新郎新娘来到一间宽敞的房间通宵娱乐。

第三天，娶亲队伍与新娘父母和娘家客人告别辞行。新郎和新娘同骑一匹马，在众亲友的簇拥下回家。

此时，等候多时的婆婆亲手给儿媳端来两碗放了酥油的牛奶，儿媳须喝光才能下马。新郎新娘踩着新地毯或新毛巾步入新房。客人们则在新郎家又唱又跳，直到太阳落山才渐渐散去。

伴郎陪同新郎在婚礼仪式上。

证婚人让新娘新郎喝下诵经祈祷过的“盐水”。

第三天，新郎新娘与娘家父母和娘家客人告别辞行，在众亲人的簇拥下向男方家走去。

揭开面纱的新娘。

于田维吾尔人的少妇礼

于田维吾尔妇女有为生一两个孩子的少妇举办“居宛托依”（少妇礼）的习俗。“居宛”是少妇，“托依”是成年礼的意思。

这个庆典仪式在塔里木河流域的于田、民丰、且末等地的维吾尔族妇女中代代相传，经久不衰，焕发着维吾尔人古老文化和习俗的生机、活力。

仪式由少妇的公婆和丈夫操办，应邀参加者均是平日交往甚密的年长妇女。

届时家族中的女眷们聚在一起为少妇“梳头”，并用线绳拔去脸上的汗毛，称作“玉孜妮鄂其西”，意为“开面”。然后公婆向少妇赠送箭服、小帽和头巾；少妇的父母亲将准备好的耳环、戒指、手镯等礼品，放在一个漂亮的大盘里呈上来，由一位德高望重的中年妇女当众给少妇穿戴好。

之后，少妇在两位妇女的陪同下向来宾一一行礼，来宾起身向她道喜，并将带来的礼物送给她。这个仪式的举行，标志着该女子已步入社会生活，并具备了操持家务等方面的技能。从此，可以正式进入成年妇女的行列，能公开参加村里亲朋好友的各种聚会活动。（韩连赟摄影）

于田维吾尔妇女有为生一两个孩子的少妇举办“居宛托依”的习俗。

婆婆将亲手缝制的箭服、小帽和头巾拿出来，一位德高望重的中年妇女当众给少妇穿戴好。

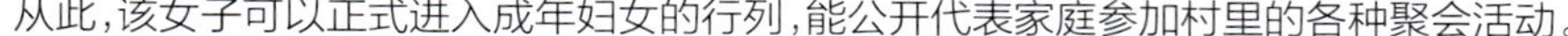

从此，该女子可以正式进入成年妇女的行列，能公开代表家庭参加村里的各种聚会活动。

维吾尔族葬礼习俗

维吾尔族葬俗包括哭丧、洗尸、裹脚、超渡、下葬、乃孜尔(祭奠)等。

维吾尔族的葬礼是一件隆重、严肃的礼仪,他们的仪式是按伊斯兰教的仪式进行的。

“落叶归根”——许多民族都有这种习俗,而维吾尔族更非常讲究这一点,他们愿意在自己家里静静地离去。如患重病治疗无望时,他们便出院回到家里,而不愿死在病房;有人突然在外地去世,家属也要千方百计把尸体运回家乡埋葬。

维吾尔人在家里去世后,并不马上报丧,而是对死者进行一番处理之后,才去报丧。

特别是对老年人的去世,讲究比较多一点。人去世后,其面部要朝西南方向安放,并用干净白布遮盖,用白布绑住其下巴,使其嘴闭住,使人感觉死者安详地睡着。

然后,死者的近亲好友立即系白腰带,妇女除系白腰带外,还要披白盖头,马上去向亲友报丧。若在半夜里逝世,就要半夜去报丧。邻里街坊一旦听到哭声立即前来悼念,进行安慰。每来一批吊唁的人,死者的亲人就失声大哭一次,边哭边唱。维吾尔族没有统一的词和内容,而由唱者自编。内容主要是颂唱死者的德行,表达死者亲人的悲痛心情。

维吾尔族实行速葬,一般情况下,人死后,尸体在家停放时间不长,早亡晚埋,晚亡

邻里街坊一旦听到哭声立即前来悼念。艾拉提摄

午葬。葬前，要由堂兄弟或专门的人员为死者净身。若死者是女的，则要由同辈的妇女来洗。洗净后，用新白布将遗体缠裹起来，男的一般缠三层，女的缠五层。净身时，其他人不得入内，阿訇要在净身的门前替死者祈祷赎罪（小孩不进行赎罪仪式）。

赎罪时，要向旁人和毛拉进行施舍，随即将遗体移出屋内，放在“塔吾提”（灵架）上，并盖上布单，由亲友护送到清真寺举行葬礼（妇女不参加葬礼）。参加葬礼的亲友都要戴上“拜勒瓦格”（系在腰间的白布，类似汉族的孝带）。举行葬礼时，由阿訇念经并致悼词，其内容主要是介绍死者的功绩，并祈求真主保佑，愿死者安息。

在清真寺举行“葬礼”仪式。 艾拉提摄

此后，即送往墓地土葬。墓坑成长方形，长2米，宽1米左右，深近2米。在坑的一侧要挖一个洞穴，尸体就放在这个洞穴里。死者的头朝西，脚朝东，面朝“克尔白天房”。把尸体安放好后，要用土块把洞穴口堵死，然后再埋土。坟的外形大都是长方形，也有圆形的，有的还形成宫殿的样子，顶部有新月，坟地周围要筑成长方形的坟墙，墙头用土块垒成花纹。维吾尔族把坟地称为“麻扎”。对参加葬礼的人，死者家属要赠送礼品，作为谢礼。

葬礼结束后，要在人死后的第三天、第七天、第四十天和周年举行“乃孜尔”，对死者表示缅怀和哀悼。

男性亲友抬着逝者尸体向墓地走去。 艾拉提摄

安葬好后，为逝者祈祷。 艾拉提摄

哈萨克族葬礼习俗

哈萨克族是信仰伊斯兰教的民族，其丧葬礼仪基本按照伊斯兰教的礼仪进行。但又保留了很多原有的古老习俗，因此和其他信仰伊斯兰教的民族葬礼相比又有区别。

亲人去世后，要立即报丧，通知所有的亲属，并将死者的脸朝西放，用白布绑好下颌，防止张嘴，并用白布盖住脸，四周要用围帐围住，同时要在死者头上方和脚下方各点一盏灯，彻夜不灭，由亲属守灵。

在草原上，还专门为死者搭一间毡房，亲朋好友守灵一天，最多不超过两天。在毡房门

妇女们悲痛地诵挽歌悼念死者。

前竖一根长杆，上面挂布，对死者表示哀悼。如果死者是年轻人就挂红布，是中年人就挂半红半白的布，是老人就挂白布，从挂布的颜色便可知道死者的大概年龄。

送葬之前要净身。参加净身者都是死者最亲近的亲戚或朋友。其中自家有一人负责用壶倒水，其他几人有的负责洗头部，有的负责洗上身，有的负责洗下身。事后死者的家人要给他们送礼表示感谢，给洗头部的人送帽子，给洗上身的人送衣物，给洗下身的人送靴子。净身并整容后，全身用白布裹三层方入灵柩，准备安葬。

安葬之前要在清真寺或墓地举行“加纳扎”仪式，由阿訇主持诵经，愿死者安息升天。之后阿訇向大家发问：“死者生前是怎样的一个人？”在场的人齐声回答：“他是好人，愿安拉保佑他升天，希望他安息。”这时参加悼念的人要唱挽歌，对死者表示沉痛的哀悼。“加纳扎”完毕，死者由男人们送去安葬，女人们第二天上坟。

哈萨克人相信灵魂不灭，所以逝者一般都安葬在本部落的祖辈或亲戚墓旁，祈望灵魂有伴。墓穴是长方形的坑，一般深两米，再从坑底的一侧挖一个狭长的洞穴，把死者安放在洞穴内，穴口要用土块封住，送葬者均撒一撮土后再用土将墓穴堆成小土包，仅在坟前做个记号。此后根据当地的条件，用木头或石头或泥土修建坟墓，其形状有圆形、方形、八角形等。

在清真寺举行“加纳扎”仪式。

逝者在入葬之前，净身并整容，全身用白布裹三层，放入墓穴。

遗体安葬完后，送葬者从墓地返回亡者家中，安慰其家属。此后，按第七天、第四十天、周年顺序邀请众亲友，依次举行“乃孜尔”仪式，对逝者进行悼念。致哀场地一般设在逝者生前住屋，其遗留的马鞍和衣物都挂在屋内，屋外挂黑色致哀旗，直到周年祭完毕才将旗取下。亡者坐骑不许任何人骑用，到周年祭日将其宰杀，款待来客。若是老人周年祭，还举行赛马、摔跤等活动。因哈萨克人视年长而逝为人生圆满结束，活在现世的人应将悲伤变为欢乐。（涂苏别克摄影）

安葬后第七天的“乃孜尔”仪式，阿訇主持诵经并致悼词。

塔吉克族葬礼习俗

塔吉克人去世后，马上派人报丧，然后由直系亲属为死者净身，死者如是男性要剃净须发，洗净全身。死者如是女性要洗净头发、辫好置于胸前。净身后，将逝者头向西方躺卧，并把绣毯“凯先于”盖在尸体上，放置在室内天窗的右下方的土炕上，头顶和脚下各点一支烛，并把代表逝者身份的遗物摆放在灵堂上供大家吊唁。尸体只放一天，特殊情况最多放三天。

哭丧时，男性亲友在室外院里一字排开哭泣，女性亲友穿深色衣服，头戴白色或绿色头巾在室内，由死者亲属中最亲近的女性领哭，边哭边叙说死者的为人和功绩，吊唁者不

代表逝者身份的遗物摆放在灵堂上供大家吊唁。韩连赟摄

女性亲友室内边哭边叙说死者的为人和功绩。包迪摄

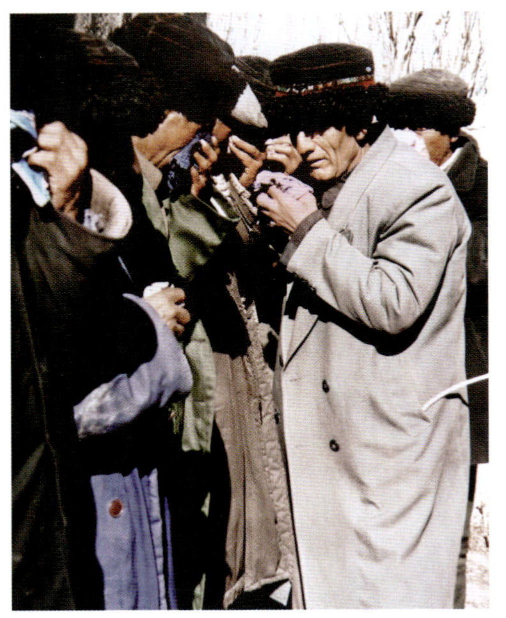
男性吊唁者来时哀痛地逐个拍抚逝者男亲友的肩膀。 韩连赟摄

时随和、伴唱、哭泣。男性吊唁者来时哀痛地逐个拍抚逝者男亲友的肩膀；女性则依次与逝者的女亲友一一握手，表示慰问和对死者沉痛的哀悼。

同时缝制殓衣，缝制殓衣的线要从殓衣布上抽取，一般是拆下的白布条，用木针缝制，将 12 米白布分成五块缝制好，由亲属给逝者穿好，并用毯子包好，盖上绣制的盖尸布。在逝者抬出屋前要将室内天窗全部盖好并燃起烟火，逝者亲属要做最后的吻别（吻死者的手）。

送葬前，将尸体抬出房，放在大门前的空地上，由宗教人士主持“乃玛孜”祈祷仪式并诵经。做完“乃玛孜”，将尸体置在梯子架上，前后各四人轮流抬着朝墓地快走，路上停放三次，据说这样可以使死者在去阴间的路上

前后各四人轮流抬着尸体朝墓地快走。 韩连赟摄
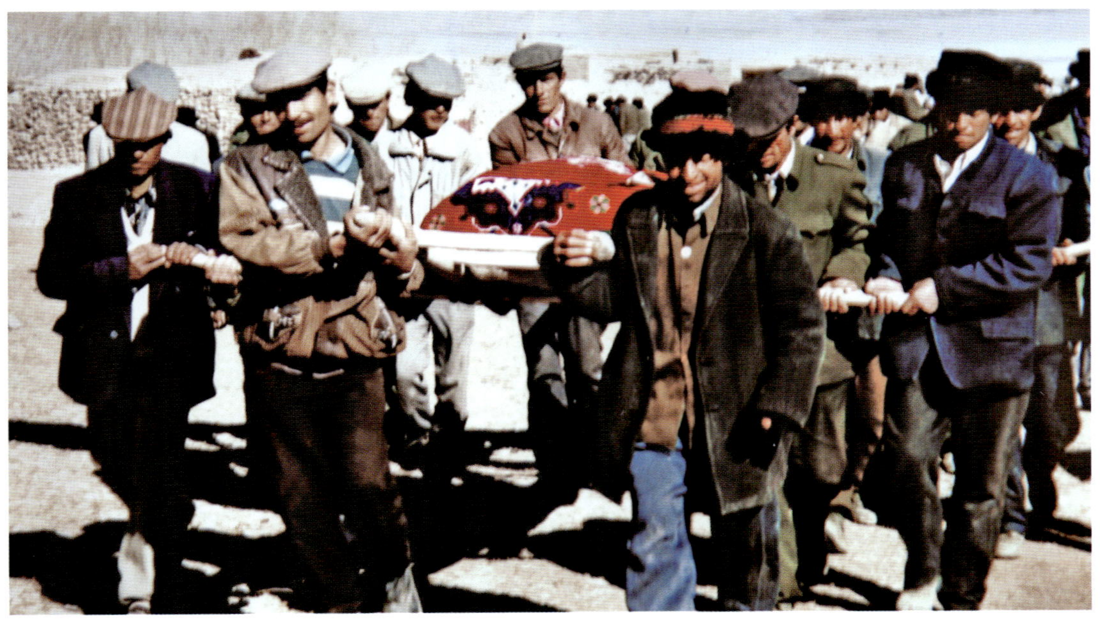

畅通无阻。

塔吉克人每个家族都有自己专用的墓地。墓穴都用石块砌筑，一般男穴齐人腰深，女穴齐人胸深。下葬时，让逝者头朝北、脚朝南、脸朝西侧卧在墓穴里。尸体只裹缝制的殓衣不要任何陪葬品。入穴时不许见阳光，用盖尸布将穴口遮盖。然后，先用大石块封住穴口，小石块堵好空隙盖上麦草后，由死者的直系亲属先埋三锹土，众人依次每人也是三锹土。最后要把挖穴时的土全部盖上去。入葬的当晚还要举行灯祭，灯祭由宗教人士主持。逝者家将一只绵羊拴在炕前，由“海里派”祈祷后宰杀，据说这是死者去阴世的坐骑。将羊宰杀后，用棉花羊油制成灯捻点燃，这样可为死者照亮去阴世的路。由“霍迪姆”（专煮肉的人）将肉煮熟，羊肉中放一些麦粒，意思是死者去阴世的干粮。由宗教人士诵“灯经”后，“霍迪姆”将羊肉分与众人食用，众人边吃边追忆死者的生平事迹，但逝者亲属不能吃此肉。

埋葬一周后，再在墓地上砌筑墓室。墓室有长方形和圆形两种。

葬后第七天、第四十天和周年都要举行“乃孜尔”（祭祀）对死者进行悼念。

逝者家属和儿女在服孝期间禁穿红色和花色鲜艳的衣服，男子头缠黑布或蓝布，妇女头上披黑色或蓝色头巾，表示对逝者的尊敬和缅怀。

下葬前，在墓地为逝者祈祷。 包迪摄

入穴时不许见阳光，用盖尸布将穴口遮盖。入穴后，让逝者头朝北、脚朝南、脸朝西侧卧在墓穴里。 包迪摄

墓地中发掘出的几座结构特殊的泥壳木棺墓，比一般墓规模要大，墓主人均为女性。

小河“村民”的葬俗

小河墓地，位于新疆罗布泊地区孔雀河下游谷南60千米的罗布泊沙漠中，1934年，瑞典考古学家贝格曼在罗布泊猎人奥尔德克向导的带领下首次发现。其后六十多年间再没人能找到它，直到2000年12月新疆文物考古研究所王炳华研究员率领一支小型考察队才再次发现它。2002年12月至2005年3月间，伊底里斯·阿不都热苏勒研究员率队多

远眺小河墓地发掘前景观。

次对小河墓地进行考察和发掘，获得大量珍贵文物和资料。

小河墓地距今 3500 年 ~ 4000 年前，是罗布泊地区一古老部落小河“村民”的公共墓地和大型祭祀地。墓地保存完好的古代尸体、奇异的葬俗引起了学界震惊。完好保存下来的大量祭祀木柱、象征女阴的桨形木器、象征男根的多棱形木器、木祖等，透出小河“村民”对生命的理解、祈求部落繁荣昌盛的意念。这是研究原始社会生活的典型材料。（刘玉生摄影）

女性木尸，其葬式、葬俗与真人无异。

揭去棺盖的女性面部的双眼皮和嘴唇清晰可见，就像睡着一样。

男性墓主人。

小河墓地共计发掘墓葬 167 座，墓地南区现有 139 座，按年代有序叠埋共五层。图为第五层。

草编篓是每个墓主人必备的随葬品，内盛食物。

男性棺前立木（象征女阴）。

女性棺前立木（象征男根）。

民间游艺

儿童游戏

新疆各民族的民间游艺和传统体育竞技非常丰富,种类繁多,不同年龄阶段有着不同的游艺活动。

少儿的游戏中,传统体育竞技有"老鹰叼小鸡"游戏、"丢手绢"游戏、"跳皮筋"游戏、"捉迷藏"游戏、"斗鸡"游戏、"抓石子"游戏、"爬树" 比赛游戏、"压游马" 游戏、"打狼护羊"游戏、"打牛"游戏、"骑毛驴"比赛游戏、"顶头"游戏、"荡秋千"游戏等。儿童的游戏在娱乐的同时,包括了许多培养智能、胆量、敏捷能力的内容。

这些游戏一般不受人员、环境的限制,无论在学校、院落街道都可进行,因此深受各族儿童的欢迎。

"老鹰叼小鸡"游戏。

“跳皮筋”游戏。

“抓石子”游戏。

“捉迷藏”游戏。

维吾尔族儿童玩“石头剪子布”游戏。

哈萨克族儿童玩打“吧唧”游戏。

“爬树”比赛游戏。

柯尔克孜族青少年玩“丢手绢”游戏。

维吾尔族青少年玩“斗鸡”游戏。

“顶头”游戏。

儿童喜爱的骑毛驴比赛。

就地取材的维吾尔族“压游马”游戏。

柯尔克孜族“瞎子摸象”游戏。

哈萨克族儿童喜爱在冰上玩“打牛”游戏。

荡秋千

荡秋千是柯尔克孜族的传统游戏之一，柯尔克孜语称为“阿勒特巴坎”，即六根树干支起来的意思。秋千架通常是用六根树干，并用马鬃或麻等拧成的粗绳作为荡绳搭建起来的，也常在两棵大树上绑粗绳作为秋千。据史料记载，早在春秋战国时期，中国北方民族就有荡秋千的喜好。在柯尔克孜族民间流传一种说法，认为荡秋千能消灾免祸，男孩、女孩荡了秋千长身体，老年人荡秋千延年益寿。柯尔克孜族秋千分单人、双人和多人几种。

柯尔克孜族多达六人的荡秋千游戏。

达斡尔族儿童比腕力。

成年人游戏

成年人在喜庆之日常举办赛马、摔跤、拔河、射箭等活动，而且在田间地头或收工后的傍晚及公休日，也三五成群地凑在一起，开展小型体育竞技游戏，给日常生活增添情趣。其中最常见的要数“比腕力”“扳棍”“背向拔河”“颈力”“打尜尜”“恰克排来克（转轮秋千）”“帕莆斯”“武术”“牛式拔河”“打皇宫”“夏木”等游戏。

达斡尔族青年比腕力。

维吾尔族青年比腕力。

扳 棍

“扳棍”是新疆各民族普遍都喜爱的游戏竞技活动。其游戏规则是选一直径约 3 厘米、长约 60 厘米的光面木棍，参赛两人脚对脚平坐在地，各自双手握紧木棍。待裁判令下，同时向自己一方拉棍，将对方拉起、使其臀部离地者为胜。

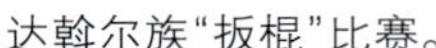

维吾尔族“扳棍”比赛。

达斡尔族“扳棍”比赛。

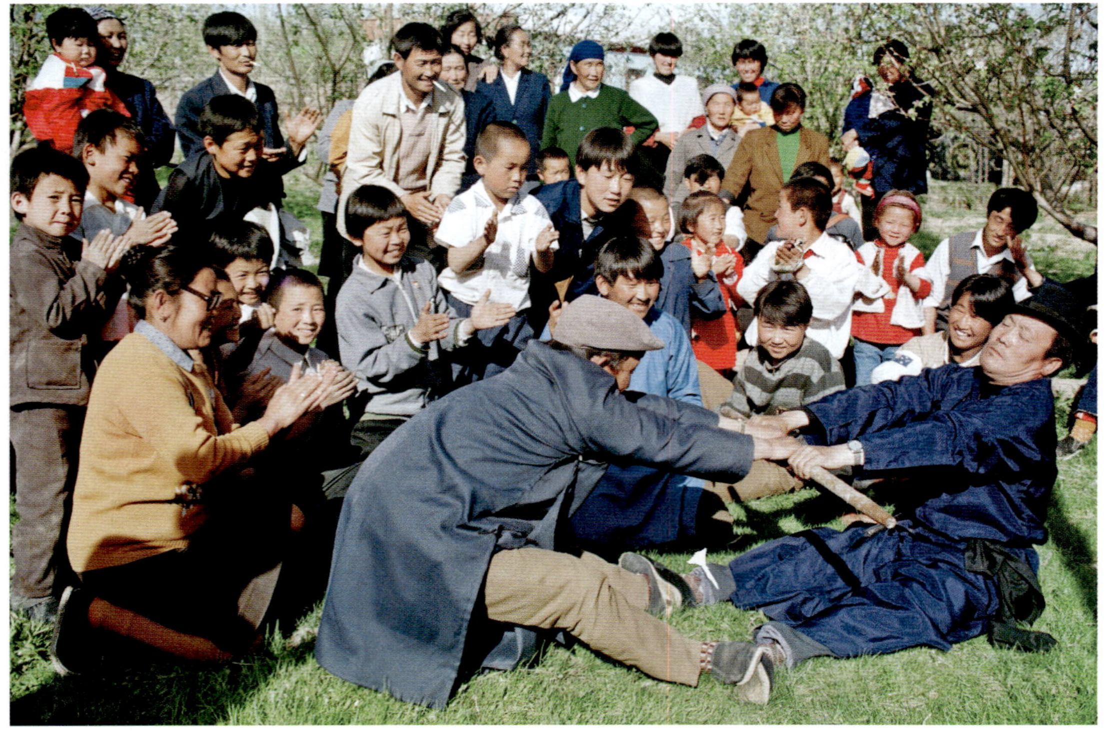

颈　力

“颈力”比赛是选一长布条，制成直径约两米的圈，分别套在两名参赛者脖颈上，两人平坐在地，双手按住各自的大腿或地面。待裁判令下，各自用力后仰，将对方拉起者为胜。

达斡尔族“颈力”比赛。

拔腰比赛。

维吾尔族农民在玩扑克牌。

柯尔克孜族传统游戏，把金戒指放在头巾或手帕上，背手叉腿弯腰看谁能用嘴把戒指叼起来。

牛式拔河

“牛式”拔河，是一项独特的传统体育游戏，方式新颖，妙趣横生，为维吾尔族、哈萨克族、柯尔克孜族等民族所喜爱，具有很久的历史。

这项活动维吾尔语称“趴地拔河”，哈萨克语叫“拽牛”。这是一项具有浓厚民族色彩、风趣新鲜且又竞争性强的传统体育活动，多在婚嫁喜日、公共聚会场所、青少年游戏场所甚至街巷中进行，由两人或两队较量比赛，有时也在家族间展开。

比赛方法是在平坦的空地上，画出间距一米的三条平行线，即为比赛场地。左右两条线为边线，中间线为中线。器材也很简单，只需

柯尔克孜族牛式拔河。

维吾尔族两人正面拔河比赛。

准备一根直径为 2 厘米、长度约 6 米，两端绾做环套状的绳子即可。因环套是套在参赛者脖颈上的，为避免皮肉受伤，须缠缚一些柔软物质。拔河绳的正中部位系一条红带，使其处于中线的垂直方向。参赛双方选手背向站立，各将绳的一端穿过两腿间从身前将环套挂上脖颈，四肢同时着地在边线外做准备。待裁判员发出开始信号时，双方即奋力向前拽进，一方将对方拉过边线即为胜利。

打皇宫

“打皇宫”，是柯尔克孜族古老的竞技游戏比赛，场地一般是在地上画一直径为 8 米左右的圆圈，圆的中央挖 10 厘米左右的小土坑作为“皇宫”，里面放一枚银币，作为国王。然后将羊拐骨按双方商定的数字摆在坑边的不同位置，作为守卫皇宫的卫士。双方队员围在圆圈外的固定位置，分别依次用手中的牛角方块打坑边上的羊拐骨和土坑内的银币。“攻占皇宫”的规则是：一方的牛角块打出了羊拐骨，可以连打第二次，直到打不出时才能让给对方打。如果一人既打出了羊拐骨，而牛角块又落在离羊拐骨 20 厘米以内的地方，这样他就可以进入圈内，一腿跪地，拿起牛角块打近处的羊拐骨，但一次只能打一下，如果碰上了另一个羊拐骨，即被取消连打资格。还有一规定，站在圈外打羊拐骨时，脚不能踩线，否则算犯规，取消资格，停打一次。能将坑内的银币打出者，即为胜利。如果将“皇宫”的卫士都消灭了，而坑内的“国王”还未打出，还不能定输赢，双方还要继续攻打，直至谁打出“国王”才算胜利。

柯尔克孜族“打皇宫”。

锡伯族射箭。

锡伯族射箭

锡伯族素有骁勇善射的美名。他们的先祖曾是大兴安岭茫茫林海中的一支打牲部落,因狩猎需要,那时就与弓箭结下了不解之缘。星移斗转,沧海桑田,但锡伯族与弓箭的情缘一直未了。迁至新疆后,虽然生活环境变了,但仍保持着爱好拉弓射箭的传统。过去,锡伯人家庭若有男婴呱呱坠地,父母总要在标志子孙繁衍的绳节上系一副红丝带扎成的小弓箭,祝愿他长大后成为一名好箭手。待到成年时,小伙子都要参加骑射考核,成绩合格者被注册入“披甲”。所以锡伯族小伙子几乎

现代射箭。

个个都有射得“天上鸿雁应声落，地上狐兔逃命迟”的精湛本领。

如今，事过境迁，人们丰衣足食，可锡伯人对弓箭的眷恋始终不渝，拉弓射箭由狩猎生产演变为纯粹的体育活动。每逢中秋节、春节、“四·一八”节，锡伯族乡村要以牛录为单位，举行射箭表演或比赛。除普通箭以外，有一种响箭，射出时响声悦耳，围观者无不为之振奋，雀跃欢呼！

悠久的传统和独特的文化氛围，使锡伯人的家乡赢得了“箭乡”的美名。多年来，察布查尔锡伯自治县曾向国家输送许多优秀的射箭运动员，乡民们无不为之自豪。

击木。

击　木

一般五人为一队，分两队进行比赛。如果场地和器材允许，人数也可增加，也有两人的对抗比赛。

比赛开始前，首先确定哪一方先掷击。然后全部队员站于掷击线后方（对方“方城”内），依次掷击摆放成图形的小木柱。团体比赛每人有两棒掷击权。两人对抗赛的掷击次数，可协商决定。只有将摆放成图形的小木柱中的一个击出“方城”之外，运动员才可移至中线处掷剩余的木柱。若“方城”内的全部木柱都被击出，可摆放第二种图形。若只是将木柱子的图形打散而全部木柱仍在“方城”之内，则应恢复原来的图形，仍依次于掷击线后掷击。若第一棒将五根木柱全部击出,可摆下一种图形,于掷击线继续掷击。若小木柱虽被击出“方城”,但落于“方城”附近的边城延长线与中线之间,则视为未被击出,重新恢复原图形于“方城”之内。全队五人各掷两棒为一轮,一轮结束换对方掷击,先击完的队或个人为胜。若先掷击的一队首先击完,后一队在随后的一轮中紧接着击完,则比较各击中了多少棒,棒数少者为胜。

打尜尜

打“尜尜”,是一种各民族都喜爱的传统竞技游戏,该游戏不受人员限制,两人以上就可以玩,因此该游戏在新疆很普及,人人都会玩。

游戏工具:一根直径 2～3 厘米,长 50 厘米左右的木棒或 1 厘米厚、5 厘米宽的木板,还有一个用直径 2～3 厘米、长 10 厘米左右的木棍,将两头削尖的“尜尜”。

游戏规则:参加的人先用“手心手背”或“石头、剪子、布”游戏决出打尜尜的顺序。然后,由排名第一人先上场,将尜尜放在地面上挖出的 5 厘米宽,约 6 厘米深的槽子上或两块间距调成 5 厘米距离的砖上,再用木棍插进放尜尜的地槽里将尜尜挑起空中,木棍在空中将尜尜击打得越远越好。击打后把木棍放进地槽或砖槽里。如连续三次在空中没有击打上尜尜或击打出的尜尜被参加游戏的任何一人接住,第一人则下台,第二人上场按以上程序继续打尜尜；如击打出的尜尜没有被接住，接尜尜的推举一人，拾起尜尜，在尜尜落地的位置将尜尜向地槽或砖槽上扔去，如尜尜碰到地槽或砖槽及槽中的木棍，打尜尜的人则下台；如尜尜没碰到地槽或砖槽及槽中的木棍，打尜尜的人方可用木棍敲打尜尜的任何尖的一头，使尜尜翘起空中，再用木棍将在空中尜尜击向远方，然后用木棍丈量落地尜尜到地槽的距离。丈量后记下分数，重复上面程序继续打尜尜，直至下台，下一名再上。一轮后得分多者为胜。胜者再一次将尜尜挑起空中，将尜尜击打至远方，由败者在尜尜落地的地方捡起尜尜，嘴里发出“嗷”的叫声一口气跑到打尜尜的地槽或两块砖处，并将尜尜放在地槽或两块砖上（该惩罚叫嚎嗦）。

打“尜尜”，是一种各民族都喜爱的传统竞技游戏，该游戏不受人员限制，两人以上就可以玩。

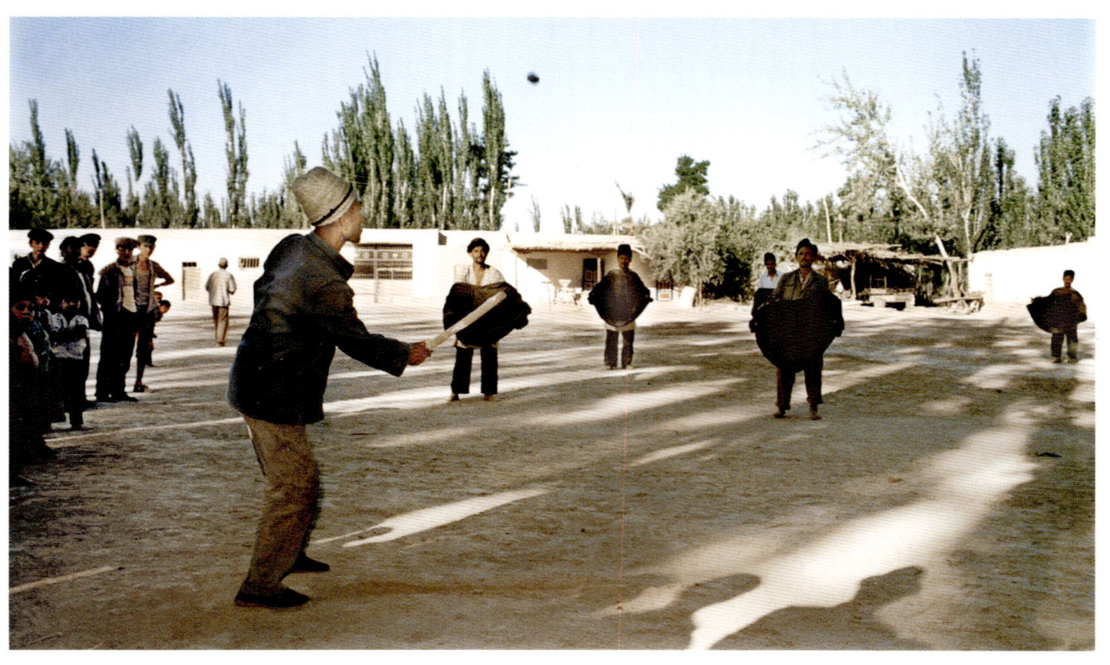

武　术

武术在中国历史悠久，博大精深，其种类繁多。近年来，随着体育事业的迅猛发展，新疆的武术运动也有了长足进步。自治区成立了武术协会和武术队，培养出了一大批维吾尔族青少年武术选手。此外，还有七八所武术俱乐部和培训点，他们为新疆的武术事业做出了突出的贡献。

武术表演。

维吾尔族传统的“恰克排来克”（转轮秋千）。

恰克排来克

维吾尔族“恰克排来克”（转轮秋千），由主轴、木轮和轮杆以绳索连接而成。主轴是高 15 ~ 20 米的粗木柱，垂直埋立于地面，顶端穿套一个古老的马车木轮，木轮上方绑一对护木，将木轮和主轴固定成一体，不使木轮转动时脱出，供游戏者牵附的秋千索也拴结在这对护木上。轮杆套于主轴底部，左右两端各有一条绳索与木轮相连，轮杆两侧各四至六人同向同速推动轮杆，即带动主轴顶端的木轮转动，木轮的旋转加速度可使手握秋千索的两名“飞行者”身离地面。随木轮的渐旋渐快，“飞行者”身体离地面越来越高，终至在空中旋转飞行。当停止推动轮杆后，空中飞行者造成的惯性仍可使木轮旋转良久。参加游戏者轮流飞行和轮流推动轮杆，乐趣盎然。此游戏有固定的规则，破坏规则者，视过失轻重给予处罚。情节严重者，会被逐出场外。

民族式摔跤

摔跤运动历史悠久，开展广泛，深受各民族群众喜爱。新疆的少数民族都有摔跤比赛的传统。摔跤的式样众多，风格迥异。

且里西（维吾尔族摔跤）

比赛方法是双方运动员必须先抓好对方腰带，裁判员发令后，比赛即开始。在比赛中，运动员双手均不得离开对方的腰带去抓

维吾尔族农民田间地头比赛摔跤。

握对方的其他部位。运动员可用扛、勾、绊脚等动作将对方摔倒(肩胛骨着地、侧身着地或臀部着地)为胜。比赛采用三局两胜制。

搏克式(蒙古族摔跤)

蒙古族传统体育娱乐运动之一，历史悠久，早在13世纪就已盛行。参赛的布和(摔跤

蒙古族摔跤。

手)须成偶数,比赛采用单淘汰制。裁判员发令后,双方握手致敬,然后互相抱摔。各自施展扑、拉、甩、绊等技巧以取胜。比赛时不得抱脚,不得搞危险动作,只要膝盖以上任何部位着地即为失败,一跤定胜负。

帕莆斯

喀什麦盖提县维吾尔族“帕莆斯”是一种类似于曲棍球的传统体育竞技活动，主要在诺鲁孜、古尔邦等节庆日举行。

届时，各村都选出优秀的队员11人。两队人各执带弯头的果木棍，弯头左右侧为平面。队员只能用弯头击球。如故意用脚或身体的其他任何部位击球都将被处罚。每个队的目的就是将球攻进对方的球门。年轻力壮的汉子们在赛场上左冲右突，每进一个球，都会引来一阵喝彩。

麦盖提县维吾尔族“帕莆斯”传统体育竞技活动。

“帕莆斯”比赛场地大小没有要求，而是根据现有场地的实际情况和参赛人数来定。一般球门高 1.14 米，宽 2 米，球棍长 80～100 厘米，球重 156～163 克。比赛时两队各 5 名或 7 名，也可 9 名或 11 名选手上场。全场比赛时间为 60 分钟，分上、下两个半场，中间休息 5～10 分钟。进 1 球得 1 分，以射入对方球门多者为胜。

麦盖提县的民间体育源远流长，在漫长的生产活动中，当地群众不但创造了灿烂的文化，也创造了各种各样的体育活动，这些趣味盎然的体育活动不但强壮了他们的体魄，更锻炼了他们笑对风雨沧桑的意志。

“帕莆斯”球门。

麦盖提县维吾尔族儿童在庭院里玩“帕莆斯”。

拔　河

拔河，是一项双方人数相等、对拉一根粗绳以比较力量的对抗性传统体育娱乐活动。一般拔河的方法是：在地上划两条平行的横线为河界，由人数相等的两队在河界两侧各执绳索的一端，闻令后，用力拉绳，以将对方拉出河界为胜。拔河运动简便易行，娱乐性强，春夏秋冬都可举行，所以在新疆城乡都十分流行。

拔河是各民族都喜爱的体育活动。

蒙古族拔河。

夏　木

“夏木”是一项独特的传统体育游戏，具有浓厚的民族色彩、风趣新鲜且竞争性强，为英吉沙县一带维吾尔族农民所喜爱。

这项活动多在婚嫁节庆日、公共聚会场所、田间地头、甚至街巷中进行，由两队各 4 ~ 10 人进行较量比赛，人数可多也可少。

游戏方法是在平坦的空地上，先由一队人围圈坐在地上挨打；另一队人在外围手拿帽子转，等待裁判的一声令下，便以闪电般的速度用帽子抽打坐在地上的人。此时，坐在地上的人不能用手来挡，只能用脚来挡，并想方设法用脚踢到对方。如用脚踢到对方，被踢到的人则与踢到他的人互换，坐在地上挨打，原来坐着的人方可站起，改为用帽子抽打坐在地上的人，就这样互换进行。

“夏木”游戏没有复杂的场地和器材要求，一块平地即可开展，很适合在农村和学校里开展。

“夏木”是一项独特的传统体育游戏，多在婚嫁节庆日、公共聚会场所、田间地头甚至街巷中举行，由两队各 4 ~ 10 人进行较量比赛，人数可多可少。

转花毯。

民间杂技

新疆地处祖国西部边陲，是亚欧大陆的中心，拥有风韵独特的民族文化艺术，新疆民间杂技深受各族人民的喜爱。

新疆民间杂技实力雄厚，多年来在继承和发扬杂技技艺这一古老民间艺术方面，成绩卓著，逐渐形成了自己的表演风格和民族特色，在全国独树一帜，并多次在全国和国际艺术大赛中获奖。

新疆民间杂技曾作为中国人民的友好使者多次出访希腊、利比亚、波兰、马耳他、阿联酋、前南斯拉夫、朝鲜、俄罗斯、哈萨克斯坦、吉尔吉斯斯坦、乌兹别克斯坦、卡塔尔、日本、泰国、马来西亚等国家和地区，获得了

飞大帽。

晃圈。

极大的成功，受到各国友人和同行们的欢迎及高度赞誉。

新疆民间杂技目前有手技、飞牌、转盘、滚灯、蹬毯、顶碗、走钢丝、顶技、摇绳、魔术、武术、狮子舞、溜冰、双钻桶、大跳板、口技、绳鞭、滑稽等众多节目。

新疆民间杂技拥有难度高、艺术性强的特点，并具有浓郁的民族特色以及诙谐幽默的演艺风格，曾多次在自治区、西北五省区、全国、国际杂技比赛上荣获金、银、铜奖，其中“滚灯”“高空钢丝”“双顶碗”“飞牌”等节目，深受各界观众喜爱，并得到中国文化部的表彰及嘉奖。

新疆民间杂技作为祖国西部边陲的一颗璀璨明珠，已成为与世界各国进行文化交流的使者。

三人技巧。

爬杆。

钻圈。

维吾尔族“达瓦孜”

“达瓦孜”（高空走大绳）节目，以其惊险刺激的高空技巧动作著称，享誉国内外。1997 年 6 月 22 日，青年达瓦孜演员阿迪力·吾守尔以 13 分 48 秒 79 的成绩横跨长江三峡，创造了世界基尼斯纪录，阿迪力也被新疆维吾尔自治区授予“高空王子”的称号，使这一传统节目达到了更高水平。

达瓦孜是维吾尔族一种古老的传统杂技表演艺术。达瓦孜一词，是借用波斯语“达尔巴里”，意思是高空走大绳表演，古时称为“走索”“高原祭”“踏软索”等。

据有关资料记载，达瓦孜源于西域，后传入中原，曾在南疆维吾尔族聚居地盛行。在历史上，许多达瓦孜世家代代传艺不衰，有的甚至西出国门沿丝绸之路，表演到了印度、埃及等地。

达瓦孜从 1953 年起，作为全国少数民族传统体育运动会的表演项目，历时七届。

1998 年 3 月 22 日，阿迪力·吾守尔在成都亚太广场表演。

阿力木·哈力丁 摄

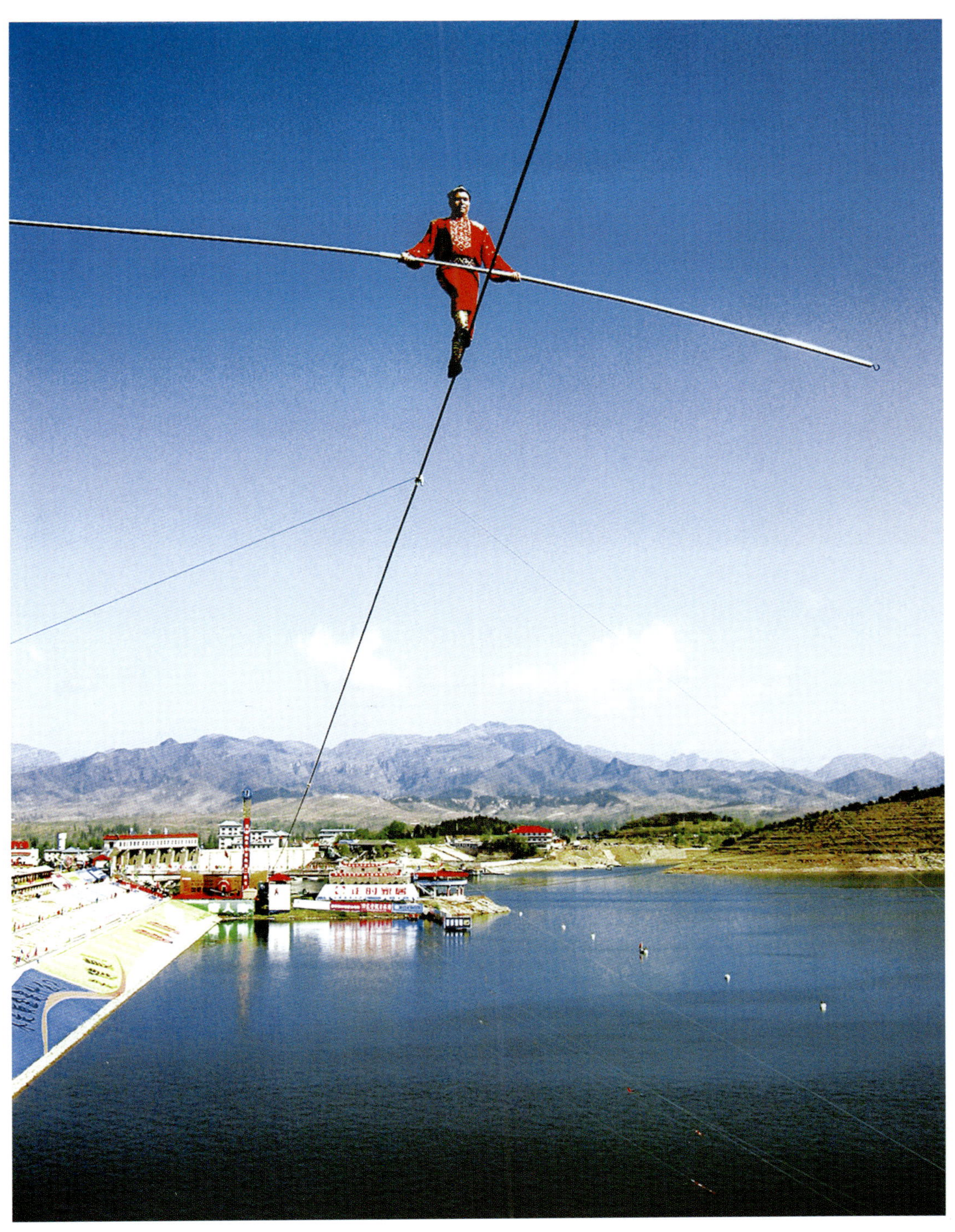

2002 年，阿迪力·吾守尔在北京高空生存 25 天。　阿力木·哈力丁 摄

抖杠。

大型杂技音乐剧《你好，阿凡提》

新中国成立60周年之际，由新疆杂技团创作的以杂技、魔术为主的精品剧目大型杂技音乐剧《你好，阿凡提》隆重上演了。该剧首先在乌鲁木齐演出，场场暴满，座无虚席，取得了良好的社会效果。新闻媒体纷纷推出重磅报道，人们争相包场观看。每场演出观众的热情都非常高，掌声热烈，经久不息，创下新疆专业艺术表演团体一个剧目一个月内在同一个剧场演出的场次记录。之后，《你好，阿凡提》走向全国。

《阿》剧以广为流传的民间传说人物阿凡提为题材，充分利用了杂技、魔术和新疆歌舞元素，突出了浓郁的民族特色、地域特点，使这台以杂技、魔术为主的精品剧目达到了时尚、青春、惊险、刺激、老少皆宜的效果。

在《阿》剧创意策划阶段，新疆杂技团就把这台剧目的精神内涵放在了突出位置，要求创作者把弘扬主旋律和时代精神作为创作的出发点和落脚点，把社会主义核心价值体系的内涵以通俗易懂的方式在现代舞台上表现出来，充分体现文艺作品寓教于乐的功效。

在具体创作中，《阿》剧尽可能避免过去阿凡提留给人们的单一印象，突出真、善、美、勤、智、和的时代要求，使剧中的阿凡提不再是一个单个的人物形象，而是一个群体，一种精神的象征，一种追求和一种积极向上的态度。

全剧分十一章，主要内容是：《你好，幸福》《你好，梦想》《你好，劳动》《你好，光明》《你好，温暖》《你好，生命》《你好，爱情》《你好，青春》《你好，勇气》《你好，和谐》《你好，阿凡提》，这些内容都是围绕新时期我国经济社会发展中需要大力弘扬和讴歌的时代精神来展开的。

《阿》剧的上演，进一步丰富了人们的文化餐桌，获得了广大观众和专家的一致好评。

转盘。

转花毯。

生命之旅。

钢丝技巧。

摇绳。

绸吊。

飞车过人。

高车踢碗。

滚灯。

马上角力

哈萨克族男子马上角力。

马上角力是哈萨克族、柯尔克孜族等民族传统游戏活动之一。角力游戏的种类较多,常见的角力有人背角力和马上角力;马上角力中还可以分为男子马上角力和女子马上角力，老年角力和少年角力等。马上角力是显示骑技和勇敢的一种对抗性体育活动。比赛时,骑手以一只手执鞭或将鞭叼在嘴里,双方交手较量，力图将对方拉下马来，斗智斗勇,险情迭起。产生于10世纪左右的柯尔克孜族英雄史诗《玛纳斯》中是这样描绘马上角力的情景的:“一边一个棒小伙子,/赤膊上场。/相搏在马上,/马术有高有低,/得胜靠力气,/斗勇也斗智。/一场鏖战后,/胜负见分晓。”马上角力也有分组赛和选拔赛两种。分组赛就是将参赛人员分为两组进行比赛，以获胜人数多者为胜。选拔赛是胜者再依次与参赛人员赛,直到最后无人应战时,为胜利者。女子马上角力竞赛方法和男子举行的马上角力相同，所不同的只是参赛的选手全部是女性。在柯尔克孜草原上，不仅年轻女性进行马上角力比赛，银发皓首的老年妇女也经常参与这项比赛。柯尔克孜女子从小就练骑术,练马上角力,在草原上经常可以看到十来岁的少女在马上练角力的场景。人背角力一般分成两组进行对抗赛，参加的人数不限，但比赛的人数必须相等。每次比赛开始，双方各派出两名选手。主要方式为：一人骑在另一人的肩上，双方走近时，骑在脖子上的人，只能采取用手拉、扯、扭等方式，将对方从头上拉下来者为胜。最后看哪组胜的人次多则为团体胜。另外也有进行选拔赛的，即先胜的选手再与第二对、第三对参赛的选手比赛，最后选出一对无敌的角力士来。这种人背角力，除了斗智斗力外，还需要两个人密切的配合，若配合不协调，要想取胜则十分困难。人背角力只在男子中进行。

柯尔克孜族女子马上角力。

塔吉克族骑牦牛刁羊之一。

塔吉克族牦牛刁羊

骑牦牛刁羊赛是塔吉克族喜爱的民间游戏之一。因为塔吉克人居住在高原地带，5000米以上马就跑不动了，只能选择适应高原生活的牦牛来进行刁羊。骑牦牛刁羊，不同于骑马刁羊，骑马刁羊要比速度，而骑牦牛刁羊，更要凭智慧和勇敢。与其说是骑牦牛刁羊赛，倒不如说是一场群牛相斗的表演。其牛角相碰，铿锵作响，牛蹄在石子的碰击下火花四溅。那雪白的羊在骑手的抢夺中忽而西、忽而东快速传递着、交换着，尘土飞扬，蔽日盖天，蔚为壮观。一般比赛为一小时，最后羊在谁手，谁为胜者。

塔吉克族骑牦牛刁羊之二。

塔吉克族骑牦牛刁羊之三。

塔吉克族马球比赛之一。

塔吉克族古老竞技游戏马球

塔吉克族有一种古老的竞技游戏马球。马球的历史在我国源远流长，史书称之为“毛丸”“击鞠”，塔吉克语称“贵巴孜”。

在塔什库尔干塔吉克自治县的各个乡镇都有马球游戏的竞技活动。通常，骑马的人手握马球棍，用马球棍把马球打进球门。

马球可以用羊毛制作，也可用灌木的根茎制作，还可以用羊毛毡子制成。马球棍通常用杨木制成。一场球的比赛时间，通常是将一个木制碗里的水慢慢滴完为止。

马球比赛是一项大众娱乐游戏的竞技活动。有时，有十多人上场，分成两小队，每个小队 2～4 人或者 4～6 人都可以。比赛时，参加者服装随意，不做统一要求。比赛过程

塔吉克族马球比赛之二。

中，手鼓和鹰笛伴随着，以增加热烈气氛，既可鼓舞参赛者努力争取获胜，又可使马在这种氛围中变得更加活跃。

一般来说，一个乡、一个村都有一个代表性的马球队。有人这样评价马球比赛："马球是一项激烈而富有情趣的马背运动。马球看起来简单，但要求很高。一是对马的要求较严，不仅要求速度，而且要求有耐力和机敏，能配合主人做出敏捷的反应；对球员来说，要有娴熟的马技，又有驾驭马的本领，能分析和判断马球的走向和整个竞赛的趋势，能掌握主动权，既要勇敢，又要有智慧；既要有较高的球艺，又要有较好的风格，整体素质要求较高。"

马球是一项比较激烈的运动，但是，它也是一项充满情趣的、高雅的、健康的竞技游戏运动。

哈萨克族刁羊

哈萨克族刁羊是传统的马上竞技娱乐活动。常在喜庆日由主办人家宰羊，供参加喜庆的年轻人娱乐。首先由一位受人尊敬的长者将割掉羊头的山羊放在地上，待一声令下，骑

哈萨克族刁羊。

手们以那山羊为目标跃马向前飞驰而去，经过反复争抢，最后夺得山羊的骑手就是胜者。哈萨克人把刁羊游戏看成是祈求福祉的礼仪。胜利者把刁的羊扔向谁家门前就表示给谁家送来喜讯和幸福，这户人家也会设宴款待获胜者，并通宵欢庆。

赛　马

塔吉克族赛跑马。

蒙古族赛跑马之一。

在牧区，无论是放牧、转场搬迁、勘察草场、狩猎、走亲访友，还是竞技娱乐活动，新疆的哈萨克族、蒙古族、柯尔克孜族、塔吉克族等牧民都要以马代步负重，马是新疆牧民的翅膀。

赛马，是哈萨克族、蒙古族、柯尔克孜族等民族中最常见的一种竞技娱乐活动，也是最精彩的游戏活动之一。主要在婚礼和重要节庆日举行。

赛马一般分为赛跑马、赛走马和赛跃马等。赛跑马主要是比赛马跑的速度和耐力，以先到达终点者为胜；赛走马不单要比马走跑的速度，还要比马的耐力、稳健、美观及跃跨栏杆的水平等。参加赛马的骑手多为青少年。参赛的马都经过半年以上时间的特殊喂养和训练。这段时间里，要使马养精蓄锐，以求获胜。举行比赛时，马鬃和马尾用各种颜色的丝绸和布条编起来，作为识别的标志。骑手穿上鲜艳的民族服装，头缠各种颜色的头巾。赛程一般长达 20 ~ 30 千米左右。由各部落选出几位裁判来主持整个比赛活动。

比赛开始，裁判一声令下，小骑手如离弦飞箭奔向终点。获得第一名不仅是参赛者的光荣，也是整个部落的光荣。组织者要发给获名次的骑手一定的物质奖品，获奖者也要拿出一部分奖品分给亲属和本部落的人。

蒙古族赛跑马之二。

哈萨克族赛走马。

赛骆驼

赛骆驼也是哈萨克族、蒙古族、柯尔克孜族等牧民中常见的一种竞技娱乐活动，也是最精彩的游戏活动之一，它的游戏规则同赛马

蒙古族赛骆驼。

一样。

过去，骆驼除了节庆时参加比赛外，主要是新疆游牧民族迁徙、转场和丝绸之路上长途运输的交通“工具”。现在骆驼已逐步退出了这一历史舞台，只是在转场中还有部分牧民使用。

姑娘追

姑娘追，是哈萨克族集会或喜庆时举行的一种马上娱乐活动。其整个过程是先将人分成两组，一组派一位姑娘，另一组派一个年龄相当的小伙子，两人向着指定的目标徐徐走去。途中，小伙子可以向姑娘说各种调皮话，按照习俗无论怎样戏谑都不过分。到指定地点后，小伙子机敏地拍马回跑，姑娘放马猛追，如果追上，便可用鞭子在其头上频频打圈，甚至可以重重抽打在小伙子头或身上，以示对小伙子过头的调皮话的惩罚。如果姑娘真的爱上了小伙子，那就把鞭子在小伙子的头上虚晃几下，或轻轻打在其背上。

哈萨克族姑娘追之一。

哈萨克族姑娘追之二。

马上拾银

马上拾银是哈萨克族、蒙古族、柯尔克孜族等民族世代相传的骑术活动。

比赛在宽阔的场所进行。场地中间画一条宽 15 厘米、长 30 米左右的直线，在直线上每间隔 10 米挖一个深 10 厘米、能容一手的小坑，坑里放包有数张人民币的手帕，拾银选手须在距自己最近的一个小坑 50 米之外催动坐骑，让马疾驰而来，在 30 米左右的直线距离内要连续三次下探从坑里拾取钱币。拾起包银的手帕最多者获奖。如果让马慢跑或停下来拾取即判无效，不能得奖。

以前手帕包的是银元，而且要埋在土中，因此叫马上拾“银”，现在用人民币代替，名称仍沿用下来了。

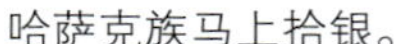

哈萨克族马上拾银。

塔吉克族刁羊

塔吉克族在婚礼、剪发礼、割礼、引水节等各种喜庆的日子里，一般要举行刁羊活动。男女老少，观者如云，他们吹笛击鼓，唱歌跳舞，为骑手们助兴。参加刁羊的骑手，前一天晚上不能喂马，因为马吃得太饱，比赛时跑不快。比赛当天的早晨，主办者要杀一头山羊，把羊头砍下，从脖子处掏出内脏，灌水洗干净，砍去四条腿，并将羊的脊梁骨敲断，这就是骑手们将要争夺的那只山羊了。

刁羊一般在戈壁滩上进行。裁判将主办者刚宰杀并割去羊头的山羊，放在大约30厘米深的土坑里，一声令下，“刁羊”开始。骑手们策马而上，要身不离鞍俯身从地上捡起山羊，拾起者把山羊压在右腿底下的马鞍处，拼命往前奔跑，后面的人紧追不舍，你争我夺，异常激烈，最后获胜者还可以获得丰盛的奖品。

比赛规则：主办者在相距300米的两端各挖一个直径2米左右的浅坑或用石头围一个圆圈，各设裁判一人，以将山羊扔在坑中的次数多少排名次。一端只能扔一次，如这一次未能扔进去，必须到另一端扔才有效。主办者事先准备好大小不等的几种奖品，奖品根据刁羊的规模、主办者的经济情况而定。

刁羊比赛前，向参赛选手展示奖品。

裁判将山羊放在大约30厘米深的土坑里，一声令下，“刁羊”开始。

激烈争夺。

你争我抢。

刁羊瞬间。

拼搏。

强悍之争。

群雄奋争。

你追我赶。

争夺。

难解难分。

投“篮”。

胜利者高举奖品欢呼。

掐冠。

斗　鸡

斗鸡，是一种民间娱乐游戏，也叫咬鸡、打鸡、军鸡。雄鸡生性勇猛好斗，斗鸡都是雄鸡。一般的规则是：参赛之鸡根据重量、年龄、体型，分组比斗。场地通常为一圆形地，中心为起斗点。

斗鸡有句俗语："外行看热闹，内行看门道。"斗鸡异常凶猛，斗形及出击方式主要有两种：一是叨，如站门高咬、掐冠、叨下颌、左右叉脖、钻裆、撇翅；二是打，有打干腿、顶门腿、脑后腿、截腿、左右侧面腿之分。"打"很凶猛，常常一腿就能将对手"打"昏在地。

两鸡叨斗十几分钟，就可分出胜负，站鸡为胜；互不进攻，两鸡为和。

站门高咬。

斗　　羊

斗羊，这是流行于新疆农村的一种娱乐游戏。斗羊不分季节，而冬季较多。因为这个季节农家闲暇时间充裕，羊也体壮有力。

斗羊时，两只体魄相当的羊在各自主人的牵引下，在场边两头相向摆好迎战姿态。一位裁判员发出吆喝和手势，两只羊从主人手中跑出，向对方冲去，羊头相撞。胜者，主人当场给它喂些好吃的东西，以示鼓励。

如果两只羊势均力敌，两位羊主就握手言和，结束斗局。

斗羊。

斗　狗

斗狗，是新疆乡村民间的一种娱乐游戏，一般在节庆时举行。在斗狗场上经常可看到以下两种情形：两狗上场，如同两个老友见面，互相嗅味，任凭主人如何挑逗也不激烈拼杀；有的则很尽本分，未上场就斗气汹汹，嗷嗷地冲着"对手"怒吼。裁判一声令下，两只斗狗挣脱主人的手，为了主人和自己的荣誉，冲向对方撕咬拼杀起来，直咬到皮破肉裂，难分难解，只好由双方主人将狗嘴撬开解围，带出赛场。最后由裁判判定输赢。

斗狗。

民间艺术

民间乐器

新疆的民间乐器种类极多，每一种民间乐器的材料构造、使用性能、流行范围也不尽相同，大致可分为：一、膜鸣类打击乐器；二、体鸣类打击乐器；三、气鸣类吹管乐器；四、弦鸣类击弦乐器；五、弦鸣类拨弦乐器；六、弦鸣类弓弦乐器。每一种新疆民间乐器在演奏技法上都有各自鲜明的特征，其奏出的千变万化的旋律极大地丰富了新疆乃至中国的民间音乐。

塔吉克族达普。

哈密维吾尔族达普之一。

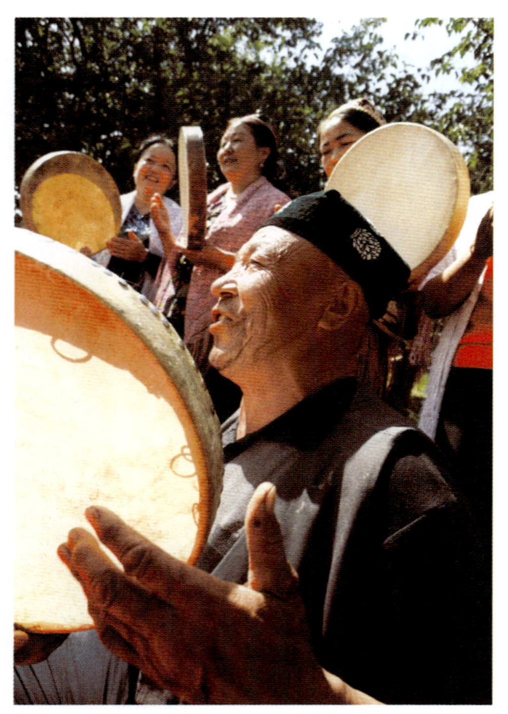

哈密维吾尔族达普之二。

膜鸣类打击乐器

达　普

达普，膜鸣类打击乐器，因直接以手敲打而意译为“手鼓”。

圆形鼓框通常用桑木制成，框里边装小铁环若干，为增大鼓身晃动时所发出的音量，刀郎地区的达普鼓内框还钉有铁片或铜质“大钱”，框面蒙驴皮、山羊皮或蟒皮。

达普有大、小等不同形制，小型达普直径200毫米左右，称做“乃格曼达普”，是维吾尔族大型古典套曲“十二木卡姆”的主要击节乐器；大型达普直径四百毫米左右，用于为“哈密木卡姆”击节。

演奏时以左手掌托住鼓身，拇指扣住鼓框，其余四指击鼓边或鼓中，右手拇指顶住鼓框或以绳套与鼓框相连，其余四指击鼓边或鼓中，有时也可用右手掌心击打鼓心。

达普为维吾尔族、塔吉克族最主要的击打乐器，演奏技巧高超者可以击出各种复杂的节拍和节奏。

哈密维吾尔族达普之三。

喀什维吾尔族达普。

纳格拉。

纳格拉

纳格拉，维吾尔族膜鸣类打击乐器，因其鼓身多用生铁铸就而被意译为“铁鼓”。

在维吾尔族民间，常能够见到以挖空的胡杨树干截节作为鼓身的纳格拉。

鼓身为上大下小的圆柱形，上蒙驴皮、牛皮或羊皮，鼓面直径从十几厘米至几十厘米不等，常以一大一小的两只纳格拉组对使用。演奏者手持两根木棍敲击鼓面，借两只鼓音高的不同而击出节奏。

它音量比较大，一般与苏乃依合奏于欢乐的节日或喜庆的婚礼之中。形制较大的纳格拉称为“冬巴克”。

在维吾尔族鼓吹乐队中，常以一只低音

冬巴克和高、中、低三个不同音高的纳格拉共同敲打并轮流加花变奏，伴以苏乃依奏出的旋律。高亢的旋律和多变的鼓声令人振奋。

多数专家认为“纳格拉”与西域乐舞中所使用的主要打击乐器羯鼓有一定程度的亲缘关系。伊斯兰教传入之后，纳格拉和以纳格拉、苏乃依为主组成的维吾尔族鼓吹乐队曾在征战中用来鼓舞士气。

体鸣类打击乐器

萨帕依

萨帕依，维吾尔族体鸣类打击乐器，是用野山羊角或两根木棍为把，上面钉有铁皮一块和套有若干小铁环的大铁环两个。演奏时手握羊角或木棍的下部，将其摇动或击手、拍肩，铁环撞击木把上的铁皮即发出有节奏的嚓嚓声。

一般用做“十二木卡姆”中麦西热甫部分等民间歌舞曲的伴奏，也为阿希克们吟唱“麦西热甫”曲调时所常用，有时又用做道具为男舞蹈演员所持。

萨帕依。

佛哩库。

佛哩库

佛哩库，锡伯族体鸣类打击乐器，乐器长四十厘米左右，形似“蝴蝶”，用两根铁丝制成的蝴蝶装饰触角，木制的蝴蝶外形，里面有四根并列的木棍，一排是 20 个铁环，一排是 6 个羊髀骨，交替组成，演奏者手握蝴蝶木制手柄，有节奏地晃动即可。

气鸣类吹管乐器

苏乃依

苏乃依吹奏。

维吾尔族气鸣类吹管乐器，与汉族唢呐相近，但民间流传者通体以整块木料旋刻而成。管身嵌有骨质花纹和宝石等作装饰，上开音孔 8～9 个。8 孔者正面 7 个，背面 1 个；9 孔者下侧面加开 1 个。上端插苇片双簧哨头。形制大小不一，全长 40 厘米左右。此乐器发音洪亮，依靠音孔开闭、手指在音孔上的揉动及哨头在嘴唇间的伸缩能奏出半音、四分音、活音等各种变化音。旋律充满韵味及歌唱性，是欢乐的节日和婚礼喜庆时必不可少的乐器，也是维吾尔族鼓吹乐队中的旋律乐器，有时还参加小合奏或担任舞蹈伴奏及民间杂技的伴奏。在新疆维吾尔族聚居区较为常见。在新疆克孜尔石窟第 38 窟的壁画中，可见到与当代苏乃依形制相近的乐器；在河西走廊的魏晋墓壁砖雕中有苏乃依形象，在西安还出土了马上吹苏乃依的胡人泥俑。可见其历史久远。现在维吾尔族民间也使用下端套用金属喇叭口的苏乃依。以苏乃依吹奏旋律、纳格拉等乐器击节表演“十二木卡姆”“哈密木卡姆”的选段，为群众性自娱舞蹈伴奏，在喀什、和田、阿克苏、伊犁和哈密地区均可经常见到。在吐鲁番地区，更可见到以鼓吹乐队演奏全套“吐鲁番木卡姆”的班社。

巴拉满

维吾尔族气鸣类吹管乐器，又称“皮皮”。通体以芦苇、木管或竹管制作，开管，竖吹。以芦苇为管身者将上端压成扁平双簧音哨，以木管、竹管为管身者在上端插入双簧哨片或在吹孔下方嵌以单簧哨片。形制大小不一，全长三百毫米左右。管身开音孔 8 ~ 9 个，音孔开置的位置及吹奏方法均与苏乃依相近。巴拉满音色浑厚、深情并偏于苍凉，且能用开半孔及哨片的伸、缩奏出“四分音”和游移音，具有极强的表现力。

巴普拉在龟兹乐、疏勒乐等西域乐舞中占有重要地位，东至中原、朝鲜、日本的“筚篥”（或称“觱篥”），当与巴拉满为同宗近亲乐器，在克孜尔、库木吐拉、柏孜克里克等佛教壁画中也可大量见到。唐诗云：“南山截竹

巴拉满吹奏。梁立摄

为觱篥，此乐本自龟兹出”，为我们提供了这种乐器发源于龟兹（即今库车一带）的信息。

当代在维吾尔族民间巴拉满已濒临失传，仅在乌鲁木齐市及和田地区的墨玉县、和田市、洛浦县还能见到几位能制作和吹奏巴拉满的艺人，系和田版“十二木卡姆”的主要伴奏乐器。

绰　尔

绰尔，新疆蒙古族的一种古老的气鸣类竖吹管乐器，主要分布于阿勒泰地区蒙古族聚居区。绰尔就地取材，制作简便，历史悠久。以其演奏的乐曲表现了蒙古人民对于大自然、对于家乡、对于亲人的热爱、思念和赞颂之情，被誉为中国音乐史上的“活化石”，具有突出的历史、文化和科学研究价值。

绰尔。

噢孜库姆孜(口弦琴)

噢孜库姆孜,意为"口弦",簧振类乐器,主要流传于新疆克孜勒苏柯尔克孜自治州和伊犁、阿克苏地区的柯尔克孜族聚居区,多由女性表演。

鹰　　笛

鹰笛,塔吉克族独有的乐器,由鹰的翅骨做成,故名鹰笛。鹰笛共三孔,竖吹,音色独特,悠扬而高昂,十分悦耳,既可伴奏,也可独奏。

柯尔克孜族噢孜库姆孜(口弦琴)吹奏。

噢孜库姆孜(口弦琴)。

鹰笛吹奏。

弦鸣类击弦乐器

锵

锵，即“扬琴”，是维吾尔族弦鸣类击弦乐器。形制与其他民族使用的“扬琴”基本相似。

它的定弦有自然音阶定弦法和半音阶定弦法两种，是各种维吾尔族专业或半专业乐队中的基本乐器，也往往用于为“十二木卡姆”“吐鲁番木卡姆”伴奏。

在以 12 平均律为标准定弦的锵上，维吾尔族演奏员能以小二度倚音、回音和小二度的轮奏表现四分音及游移音，一般也用压弦等特殊的手法奏出维吾尔木卡姆音乐中独有的“音过程”。

维吾尔族击弦乐器“锵”。

弦鸣类拨弦乐器

弹布尔

弹布尔是维吾尔族弦鸣类拨弦乐器。弹布尔共鸣箱呈小瓢形，由整根桑木挖槽而成。通常，上蒙薄平木质面板，面板下部置琴码，上部有新月眉状音孔一对。

一般说来，弹布尔琴颈细长，上以丝弦缠成品位 26 个，并嵌以骨质花纹作装饰。五个琴柱分置于琴柄正面与左侧面，上张钢丝弦五根分为一组；外侧并列的两根是主奏弦，中间一根和内侧并列的两根是伴奏弦。

弹布尔大小形制不同，比较大一些的全长约 1.4 米。

我们经常可以看见这样一幅画面：民间的弹布尔艺人或横抱琴身置于胸前，或斜抱于身前并将共鸣箱置于右腿之上，右手持木质或角质拨片弹弦发声，左手按品位改变音高。

而专业弹布尔演奏员却有所不同，通常是斜抱琴身置右腿，右手食指上绑一个特制的钢丝拨弦发声，左手按品位改变音高。右手技法有扫、弹、重弹、轮、拨、滚，左手常用揉、颤、滑、压、带等技法奏出四分音和活音。

弹布尔常与都它尔作二重奏，经常用来为“十二木卡姆”“吐鲁番木卡姆”及其他歌舞的伴奏和乐队合奏。

弹布尔。

从形制上看，弹布尔与新疆克孜尔石窟等佛教壁画中的“五弦”大体相似，有学者认为，弹布尔就是由此演变而来的。

卡　龙

卡龙是维吾尔族弦鸣类拨弦乐器。卡龙通体用桑木制作，音箱呈扁平半梯形，前宽后窄，左曲右直，左边装两层棱形弦柱，音箱各个侧面均刻有花纹。音箱面板左侧有一排琴枕，琴枕右边是一条固定琴码，两根一组的琴弦经琴头通到右边的弦栓，共有 16 ~ 18 组钢丝琴弦。

据成书于 19 世纪的《乐师史》记载，“卡龙”是中世纪著名突厥诗人法拉比创制的，清代也被称做“喀尔奈”列入“回部乐”之中。卡龙曾广泛流传于新疆南部喀什、和田地区，主要用做大型古典套曲“十二木卡姆”和“刀郎木卡姆”的伴奏。

卡龙。

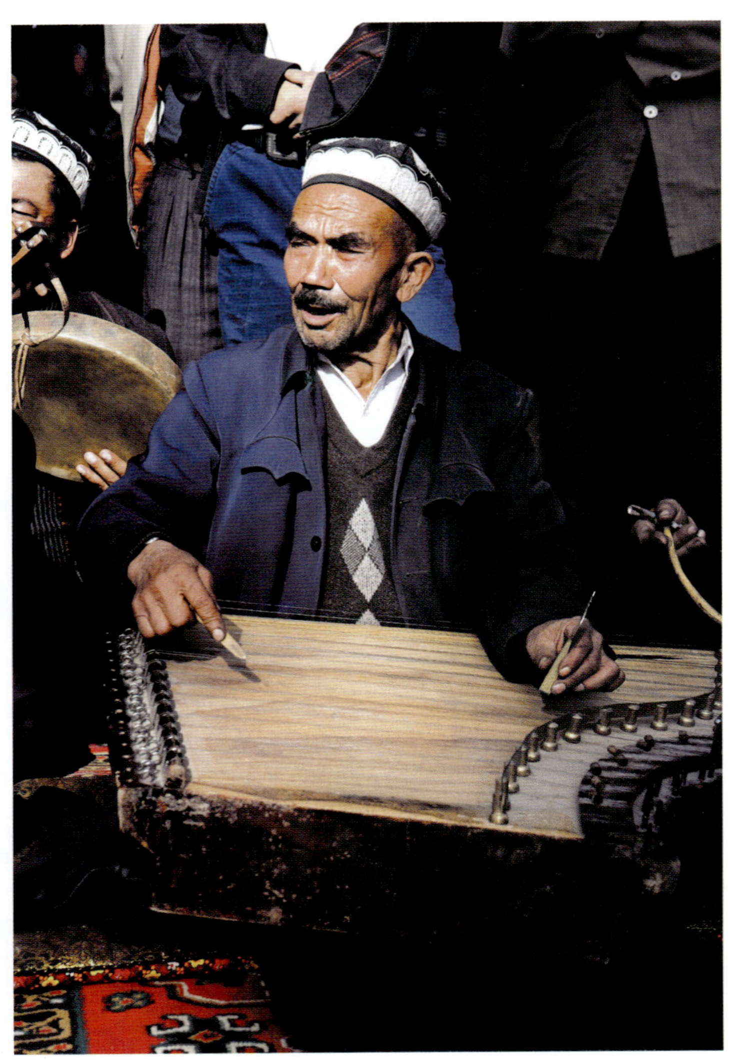

喀什热瓦甫

喀什热瓦甫是维吾尔族弦鸣类拨弦乐器，又称“南疆热瓦甫”“民间热瓦甫”，主要流传在新疆南部各地。

半球形共鸣箱由整块桑木挖槽而就，上蒙驴、羊或蟒皮。

琴杆细长，上以丝弦缠品位 20 余个，琴杆与音箱的连接部两侧有一对羊角形饰物，共鸣箱外侧及琴杆内、外侧均嵌以骨质花纹作装饰。

喀什热瓦甫是新疆南部伴奏“达斯坦”“苛夏克”等说唱表演的主要乐器，也经常参加乐队为“十二木卡姆”及民间歌舞伴奏。

喀什热瓦甫。

喀什热瓦甫。

喀什热瓦甫。

刀郎热瓦甫

刀郎热瓦甫是维吾尔族弦鸣类拨弦乐器，主要流传在塔里木西南、西北地区。

扁平的圆形共鸣箱由整块木料挖凿而成，背面刻有莲花瓣状图案，上蒙羊皮或驴皮。

曲颈，琴头形似抽象的马头或狼头。上窄下宽的琴杆上无品位，背面刻有莲花瓣状图案。3 根羊肠弦或钢丝弦的弦柱置于琴颈两侧，7～12 根共鸣弦的弦柱置于琴杆的内侧，全长八百毫米左右。

刀郎热瓦甫。

哈密热瓦甫

哈密热瓦甫。

哈密热瓦甫的形制与演奏技法均与刀郎热瓦甫相近，主要流传在哈密地区，为“哈密木卡姆”的主要伴奏乐器之一。多数哈密热瓦甫的背面都刻有莲花座图案，个别的琴杆上还镶有“吉祥八宝”，说明这种乐器在伊斯兰教成为哈密维吾尔人主要信仰之前就已经存在。

托布秀尔

托布秀尔是新疆蒙古族历史悠久的弦鸣类拨弦乐器，主要流传于巴音郭楞蒙古自治州、博尔塔拉蒙古自治州、和布克赛尔蒙古自治县和伊犁、塔城、阿勒泰地区各县的蒙古族聚居区。托布秀尔主要用于为蒙古族特有的民间舞蹈“萨吾尔登”的伴奏，也可独奏或为民歌伴奏，深受人们喜爱。

托布秀尔。

冬不拉。

冬不拉

冬不拉是哈萨克族重要的传统民间弦鸣类拨弦乐器，主要分布在伊犁哈萨克自治州的伊犁、塔城、阿勒泰地区和木垒、巴里坤哈萨克自治县，以及乌鲁木齐和昌吉回族自治州、博尔塔拉蒙古自治州。

哈萨克族冬不拉艺术由冬不拉演奏的器乐曲、民间舞蹈音乐构成。冬不拉有为民间歌曲和说唱音乐伴奏的功能。冬不拉艺术是哈萨克族认同的精神纽带。

都它尔

都它尔是维吾尔族弦鸣类拨弦乐器。都它尔的名称源自波斯语，是“二弦”的意思。硕大的半瓢状音箱后壁以桑木薄板条粘接而成，上蒙木质薄板。琴杆偏长，上以丝弦缠成品位 17 个，并嵌骨质花纹作为装饰，两个弦柱各位于琴杆正面及左侧面。琴码置于面板中下部，琴码上方开圆形音孔若干。

都它尔在维吾尔族民间普遍流传，是城乡民众音乐生活中最常见的乐器。

都它尔很适合于自弹自唱，也是“达斯坦”等说唱表演常用的伴奏乐器，或参与乐队为“十二木卡姆”“吐鲁番木卡姆”及民族歌舞伴奏。

都它尔。

库姆孜。

库姆孜

库姆孜是柯尔克孜族众多的民间乐器中的一种，也叫“亚克其库姆孜”（木琴），是一种全木质三根弦的弦鸣类拨弦乐器。最早的库姆孜琴是蒙皮革的，现在使用的库姆孜琴是经过改良后的。库姆孜琴的琴型有七八种之多，其中流传在克孜勒苏柯尔克孜自治州的奥依塔克地区民间的蒙皮革库姆孜为古老的库姆孜琴。

库姆孜琴是柯尔克孜族生活中不可缺少的伙伴，民歌手们常常在喜庆的节日、各种喜事或劳动之余，弹起库姆孜琴，表达柯尔克孜族人民的喜悦心情。柯尔克孜族有句谚语：“伴你生和死的，是一把库姆孜。”

萨它尔。

刀郎艾捷克。

弦鸣类弓弦乐器

萨它尔

萨它尔是维吾尔族弦鸣类弓弦乐器。通体木制,共鸣箱为长瓢形,由整块桑木挖槽而成。上蒙薄木板,琴码上方两侧各有新月眉状音孔一个。琴杆硕长,并嵌以骨质花纹装饰。上以丝弦缠就品位 18 个,音箱面板上设有 5 个高音品位。10 ~ 14 个音柱分别置于琴柄正面和侧面,上拴一根金属主奏弦和 9 ~ 13 根金属共鸣弦。码左侧上翘,致使主奏弦远离指板。

演奏时竖置琴身于左腿之上,右手持马尾弓擦弦发声,左手按品位改变音高。

萨它尔是流传在新疆南部喀什、和田、莎车、库车等地的大型古典套曲“十二木卡姆”和流传在新疆东部吐鲁番地区的大型古典套曲“吐鲁番木卡姆”的主要伴奏乐器。

刀郎艾捷克

刀郎艾捷克是维吾尔族弦鸣类弓弦乐器,流行于莎车、麦盖提、巴楚、阿瓦提等县。

扁半球形共鸣箱多以红柳、胡杨木挖槽而成,正面蒙驴皮、马皮或羊皮,背面挖成音窗,用杏木或核桃木镟成琴头和琴杆,插入音箱间。琴头左右各置琴轸两个,张两根金属主奏弦；琴杆上部另置 6 ~ 10 个琴轸以张钢丝共鸣弦。通体长一千一百毫米左右。演奏时音箱置左腿上或两腿之间，右手持木制马尾弓拉奏。主要用于“刀郎木卡姆”及民间歌舞曲的伴奏。

艾捷克

艾捷克是维吾尔族弦鸣类弓弦乐器，由刀郎艾捷克改良而来。球形共鸣箱背面由薄木条粘就，上蒙木质面板。面板上开有 U 形音孔，后壁开圆形音孔若干。

共鸣箱中部张皮质共鸣膜，膜面有音柱与共鸣箱面相接。琴杆上设有指板，琴头左右各置琴轸两个，张四根金属弦，用提琴弓拉奏。

常见于天山南北各地、州、县专业文艺表演团体，是当代维吾尔族乐队中的主要拉弦乐器，也为专业团体演出“十二木卡姆”“吐鲁番木卡姆”时所常用。

艾捷克。

哈密艾捷克

哈密艾捷克又称“哈密胡琴”或“胡胡子”，是维吾尔族弦鸣类弓弦乐器。主要流传于新疆东部哈密地区，圆柱形琴筒以铜、铁等金属或硬木制成，正面蒙山羊皮或驴皮、蛇皮。琴杆上方置长琴轸两根（其方向可以两根都和琴筒平行，也可以一根和琴筒平行，另一

哈密艾捷克。

根与琴筒成直角），张主奏钢弦两根。另置小琴轸 4 ~ 8 个以张共鸣弦，琴筒、琴杆上都可镶嵌骨质花纹。

哈密艾捷克音色浑厚优美，多用于“哈密木卡姆”及哈密地区民间歌舞曲的伴奏。

胡西它尔。

胡西它尔

胡西它尔是维吾尔族弦鸣类弓弦乐器。1974 年维吾尔族乐师、乐器制作师吐尔逊江根据文物资料改良制作。木制，全长 800 毫米。共鸣箱呈梨形，上蒙木质面板，面板上开有“f”孔一对，琴颈较短，上置指板，琴头以百灵鸟头作为装饰，左、右各置琴轸两个，金属主奏弦四根。

胡西它尔音色柔和，左手技法与艾捷克相近，主要在专业文艺团体中演出“十二木卡姆”和民族歌舞时所使用。

冬布尔。

冬布尔

冬布尔是锡伯族弦鸣类弓弦乐器。据说，最早的冬布尔只有两根弦，改良后的冬布尔变成了四根弦的弹拨乐器裴特克纳和拉弦乐器绰尔顿。绰尔顿方形的琴身，长长的琴柄，就像小提琴分为大提琴和小提琴一样，绰尔顿也根据琴身大小的不同，分为高、中、低三种琴最大的绰尔顿，类似大提琴大小，放在地上才能拉琴；最小的绰尔顿只有80厘米长，放在腿上即可演奏。

改良后的冬布尔，既吸收了西洋乐器的精髓，又融合了蒙古族、维吾尔族等民族的乐器特点。正是在这种兼收并蓄的基础上，最终形成了自己独特的乐器品种和风格。

马头琴

马头琴是蒙古族最具特色的传统乐器，又名“胡兀儿”“胡琴”“马尾胡琴”“莫林胡兀儿”等。内蒙古称“潮尔”，新疆称“莫林胡尔”。流行于内蒙古、辽宁、吉林、黑龙江、甘肃、新疆等地，是从唐宋时期拉弦乐器奚琴发展演变而来，成吉思汗时已流传民间。据《马可·波罗游记》记载，12世纪鞑靼人中流行一种二弦琴，可能是其前身。明清时期用于宫廷乐队。

马头琴为擦弦类弦鸣乐器，因琴杆上端雕有马头为饰而得名。它由共鸣箱、琴杆、琴头、弦轴、马头、琴弦和拉弓等部分组成。

马头琴的演奏方法与其他拉弦乐器不同，它的弓不是夹在琴的里外弦之间，而是在两弦外面擦弦拉奏的，多用做独奏或自拉自唱。其发音柔和、浑厚而低沉，音色悠扬、优美，富有草原风味。因而有人形容说：“对于草原的描述，一首马头琴的旋律，远比画家的色彩和诗人的语言更加传神。”

马头琴。

民间舞蹈

新疆的民间舞蹈丰富多彩，是中国著名的歌舞之乡。新疆民间舞蹈源远流长，各民族群众都是民间舞蹈的能手。新疆民间舞蹈不仅极大地丰富了新疆各族人民的精神生活，而且作为一种表演艺术也通过大量现场表演、媒体传播，使全国各地的观众都了解认识到了它独特的魅力。新疆的民间舞蹈深受各族群众和全国人民的喜爱，也正在赢得越来越多的世人的瞩目与喜爱。

哈密麦西热甫。 韩连赟摄

维吾尔族“麦西热甫”

“麦西热甫”是新疆维吾尔族最具有广泛性的歌舞表现形式，是维吾尔族舞蹈、音乐、歌曲、游戏等多种民间艺术得以世代传承的载体之一。

在传统的农业社区，闲暇之余维吾尔村民常常自发地形成人数相对稳定的群体，以庆祝丰收、欢度节日、化解怨仇、消除误会、吸纳新成员等为不同目的，而开展以歌舞表演为主的集体娱乐活动，民间称此类活动为“麦西热甫”。由于各地维吾尔人聚居区文化传统不同，自然环境各异，在娱乐表演形式上

哈密庭院麦西热甫。

又呈现出不同的特点，形成了刀郎麦西热甫、喀什麦西热甫、伊犁麦西热甫和哈密麦西热甫等各具特色的地方形式。而麦西热甫在形式上又有歌舞麦西热甫、游戏麦西热甫、说唱麦西热甫、庭院麦西热甫、迎春麦西热甫和丰收麦西热甫，其中最常见的是丰收麦西热甫。这些形式通常都融入了极富地方特色的舞蹈、音乐、民歌、游艺等民间艺术表演活动，并且还有传授民间礼俗和歌舞技艺等教育活动的内容。

因此，麦西热甫被誉为是“滋生和传承民族民间文化和艺术的学校。”

喀什麦西热甫。

哈密麦西热甫。

刀郎麦西热甫。

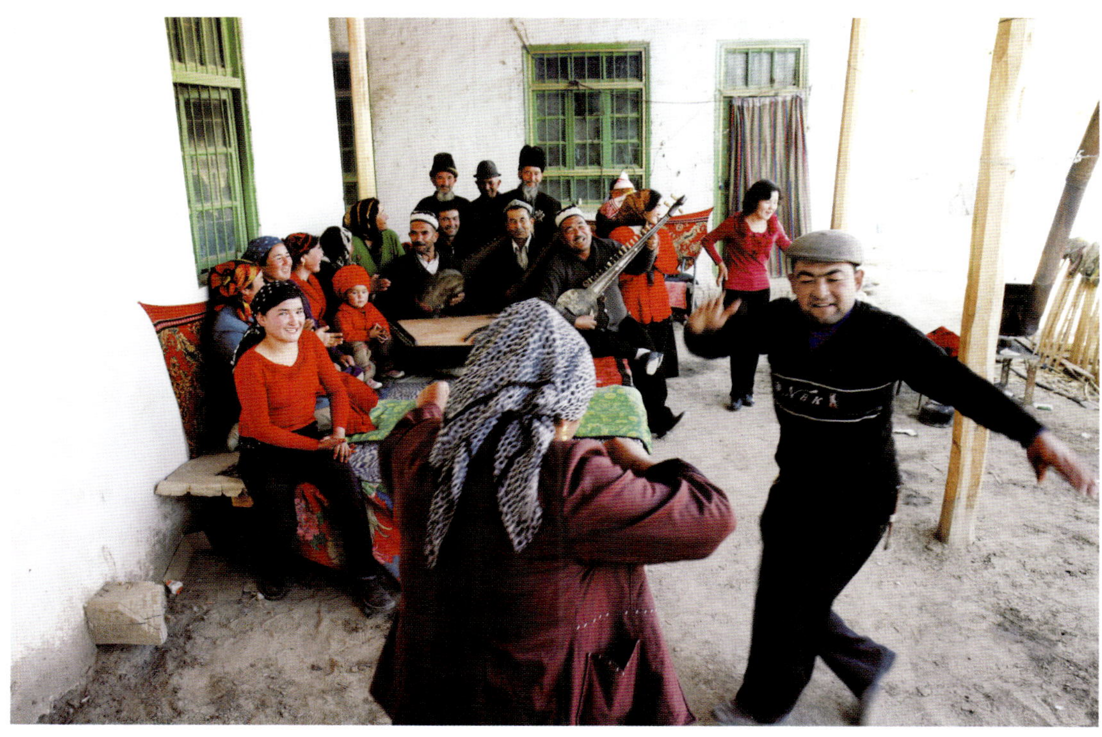

维吾尔族“十二木卡姆”

维吾尔族“十二木卡姆”是集歌、舞、乐于一体的大型综合艺术形式。因为它来源于本土的民间文化、发展于历史上各绿洲城邦国

莎车“十二木卡姆”。梁立摄

宫廷及都府官邸，经过整合与交融后又反复积淀在民间，所以成为既体现古代宫廷的精英文化，又展现乡村市井的边缘文化。在维吾尔人的特定文化语境中，“木卡姆”已经成为包括文学、音乐、舞蹈、说唱、戏剧等各种艺术成分和文化意义的词语。

和田“十二木卡姆”。艾热提·艾沙摄

维吾尔族十二木卡姆的唱词内容，包含了哲人箴言、文人诗作、先知告诫、乡村俚语、民间故事等，可以说是反映维吾尔人民生活和社会风貌的百科全书。歌曲体裁有叙咏歌，也有叙事歌；演唱方式有合唱，也有齐唱、独唱；唱词格律与押韵方式也丰富多样。

载歌载舞，是维吾尔族十二木卡姆最重要的特色。舞蹈技巧丰富多彩，集体舞蹈的队形组合、步伐姿态，单、双人舞中的摇肩动颈，独舞中的叼花、顶碗等，形态迥异，变化多样。

维吾尔族十二木卡姆有多种律制、调式、节奏、节拍，曲式繁杂，结构庞杂，是维吾尔族十二木卡姆音乐形态的基本特征，它以板式变化为重要的结构方式，显露出与中原音乐文化的密切联系。乐队组合的多种形式，有弓弦乐器主奏的，还有弹拨乐器主奏的，同时派生出吹奏乐器主奏的多种乐队样式。

维吾尔族十二木卡姆由“拉克木卡姆“且比巴亚特木卡姆”“斯尕木卡姆”“恰哈尔尕木卡姆”“潘吉尕木卡姆”“乌孜哈勒木卡姆”“艾介姆木卡姆”“乌夏克木卡姆”“巴雅特木卡姆”“纳瓦木卡姆”“木夏吾莱克木卡姆”“依拉克木卡姆”共12套组成。每套都包含“琼乃额曼”（即“大曲”，系列叙咏歌曲、器乐曲、歌舞曲）、“达斯坦”（系列叙事歌曲、器乐曲）、“麦西热甫”（系列歌舞曲）三大部分，同时含歌、乐曲20～30首，长度一般都在两三个小时。天山南北各地流传的十二木卡姆版本多有不同：喀什地区流传的十二木卡姆比较完整，三大部分基本上都能看到，和田地区流传的“十二木卡姆”的第一部分“琼乃额曼”篇幅短小精悍，包括 3～5 首叙咏歌或歌舞曲，很少见“达斯坦”部分，“麦西热甫”部分在民间极为普及；伊犁地区流传的十二木卡姆，每一套只包括“木凯迪满”“达斯坦”和“麦西热甫”部分，而“琼乃额曼”中除“木凯迪满”之外的乐曲据说已经失传，“达斯坦”部分的篇幅较多而富有变化，曲调委婉起伏。

十二木卡姆中，每一套木卡姆的第一部分“琼乃额曼”，重点阐述维吾尔人的精神层面的追求，过去主要供上层社会和知识阶层欣赏。第二部分“达斯坦”中各首乐曲的唱词，通常为流传在维吾尔族民间叙事长诗的片段，一般由“达斯坦奇”（意为“善唱达斯坦者”）在茶楼、饭馆等公众场合、家庭聚会和以中老年为主体的群众性娱乐聚会上演唱。第三部分“麦西热甫”，主要在各种群众性娱乐聚会上由“乃额曼奇”（意为“民间歌乐手”）传唱，人们随着乐声起舞自娱，或由被称做“阿希克”（意为“痴迷于真主者”）的民间艺人在街头巷尾单独或结伴吟唱。内容包括对伊斯兰教信奉的真主的赞颂、祈求，以及对人生苦难的感叹、对幸福生活的希望。经过宫廷和民间的多次整合，形成了十二木卡姆当下的样式。

莎车“十二木卡姆”。阿不力克木·艾买提摄

库尔勒市木卡姆。

刀郎木卡姆

“刀郎木卡姆”主要流传于喀什地区的麦盖提县、巴楚县和阿克苏地区的阿克苏市、温宿县、阿瓦提县。在喀什地区的莎车县、叶城县、泽普县、岳普湖县，阿克苏地区的沙雅县、库车县，巴音郭楞蒙古自治州的轮台县、库尔勒市、尉犁县直至吐鲁番、哈密地区，也能领略到刀郎木卡姆的影响。

“刀郎文化”具有典型的“多元一体”特征，其形成和发展，如果按照时间顺序可划分为以下几个层次：

刀郎木卡姆之一。

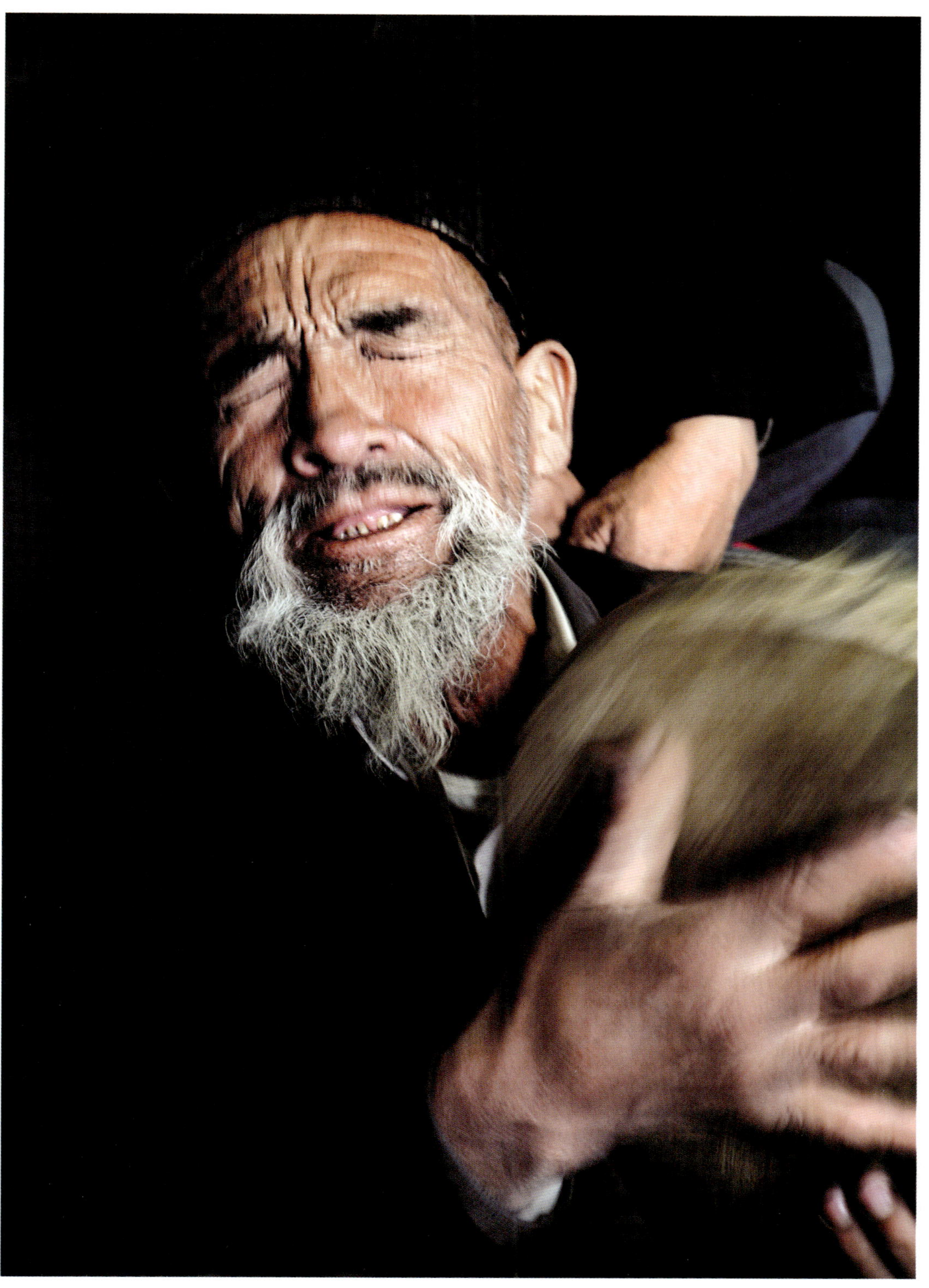

如痴如醉。

第一层：塔里木盆地绿洲文化；

第二层：突厥语族的漠北牧猎文化；

第三层：蒙古语族的漠北游牧文化。

据说，刀郎人的血缘中也包括古代塔里木土著、突厥语族诸民族和蒙古族等诸多因素。那时刀郎地区水草丰茂，林木葱郁，刀郎人在主要从事绿洲农耕的同时，也保持着渔猎、畜牧等生产方式，所以在刀郎木卡姆之中，也能较多地见到草原牧猎文化的遗存。

刀郎木卡姆属于一种歌舞套曲。据民间艺人说，原来也有12套，但现在仅能搜集到九套。麦盖提、巴楚、阿瓦提三县流传的各套刀郎木卡姆的名称和顺序有同有异。

“刀郎木卡姆”中的游戏活动

刀郎木卡姆之二。

刀郎木卡姆之三。

“刀郎木卡姆”中的游戏活动，是在麦西热甫经过一段时间的弹唱、舞蹈之后，为了增添欢乐喜庆的气氛，通常都要跳模拟舞，做恶作剧让别人犯规出差错，然后罚其表演节目。处罚的方法也特别搞笑、幽默，如每次麦西热甫都要选出公正无私而有权威的人为“法官”，对犯规的人进行“裁决”。“裁决”时要在得到麦西热甫公众的同意和取得被“裁决”的人的满意基础上，才由法官执行惩罚形式。根据过失性质惩罚，让他们扮演“榨油”“娶双妻”“贴烤包子”“照相”等角色，表演诙谐，让人发笑，又使犯“过失”的人在娱乐中接受教育。每个罚项都是一幕闹剧、滑稽剧。

刀郎木卡姆四。

活动中的惩罚游戏

端茶水并朗诵诗歌游戏

这种游戏是麦西热甫中经常表演的游戏。游戏开始时，主持人把未倒满茶水的两个小碗放在盘里，敬送另一个人。接受的人弯腰行礼之后必须极其巧妙地把两个小碗抓在一只手里，随后把小碗小心翼翼地穿过腋下，在空中画出一个圆圈，同时还要朗诵一首诗或歌谣，然后把两个小碗传送给下一个人。如果抓小碗的人在转动小碗时把茶水倒出来或是擅自改变动作，就会受到"惩罚"，每次都要给大家朗诵诗，或做能使人开心发笑的动作。

端茶水并朗诵诗歌游戏。

鞭子戏

此游戏是一个颇具喜剧色彩的游戏。游戏开始时，主持人把用腰带、头巾或棉制品拧成的“鞭子”放在盘子上，出场朗诵一首宣布开始的诗，鞭子戏便正式开始。游戏中的两个人激烈地争夺鞭子。持鞭者只能在对方出现背对或侧对自己时才能抽打对方。因此，游戏中手持鞭子者为迷惑对方，往往要迅速地左右转动寻找抽打对方的机会。而对方也必须敏捷地根据情况判断如何转动避免挨打，并要力图夺过鞭子。鞭子若打在对方身上，则继续进行，如果打不上，鞭子被抢过来，则由夺鞭者邀请另一个人参加，这样反复

鞭子戏。

进行。这种游戏的双方如果是一对恋人时，将会特别热闹，因为此时的游戏已成了恋人之间表达内心情感的一种媒介。

娶双妻

这个游戏是用以讽刺那些破坏正常道德规范的人的。表演时，两个滑稽男青年装扮成两个“老婆”分别躺在被罚者两边，以各揪被罚者左右耳朵来显示爱情，开始争夺一个丈夫。于是两个“女人”在争夺一个丈夫的过程中，抓到丈夫的衣服并拉、撕衣服，使被罚者狼狈不堪，公众开怀大笑。在麦西热甫中的“惩罚”是一种间歇中的娱乐喜剧，寓道德规范教育于娱乐之中。

娶双妻。

哈密木卡姆之一。

哈密木卡姆

哈密地处新疆最东端，有“西域襟喉”之称。此地东连河西走廊，北接漠北草原。生活在哈密地区的维吾尔族一直保持着古代回鹘文化的一些特点，且在历史上和汉族、蒙古族等我国北方各民族有过长期的交流和相互影响，又较长时间坚持了佛教等多种宗教的信仰。所以作为维吾尔族木卡姆重要组成部分的哈密木卡姆，在音乐本体特征、使用乐器、穿戴服饰等方面都有着自己鲜明的地方特征和艺术特色。

哈密木卡姆艺人在演唱。

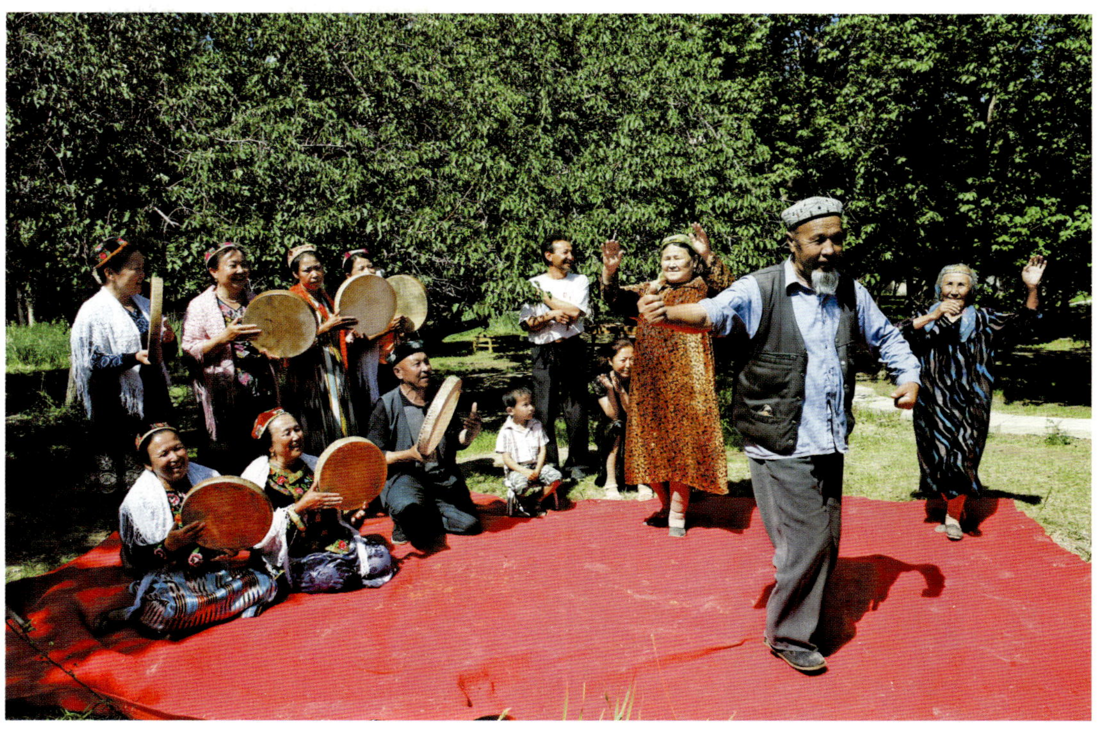

伊吾县维吾尔族农民在果园演唱木卡姆。

“哈密木卡姆”主要流传在哈密地区的哈密市和伊吾县，目前已搜集、整理和出版的共有 12 套、258 首曲目，据说全部演唱就需 10 个小时。每套哈密木卡姆均由散版序唱、多首歌曲和歌舞曲连缀而成。

哈密维吾尔族农民在葡萄晾房演唱木卡姆。

哈密维吾尔农民演唱婚庆木卡姆。

哈密木卡姆之二。 韩连赟摄

吐鲁番木卡姆

“吐鲁番木卡姆”主要流传于吐鲁番地区各县（市），目前已搜集整理和出版的吐鲁番木卡姆有11套，完整演奏吐鲁番木卡姆大概需要10个小时左右。每套吐鲁番木卡姆由“木凯迪曼”“切克特”“巴西切克特”“亚郎切克特”“朱拉”“赛乃姆”及“尾声”等部分组成。吐鲁番“潘吉尕木卡姆”的“赛乃姆”部分之后，插有一段集模拟竞技于一体的“那孜尔库姆”段落，使你感到火洲般的热情。

吐鲁番木卡姆。金炜摄。

集模拟竞技于一体的“那孜尔库姆”。

那孜尔库姆之一。

那孜尔库姆之二。

那孜尔库姆之三。

那孜尔库姆之四。

维吾尔族“赛乃姆”

在新疆天山南北维吾尔族聚居区，都流传着一种名叫“赛乃姆”的民间歌舞。喀什赛乃姆广泛流传在喀什地区各县，是维吾尔族赛乃姆中的佼佼者。赛乃姆多在维吾尔族民间所举行的大型群众性娱乐聚会麦西热甫中见到。除群众性自娱舞蹈之外，持具舞、模拟舞也是赛乃姆的重要组成部分。英吉沙县民间艺人阿不都鲁苏尔·艾拜、阿不都鲁苏尔·阿不都热西提、吾布尔塔依·艾买提等表演的“骆驼舞”“鹅舞”，让人们能够领略维吾尔族赛乃姆丰富多彩的风姿。

和田赛乃姆。

鹰舞。

塔吉克族“鹰笛”“鹰舞”

塔吉克族“鹰笛”“鹰舞”已被列为首批国家级非物质文化遗产。鹰是塔吉克族先民的图腾，直到今天塔吉克人仍自称为鹰的传人，鹰文化在帕米尔高原上历史悠久，生生不息，它已成为了一个民族的灵魂所在、力量之源。

鹰笛是塔吉克民族独有的乐器，由鹰的翅骨做成，故名鹰笛。鹰笛共三孔，竖吹，音色独特，悠扬而高亢，极其悦耳，可伴奏也能独奏。鹰舞是塔吉克族的民间传统自娱性舞蹈，场地不受局限。无论田间地头、庭院室内，只要人们心之所至都可起舞。鹰舞主要是

鹰舞。

刁羊舞。

马舞。

男人的舞蹈，不过也有男女合跳的，也有集体跳的。遇到节日或是婚礼，只要鹰笛和手鼓声一响起，男男女女都会翩翩起舞。在鹰舞中还有“马舞”“剑舞”“刀舞”等舞蹈。

哈萨克族“卡拉角勒哈”

“卡拉角勒哈”是哈萨克族最具代表性的民间舞蹈，它广泛流传于新疆境内的哈萨克族居住区。卡拉角勒哈是哈萨克语，意为“黑色的走马”。马是哈萨克族生活中不可缺少的工具和伙伴，而“黑走马”更是马中尤物，它的形象剽悍雄壮，走时步伐平稳有力，姿态优美，蹄声犹如铿锵的鼓点。骑上黑走马，犹如

鹰笛。

进入一种艺术境界，人在舞，马亦在舞。由此而形成了以卡拉角勒哈命名的民间舞蹈和同名乐曲。卡拉角勒哈乐曲的节奏感极强，明快活泼，旋律宛如骏马在草原上驰骋。它由哈萨克族传统乐器冬不拉伴奏，按照舞蹈的快慢来变换节奏，并形成了大同小异的地方特点和个人演奏技巧。

卡拉角勒哈。

锡伯族“贝伦舞”

锡伯族能歌善舞。锡伯语“玛克辛”和“贝伦”皆为舞蹈之意，前者是舞蹈的总称，后者系指民间普遍流传具有特定节奏的一种舞蹈种类。“贝伦”舞流传在察布查尔锡伯自治县各锡伯族聚居区。它有广泛的群众性和自娱色彩，不选时间，不择场地，只要在节庆日，乐手弹起贝伦舞曲，人们便翩翩起舞。

贝伦舞源自于锡伯族古代渔猎生活，始终保留着原始的舞蹈语言和舞蹈风格，这对研究锡伯族古老的舞蹈艺术具有独特的价值。贝伦舞是锡伯族民间娱乐活动中最为常见的一种表现形式，它与锡伯族的日常生活、

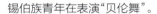

锡伯族青年在表演“贝伦舞”。

生产息息相关，被认为是“生命的舞蹈”，对传承和发展锡伯族的文化艺术具有重要的价值。贝伦舞从其他民族的舞蹈中汲取营养，不断得到丰富和发展，呈现出多元化发展的趋势，这对锡伯族传统文化与其他民族文化的融合发展、互为补充等现象的研究具有重要价值。

俄罗斯族民间舞蹈“波尔卡·巴巴其卡”

俄罗斯族人的性格豪爽热情奔放，能歌善舞。在他们的生活中音乐和舞蹈如同阳光和空气一样不可缺少。

“波尔卡”意即辽阔的草原，“巴巴其卡”意思是蝴蝶在飞舞。俄罗斯族青年男女身着盛装，披着花色艳丽、富有民族特色的方巾，踏着轻快愉悦的舞步，婀娜飘逸的风韵犹如蝴蝶飞舞，表现出男性的阳刚和女性的豪放。每当劳作一天，家人或朋友们聚在一起，拉起巴扬，弹起三角琴，无论男女老幼都会跳起欢快的舞蹈。

俄罗斯族“波尔卡·巴巴其卡”舞蹈之一。

俄罗斯族“波尔卡·巴巴其卡”舞蹈之二。

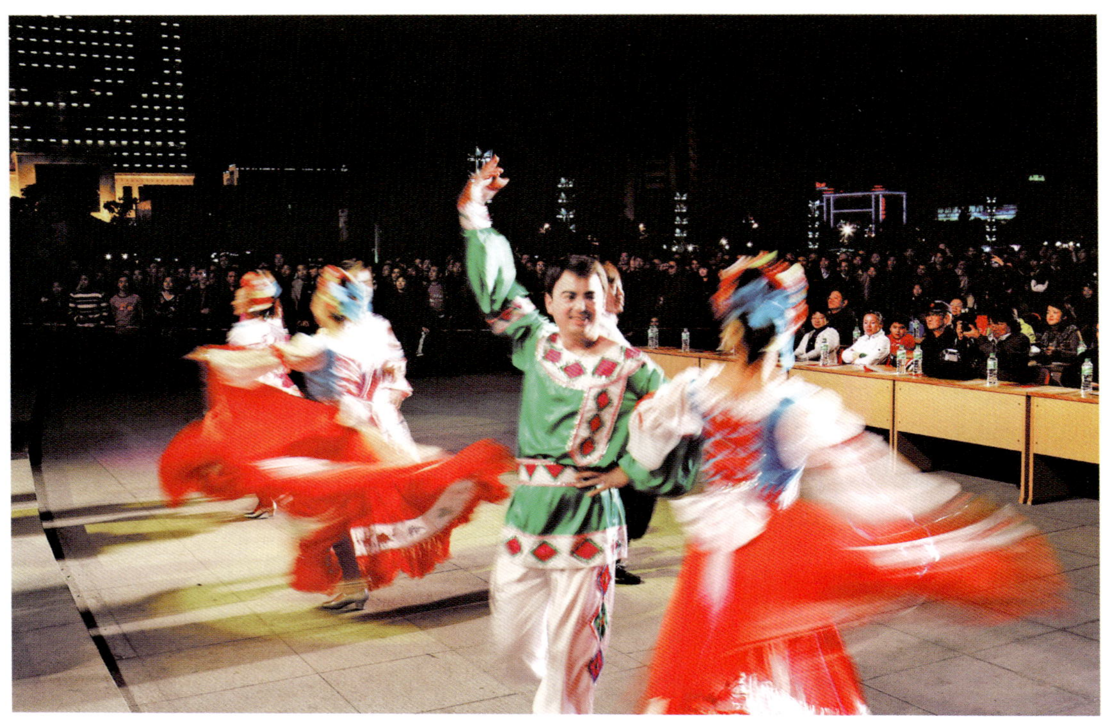

俄罗斯族“波尔卡·巴巴其卡”舞蹈之三。

回族“花儿”

“花儿”最早产生于甘肃临夏（古称河州），后流传于甘肃、宁夏、青海、新疆等地，为汉、回、藏等民族所喜爱。现已形成了以临夏为代表的“河湟花儿”和以岷县为代表的“洮岷花儿”两大系统。

在新疆，凡有回族群众聚居的地方，就有“花儿”的歌声飞扬。新疆回族花儿虽然也源于甘肃、宁夏、青海，但它具有自己的风格。它的唱腔既保持了内地“花儿”那种高亢、嘹亮、明快的特点，又具有悠扬、细腻、委婉的特色，旋律悠扬悦耳，节拍整齐统一，曲调有

伊犁“花儿”会。

“河州大令”“白牡丹令”“大眼睛令”“尕马儿令”等20余种。人们除平时演唱外，各地在农事间歇或冬闲时期还举办“花儿演唱会”，届时各地歌手云集一堂。若有行家逢高手，赛歌对歌，还能触景生情，即兴创作，其精彩唱段往往成为传世佳作。伴着“花儿”演唱，年轻人也会跳起各种节奏的舞蹈《花儿与少年》等。

著名“花儿”演唱大师韩生元。

回族“花儿”大赛。

塔塔尔族“撒班托依”

“撒班托依”(也叫犁头节)，是塔塔尔族民间的传统节日。“撒班”即节日的意思，“托依”是欢乐的意思。塔塔尔族习惯每年在全村所有农户都完成春播后，举行一次群众性的集体庆祝活动。提前完成春播的人，要出人力、物力，无偿帮助未完成春播的人家播种，塔塔尔语称之“乌买尔”即“团会”，对唱、跳舞是节庆主要活动内容。成年人唱希望丰收，年轻人唱友谊和爱情，小孩围着人群唱：“雨呀，雨呀快快下，我们不要饥饿，永远不要见那像狮子般的瘟疫。”还唱教训懒汉的歌：“不要流浪快回家，快把酒瓶变骏马，快把酒瓶变犁铧，老老实实种庄稼。”主要表达渴望当年农业大丰收的心愿。

塔塔尔族民间歌舞“撒班托依”表现了塔塔尔族青年男女在节日中载歌载舞的欢乐场面，从而体现了该民族勤劳、纯朴、善良的传统和对未来美好生活的憧憬。

塔塔尔族“撒班托依”舞蹈之一。

塔塔尔族“撒班托依”舞蹈之二。

塔塔尔族“撒班托依”舞蹈之三。

叶城喀喇昆仑“山区歌舞”

“山区歌舞”由歌曲和舞蹈两大部分组成。音乐部分由手鼓、热瓦甫、艾捷克、笛子、洋琴、弹布尔、萨它尔、山区热瓦甫、都它尔等十余种乐器伴奏。叶城维吾尔族在表演喀喇昆仑山歌时一般以个人领唱、大家合唱及集体对唱的形式完成。整个演唱遵循主唱—伴唱—主唱的音乐演奏格式。舞蹈部分在保留传统维吾尔族舞蹈节奏的基础上，充分吸纳平原绿洲和山区歌舞的精华，使其舞蹈的动作更加优美、大方。每段曲子最多由七八段民歌组成，并有特有的名称，因节奏感强，易于集体演唱，所以可在牧区草场、田间地头、水利工地、婚礼等场合以集体形式表演。在弹琴伴唱去接新娘或外出游览风光时，会让人情不自禁地联想到吉普赛人那欢快、豪放的生活情趣。

叶城山区歌舞艺人。

叶城山区歌舞艺人在演唱。

叶城山区歌舞。

乐器奏响，扮演“公鸡”者上场，手持“帕它”邀请舞伴“母鸡”上场，相互反复三次，交换位置并施鞠躬礼。

行鞠躬礼后，“鸡舞”开始。

“公鸡”追“母鸡”的欢快表演。

哈密维吾尔族“鸡舞”

“鸡舞”是哈密麦西热甫中常见的一种滑稽舞蹈，表演性强，独具特色。万物复苏的春天和绿草茵茵的田间地头，是这种群众性民俗娱乐活动的特定时空。

鸡舞由两人扮演，一人扮成“公鸡”，一人充当“母鸡”，以对舞的形式，模仿鸡的习性和神态来进行表演，很风趣。舞蹈中“公鸡”不时地扇动色彩华丽的翅膀，引颈高歌，昂首阔步，傲气十足地显示自己的阳刚之气、雄健之姿，以此向“母鸡”炫耀、调情。而“母鸡”则

嫉妒的“公鸡”上场决斗。

左躲右闪，半推半就，表现出一种只可意会的柔媚与娇羞，展示自己的魅力。双方的舞蹈动作配合默契，仿效惟妙惟肖，充满诙谐幽默，妙趣横生。

鸡舞在娱乐逗趣的形式中蕴含和体现了维吾尔先民的原始观念，取鸡特有的生育繁殖能力，以影响农作物的长势，祈盼金秋丰收。

决斗胜利者，开始向“母鸡”求爱。

经过一段风趣的表演，如为保护母鸡和小鸡与老鹰斗法，引母鸡吃小虫等，从而达到“求爱”的目的后，进入舞蹈的高潮“公鸡踩蛋”。

哈密维吾尔族"阔克麦西热甫"

每年冬季下第一场雪时，哈密维吾尔族人们总是要进行"阔克麦西热甫"活动，祝福来年风调雨顺，五谷丰登。

活动一开始就显得格外有趣。

首先，人们先写好一封特殊的"信"。然后，用冬季下的第一场雪把这封特殊的"信"裹起来，裹成一个小雪球。这封特殊的"信"就成为人们进行活动的神秘"道具"，通称为"雪信"。

随后，用手绢把"雪信"包起来，藏在身上。

然后，藏"雪信"的人就要在自己的邻里中选择一家，之后到这家去"聊天"。其实"聊

"阔克麦西热甫"活动，随着青苗的传递在各家轮流举行。

天”是假，投信是真。“聊天”结束，要出门时，藏“雪信”的人要对这家主人笑着说：“小心别被“雪信”投中。”说完立刻就往外跑。

如果这家主人反应快，迅速抓住了投“雪信”的人，那么投“雪信”的人的脸上就会被涂上锅黑，手上拎一个破脸盆，倒骑毛驴，并宣布自己将承办戏雪游戏，满足“雪信”里提出的全部条件。

倘若这家主人抓不住投“雪信”的人，那么这家主人将向全村的人宣布自己承办戏雪游戏。

承办“阔克麦西热甫”的家庭会精选最好的小麦种子在家中培育麦苗。

等到用心培育的麦苗长到 15 ~ 20 厘米时，在麦苗的周围扎上一圈爆米花，象征雪花（维吾尔人认为雪是纯洁和粮食的象征，是丰收的信号）。

同时，还要把选好的胡萝卜洗净，横切出厚约 1.5 厘米的三片圆形，再在每片圆形胡萝卜周围均匀地扎上许多西瓜子、葡萄干等，然后把每块圆形胡萝卜插在木棍上固定好，象征金光灿灿的太阳。这个东西被称为“昆奇切克”（太阳花）。

然后，在纸上先后画一只大白公鸡和一只大黄公鸡，用剪刀剪下来，贴在薄木板上，固定在两根木棍上，插在麦苗中间，用红绸盖上。

还要备好九种干果品，主要有核桃、沙枣、黄豆、红枣、甜瓜干、瓜子、葡萄干、杏干、大豆。最后，将用心准备的阔克也称“阔克合

主办“阔克麦西热甫”的家庭，端着精心培育的麦苗和九盘干果，等待诺鲁孜节大型“阔克麦西热甫”的开始。 张廷国摄

德高望重的老人剪断月季花,“阔克麦西热甫”开始。 韩连赟摄

在诺鲁孜节大型“阔克麦西热甫”上,主人端出精心培育的麦苗。 韩连赟摄

春姑娘在车轮上跳“顶碗舞”。韩连赟摄

内姆”(意为绿色的青苗),放在一个大圆盘里,摆放在有九种干果品的桌子中央,这样“阔克”的准备工作就做好了。

当夜幕降临之后,全村的人们都穿着很漂亮的服装来到主人家参加晚会。晚会首先由哈密艾捷克奏起木卡姆的散板序曲,一般由三个人领唱,紧跟着手鼓、笛子、热瓦甫也开始演奏,大家齐声高唱歌曲。如此,麦西热甫就正式开始了。

当主人拿起“太阳花”时,大家要保持安静。太阳花是权力的象征,它在谁的手里,谁就有了发言权。麦西热甫晚会上,太阳花在人群中传来传去,接过太阳花的人有权向别人提出:“唱一段木卡姆、跳一段舞、搞个笑话、学一种鸟叫”等要求。

在这个大型“阔克麦西热甫”活动中，最有特色的要数“车轮舞”了。 韩连赟摄

麦西热甫晚会进入高潮时，主人托着装有青苗和干果品的盘子唱道：“隆冬时我播下一粒麦种，愿大家用甘露把它滋润。我把青苗送给尊贵的客人，这礼物比世上的一切都贵重。把寺里的唱诗者请来做歌手，把美丽的姑娘请来做舞星。请准备好肥羊和鸡、鸭、鹅，再备好待客的美酒与果品，下次的麦西热甫就在你家举行。”

最后，主人将青苗托盘送给他选中的人，那人就成了下次“阔克麦西热甫”的主办人了。“阔克”会受到格外尊重。“接班人”选定之后，就进入到狂欢的气氛中，人们开始翩翩起舞。

如此这般，一个冬天，青苗就在各家被传递着，直到春暖花开的诺鲁孜节来临，举行大型“阔克麦西热甫”吃了诺鲁孜饭才算结束。

抬着象征青苗的春姑娘，绕场三周，祝愿青苗茁壮成长。 韩连赟摄

就这样，直到春暖花开跳阔克麦西热甫，喝“诺鲁孜”粥，祝愿风调雨顺，五谷丰登。贯穿整个冬天的“阔克麦西热甫”才宣告结束。 韩连赟摄

动作巧妙幽默的"狮子舞"。王汉冰摄

尉犁县的"狮子舞"。梁立摄

罗布淖尔维吾尔族"狮子舞"

最早记载西域"狮子舞"的是《新唐书·音乐志》:"龟兹伎有弹筝……设五方狮子……画衣拂,首加红抹,谓之狮子郎。"可见狮子舞在当时的西域曾非常流行。现主要流传于尉犁县尉犁镇、墩阔坦乡和喀尔曲尕乡等地的维吾尔族聚居区,在若羌县也有流传。

罗布淖尔狮子舞属于模拟舞,是流传在孔雀河畔及塔里木河两岸罗布淖尔民间的一种传统舞蹈,通常在聚会、娱乐、游戏时为助兴而表演。

狮子舞有专门制作的道具,由一人披挂髯须和铜铃作为装饰,随着苏乃依奏出的旋律,踏着鼓点,模仿狮子的行走、嬉戏、打斗、欢腾等基本的动作,无固定的模式,由表演者即兴发挥,动作巧妙幽默,观者兴趣盎然。

罗布淖尔"狮子舞"属于模拟舞,是流传在孔雀河畔及塔里木河两岸罗布淖尔民间的一种传统舞蹈。 韩连赟摄

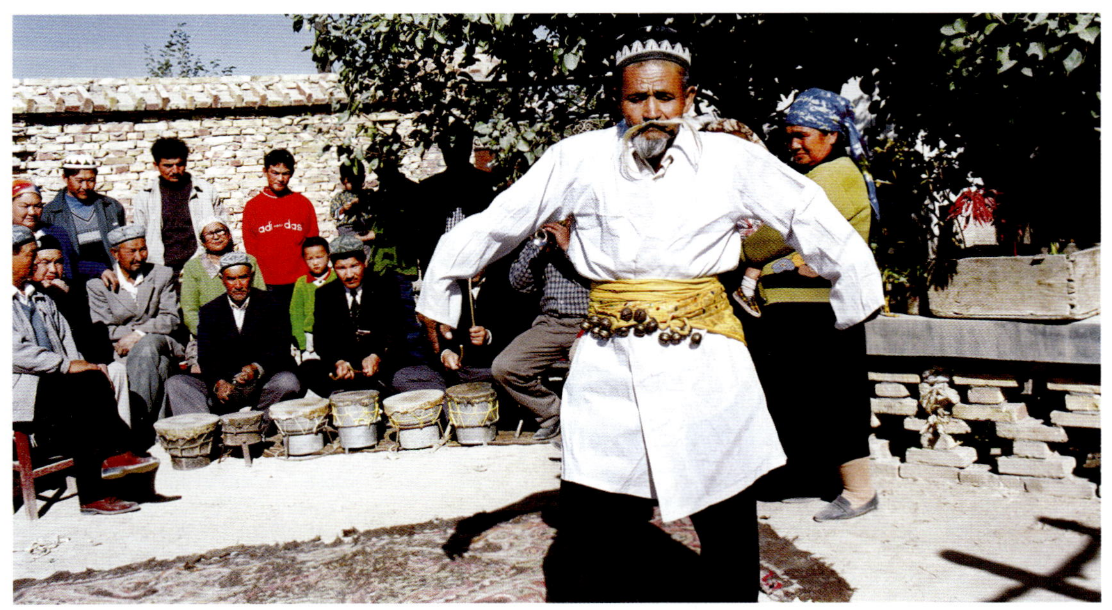

新疆蒙古族舞蹈“萨吾尔登”

在新疆蒙古族语里,“萨吾尔登”是一种民间舞蹈通称,其中包括民间群众性、自娱性舞蹈。

萨吾尔登是新疆蒙古族一种重要的民间舞蹈,流传于巴音郭楞蒙古自治州的和静县、博湖县、和硕县、焉耆县,博尔塔拉蒙古自治州与和布克赛尔蒙古自治县及伊犁哈萨克自治州的部分县(市),颇受蒙古族百姓喜爱。

据说“萨吾尔登”舞有40种,现已搜集到的有22种,如:“爱来德比里格萨吾尔登”(鹞鹰振翅)、“角日哈勒萨吾尔登”(黑走马)、“拖步肯萨吾尔登”(稳重的)、“胡尔登萨吾尔登”(快步的)、“哈努村萨吾尔登”(袖

“哈努村萨吾尔登”(袖子)。

“拖步肯萨吾尔登”(稳重的)。

“角日哈勒萨吾尔登”(黑走马)。

“赛很奎肯萨吾尔登”(少女)。

“乌邓萨吾尔登”(蒙古包门)。

子)、“乌孙乃多里赶萨吾尔登”(水浪)、“乌邓萨吾尔登”(蒙古包门)、“赛很奎肯萨吾尔登”(少女)、“奎布奎里代萨吾尔登”(马的奔跑、走姿),等等。据说萨吾尔登的舞曲有39种,现能收集到较完整的只有12种。

新疆蒙古族的大小节日、婚礼、家庭聚会、邻里聚会等大小场合,都是“萨吾尔登”的文化空间,男女老少都可以跳,但根据性别和年龄的不同,选择的萨吾尔登也不一样,有男女集体跳的,有女人或男人集体跳的,也有独舞或男女双人舞等。舞蹈动作主要反映了蒙古族人民的生产劳动、日常生活以及对大自然的热爱和对幸福生活、美好爱情的执著追求,对于研究新疆蒙古族文化的发展史,具有重要的历史和文化价值。

“乌孙乃多里赶萨吾尔登”(水浪)。

民间美术

新疆的民间美术，也呈现出不同民族的民间美术特色。它们都有一个共同的艺术特性，就是对美的追求和在这种追求过程中表现出的富有生命力的各类形态。如古代岩画、民间绘画、民间剪纸等，可是它们都有美丽、饱满的线条，自然又显示人的智慧与审美观的形态，与相对应的人或者环境融洽和谐。并且，它也用比较抽象的图案，承载着个性的符号内涵，传承着远古文明的底蕴，凸显出不同的文化心理与趣味。

温泉县岩画。

温泉县岩画之二。

巴里坤哈萨克自治县岩画之一。

古代岩画

新疆岩画不仅数量多，而且样式也极为丰富。新疆岩画主要分布在阿尔泰山、天山、昆仑山，以及三山环抱的准噶尔盆地、塔里木盆地周缘的丘陵山地。上述地区的自然条件优越，有丰盛的牧草，自古以来就是各族人民狩猎、放牧的理想天地。岩画反映出人们的生产活动和社会生活，以及对人类祖先图腾崇拜的画面。

迄今为止的考古研究表明，新疆岩画的时代上限可追溯到石器时代，但其延续时间很长，晚的可到12—13世纪的蒙古时期。内容多为奔跑的骏马、鹿和羊群，其线条简练、造型生动。有数以千计的岩画雕刻在山体的岩壁或较大的岩石面上，所表现的题材和内容丰富多彩。

巴里坤哈萨克自治县岩画之二。

民间绘画

多年来，新疆麦盖提县农民画享誉区内外、国内外。早在20世纪80年代，国家文化部就授予麦盖提县“农民画之乡”的称号。

同时，哈密回城乡的农民画也初露锋芒。不仅在全国农民画比赛中捧回了一、二、三等奖，而且该乡还被中国文化部授予“中国现代民间绘画乡”的称号。在文化部出版的《现代农民画家》名录里，仅哈密回城乡就有五位农民画家的名录入选其中。

新疆农民画造型奔放，表现形式多样，想象力丰富。这些农民画，色彩鲜艳、浓厚、新颖而夸张，有一定的装饰性。作品取材多源于新疆农民的日常生活，乡土气息浓厚，表

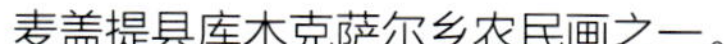
麦盖提县库木克萨尔乡农民画之一。

麦盖提县库木克萨尔乡农民画之二。

达了农民乡村生活的内涵。

新疆农民画在本民族的历史传统中形成了自己的个性，这些农民画与传统的文人画、宫廷画、宗教画，以及各种流派的绘画有很大不同。相比较而言，农民画的取材显得更为广泛，例如民俗、民谚、民间故事、寓言、风情、传说、村庄新闻逸事、农村变化等等，都是农民画的题材。

新疆农民画具有非凡的、独特的审美视角，例如常以强烈的色块对比、新颖夸张的变形手法见长，甚至以饱满的装饰组合构图，以绚丽的色彩、巧妙的构思见长。画新疆农民画的农民画家，虽然大都没有经过正规科班的系统学习，但是他们从大自然当中捕捉美感，养成了一套特别自然、特别灵性的独特的审美观，这样就形成了农民画淳厚稚拙、朴素

麦盖提县库木克萨尔乡农民画之三。

灵动的特点。大胆取舍的构图规律。新疆农民画的画面构成，非常讲究均衡、饱满、完整、对称，背景淡化，比较突出人物形象，巧于概括，大胆取舍，富有装饰性。有的采用平面散点透视，对画面的远近、虚实关系，处理得当，尤其喜欢用空白衬托主体，在变化中求统一，用大色块构成画面。造型常以心中的意象为主，多采用夸张、变形、概括等艺术手法处理。

色彩效果强。新疆农民画除使用固有色或条件色之外，也遵循“怎么好看就怎么上色”的自然法则。

新疆农民画家，喜欢使他们的作品色彩鲜艳，对比强烈，整个画面富有装饰性，这样就具有了浓郁的民族风格和本土特色。他们常常根据需要突出某一种颜色，使其成为画面的主色调。通常认为大红大绿才是生命力的表

哈密市陶家宫乡农民画。

哈密市回城乡农民画展之一。

哈密市回城乡农民画之二。

现,黄色、金色则象征着富贵、吉祥。

农民画家都长于在纯色和复合色的大对比中运用黑白来调节,获得一种强烈、鲜亮和极为刺激感官的色彩效果。

常采用漫画式的幽默。新疆农民画既是传统的民间绘画,也具有很强的独创性,每个农民画家在处理对象、阐释内容、表现情趣和表达感情上都有各自的特点。在这些农民画家的绘画作品中,也常常采用漫画式的幽默语言来表达日常生活中的喜怒哀乐。这种漫画式的技巧是新疆农民画中最有趣、最突出的技巧。

哈密市回城乡农民画之三。

民间剪纸

民间剪纸是中国古老的传统艺术，它起源于汉朝，至南北朝时期已相当精熟。然而真正繁盛却是在清朝中期以后。

新疆民间剪纸源远流长，从吐鲁番高昌古城的阿斯塔娜古墓中挖掘出的团花民间剪纸，就是中国民间剪纸最初出现的地方，作品多以马、鹿、猴的团花图案为主，距今已经有1500年的历史了。

皇家陵墓的古墓群中惊现这种手艺活的制品，证明当时剪纸极受皇家贵族的推崇和喜爱。这些古代民间剪纸艺术品曾在新疆维吾尔自治区博物馆内进行展览，深受学者和观众的欢迎，它是新疆非物质文化遗产的一个重要项目。

新疆民间剪纸属传统手工技艺，主要分布在哈密、乌鲁木齐、昌吉、克拉玛依、吐鲁番等地。现代新疆的民间剪纸爱好者来自祖国各地，多元性是其发展的一个特色。

随着市场经济的发展，如今民间剪纸已从农家小院跨出了国门，深为国外友人所喜爱，其用途也从单一的窗花演变成一件件富有民族特色的工艺品。装裱成画轴、配上画框、装订成册、制成月历等，民间剪纸的用途也是越来越广。

早然木·艾买提剪纸作品之一。

早然木·艾买提剪纸作品之二。

农民剪纸艺术家早然木·艾买提

早然木·艾买提，哈密市沙枣井村农民。她 10 岁开始向母亲学习绘画、剪纸和刺绣，很快就成为村里知名的剪纸、刺绣高手。

1980 年后，早然木·艾买提参加了哈密市文化馆举办的农民剪纸、绘画学习班，便开始学着搞创作，并一直坚持到现在。她的作品多次在自治区、哈密地区获奖，其中一幅剪纸还被选入新疆小学生绘画课本。

据早然木·艾买提讲，她以前跟母亲学的剪纸和刺绣都是和生活用品有关的，如花帽图案、衣服、被褥、枕头上的刺绣图案。现在村里好多姑娘都来向她学，她也耐心地教，还经常给她们提供绣品图案的剪纸样。

早然木·艾买提剪纸作品之三。

民间艺人早然木·艾买提。

民间文学

新疆的民间文学是各族人民精神生活与追求的象征，也是新疆各族人民历史、文化的产物。柯尔克孜族英雄史诗《玛纳斯》，被称为是柯尔克孜族的“民族之魂”。蒙古族英雄史诗《江格尔》，在蒙古族群众中影响颇大，几乎家喻户晓。英雄史诗《格斯尔》是源于藏族《格萨尔》的一部史诗，但是自这部史诗流传至卫拉特蒙古地区以来，经过民间艺人对它不断地丰富和改编，使其成为个性分明的新疆蒙古族《格斯尔》。《玛纳斯》《江格尔》《格斯尔》都是新疆民间文学中不可多得的艺术奇葩。

还有维吾尔族民间“达斯坦”、哈萨克族民间“达斯坦”、新疆蒙古族长调民歌、柯尔克孜族民间“达斯坦”、蒙古族民间“图兀勒”、柯尔克孜族“约隆歌”等等，语言种类多，流传区域广，作品数量浩繁，真可谓美不胜收。

著名玛纳斯奇居素甫·玛玛依在南山演唱《玛纳斯》。

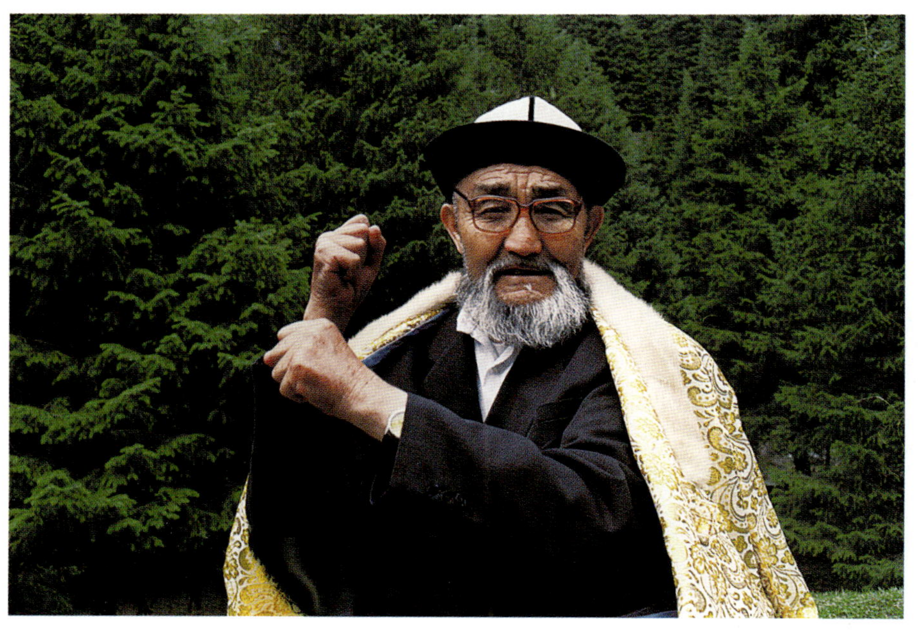

维吾尔族民间“达斯坦”

新疆维吾尔族民间“达斯坦”（意为“叙事长诗”）是具有比较完整的故事情节、篇幅较长、分布地区较广、散文与韵文形式相结合的民间叙事长诗。由历史事件、英雄人物、爱情故事等组成，具有文学、曲艺等方面的特征，集文学、音乐、说唱为一体。维吾尔族达斯坦以民间艺人的说唱形式代代相传，流传至今。“达斯坦奇”是有卓越艺术才能的民间艺人，他们具有很强的语言表达能力，对于流传于民间的各种题材的故事博闻强记，并且能够以韵文、散文等艺术性的语言生动地进行叙述。同时，达斯坦奇擅长音乐艺术，不仅要熟记达斯坦的文本，而且还要掌握达斯坦的说唱曲调，对达斯坦的韵文部分能以歌唱的形式叙述。不少达斯坦奇还是民间乐手，能熟练演奏一种或多种民族乐器为自己伴奏。达斯坦奇还像“独角戏”演员一样擅长表演艺

达斯坦艺人吾布力阿山·买买提。

术，他们的表演能根据“达斯坦”中人物的性别、年龄、社会地位、职业以及性格的不同而随时转换，绘声绘色地作个性化的模拟表演。

全民性的节日、巴扎（集市）、茶馆、劳动场所等都是维吾尔族达斯坦的文化空间。这些地方是农民、手工业者等社会下层群众的主要社交活动场所，也是达斯坦奇展示才华的大舞台，他们的出色表演深深吸引着广大观众，维吾尔族达斯坦也正是在这样的文化空间得以传播、传承和发展。

我国对维吾尔族民间达斯坦的搜集、整理和出版是从新中国成立后开始的，特别是1980年以后新疆人民出版社出版了一系列维吾尔族民间达斯坦，有些达斯坦甚至单独成本。到目前为止，已有100多部维吾尔族民间达斯坦发表。总而言之，这百余部维吾尔族民间达斯坦，是综合反映维吾尔人民的历史演进、文化传统、生活习俗和宗教信仰等方面的百科全书。

新疆维吾尔族民间达斯坦在新疆天山南北维吾尔族人聚居区都有流传与分布。

达斯坦演唱。

著名“达斯坦”艺人夏赫买买提。梁立摄于 2010 年

维吾尔“达斯坦”艺人夏赫买买提

和田墨玉县奎牙乡最著名的维吾尔族民间“达斯坦”艺人夏赫买买提，本名穆哈麦提塔訇·帕沙热訇，艺名买买提。因他在当地民间弹唱艺人中弹唱艺术最高，被当地人封为歌王，于是将“夏赫”（“王”之意）冠在了他的艺名上。他 12 岁开始跟父亲帕沙热訇学唱达斯坦。26 岁时开始正式演唱达斯坦。演唱的维吾尔族民间达斯坦的曲目主要有:《阿布都热合曼汗霍加》《库尔班拉曼》（维吾尔语意为“牺牲”“献身”，一般是在男孩举行割礼的时候唱）、《伊皮塔拉曼》（维吾尔语意为“开斋”，是在斋月晚上开斋的时候唱）、《尼卡拉曼》（维吾尔语意为“婚礼歌”，是在婚礼仪式上唱的歌）、《伊麻穆胡赛因》（维吾尔语意为伊斯兰教的洗礼仪式歌，一般是在接受伊斯兰教洗礼、起名和麻扎朝拜时才唱），以及叙事诗《司依提诺奇》和故事《苏丹巴依孜》等。

哈密汉族“新疆曲子”

新疆曲子孕育于18世纪60年代，民间称“小曲子”，是由陕西“曲子”（越调）、兰州“鼓子”（鼓子调）、青海“平弦”（平调）以及西北等地的民歌俗曲传入新疆后，受新疆汉语方言字调的影响，同时融合了新疆多民族音乐艺术，逐渐形成的一个具有独特风格的，由汉族、回族、锡伯族等民族群众共创共演的地方曲种，主要流传于新疆维吾尔自治区的北疆沿天山一带汉族、回族、锡伯族等民族聚居地区。

哈密是曲子传入新疆的第一站。20世纪20年代初，敦煌曲子戏民间艺人徐建新、徐建善兄弟俩躲避兵役来到哈密，成了曲子戏哈密的第一代传人。徐家兄弟一到哈密就联络了从敦煌来的刘凤鸣兄弟、老海、老邓爷、常木匠、潘三等人组成了自乐班子，在各地会馆演唱，给哈密民众的文化生活带来了起色。徐家兄弟前往奇台演唱后，哈密的曹大鼓、顾占元、何继刚、付进喜、姚登云、杜占鳌、马寿山、张德益等人组成了第二代曲子戏传人。新中国成立后，新疆曲子戏哈密自乐班又由姚春喜、张永泰、孙建基、张益太、姚辉、马玉清等组成第三代传人，在打土豪分田地、合作化等运动中，为宣传党的政策做出了贡献，到了1958年大跃进年代，中断了演唱。20世纪50年代末，著名艺人孙家义由

著名新疆曲子艺人孙家义在哈密市公园演唱。

新疆曲子艺人马玉清在弹唱。

1993年，哈密“新疆曲子”自乐班的孙家义、姚辉、马玉清等艺人在哈密市公园演唱。

乌鲁木齐调到哈密工作后，与马玉清、姚辉等人联合组成了第四代传人。20世纪60年代初，新疆曲子戏又开始在哈密走家串户演唱了。可惜好景不长，“文革”开始，这些艺人受到不同程度的冲击，新疆曲子戏又中断了10年。20世纪80年代，哈密的新疆曲子戏在自乐班的孙家义、姚辉、马玉清等艺人的积极组织联合下，再一次恢复了演唱活动。但终因这些艺人年逾古稀、聚散困难，一年之中也只能进行一两次演唱了。目前，好几位艺人已去世，自乐班已不能外出演唱了。

新疆曲子爱好者们在哈密市公园观看演唱。

哈萨克族民间"达斯坦"

新疆哈萨克族民间"达斯坦"(意为"叙述长诗")是具有整体故事情节、篇幅较长、涉及面广、韵文与散文形式相结合的民间叙事长诗,集文学、音乐、说唱为一体。

目前已知的哈萨克族民间达斯坦约有三百多部。根据内容可分为:英雄长诗、爱情长诗、历史长诗、长诗新编(黑萨)。

哈萨克族所处的生活环境和人文地理为其口头文学提供了肥沃的土壤,形成了大量的寓言、传说、故事、歌谣,尤其是民间故事和叙事长诗极为丰富。例如10世纪前后流传于锡尔河流域的《霍尔赫特祖爷书》;10世纪弘吉次剔部落的《阿勒帕米斯》;12世纪克普恰克部落的《阔布兰德》;14世纪金帐汗国的《十位勇士》《哈木巴尔》《英雄塔尔根》及哈萨克汗国建立之后的《阿不来汗》《卡班拜》《贾尼别克》;19世纪的《阿尔卡勒克》等英雄长诗;形成于9至10世纪的最古老的三万诗行的爱情长诗《阔孜什与巴颜苏禄》等。这些故事和长诗至今仍在哈萨克族民间传唱。

哈萨克族民间达斯坦一般配有比较固定的曲谱,阿肯和歌手们在相互交流、演唱达斯坦时,通常要用本民族传统乐器冬不拉为自己或为其他演唱者伴奏,增强感染力。

哈萨克族民间达斯坦因其具有丰富的内容,包含了哈萨克族古代社会政治、经济、文

年轻的达斯坦艺人叶儿肯·吐尔申别克,2007年11月19日在乌鲁木齐演唱达斯坦。

2011 年 9 月，哈孜木·阿勒曼在福海县演唱达斯坦。

2007 年 11 月 19 日，哈孜木·阿勒曼在乌鲁木齐演唱达斯坦。

化、民俗等各方面的大量信息，因而被称为反映哈萨克族古代社会文化生活的百科全书。

“达斯坦”艺人哈孜木·阿勒曼

阿勒泰福海县阔克尕什乡的哈萨克族民间“达斯坦”艺人哈孜木·阿勒曼，从 12 岁开始，向本村的库克斯根和库开两位老艺人学唱“达斯坦”和“黑萨”，并演唱至今，虽然已近八旬，但仍是远近闻名的达斯坦艺人。他能完整演唱的达斯坦有：《叶斯木汗革命》《萨合尼什——萨列木》《蒙鲁哈拉本》《哈萨克族的名人录》等 104 篇。

“达斯坦”艺人吐尔逊·吾仁别克

伊犁新源县哈拉布拉乡四队的哈萨克族民间“达斯坦”艺人吐尔逊·吾仁别克自幼向父亲吾仁别克·吾铁尔学艺，从 13 岁开始演唱“达斯坦”和“黑萨”等，代表作《阿达姆阿塔》（全部演唱约需 12 小时）、《吉别克姑娘》（300 行）、《人类的创世》（200 行）等达斯坦和《扎尔乎木》《人类的创世》《娜孜古丽》等黑萨篇目。现在他在培养 12 岁的小孙子，想让他成为自己的接班人。

1998 年，阿肯们在乌鲁木齐南山对唱“阿依特斯”。

哈萨克族“阿依特斯”

哈萨克族是新疆草原文化的代表民族之一。俗话说：“骏马和民歌是哈萨克人的两只翅膀”。在哈萨克族民间，流传着很多民歌乐种，例如“阿依特斯”就是其中最具代表性的一种。包括阿依特斯在内的哈萨克族阿肯弹唱已经入选首批国家级非物质文化遗产名录。

“阿依特斯” 通常由双人或四人对唱，是历史悠久的一种竞技式对唱表现形式。集即兴作词能力、音乐天赋、雄辩能力、表演能力、冬不拉弹奏等各种技艺于一身的歌手被敬称为“阿肯”。他们常手持冬不拉，游吟四方，遇到欢庆场合，往往触景生情，即兴作诗，自弹自唱，或为婚礼助兴，或为喜庆增辉。他们还常以弹唱形式记述本民族本部落历史，因此在民间享有极高威望，是草原各部落的骄傲。

哈萨克族“铁尔麦”

“铁尔麦”，哈萨克语，意为“撷取精华”“精选”“集粹”，也是一种从哈萨克族谚语、格言、诗歌或其他文艺作品中撷取精华，配以曲调演唱的“劝喻歌”和曲艺形式。哈萨克族铁尔麦主要分布在伊犁哈萨克自治州（伊犁、塔城、阿勒泰）及巴里坤哈萨克自治县、木垒哈萨克自治县等哈萨克族聚居区。

铁尔麦包括一曲多用和单曲独用两种类型。铁尔麦音乐主要源于吸收哈萨克民歌发展形成，根据音乐结构和表达感情的不同，可分为歌唱性铁尔麦和叙事性铁尔麦两种。演唱内容，主要采用的是民间谚语、诗歌以及阿肯们的作品，是哈萨克族口头文学的精华。

弹唱哈萨克族“铁尔麦”。韩连赟摄

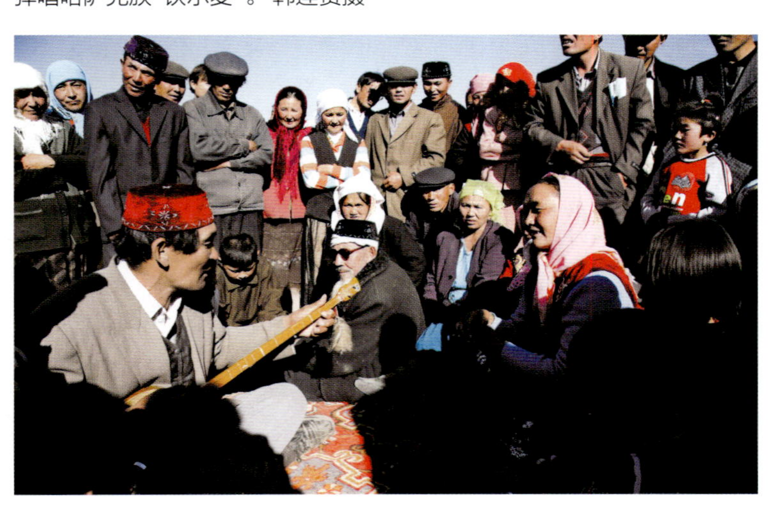

铁尔麦主要表现了哈萨克族的传统习俗、对自然的认识、生活经验、人情道德、愿望等，具有引导人们追求真善美，批判和揭露虚伪与丑恶的积极作用。对铁尔麦艺术的传承和保护，有利于系统研究哈萨克族

民俗学、曲艺、器乐、文学等人文学科。

随着哈萨克族聚居区原有生产、生活环境的改变，能原汁原味地演唱铁尔麦的老艺人大多年事已高，身体状况不佳，记忆力衰退，而年轻一代的铁尔麦演唱者却没有得到培养，后继乏人、青黄不接的状况较为严重。

新疆蒙古族民间“图兀勒”

“图兀勒”，蒙古语，意为“叙事长诗”，是具有悠久历史的一种民间叙事体长诗艺术形式。图兀勒内容丰富，风格多样，具有极强的传奇性。其中规模最为宏大的长篇英雄史诗《江格尔》是杰出的代表。

夏日尼曼（前排左 4）在和布克赛尔演唱图兀勒。

图兀勒在全疆各蒙古族聚居区都广为流传。据不完全统计，目前搜集到的流传在国内外的蒙古族中短篇英雄史诗约有300多部（篇）、550多种变体，而其中相当多部分是从卫拉特蒙古中搜集到的。

图兀勒保留着蒙古族古老的历史记忆，代表了古代蒙古民族文学的杰出成就。其丰富的内容涵盖了蒙古族的历史、经济、教育、文化、宗教、艺术等社会活动的方方面面，具有很高的历史价值和文学价值，对于研究古代蒙古族的哲学思想、宗教信仰、伦理道德、风俗习惯等诸多方面，都具有十分重要的作用。

图兀勒艺人夏日尼曼

巴音郭楞蒙古自治州和静县巴音布鲁克区巩乃斯乡的夏日尼曼，从7岁开始跟父亲和叔叔学唱“图兀勒”。目前能完整地演唱图兀勒67首以及《江格尔》9个章节。据夏日尼曼讲，1988年时巴音郭楞蒙古自治州和静县还有18位民间艺人，而现在只有他一人了。

夏日尼曼与传承人一起在和静县文化活动中心演唱图兀勒。

英雄史诗《江格尔》

《江格尔》是蒙古族的一部著名英雄史诗，是集诗、歌、故事于一体，由民间艺人演唱的韵文体史诗，具有民间文学和民间曲艺双重属性。

《江格尔》流传在蒙古族聚居区，特别是在新疆蒙古族中几乎家喻户晓。主要由一代又一代“江格尔齐”（擅长演唱《江格尔》的民间艺人）口耳相传承。

关于蒙古族英雄史诗《江格尔》的起源，学界观点不一。多数学者认为英雄史诗《江格尔》诞生于12或13世纪前后。英雄史诗

加·朱乃在演唱《江格尔》。

2009年8月9日，著名江格尔奇加·朱乃（前排中）在和布克赛尔蒙古自治县江格尔村演唱《江格尔》。

《江格尔》最早产生于中国卫拉特蒙古民间，并流传于俄罗斯和蒙古国的同一民族聚居区。历代“江格尔齐”在相延数百年的传唱过程中，不断加进了自己所处时代的重大社会事件，丰富其内涵和表现形式，使之逐步趋于完善和定型。相传，有位叫土尔巴依尔的人在学习和背诵当时流传的《江格尔》时，每背会一部便在怀里放进一块石头，后来他怀里的石头逐渐增加到70块，这说明他已学会了70部。当时的王爷听他演唱后，高兴地赐给他一个专有的称号：“达兰脱卜赤”（意为会演唱70部《江格尔》的史诗囊），并在四卫拉特的四十九旗内通报了他的事迹。此后，英雄史诗《江格尔》作为蒙古族民间最为重要的

江格尔传承人在那达慕会上演唱《江格尔》。

口头文学深受群众的喜爱，代代相传至今。由于《江格尔》流传地区广，已知其变体约有二百来种（包括不同民族语种），其内容也异常丰富。

新疆蒙古族的“江格尔齐”在说唱史诗《江格尔》时，一般使用卫拉特蒙古族的传统拨弦乐器“托布秀尔”或使用胡琴伴奏，分为自弹（拉）自说唱或在别人伴奏下说唱两种类型。按照传统，在举行《江格尔》演唱会时，人们要举行鸣鸟枪驱鬼的仪式，还会有“好汉三艺”（射箭、骑马、摔跤）的比赛，力气大的男子汉要用超大的弓箭进行射箭比赛。

当今著名的《江格尔》演唱大师加·朱乃是和布克赛尔蒙古自治县乃仁和布克牧场牧民。从小跟父亲和其他艺人学唱《江格尔》。目前他能演唱28章《江格尔》及很多其他故事和长诗。他的祖父和父亲都是和布克赛尔县蒙古亲王的专业江格尔奇，其祖父厄尔柯泰能说唱36章《江格尔》。其父亲加布能说唱13章《江格尔》。

江格尔奇在草原演唱《江格尔》。

英雄史诗《格斯尔》

源于藏族《格萨尔》的蒙古族《格斯尔》是一部在新疆蒙古族民间广为流传的英雄史诗。自这部史诗流传至卫拉特蒙古地区以来，为适应本地的方言、习俗、生活方式和文化传统等，在新疆蒙古族民间艺人的不断丰富和变异下，具有了一些个性分明的新特色。新疆蒙古族称之为《格斯尔》。演唱《江格尔》的艺人大多也演唱《格斯尔》。

在新疆有一批优秀的《格斯尔》说唱艺人。最著名的是伊犁哈萨克自治州尼勒克县蒙古族乡的说唱艺人吕日甫，从 17 岁开始跟父亲、爷爷学习《格斯尔》，并演唱至今。他能完整地演唱五个章节的《格斯尔》，约 15 万字。1984 年吕日甫到拉萨演唱，很受藏民喜爱，并被中国文化部、中国社会科学院、国家民委、中国民间文艺家协会、中国社科院联合命名为著名“格斯尔奇”（艺人）称号，并颁发了证书。

2007 年 11 月 19 日，尼勒克县蒙古族乡的著名民间艺人吕日甫在乌鲁木齐说唱《格斯尔》。

柯尔克孜族民间“达斯坦”

新疆柯尔克孜族民间“达斯坦”（意为：叙事长诗）是由民间艺人创作、口头传承的，有人物、有情节并以韵文形式表达的集歌、诗、曲于一体的叙事长诗。

柯尔克孜族达斯坦也叫“康杰叶波斯”，即相对于篇幅宏大的英雄史诗《玛纳斯》而言的“小型史诗”，在民间流传了近千年。学界较集中的观点认为，柯尔克孜族民间达斯坦的产生于10—16世纪。

柯尔克孜族达斯坦是由民间艺人口头创作、口头传承，并不断丰富、发展的民间叙事长诗。它在柯尔克孜族聚居区广为流传，不仅在柯尔克孜民间文化中占有重要地位，而且与柯尔克孜族英雄史诗《玛纳斯》的形成、发展有密切关系。

柯尔克孜族达斯坦，也是集诗、歌、表演于一体，以诗言志、以声传情的口头演唱艺术形式。它是在柯尔克孜族古代神话、传说、诗歌和谚语等民间文学丰厚的基础上产生和发展而来的，代表着古代柯尔克孜族文化的较高成就。

大多数柯尔克孜族民间艺人在演唱达斯坦时，用本民族古老的传统乐器库姆孜琴来为自己伴奏。演唱时全凭记忆，没有唱本，在细节的表现上常有即兴创造。

目前能演唱柯尔克孜族民间达斯坦的艺人越来越少，大都年逾古稀。

克孜勒苏柯尔克孜自治州乌恰县黑孜苇乡的柯尔克孜族民间“达斯坦”演唱艺人沙尔塔洪·哈德尔，从七岁开始跟外祖父加曼太学唱柯尔克孜族“达斯坦”。现年近七旬，仍能完整演唱的达斯坦“赛麦太”“胡尔曼别克”“什热力档”“热玛赞”“巴地克”等。

民间“达斯坦”演唱艺人沙尔塔洪·哈德尔。

2002 年 9 月 13 日，居素甫·玛玛依在阿合奇县演唱《玛纳斯》。

乌恰县黑孜苇乡的柯尔克孜族民间艺人沙尔塔洪·哈德尔在演唱《玛纳斯》。

英雄史诗《玛纳斯》

柯尔克孜族英雄史诗《玛纳斯》主要流传于新疆克孜勒苏柯尔克孜自治州及邻近的阿克苏地区乌什县、伊犁哈萨克自治州特克斯县、昭苏县和喀什地区塔什库尔干塔吉克自治县、和田地区皮山县等地的柯尔克孜族聚居区。在吉尔吉斯斯坦、哈萨克斯坦、乌兹别克斯坦、阿富汗和巴基斯坦北部等柯尔克孜人聚居区也有流传。

《玛纳斯》以口头形式流传上千年，饱含着柯尔克孜族人民的情感、智慧和精神，是一部传记性质的英雄史诗，记录和描绘了玛纳斯家族八代英雄为柯尔克孜族人民的利益而

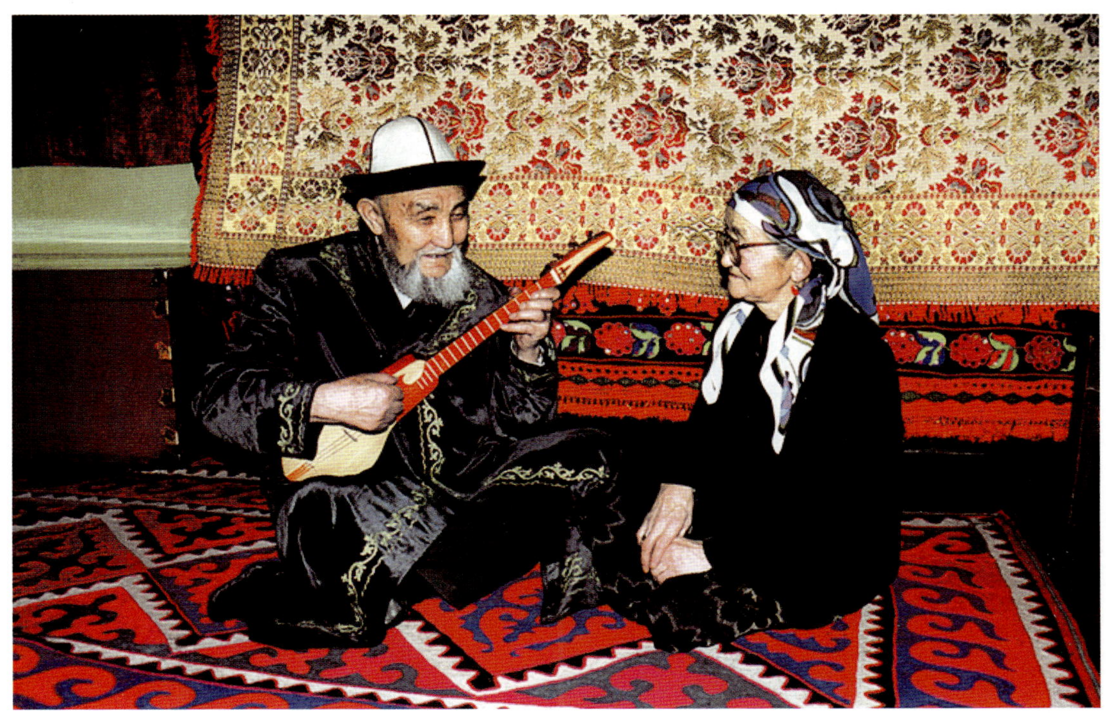

居素甫·玛玛依在家中演唱《玛纳斯》。

奋斗的事迹。

柯尔克孜族《玛纳斯》演唱大师居素甫·玛玛依，生于新疆阿合奇县麦尔凯奇村。他从8岁开始学唱《玛纳斯》史诗，20岁时已将其完整的8部、长达23万行全部记在心里并开始演唱至今。由于居素甫·玛玛依超常的演唱才能和记忆而被国内外史诗学界称为“活着的荷马”“当代荷马”。

阿合奇县玛纳斯奇在演唱《玛纳斯》。

柯尔克孜族“约隆歌”

新疆柯尔克孜族“约隆歌”是在帕米尔地区生活的柯尔克孜族民间礼仪歌的一个种类。约隆歌的种类繁多，有劝嫁约隆、迎客约隆、谜语约隆、对唱约隆、讽刺约隆、“纳萨特”（劝善）约隆、“铁尔麦”（弹拨）约隆以及女性约隆、男性约隆等。约隆歌既能清唱，也可用库姆孜伴奏演唱。在帕米尔地区搜集到的约隆歌大约有10多种、800多首。

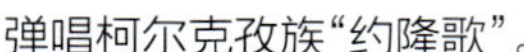

弹唱柯尔克孜族“约隆歌”。

帕米尔地区柯尔克孜族民众的婚礼、节日、群众集会是约隆歌的主要文化空间。约隆歌的内容包罗万象，大到重大历史事件，小到个人之间的恩恩怨怨，都可成为约隆的题材。特别是在婚礼上，被邀请的约隆奇往往担任婚礼主持，整个婚礼的各种礼仪和程序都由他主持和协调，在婚礼中起着重要的作用。约隆歌演唱中的即兴性很强，约隆奇的唱词经常根据现实情景现编、现唱，表现出了杰出的语言驾驭能力和超群的记忆力。

民族宗教

原始宗教信仰

原始宗教信仰是新疆古代先民宗教信仰之一。远古时期，由于生产力极为低下，对自然和自然现象不理解，对许多自然事物和自然力（诸如河流、山岳、风、雷、雨、电、日、月之类），既有依赖又有畏惧。因此就产生了原始的宗教观念和崇拜行为。新疆古代先民在万物有灵观念的驱使下，曾崇拜天地日月、风雨雷电、河流山川等自然物和自然现象，崇拜动植物、崇拜生殖、崇拜祖先。这一时期，由于没有文字记载，新疆古代先民自然崇拜的实际情况，尚无从详述。但现已发现的考古资料、古代岩画、史籍、传说、习俗中所反映出的对山、河、日、月、动植物等的崇拜，仍然为我们了解新疆古代先民中的宗教信仰提供了丰富的佐证。如罗布泊地区考古发现的"太阳墓"；维吾尔族传说他们的祖先乌古斯有六个儿子，他们的名字分别叫太阳、月亮、星星和天、山、海，就是原始宗教自然崇拜的痕迹。再如形成于原始社会后期，具有明显的氏族部落宗教特点的萨满教，是新疆古代先民普遍信仰的原始宗教。在《突厥语大词典》《福乐智慧》《乌古斯可汗的传说》等少数民族文献中，对维吾尔等民族的萨满信仰都有大量记载和反映。萨满信仰是原始宗教的一种晚期形式，相信万物有灵和灵魂不灭，并具有自然崇拜、祖先崇拜和多神偶像崇拜的特点。迄今，在维吾尔、哈萨克、锡伯、达斡尔、柯尔克孜等民族中还程度不同地保留着萨满信仰的习俗和遗存。

远古居民对太阳的崇拜

自然崇拜是新疆古代先民普遍存在的现象。新疆的地理环境复杂，绵延挺拔的高山峻岭，肆虐的狂风，干旱多变的气候和沙漠戈壁，这种严峻的生存条件对在这里生活和生产的西域先民是巨大的威胁和考验。敬畏自然、崇拜自然，在西域各氏族部落、部族和民族的宗教中，自古以来就占有十分突出的位置，至今在新疆各地的民间仍保留有许多自然崇拜的遗俗。

同我国北方民族一样，西域先民在自然崇拜中，对天的崇拜较为突出。如突厥语和蒙古语称“天”为“腾格里”，阿尔泰语系许多古老民族都如此称谓。突厥人十分崇拜天神，认为天神腾格里是主宰一切的神，人类的一切，包括土地、食物、牲畜、权力、寿命、战争、胜败，甚至妻子儿女等都是天神腾格里所赐。后来，突厥人把崇拜天、日合二为一，日为神相，天为神名，形成敬天拜日的习俗。祭祀时，多朝着日出的东方跪拜，祈盼获得神的赐福。蒙古人最敬天地，每事必敬天。天神腾格里是蒙古人信仰的众多神灵中最高的神。

崇拜日月星辰，在新疆古代先民中占有重要地位。如罗布泊地区考古发现的“太阳墓”。这些墓穴分别由七圈有序的木桩排列成环状，环的外围木桩呈放射状排列，每列有10米之长。六座墓的主人皆为男性，均按头东脚西入葬，有随葬品。如果把中间的圆圈比作太阳，那么四周的木桩就是四射的光芒。这种“太阳墓”是3800年前古罗布泊人的坟墓，许多专家依此推断，生活在这里的远古居民存在着对太阳的特殊崇拜。

2000多年前，这里是丝路南道的重要驿站，也是我国古代向西开放最繁华的商埠之一，曾是河网遍布、生机勃勃的绿洲。这里的居民种植小麦、饲养牛羊，他们的日常用品多取材于胡杨木、兽角，也有许多苇草类编制品。已发现的六座墓葬中，成材圆木达一万多根，数量之多，令人咋舌。有人依此推断，这种耗材巨大的“太阳墓葬”，或许对当地植被起过非常致命的破坏作用，加剧了楼兰地理生态环境的恶化。

罗布泊地区考古发现的“太阳墓”。

远古居民的生殖崇拜

生殖崇拜是原始宗教较为普遍的崇拜形式，是自然崇拜、动物崇拜的进一步发展，产生于母系氏族社会后期。

生殖崇拜是以男女性器官为崇拜对象，在自然崇拜中属于特殊的现象，是原始人类理解生殖现象在宗教观念上的反映。在母系氏族社会中后期，群婚制逐渐被对偶婚所取代，氏族内部的血缘关系得到加强，氏族首领即母权的地位进一步提高，女性在氏族群体中占有支配地位，并被认为是人类繁衍后代的主要承担者，于是产生了对女性生殖器官的崇拜。进入父系氏族社会以后，随着男性

康家石门子大型雕刻岩画。

地位的上升和父权地位的确立，人们对人的生殖现象也有了更多的了解，男性生殖器官开始受到崇拜，并逐渐取代了女性生殖崇拜。

新疆先民的生殖崇拜大都表现于早期人类的岩画、雕刻、随葬品，以及远古的有关传说中。在新疆天山、阿尔泰山均发现有生殖崇拜的岩画。

康家石门子大型雕刻岩画

康家石门子大型雕刻岩画位于呼图壁县西南天山，东西长 14 米，上下高 9 米，约 120 平方米的岩壁上，刻画着 200 幅人物和动物图像，大的比真人还大，小的只有 10 厘米至 20 厘米高。岩画的上端是一列九人裸体女性图像，由左至右逐渐趋大，最大的 2 米至 3 米高，小的也有真人大小。这列图案的左下侧是一个侧卧的男性裸体像，饰以朱彩，并突出刻画了其生殖器及睾丸。这列图像具有明显的女性生殖崇拜特点，表明了以女性为主题、祈求生育繁衍的新疆母系时代生殖崇拜的特点。

裕民县生殖崇拜岩画

这幅岩画的右上方，比较清晰地刻画了男性特征，夸张地表现了男性生殖器。画中一男一女的图像十分醒目，表现了男女交媾的情景。体现出新疆先民祈盼人口繁衍、人丁兴旺的强烈愿望。

裕民县生殖崇拜岩画。赵君安摄

温泉县的“母亲石”。

温泉县的“母亲石”

温泉县的“母亲石”，是远古游牧居民生殖崇拜的遗存。其巨石形似女性生殖器官，在历史上被当地居民视为圣石圣母，无子不孕或想多子多福，祈求人丁兴旺、族群繁盛的人们，都常常来此祭拜。今天仍有许多蒙古族的信男信女们来此，先往“母亲石”上绑一块绸缎被面或一块布料，再虔诚地跪在“母亲石”前，祈盼生男生女，人丁兴旺，然后，绕到石头后面从形似“子宫”的石洞钻到前面来。据说，这样表示再生了一次，以前的病痛都会消失。有的还在“母亲石”待一通宵。

从“母亲石”周围方圆几公里的地面上，可看到不少飘落的绸缎被面和一块块布料，足可证明现在此地仍有不少的崇拜者。

维吾尔族麻扎文化中的求子习俗

麻扎主要指伊斯兰教著名贤者的陵墓。新疆维吾尔族聚居区盛行麻扎朝拜，朝拜者相信麻扎具有神性，是人与安拉的中介，常以礼拜、诵经、祈祷、祭祀等宗教仪式，以及向麻扎捐赠土地、施舍财物等行为，祈盼获取麻扎的庇护和佑助。

麻扎朝拜活动中，点燃油灯祈祷求子现象在吐鲁番部分群众中还较为盛行。妇女们往往随身携带一小瓶清油和一些棉花，在朝拜时先往油灯里添加一些清油，再把棉花做成灯芯放到灯油里浸泡后点燃，随后进行祈祷活动。

麻扎朝拜实际上是坟墓崇拜、祖先崇拜和多神崇拜的遗留和发展，是伊斯兰教与维吾尔等民族原始宗教信仰和传统文化相结合的产物，具有鲜明的伊斯兰教地域特色。

“克孜勒加克”麻扎坐落在火焰山中连木沁沟的峭壁上。

在山顶的守墓屋旁边有一“神泉”，朝拜者要在这儿“净身”后才能进入圣地麻扎。

朝拜者到“石窟”点亮清油灯。

玉山尼牙孜•艾力是麻扎第五代“谢依赫”。

祈祷者触摸“奇石”—— 石窟顶部两个乳状的石头后默默许愿。

麻扎上专为许愿人“占卜”的老妇。

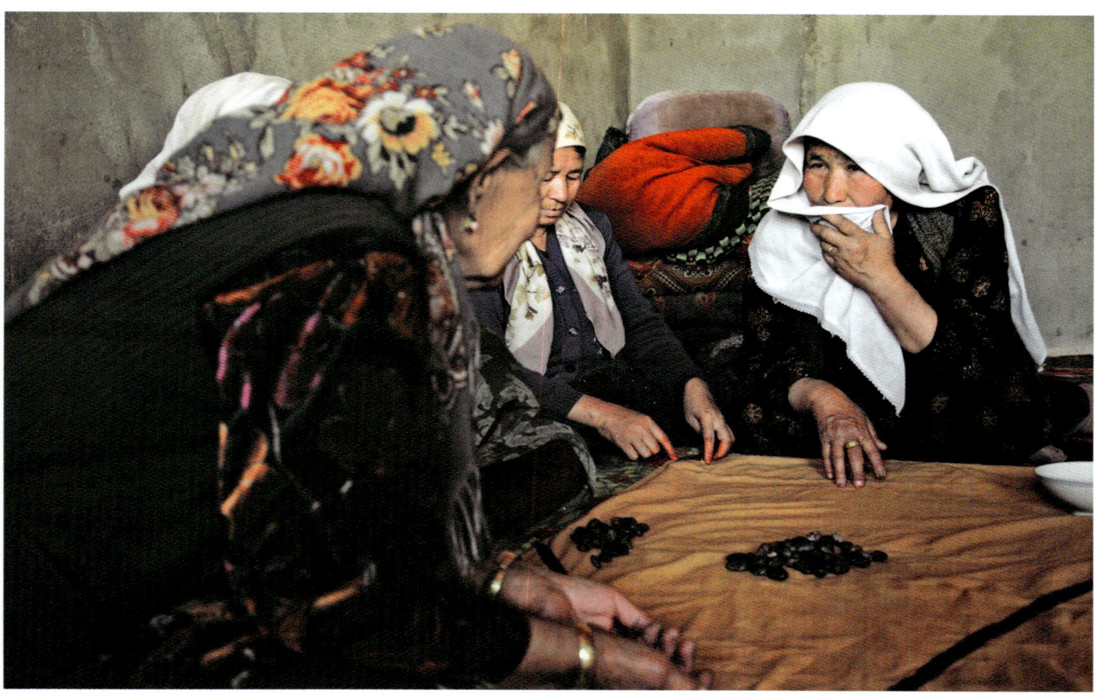

原始宗教“萨满信仰”遗存

原始宗教进入晚期阶段后，逐渐出现了神职人员和以万物有灵观念为核心的简单教义以及一定的宗教仪式。这一时期的原始宗教被称为“萨满信仰”，具有明显的氏族部落宗教特点：相信万物有灵和灵魂不灭，并具有自然崇拜、祖先崇拜和多神偶像崇拜的特点。

萨满是作为氏族神在人间的化身和代理人而出现的，是人与神鬼之间的中介，因此在氏族或部落中享有特殊的地位。其主要职责是主持氏族部落的宗教活动，祈求氏族神灵保佑本氏族五谷丰登、六畜兴旺，为氏族成员祈儿求女、占卜吉凶、治病消灾等。后来，萨满逐渐参与氏族部落重大事务的决定。

萨满信仰的形成是一个漫长的历史过程，经历了原始社会的自然崇拜、动物崇拜、图腾崇拜等各个阶段，最终在复杂的祖先崇拜基础上逐渐形成。所以，萨满信仰没有“始祖”或“创始”之说，是自然发展演变的结果。

萨满信仰建立在复杂的灵魂观念之上，万物有灵和泛神思想是其核心。在萨满信仰繁杂的神灵中，祖先的神灵逐渐构成了崇拜的主体，自然崇拜和图腾崇拜已经作为祖先崇拜的附属物，围绕祖先崇拜进行，这是后期萨满信仰的共同特性。

氏族或部落的祖先，往往被认为具有高超的本领和勇武精神。在许多民族的传说里，本氏族或部落中最早的萨满或喀木都是远古时代的一个祖先。他死后，人们祈盼他的灵魂能继续庇护子孙，也成了后世萨满尊敬的祖先神。后世萨满都以能与民众信奉的祖先神相通，并能邀请其助阵驱魔，来显摆自己的地位。每个氏族都有一个祖传的氏族萨满，被视为正宗。他们的产生，不靠选举、委任，多数不世袭，全凭该氏族祖神的“旨意”。通常，氏族老萨满死了，经若干年月，祖神或亡故萨满的灵魂“附”在本氏族成员或已故萨满亲弟妹的子女身上，新的萨满就这样被确定了。成为萨满的人，大多是长期病重不愈或突患疯癫症，这被认为是族内新萨满出现的征兆，认为那是祖神或已故萨满看中了他们，用病痛、发疯来折磨之，逼他们允诺当萨满，方能痊愈。

新萨满确立后，还须在其他的老萨满带领下，经过一系列诸如领神（授神）

仪式和跳神的训练，熟记祭神祷词，掌握本氏族或部落祖先神灵和世代萨满的名字，以及本氏族来历和历史传说一类的知识。熟悉了这些宗教业务后，才能逐渐取得主持宗教活动的资格。

据史籍记载，匈奴、柔然、突厥、回鹘、契丹、蒙古等曾在新疆活动的许多古代民族，都信仰过萨满教。萨满在这些民族中享有很高的社会地位。由于笃信萨满是神灵在人间的化身，所以凡涉及本民族的重大问题，尤其是军事行动，首领都要事先征求萨满的意见，由萨满占卜吉凶，征求神意，然后才能做出决定。

萨满信仰是生命力极强的宗教。各民族不管历史上宗教信仰如何变化，不管其接受的新宗教排他性强弱，原始萨满信仰的许多观念或渗入到新的宗教中，或以习俗的形式在这些民族中得以长期流传，有些甚至遗留至今。有些民族的萨满巫师并没有因萨满教的衰落而消失，长期以来，他们继续活跃在维吾尔、哈萨克、柯尔克孜等民族民间。伊斯兰教传入新疆一个多世纪后成书的《福乐智慧》和《突厥语大辞典》中，都可以看到萨满信仰的影响。如《福乐智慧》中就专列一章，讲国王应该如何正确对待“喀木”（萨满）。成书于12—13世纪的《真理的入门》一书，作者玉格乃克作为一位虔诚的维吾尔族穆斯林诗人，在书中就感叹世风日下，无奈地说：现在去清真寺做礼拜的人少了，到处都在跳“萨玛舞”。时隔几百年后的今天，维吾尔人在一些节日活动中还有跳“萨玛舞”的。在维吾尔族古文献《乌古斯可汗的传说》一书中，就大量反映了古代维吾尔人萨满信仰的情况。乌古斯可汗召集部落大会时，都要按照原始宗教仪式在大帐的两侧各立一根木杆，在杆顶挂上金鸡、银鸡，杆下分别拴上黑羊、白羊。这种仪式后来逐渐演变成为挂羊头、牛尾、布条等。即使在接受伊斯兰教后，这些仪式也没有多少改变。至今维吾尔族穆斯林在朝拜麻扎（即圣墓）时，仍然在麻扎周围插木杆，并在其上挂羊头、羊皮、布条，同时还要集体跳萨玛舞。在民间仍然盛行“巴合西（即萨满）”跳神治病，尤其是在南疆农村，人们生病后有时还是去找巴合西。哈萨克、蒙古、柯尔克孜等民族也都程度不同地保留了萨满信仰的遗存和习俗。

随着时代的发展和科技的进步，人们认识自然、认识社会的能力在不断提高，作为“治病”的匹尔巫术越来越受到冷落，但其中的舞蹈各民族却以各自不同的方式传承下来。如维吾尔族“匹尔舞”、锡伯族“萨满舞”就是从这种活动演变而来的。

哈密维吾尔族“萨满信仰”遗存

哈密维吾尔族“萨满舞”保存十分完整，人们在一舞蹈传承人家中还发现了反映萨满信仰的经书、诗词、曲谱和古老的神具。

舞蹈的第一个程序是布置场地。先用一根麻绳穿梁而过，将麻绳一头固定在地上，再用白布缠绕麻绳三层，这根绳代表可以通达神的天路。然后，把红、黄、蓝、白四种颜色长约 50 厘米的布条共 41 面，绑扎在一树枝杈上，意为代表天上 41 位神仙。

其后将萨满经书用绿色彩布包起来与绑满 41 面彩布的树杈一同绑在麻绳顶部的房梁上。

巴合西将绑扎 41 面布条的树枝杈和包好的经书，先在“患者”头上绕一圈，然后交给患者扛起 41 面旗绕场一周。

巴合西将绑扎 41 面布条的树枝杈和包好的经书，绑在麻绳顶部的房梁后，与“患者”跳起了匹尔舞。

在众人的手鼓和歌声中，巴合西与“病人”共握通向天路的麻绳，祈求神灵驱魔治病。

苍天啊，给我力量吧！快把病魔赶开。

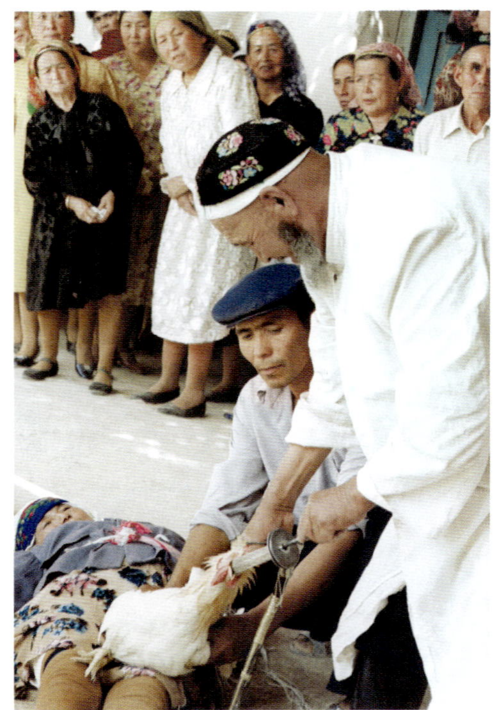

巴合西杀鸡驱邪。

第二个程序是“巴合西”的萨满诵经后，手鼓响起，大家齐唱萨满歌：

莫拉赛，尼外赛，
苍天啊，苍天，
你给我力量吧！
快把病魔赶开。

四十一面旗，四十一个神，
请你们到人间来，
她手不能动，脚不能迈，
请把病魔驱赶开。
……

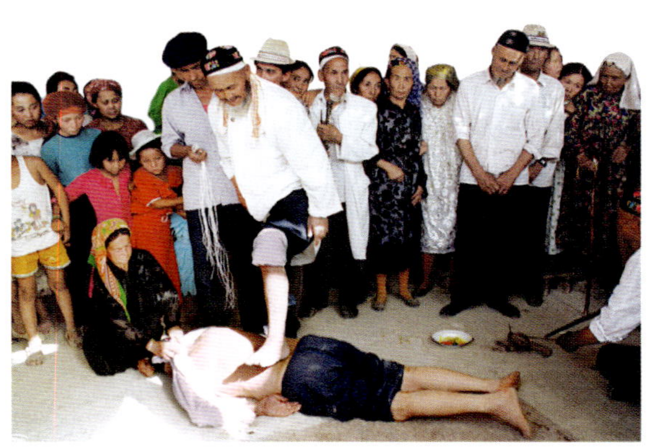

巴合西施法驱魔。

巴合西点火驱魔。

第三个程序是巴合西右手持“汗坚尔”，左手持皮鞭，口中念念有词，众鼓手低声浅唱，配合默契，萨玛舞进入第一个高潮。

第四个程序是假扮的病人入场，“病人”头包白布，神智痴呆，巴合西开始给病人治病。

第五个程序是在巴合西的治疗下，在众人的歌声中，“病人”康复，不断击掌作揖感谢巴合西，感谢众人，众人绕场一周，齐声欢呼歌唱。

哈萨克族巴克思占卜、行医。

哈萨克族"萨满信仰"遗存

哈萨克族把萨满称为"巴克思"，把女萨满称为"库什娜西"。在哈萨克族信仰伊斯兰教以前和信仰伊斯兰教后的最初几个世纪，巴克思都起过十分重要的社会作用。那时人们称巴克思为"阿比兹"，认为他们是博学之士、诗人、乐器演奏家、吟诵史诗的歌手、氏族部落的谋士。

古代哈萨克族巴克思的一个特点是他们在历史的各个时期，都全盘接受盛行于哈萨克草原的自然崇拜、图腾崇拜、祖先崇拜和佛教、景教等的影响，并将它们糅杂在一起为己

边弹边唱边呼唤各路天神相助。

所用。他们在众人中跳神时，用库布兹伴奏，一面演唱萨满歌，一面求神拜佛，兴奋时即发表或吉或凶的预言。战争年代，他们在军队首领身边，演奏库布兹，歌颂英雄传统，鼓舞士气。14—15 世纪的乌孜别克汗国时期，伊斯兰教曾无情地镇压萨满教，把跳神、唱萨满歌视为"顽固不化""不信教"的异教徒而给予镇压。即使如此，原始宗教也没有彻底消亡，巴克思仍用库布兹琴伴奏吟唱萨满歌跳神、占卜、行医。至今在哈萨克族民间，仍有萨满遗存。

巴克思是哈萨克族原始信仰的代表、传播者和继承者。同时，他们为发展和丰富民间诗歌、音乐、艺术作出了重大贡献。

吹火钳的热浪到病人口中治病。

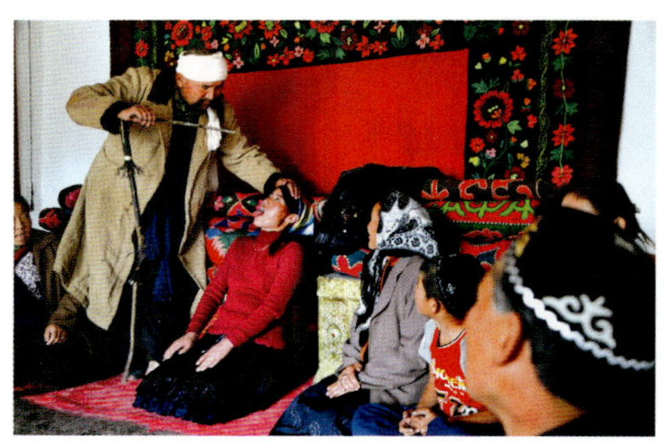

用清水喷烧红的火钳产生的雾气为病人治病。

踩踏烧红的砍土曼后，再快速踏在病人身上治病。

哈萨克族“巴克思跳神”遗存

萨满巫术活动，旨在预言未来，为病人求神祛病。巴克思应邀到病人家中跳神，多在夜间进行。先在毡房或平房中央点燃一堆火，病人和阿吾勒（牧村）的人们来后，巴克思开始用冬不拉弹奏召唤神灵的乐曲。这些乐曲是被称为巴克思之神的霍尔赫特遗传的最古老的乐曲，古时用库布兹琴演奏。巴克思一边弹冬不拉、一边唱歌，主要内容是祷告腾格里和召唤自己的神灵。不久巴克思开始兴奋、焦躁、浑身颤抖，用臀部撑地移动身体，同时面色变得令人恐怖，表示神灵正在前来。稍后，巴克思从地上站起，表示神灵已经到来，其他

众人助战勒死恶魔。

将病人身上的鬼魔降服引走。

人继续弹奏乐曲。这时巴克思一边围着火堆绕圈，一边自言自语呼唤神灵之名（其中有各种野兽、飞禽的名字），表露出和他们交谈的神情，同时表演法术，做出与各种魔鬼搏斗的动作。巴克思跳神时，还常用皮鞭抽打自己，或请众人帮助用大绳紧勒自己的腹部驱鬼，用斧头砍自己的胸部，伸舌头舔烧红的铁器，如砍土曼、铁锨等。还有的赤脚踩在烧红的砍土曼等扁形的铁器上，使脚板发出哧哧的响声，冒出白烟，然后立刻移脚踩在病人患处熨烫，反复多次为病人祛病。还有的跳上毡房的天窗大发雷霆，或骑马绕毡房奔跑，并大喊大叫。还有的在跳神时异常兴奋，浑身颤抖，最后疲惫至极，昏迷倒地。醒来后，便说自己如何与鬼怪、精灵及神仙见面、交谈，并以他们的话向人们预言未来。巴克思跳神祛病，对重症病患者则断为遭到了瘟疫，是由瘟疫报怨、魔鬼附体、灵魂不满所致。以前哈萨克人认为，大巴克思跳神可祛病攘灾，驱赶凶神，能在患者不知不觉的情况下打开患者的腹腔撵走疫病，故极力请他们来家中跳神。

哈密伊吾县哈萨克族巴克思边弹冬不拉，边唱歌。

呼唤鬼神后，拿起烧红的铁锨，开始往烧红的铁锨上喷水为病人治病。

巴克思点起篝火并将铁锨放进火里烧，然后用嘴衔马鞭绕火堆跳神。

巴克思将手放在篝火上烧，呼唤鬼神。

柯尔克孜族“萨满信仰”遗存

“萨满”，柯尔克孜语称“巴合西”“喀木”“卡木”等，最为普遍的称呼为巴合西。柯尔克孜人认为巴合西是人与神之间的“使者”，具有同祖先神灵交往和通话的本领。

萨满信仰是柯尔克孜族原始宗教的一种晚期形式，其影响一直延续至今，在今天柯尔克孜人们的日常生活和各种礼仪中均有表现。如遇有人生病，请巴合西到家中跳神驱邪治病；有人丢失牛、马、羊等家畜或其他东西，请巴合西施术查出失物的去向；有人婚姻遇到挫折时，请巴合西来想办法解决等。

柯尔克孜族巴合西用脚踏过烧红的铁板后，再迅速地踏在病人身上驱邪治病。

柯尔克孜族巴合西在给人治病前，做油烛灯。

柯尔克孜族巴合西治病前要先诵经、呼唤著名麻扎名和各路神仙佑助。

柯尔克孜族巴合西点上油烛，放在屋内不同角落。

当今，柯尔克孜族虽然已信仰伊斯兰教，但萨满教仍然发挥着作用，萨满色彩的各种风俗习惯和萨满活动在柯尔克孜族社会中仍然盛行，而且种类较多。一般有贾依奇（专用魔石求雨祭祀"呼风唤雨"的巫师）、达热木奇（专治愈嘴上生疮、肿痛和被蛇等有毒虫子咬伤的病人，并能念咒语说出各种蛇、虫的名称的巫师）、艾米奇（念咒并用手按摩病人治病的巫师）、多木奇（专门念咒、跳神、驱邪消灾、诊治疾病的巫师）、森奇（专门占卜未来的巫师）、厥尼曲（专门占卜的巫师）、图尔格曲（占卜时用41块小石子的布局形象测算吉凶祸福或丢失物的巫师）、达勒奇（看羊肩胛骨的纹路测卜吉凶的巴合西）等。

柯尔克孜族巴合西往烧红的铁板喷水，用产生的雾气为病人治病。

锡伯族"萨满信仰"遗存

锡伯族自古以来崇奉萨满信仰。后来，虽然接受了排斥原始宗教的藏传佛教，但因萨满信仰在锡伯族民间已根深蒂固，对藏传佛教的皈依程度并不普遍和深入，故在锡伯族群众的宗教活动中，萨满信仰仍占有主要地位。追溯至20世纪50年代，新疆的锡伯族还保存着萨满信仰。

锡伯族的萨满信仰与其他民族的萨满信仰一样，没有统一的经典、宗教组织、寺庙、创始人、定期的礼拜仪式和节日。它是以萨满为中心的原始宗教，其一切信仰、礼仪，均通过萨满活动表现出来。

锡伯族的萨满，以往属于本哈喇（氏族），每个本哈喇都有自己的萨满，后因衰落，所剩的萨满突破了氏族界限，服务范围扩展到许多哈喇的整个村落。

充任萨满者多为久病不愈，或突患癫痫征兆的人，待其发誓"走萨满之道"，方得痊愈。如是，则认为被神灵选中。不过要成为萨满，还需请老萨满教授领神、跳神法术，熟记祭神祷词，掌握本氏族祖灵和世代萨满的简历，并将它们整理成"萨满神书"或绘制成"萨满神像图"。同时，还需通过最庄严的"攀刀梯"仪式。这是最后的考试，难度很大，也是令人望而生畏的领神仪式。

据说，伊散珠女神是锡伯族萨满的始祖，每一位学徒须攀登30级至40级刀梯方能到达神界，并通过18道卡伦，到达伊散珠始祖居住的圣境领神，才能成为正式萨满。

锡伯族"萨满巫师"在做法。王德钧摄

锡伯族萨满巫师的道具。王德钧摄

锡伯族“萨满舞”

萨满舞是锡伯族古老仪式歌舞。过去是巫师、巫婆在跳神作法、驱魔治病的仪式上所唱，统称萨满舞春，亦可意译为“萨满歌”，萨满和巫师视之为神歌和具有超自然之力的巫术，在民间有人将之作为民歌，用来娱乐。近年来，随着时代的发展和科技的进步，人们认识自然、认识社会的能力在不断提高，作为“治病”的萨满巫术越来越受到冷落，但其中的歌舞却被传承并得到发扬。其特点是将歌、舞、乐融合在一起。表演时一边唱萨满歌，一边跳萨满舞，一边击打萨满鼓。萨满歌用诗歌语言写成，其内容、格式和韵律富有特点，读起来朗朗上口，唱起来富有韵味，每首歌有其固定曲调用以演唱。萨满舞最突出的特点是质朴、生动、粗犷、豪放，动作刚猛有力，饱含着强烈的人体律动。所有舞蹈动作都遵循特定的节奏进行，重与轻、快与慢、停顿与连续都有机地联结在一起，构成萨满舞独特的舞蹈语言和风格特点。萨满音乐有深沉的慢板，有抒情悠扬的旋律，也有激越高亢的节奏，萨满鼓点音乐的节奏与萨满跳神时的呼喊声及系在腰间铜铃的碰撞声交织在一起，产生了令人惊心动魄的艺术效果。

萨满舞是锡伯族民间舞蹈中的一个特殊种类。

锡伯族“萨满舞”。

锡伯族"祖先崇拜"

锡伯族"祖先崇拜"是原始宗教信仰遗俗。锡伯族对祖先极为崇敬，不论举行何种习俗活动，都将其与祖先崇拜相联系。他们确信，祖先的灵魂已在上界成为神灵。在萨满神图中，祖灵占有一定的位置。他们认为人死后，灵魂仍然活着，只是脱离了人的肉体四处游荡，并与本氏族和家庭保持着某种关系，可以暗中保护其氏族、家庭的成员；如要与祖先亡灵沟通，就需要通过一定的祭祀仪式，来祈求亡灵显灵，给以帮助。他们相信只有祖先的灵魂受到崇拜，才可以保护子孙、赐福消灾。

锡伯族家庭供奉的祖先神图。王德钧摄

锡伯族家庭供奉的关公、周仓、关平英雄神图。王德钧摄

锡伯族的家谱（以氏族为单位举行庄严的仪式，按一定的格式，将每一男成员之名恭敬地书写于绸缎上）因有祖先名字而视为圣物装入木盒，推举辈分高、家规严的族人保管，平时不得开启，非开不可时，由辈分高的家谱爷爷洗手净身，烧香磕头后方可行之。每逢春节，本哈拉老少相聚在"家谱爷爷家"，将写有祖先名字的家谱挂起来，向祖先朝拜祭祀，同时举行续家谱仪式——将年过 10 岁的男孩名字填入家谱。孩子的名字与祖先的名字在一起，认为可以得到祖先的庇佑。王德钧摄

古代宗教

新疆自古以来就是多种宗教信仰并存的地区。历史上，除自然崇拜和萨满教外，祆教、道教、摩尼教、景教、佛教、伊斯兰教等都曾流传于新疆地区。其中佛教和伊斯兰教传播时间最长、范围最广、影响最深。

祆教是由琐罗亚斯德于古代波斯创立的一种宗教。大约在公元前 4 世纪，经过中亚传入新疆，是最早传入新疆的外来宗教。祆教在新疆曾一度十分盛行，以后逐渐与当地的原始宗教相融合，成为民间信仰的一部分。

公元前 2 世纪时，佛教传入新疆于阗。不久，就在各地统治阶级的大力扶植和推行下迅速兴起，到 4—5 世纪时佛教成为新疆的主要宗教。当时，塔里木盆地周围各绿洲，佛寺、佛塔林立，僧侣成群；于阗、龟兹、疏勒、高昌等佛教中心相继形成；佛学研究和佛经翻译十分盛行。佛教传入后，使新疆逐渐形成以佛教为主要宗教的多种宗教并存的格局。

继佛教之后，道教、景教与摩尼教又相继传入新疆。道教传入新疆的时间大约在 4—5 世纪。当时主要在汉人比较集中的哈密、吐鲁番等地区流传。摩尼教又称“明教”“明尊教”。6 世纪前后，随着中亚摩尼教徒不断来新疆经商或定居而传入。景教又称波斯教、弥施教，传入新疆的时间大约在 6 世纪。道教、景教与摩尼教的传入，使新疆多种宗教并存的格局得到了进一步的发展。

10 世纪初，喀喇汗朝统治者由于政治斗争的需要，接受了伊斯兰教，开始强制推行伊斯兰教。960 年喀喇汗朝宣布伊斯兰教为国教后不久，以武力把伊斯兰教推行到塔里木盆地西部和南部地区。

西辽和元朝时期，由于统治者采取宗教宽容政策，各个宗教都十分活跃，使新疆进入多种宗教并存与繁盛时期。

14—15 世纪，在察合台汗国秃黑鲁·帖木儿可汗的推动下，伊斯兰教传播到塔里木盆地北缘、吐鲁番盆地和哈密一带，确立了伊斯兰教取代佛教成为新疆主要宗教的地位。16—17 世纪，哈萨克族、柯尔克孜族普遍接受了伊斯兰教，但与此同时，北疆的卫拉特蒙古人接受了藏传佛教。18 世纪，东正教随着俄罗斯人的到来传入新疆。19—20 世纪，天主教和基督教开始在新疆广泛传播。这些宗教的传入，进一步丰富了新疆多种宗教并存的格局。

祆　教

祆教又称“拜火教”“火教”“火祆教”等，是中国汉语文献对琐罗亚斯德教的异称。祆教是古代波斯宗教，公元前 7 世纪至公元前 6 世纪，由琐罗亚斯德创立于波斯东部的大夏（今阿富汗的巴尔赫地区）。该教的经典是《阿维斯陀》，宣扬善恶二元论，认为原始之初就存在着相互对立的善与恶两大本原。善本原阿胡拉·马兹达是善良和光明的代表，恶本原阿赫里·曼纽是邪恶与黑暗的化身。善与恶、光明与黑暗两大势力进行了数千年的斗争，最后以善神的完全胜利和恶神的彻底失败而终结。该教以火为善与光明的象征，对火尤为崇拜，有专门祭祀圣火的仪式。此外，还崇拜日、月、土、木等。祆教产生后不久，就传播到波斯东部和中亚地区。

祆教是最早传入新疆地区的外来宗教。祆教传入新疆的时间史无记载。1978 年以来在乌鲁木齐和伊犁地区各出土了一件祆教的文物——高方座承兽铜盘。据考证，两物件系公元前 5 世纪至公元前 1 世纪的铜盘，与中亚发现的祆教祭祀台形制相似，是祆教教徒专门用来祭祀圣火用的。

由于祆教崇拜天、地、日、月、水、火、木、土，与新疆盛行的原始自然崇拜基本相同，因此容易被当地居民接受。魏晋至唐宋时期，祆教在新疆各地迅速传播和发展起来。近年

青铜双兽铜盘　1976—1978 年在乌鲁木齐南山阿拉沟东口一处古代塞人墓葬出土的祆教拜火用的祭祀台，年代鉴定为距今（依出土时间 1978 年）约 2345 年，即公元前 4 世纪。铜盘高 32 厘米，盘底呈喇叭座，座上方承方盘，盘边长 29.5 厘米，盘上有两个异兽伫立在盘中央。出土时，盘内还残留着一些燃烧过的木炭灰屑。考古学家认为它是拜火教的宗教祠台。

在吐鲁番出土了几具唐代陶棺，内装有两次葬的尸骨。从陶棺和葬俗可以推断，陶棺中所葬的是袄教教徒。在吐鲁番的出土文书中，也屡屡出现袄教教徒特有的名字和有关袄教活动的记载。史籍对这一时期袄教在吐鲁番的流行情况也作了记载:“高昌国俗事袄神,兼信佛法。”反映了当时袄教的盛况。

袄教传入中原后屡遭打击，到唐朝晚期已渐趋衰落，但是在新疆却有所发展。据新旧《唐书》记载,袄教不仅继续在吐鲁番、焉耆等地区流行,而且还传到了于阗、疏勒这两个佛教中心，并成为这两个地区人们乐于信仰的主要宗教之一。袄教也传播到了哈密地区。据敦煌藏本唐光启元年(885 年)《沙州伊州地志》(残卷)记载,当时哈密有火袄庙,庙中“有素书形像无数。有袄主翟槃陁者,高昌未破以前,槃陁因朝至京,即下袄神,因以利刀刺腹,左右通过腹外,截弃其余,以发系其本,手执刀两头,高下旋转。说国家所举百事皆顺,天心神灵功,无不徵验。神没之后,僵扑而倒，气息奄，七日即平复如旧。有司奏闻,制授游击将军。”

五代迄宋,袄教在新疆仍十分盛行。《旧五代史》记载:“于阗,其俗好事袄神”。《宋史》也称于阗“俗事妖(“袄”之误)神”。这一时期来华的外国旅行家对新疆袄教也做了记述。10 世纪的阿拉伯旅行家米撒尔说,吉利吉斯人“最忌熄火”,“祈祷时,面向南,拜土星及金星,欲知来,则祷火星,”拔希国(在今

柯尔克孜族在诺鲁孜节夜晚,牲畜入圈后,每家房前用芨芨草点起一堆火,人先从火堆上跳过,继之为牲畜,旨在消灾弭难,求得新的一年人畜两旺。即是保留至今带有拜火等袄教色彩的习俗。

新疆策勒县)国都拔希城内有"火祆徒"。

考古学和民俗学资料表明，祆教的教义教规在新疆的祆教徒中得到了严格遵行。祆教不仅崇拜火，还敬奉水、土、木，而认为尸体是最不洁净的。所以，祆教徒既不实行火葬、水葬、土葬，也不用棺木，而是实行天葬。祆教的重要节日诺鲁孜节，现在仍是曾信仰过祆教的维吾尔、哈萨克、柯尔克孜、塔吉克等民族的传统节日。在这些民族中，敬火崇火的习俗也被大量保留下来。

塔吉克族皮里克节在家中的祭祀活动，即是保留至今的敬火崇火的习俗。包迪摄

佛　　教

佛教是最早传入新疆的世界三大宗教之一，也是新疆历史上流传时间最长，信仰人数最多，社会影响最大，文化遗存最丰富的宗教。

佛教于公元前 6 世纪至公元前 5 世纪产生在印度，创始人是北印度迦毗罗卫国(今尼泊尔西部提罗拉科特一带）净饭王之子乔达摩·悉达多，即佛教徒所尊称的“释迦牟尼”（意为“释迦族的圣者”）。释迦牟尼虽贵为王子，但也为人世生老病死等各种痛苦所困扰，又对婆罗门教不满，遂于 29 岁时舍弃王族生

克孜尔石窟　位于拜城东南，是龟兹境内最大的石窟群，也是新疆最具代表性的石窟。共有 250 个洞窟，已编号的有 246 个。石窟拱形窟顶上的菱形格内，画的多是佛本身故事、佛因缘故事和供养故事，以山川、树草、鸟兽为依托。这些画以中间的日天、月天为界，分左右两半，前室佛龛外画着供养菩萨及飞天。窟门入口处上方画的大体都是佛说法图。左右两壁一般也画着划分为四格、六格或八格的连环式佛传故事和说法图。上沿周围画着天宫墙栏和伎乐行列，也有画千佛的。甬道左右一般画着立佛像或供养人像。

克孜尔石窟。范书财摄

克孜尔新 1 窟顶飞天壁画。

克孜尔石窟壁画 壁画里的“飞天”造型十分优美。飞天即香音神，传说她们生活在“西方极乐世界”的天宫楼阁里，所以又称“天宫伎乐”或“伎乐天”。她们有的手持乐器，有的抛撒香花，有的于天宫翩然起舞。她们舞动长绸，任意飘逸，突出了浪漫活泼的气氛，象征着美和自由。

活出家修道，最终“悟道成佛”，创立了佛教。此后就在印度北部和中部恒河一带传教，受到中下层人民欢迎，信者甚众。后来一些统治阶级的上层分子也受其教化，皈依了佛教。佛教在印度本土逐渐传播开来。释迦牟尼去世几个世纪后，佛教才开始向印度本土以外地区传播。

根据《大唐西域记》《于阗国授记》等汉、藏文献记载，佛教传入新疆的时间，大约在公元前 1 世纪七八十年代，早于我国内地约一个世纪左右。传入路线有两条：一条由迦湿弥罗经丝绸之路南道首先传入于阗（今新疆和田），另一条由大月氏、康居经北道传入疏勒（今新疆喀什）、龟兹（今新疆库车）地区，时

克孜尔第 175 窟耕作图局部。

间略晚于于阗。佛教传入前后，新疆正处于奴隶制发展阶段，天山南北建立了数十个“城郭之国”。这些所谓“城郭之国”，实际上只是一些大大小小的、互不统属的地方割据政权。他们相互攻伐，不断进行兼并战争，造成经济的破坏和社会的动荡。匈奴贵族集团对各地的残酷政治压迫和经济掠夺，进一步加剧了社会的动荡和各种社会矛盾的激化，加重了劳动人民的苦难。汉王朝驱逐匈奴的斗争，虽然给新疆各族人民带来了休养生息的时机，但并未彻底解除战争和阶级压迫给他们造成的痛苦，各种社会矛盾依然尖锐激烈。所以提倡忍耐、安命的佛教传入后，很快就受到各地统治者的欢迎。他们希望借助这一新宗教来消

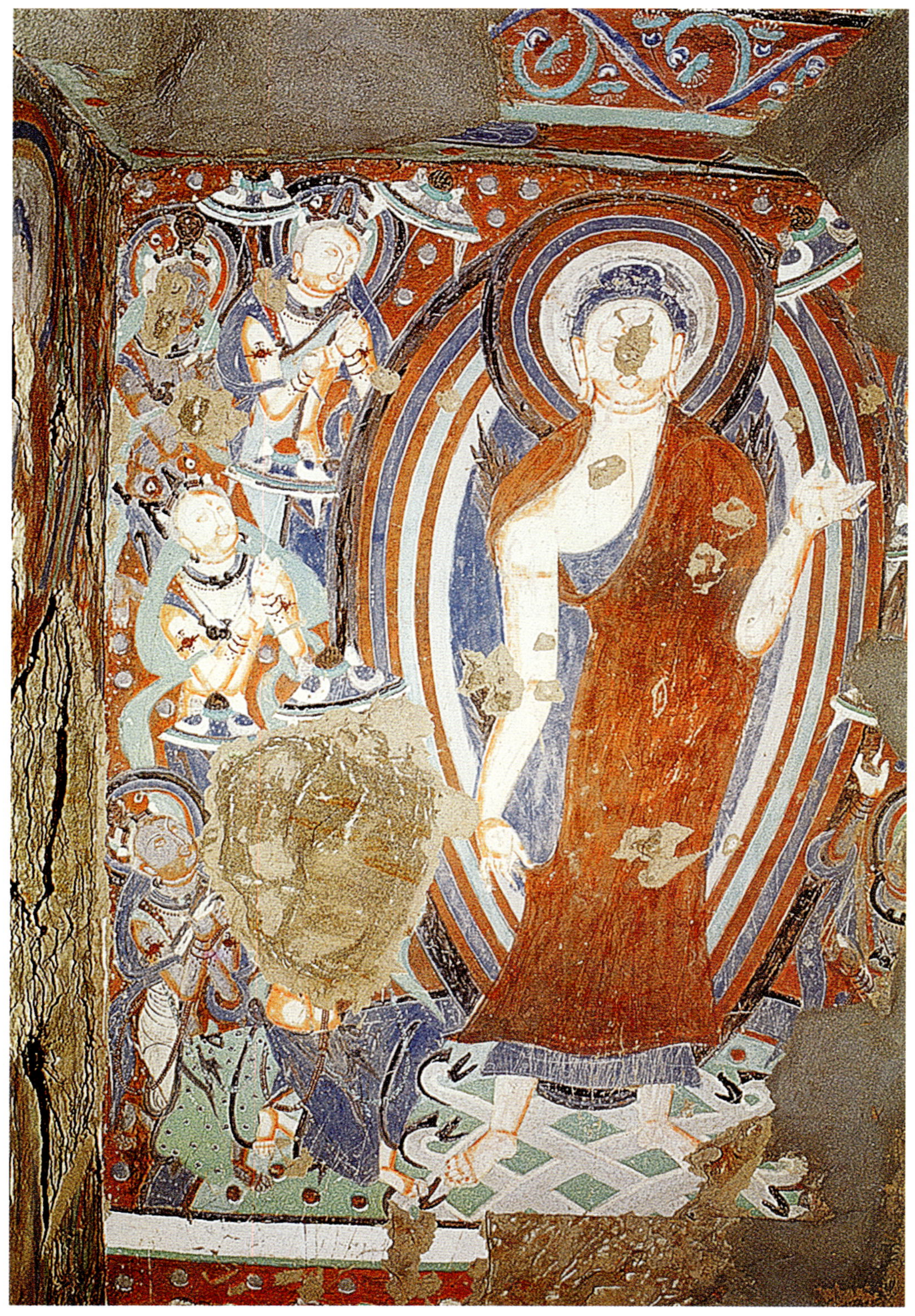

克孜尔第 189 窟因缘佛传图。

除劳动人民的不满和反抗，维护自己的统治。佛教一传入，这些统治者便利用其权力，大力予以扶植和推行。长期遭受匈奴贵族和本国统治阶级压迫剥削和奴役、生活在水深火热中的广大劳动人民，也把改变自己命运、摆脱痛苦的希望寄托在对佛的信仰上。所以佛教传入各地后，受到上至王公贵族，下至底层劳动人民的普遍欢迎，信者日众。佛教在各地得以迅速传播开来，并逐渐取代萨满教、祆教，成为各地的主要宗教。

自此，在新疆形成了以佛教为主要宗教的多种宗教并存的格局。

经过几个世纪的传播，到魏晋南北朝时期，新疆佛教进入了发展的鼎盛阶段。这一时期新疆佛教的盛况，不仅在《晋书》《魏书》等正史中多有记载，当时途经新疆前往印度求法取经的内地僧人，如法显、宋云、惠生等，记载更为详尽。从这些记载可以看出，当时新疆各绿洲地区佛寺林立，僧侣成群，宗教活动规模宏大的情景。

佛教寺院的修建，既是宗教活动的需要，又是弘扬佛教文化、宣传佛教教义的要求，也是信仰者的一项重要功德。当时新疆地区十分重视寺塔的修建。于阗作为佛教在新疆的首传之地和佛教中心，不仅佛寺佛塔的数量多，而且建筑规模大。《魏书·西域传》记载：于阗“家家门前皆起小塔，最小者可高二丈许”，还有“不可数计”的大小寺院。据后人考证，当时和田地区具有一定规模的寺院达

库木吐喇石窟沟口区第 21 窟穹隆顶上的菩萨像壁画，是龟兹壁画的上乘之作。

库木吐喇石窟。

库木吐喇石窟 位于库车西南的渭干河流出确尔达格山口处的东岸断崖上。已编号的洞窟共 112 个。洞窟形制与克孜尔石窟基本相同，库形完整的约有 60 个，保存有壁画的洞窟 40 多个，壁画内容以因缘故事为主，佛本生故事明显减少，种类也远不如克孜尔石窟丰富。石窟多为支提库中的中心柱窟和方窟，毗诃罗窟较少，窟前地面可能有供僧徒居住的建筑，但已见不到任何遗存。

库木吐喇石窟第79窟，回鹘供养人像壁画，绘于主室门道，是回鹘人投奔安西不久、改建原有洞窟时所绘的供养人像。

阿艾石窟壁画。

阿艾石窟壁画。 晏先摄

4000余所。著名寺院有14座，可见规模之大。位于城西的王新寺规模更大，该寺由三代于阗王历时80年才建成，高25丈，雕刻精美，装饰豪华，梁柱、门窗皆贴以金箔，金碧辉煌，气势宏伟，“非言可尽。”佛教另一中心龟兹，仅城内就有“佛塔庙千所”。

佛教寺院分两种形式，一种是殿堂式寺院，一种是石窟式寺院（又称“千佛洞”）。新疆的石窟寺就开凿于这个时期，其中最著名的是拜城的克孜尔千佛洞。

寺院多僧侣必然多。当时和田地区僧侣多达数万人，几近其总人口的1/3。其中法显在于阗所居住的瞿摩帝寺就有3000名僧侣，其余各地僧侣人数一般都有数千人，最少的子合（今叶城）也有1000人。

大规模佛事活动更反映了当时佛教的鼎盛。于阗国举行一种名为“行像”（即佛像游行）的大型佛事活动。“行像”活动从四月一日开始，届时“城里便扫洒道路，庄严巷陌”。城门上支起大篷，国王和夫人及采女就住在帐篷里。行像前，在离城三四里的地方做一个状如行殿、高三丈多的四轮像车，把佛像立于车中。像车距离城门一百步时，国王要脱掉王冠，换上新衣，赤足持香，出城迎接。像入城时，门楼上夫人、采女纷纷向下抛撒鲜花。这种盛大的行像活动，共进行14天，由于阗的14座大寺轮流举行。国王自始至终参加，直到整个行像活动结束，才和夫人等一起返回王宫。竭叉（今喀什）等地的重大佛事活动

阿艾石窟壁画，卢舍那佛，在主室右壁。佛袈裟上绘有天人须弥山、护法神、马、象等，表现“六趣轮”。

苏巴什遗址。 刘宇霖摄

苏巴什遗址 位于阿克苏库车县东北方向的库车河出雀而塔格山口处。在库车河两岸，苏巴什遗址古代建筑随处可见。著名的大寺有达慕伽蓝、阿奢理贰伽蓝、那婆瑟鸡寺、王新寺、前践寺等。最大的寺院是有名的昭怙厘大寺，又名雀离大清净寺，享有龟兹国寺的地位，也是小乘佛教的一大中心。著名的小乘学大师佛图舌弥是鸠摩罗什幼年出家时的师父，培养了很多沙门高僧，在龟兹佛教界影响很大。

鸠摩罗什生于龟兹，父亲是天竺人，母亲是龟兹王的妹妹，7 岁时便从佛图舌弥学习小乘佛学，后来遇到莎车王子须利耶苏摩，遂由小乘改习大乘，20 岁受戒，成为大乘信徒。鸠摩罗什博学多才，天资过人，精通佛典，屡次击败与之辩论的对手，使大乘之学迅速推广，风靡一时。著名的昭怙厘大寺（就在今天的库车苏巴什遗址）是他讲经说法之处，从而龟兹也成为大乘的一个理论中心，大乘佛教因鸠摩罗什的出现而在龟兹风行一时。因此，4 世纪中后期，是龟兹佛教的重大转折时期，也称“鸠摩罗什”时代。

是“般遮越师”，即五年一度的盛大法会。法会多在春季举行，举办的时候，四方僧侣云集，由国王率先供养，之后则由群臣供养，时间一至七天。供养结束后，由国王带头把各种最好的珍宝及僧侣所需之物，布施给众僧侣，然后再从僧侣手里赎回。

鼎盛时期的新疆佛教还形成了于阗、龟兹、疏勒、高昌等佛教中心，佛学研究和佛经翻译十分兴盛，并达到了很高的水平，出现了鸠摩罗什等许多著名的佛学大师和佛经翻译家。佛教在建筑、雕塑、绘画、音乐、舞蹈、戏剧、文学、佛经翻译等方面也都达到了很高的水平。

佛教在新疆长期流行的过程中与各地的传统文化结合，逐渐形成了富有地方特色的佛教文化艺术。在魏晋南北朝时期新疆佛教盛行，也创造了丰富多彩的佛教文化，如新疆的石窟寺艺术，堪称西域佛教文化的“艺苑妙境”，不仅反映了新疆各地佛教的建筑、雕塑、绘画艺术，而且还形象地反映了音乐、舞蹈、杂戏以及服饰、印染、工艺美术等方面的

丹丹乌里克佛寺壁画之一（上）。
丹丹乌里克佛寺壁画之二（下）。

丹丹乌里克佛教遗址　位于和田策勒县达玛沟乡北部的沙漠中。此古城属汉唐遗址，南北长两千米，东西宽一千米，大多数建筑物是废弃的佛教寺庙，这里曾经是一座规模颇大的佛教城。1900 年 12 月，英国人斯坦因来此挖掘出了鼠首人身木板画和被认为是蚕桑公主传蚕桑到于阗的木版画。1929 年，我国著名考古学家黄文弼教授也来此进行了考察挖掘，发现了汉文、于阗文、梵文、婆罗谜文文书及大量古钱币等文物。

该遗址从建筑材料上看，残存的墙壁和寺塔都是用晒干的土坯垒成的，有的还使用了烧过的砖。房屋则是用胡杨木构成，墙壁是用由芦苇纺织的、缠得紧紧的一小捆一小捆的芦苇夹在棍子上，再在直竖的芦苇把子上涂抹一层和着碎草的墙泥。墙内外两面都刷了白灰，再绘制出优美的壁画。城区曾出土有佛像、壁画、陶器及古文字等，还有一些由成排的胡杨、杏树、李树等组成的花园。遗址周围沙丘连绵高大，遗址处于相对低洼的地带，有枯死的胡杨林树干。从遗址所处位置看，可能是达玛沟水系的末端绿洲或克里雅河分支所形成的绿洲。从遗址中出土的文物分析，遗址可能属于汉至唐时代，与约特干遗址的时代相仿。

丹丹乌里克位于一沙山环绕的狭长地带，干涸的古河道自南向北贯穿而过。遗迹沿河分布，东西宽约两千米，南北绵延 10 余千米。重要遗迹集中在南部，包括圆形城堡、民居、寺庙在内，共发现近 20 处建筑群废墟，它们与古灌溉渠道、果园、田地一起，构成一个统一的结构完整的聚落遗址。

和田热瓦克遗址。

和田热瓦克遗址佛像。

热瓦克遗址 位于和田地区洛甫县吉亚乡北的库拉坎斯曼沙漠之中。它是以塔为中心的佛教寺院，属魏晋时代的建筑（兴废时代约为4—7世纪）。在寺庙墙壁上，塑有坐式泥佛像，间隙处绘有彩色壁画图案，以供养人像、比丘像、云气纹和图案穿插泥塑佛像之间。壁画色彩单调，以赭色为主，泥塑佛像和菩萨像着通肩式长衣，具有犍陀罗艺术风格。

情况。新疆的佛教盛行之地都有数量不等的石窟、寺庙、佛塔等遗址，分布于天山南北，集中于龟兹、高昌、于阗、疏勒等地。这些佛教遗址，为我们了解新疆的佛教建筑、雕塑、绘画等文化艺术提供了丰富、直观的素材。其中，龟兹石窟因其数量多，规模宏大，内容丰富多彩，遗址保存较完好，具有极高的文化艺术价值，在世界佛教石窟之林占有一席之地，堪与敦煌莫高窟媲美，是我国佛教石窟艺术的一颗明珠。

新疆的石窟在建筑、雕塑、绘画等方面都受到印度、波斯、中原，尤其是犍陀罗艺术风格的影响，但是，它的地方特色和民族特色显得十分突出。

各地石窟开凿时间不等，与佛教的兴起紧密关联。最早的石窟开凿于东汉末期，魏晋

吐峪沟石窟。

吐峪沟石窟残存的壁画。晏先摄

吐峪沟石窟残存的壁画。

吐峪沟石窟　位于吐鲁番鄯善县境内火焰山中段吐峪沟峡谷南出口处。汉文书籍称其为"丁谷寺"。至今已编号的洞窟有46个，其中9个洞窟中还有残存的壁画。壁画以佛像、千佛、说法图和丘禅观图为主，还有佛本生、因缘故事和菩萨形象。从壁画反映的内容来看，与高昌地区盛行的禅法有关。壁画佛本生故事图上，书写有"尸毗大王""有国王名曰妙光，为一切……"等汉文题记，是晋代河西张轨、吕光、沮渠蒙逊等在此设高昌郡时期汉僧留下的题记，证明汉地佛教文化在这里的影响较深。吐峪沟石窟群是高昌地区开凿最早、规模最大的一处石窟群。

柏孜克里克石窟。

回鹘公主供养人像。描绘于柏孜克里克石窟第 20 窟，位于主室前壁、门两侧。

着蒙古服饰的畏兀儿供养人像。柏孜克里克石窟第 41 窟的畏兀儿供养人像，身着蒙古服饰，应是元朝的臣属。

南北朝是大兴石窟寺的时期，至唐宋，有些窟寺已被废弃，有些则刚刚开凿。元代以后，逐渐废弃，基本是循佛教在各地的衰落、伊斯兰教由西渐东兴起的过程而逐渐废弃的。

柏孜克里克石窟壁画佛本行经变图。

柏孜克里克第 20 窟壁画。

回鹘王族供养人像。描绘于柏孜克里克石窟第 20 窟，位于主室前壁、门两侧。

柏孜克里克石窟 位于吐鲁番市东，经火焰山到胜金口再北行，沿木头沟河水上溯 10 余千米。开凿于麴氏高昌时代(6—7 世纪中期)。现已编号的有 83 个石窟，残留壁画的石窟有 40 多个。形制与龟兹地区石窟大体相似，唯一不同的是，柏孜克里克石窟不像龟兹石窟是在悬崖上凿出的洞窟，而是就着悬崖，用土坯垒砌起窟室，或开凿石室与土坯相结合的方法，具有高昌地区石窟的特点。壁画的题材与风格更多地体现了大乘思想。柏孜克里克石窟在高昌回鹘时代最为繁荣。晚期的壁画出现了头戴花冠的女供养人像，以及蒙古骑士装束的供养人像，反映了高昌回鹘晚期到元代的壁画题材。

大佛寺主殿位于寺院后部，殿中央的塔柱四面开龛，龛内有佛的塑像和彩绘痕迹。

大佛寺院后部左侧建筑。

大佛寺院前部右侧建筑。

交河故城大佛寺　进入交河故城南门，沿中央大道一直向北，通过两个相互呼应的大塔，即可直达大佛寺，大佛寺已经成为游人必到之地。

交河故城共有大型佛教建筑遗址 52 处，面积约 2.6 万平方米，占交河故城总建筑面积的 12%，其中大佛寺规模最宏大，面积约为 5100 平方米，是交河故城的佛教中心。主殿位于寺院后部，殿中央的塔柱四面开龛，龛内有佛的塑像和彩绘痕迹。主殿两侧和寺内三面均残留建筑遗迹，内部格局复杂，在整个交河故城中都是罕见的，充分反映了西域建筑艺术。

佛教自秦汉之际传入西域，到 4 世纪已经在车师国占统治地位，佛教僧侣担任车师国国师。北凉迁都高昌后，于 450 年统一交河，北凉王沮渠氏大力推行佛法，翻译、研习佛经，修建佛寺、开凿石窟、庄銮佛像、彩绘壁画，此时高昌成为我国的佛教中心之一，作为高昌下属郡的交河，当然也不例外。此后的麴氏高昌和西周时期，修塔建寺盛行，皇室贵族、望族大姓家家建寺。佛教已深入民间，影响和改变了人们的生活习惯。9 世纪以后，回鹘王也改崇佛教，佛教之势大振，出现了高昌佛教的又一个兴盛期。佛教在交河经历过车师时期、麴氏高昌和唐西州时期以及高昌回鹘时期一千年的发展，因而，佛教遗址在交河故城的建筑中占据重要的地位，是交河历史的必然反映，大佛寺更是其中的代表建筑物。

大佛寺主殿两侧和寺内三面均残留建筑遗迹，内部格局复杂，在整个交河故城中都是罕见的，充分反映了西域建筑艺术。

交河故城塔林　大佛寺遗址后有一处排列有序的古塔林，共有 101 座。是我国现存最早的金刚宝座塔，中央一座主塔保存较好，残高约 10 米，基座为方形高台，上建五座小塔，中央一座较大，四隅四座较小，塔身均呈圆锥形。主塔的四角，各有 25 座一组的方形小塔。以纵横各五的方式排列成东南西北四个方阵，共 100 座。小塔残高 1.5 米左右，塔基亦均方形。从西北和东南方阵的两座残留较多的小塔来看，可知小塔亦各为同一方基五座塔的格式。碳十四测定距今 1640 年。

白杨沟佛教遗址　位于哈密市柳树泉农场白杨沟村东1000米处的白杨河上游的两岸。白杨河水自中部流过，将其分为东西两部分，当地维吾尔族人称为“台藏”，属唐代时期的大型佛教寺院。1990年被列为新疆维吾尔自治区文物保护单位。

寺院构筑形式主要有三种：一是在断崖立面上凿出窟体后，再用土坯砌筑，并在窟前接砌前室；二是利用断崖直接开凿成窟；三是在与断崖相接的台面上用土坯砌建成窟。此三种建窟形式与吐鲁番柏孜克里克石窟大同小异。洞窟的平面大致有两类，以长方形居多，方形次之。有单窟，也有两窟和三窟相连。内壁均抹草泥，现依稀可见彩色壁画。距主体建筑北部亦有一组石窟，其中在一单窟的甬道中，发现面积不到两平方米的壁画，白底红绿彩，因年代久远已氧化成暗红色，图案系小千佛，佛光已成为黑色。据唐代史籍记载，唐代伊州下辖的纳职县（今拉甫却克古城）正北10千米的地方有一所香火旺盛的佛教寺院，似指此处。14—15世纪，伊斯兰教传入哈密后，该寺院逐渐废弃。

哈密白杨沟佛寺遗址之一。

哈密白杨沟佛寺大殿遗址之二，大殿残高 15 米，是唐代大型寺院。

哈密白杨沟佛寺遗址之三。

哈密白杨沟佛寺遗址之四。

北庭西大寺西配殿西壁壁画，反映了佛涅槃后八个国王争夺舍利的场面。

北庭西大寺　位于吉木萨尔县北庭镇北庭故城的西边，北庭都护府遗址西一千米处，又名高昌回鹘佛寺，是当时佛教文化艺术中心。佛寺残迹平面呈长方形，南北长 70.5 米，东西宽 43.8 米，地面以上全部用土坯砌筑，地面以下为夯土台基，整个建筑分南北两个部分，南面为残高 0.2～0.4 米的庭院、配殿、僧房、库房等建筑群；北面为正殿，四周筑洞窟，两部分衔接成一个整体。目前东面有上七下八的洞窟残迹，窟内残留有高昌回鹘时期的若干壁画。建筑材料为土木结构。

窟内及配殿现残存有佛、菩萨、罗汉、天王等塑像和壁画。其中“八王分舍利图”等精美壁画代表了回鹘佛教艺术的最高水平。

西大寺佛殿壁画，回鹘男女供养人像真实地描绘了回鹘人的衣冠服饰。

北庭西大寺遗址。

道　教

道教是中国的传统宗教，以其最高信仰为“道”而得名，产生于2世纪上半叶的东汉顺帝年间。道教是在中国古代宗教信仰和巫术、谶纬、神仙方术的基础上，吸收道家学说和黄老思想而逐渐形成的。道教尊奉老子为教主。其基本信仰和教义的核心是“道”，认为“道”乃“虚无之系，造化之根，神明之本，天地之元”“万物以之生，五行以之成”，是物质世界和精神世界的本原。由“道”所化生的元始天尊、灵宝天尊、道德天尊等“三清尊神”是道教崇拜的最高尊神。道教还发展形成了包罗众多天神、地祇、人鬼在内的神仙体系。道教经书的总集称为《道藏》，现存的总集有《正统道藏》《万历道藏》《道藏辑要》等。

道教传入新疆的具体时间，由于史无明载，说法不一。根据现有的考古资料推断，道教传入新疆的时间大约在东晋、十六国时期，即4—5世纪。在吐鲁番阿斯塔那墓葬出土的大量随葬衣物中，有很多反映的是道教的内容。

吐鲁番是新疆通往中原地区的咽喉要冲，从汉代起这里就是汉人活动的主要地区之一。北魏以来，高昌相继出现了由阚、张、马、麴内地四姓豪门建立的汉族政权。所以这里很自然地成为道教向新疆传播时的首传之

和田布扎克墓葬出土的彩棺，长215厘米，宽75厘米，棺下有底座，四周有围栏，顶呈拱式。棺表饰木乳钉，并涂成红色；四周彩绘朱雀、玄武、青龙、白虎四神图像，与中原同时代的棺木有许多相似处。

地。由于汉族政权的建立和内地信仰道教的汉人不断迁入，道教在高昌地区迅速传播和发展起来。这从吐鲁番出土的大量随葬衣物疏中得到证明。这一时期的随葬衣物疏普遍写有"如律令""急急如律令"等道教符咒，神仙名称除青龙、白虎、朱雀、玄武外，又增加了"五道大神""张坚固""李定度"等道教神名。

唐王朝于贞观年间(627—649年)统一了新疆，结束了长期分裂割据的局面。唐朝皇室为利用道教维护自己的统治，自称是道教始祖老子的后裔，对道教大加推崇和扶持。这一时期道教在内地有很大的发展。唐朝廷尊崇道教，也促进了道教在新疆的发展。据敦煌藏本唐光启元年(885年)《沙州伊州地志》(残卷)记载，在当时的伊州(今新疆哈密地区)三县共有道观三座，即伊吾县的祥辫观、大尹观、柔远县的天上观。

魏晋至隋唐时期，新疆佛教、祆教正处于发展的鼎盛阶段。道教在这种环境中不仅生存下来，而且还取得重大发展，除了北魏和唐朝大力推崇外，道教为适应这一特殊环境而进行的自我调适是一个至关重要的因素。道教在新疆的传播过程中，为避免佛教势力的排斥和打击，以求得自身的存在和发展，不得不逐渐吸收佛教的内容，为自己涂上佛教的色彩，从而与佛教融合，形成新疆道教的鲜明特点。在吐鲁番出土文书中，有一件高昌建昌四年(558年)《张孝章随葬衣物疏》写有：

和静县出土的东汉时期的"四神规矩铜镜"，直径10厘米，外侧有浅浮雕法铸出的朱雀、玄武、青龙、白虎四神图像。边沿有一圈篆书铭文："尚方作竞(镜)真大巧，上有仙人不知老。渴饮玉泉饥食枣，浮游天下敖(遨)四海"。这面铜镜可能是一位汉人道教徒使用的遗物。

“禅师法林敬移五道大神，佛弟子张孝章，持佛五诫，专修十善，今于高昌城内家中命过经涉五道，幸不呵留。”另一件高昌重光二年（621 年）《张头子随葬衣物疏》末尾写有：“大德比丘果愿敬移五道大神，佛弟子张头（子）持佛五戒，专修十善，昊天不吊，今于此月四日奄丧盛年，迳涉五道，任意听（过），幸勿呵留。时人张坚固，倩书李定度。若欲求海东（头），若欲觅海西辟（壁），不得奄遏留亭（停），急急如律令。”内容相似或相同的此类衣物疏在吐鲁番出土文书中多有发现。这种格式是道教符箓常用的格式，但使用这种符箓的死者却都是佛教信仰者。这种符箓与普通道教符箓的不同之处在于它的内容中既有道教的用语，也有佛教的用语。文中的“五道（大神）”“张坚固”“李定度”“急急如律令”等神名、术语，以及“比丘”“佛弟子”“五戒”“十善”等用语，反映了道教与佛教用语同存共见、交互夹杂的现象，反映了新疆道教与佛教相融合的情况。在出土的公元 6 世纪中叶以前的随葬衣物疏中，还没有发现此种佛、道杂糅的符箓。但是，此后这种符箓几乎在所有的随葬衣物疏中都有发现。

北凉佛像石塔，高昌故城出土，可见佛教与黄老道教的融合。

饰棕地摩尼宝珠锦帕，长 22.5 厘米，宽 17 厘米。和田县布扎克墓葬出土，出土时佩于死者身上的道教文化图案的锦帕。刘玉生摄

景　教

景教是基督教中最早传入中国的一个教派，唐代传入中国，被称为“景教”。元代又与当时传入中国的天主教统称为“也里可温教”。5世纪上半叶由叙利亚人聂斯托里（约390—451年）创立，故称聂斯托里派，亦称“波斯教”“弥施诃教”。

景教传入新疆地区的时间，因无确凿史料，也只能作出大致的推测，约在6世纪下半叶至7世纪初。按照西方宗教陆续传入我国的一般规律来看，景教传入新疆应当早于我国中原，而略晚于中亚诸国。14世纪中叶以后，景教在西域地区衰落。

近代以来，随着景教考古资料的发现，人们对有关这一时期新疆景教的情况才略有了解。德国人勒柯克在高昌遗址发现景教壁画。吐鲁番附近发现粟特文和用叙利亚文拼成的粟特文的景教经典残片。已发现的景教文物中，还有叙利亚文、中古波斯文和回鹘文的景教经典和文献。据考证，出土的景教文献属于唐宋时期的遗物。这些文物说明，唐宋时期景教在吐鲁番已十分活跃，信仰景教的不仅有外来的叙利亚人、波斯人和粟特人，还有当地居民回鹘人。有学者甚至认为：“在唐时，摩尼教已在维吾尔中盛行，庶几成为国教。西迁以后，摩尼教日渐衰落，代兴者，即为聂斯托里派之基督教。”此说过高估计了

景教“圣枝节”壁画，高70厘米，宽63厘米。出土于吐鲁番市高昌故城外景教寺院遗址。画面上方残留棕色马的两腿，左边一身披一件带褶襞的白色宽大教袍的景教牧师，头发卷曲，脚蹬黑色鞋，左手提黄色香炉，右手持一黑色钵，正在祈祷讲经。他的对面是三位高昌本地人，前两位为男性，身着翻领对襟长袍，内着紫色连衣裙襦。后面是一位女性教徒，发型为云头高髻，身着紫色对襟长袍，三人均手持一枝带叶子的树枝。

景教在高昌回鹘汗国的地位，但却在一定程度上反映了景教在回鹘人中较为盛行的事实。在吐鲁番出土的景教文献中，不少是用回鹘文写成的，如《福音书》《殉难记》《巫师的崇拜》（又译作《三个波斯僧朝拜伯利恒的故事》）以及景教“赞美诗”（专供回鹘新婚夫妇举行婚礼时唱诵的诗）。这一事实说明，景教已经渗透到回鹘人的社会生活中。

从吐鲁番的景教遗址和出土文物看，唐宋时期的吐鲁番可能已成为新疆景教的中心，在其他地区，也有景教徒的活动。据亨利玉尔在《契丹行程录》中称，在龟兹附近的拜城，也有景教徒和其他宗教信徒一起居住。10 世纪阿拉伯旅行家米撒尔在拔希（今新疆策勒县境）都城，看到“城内有回教徒、犹太人、基督教（景教）徒、火（祆）教徒及佛教徒。”在伊斯兰教传入以前，景教在新疆广为传播，在一些地区如吐鲁番甚至比较盛行。

基督教徒墓碑，霍城县阿里麻力古城遗址出土，高 14 厘米，宽 11 厘米。石头中央刻有十字架纹，两侧刻叙利亚文。碑铭：“基督教徒乔治，于 1677 年逝世。”在伊犁地区、七河以及其他游牧人活动的地方，有大量画有十字的景教徒墓石和刻石出土，证实景教在游牧民族中确有一个兴盛时期。

摩尼教

摩尼教于3世纪中叶由摩尼创立于波斯。摩尼教的教义主要是以“二宗三际论”为根本教义。“二宗”指光明与黑暗，即善与恶；“三际”指初际（过去）、中际（现在）和后际（未来）。是吸收了基督教、佛教的许多教义思想，而形成的一种混合宗教。

摩尼教是继祆教后，传入新疆的又一古代波斯宗教。在新疆虽然没能得到广泛传播，但在漠北回鹘汗国却取得了重大发展。回鹘汗国的牟羽可汗宣布摩尼教为回鹘汗国的国教。据《回鹘毗伽可汗圣文神武碑》记载，唐宝应元年（762年），牟羽可汗屯兵洛阳时，在那里遇到睿思等摩尼教的四位高僧，受其说教后深为折服，翌年即携四僧返国。回到漠北后，四位摩尼教高僧奔走于汗国各地，大力宣传和推行摩尼教。由于有统治阶级的支持，摩尼教很快就成为占统治地位的宗教并被宣布为国教。9世纪中叶漠北回鹘汗国破灭后，西迁的一支回鹘进入吐鲁番地区，在这里建立了高昌回鹘政权。初时，高昌回鹘仍以摩尼教为国教。当时，高昌成为摩尼教东方教区教主所在地，在高昌、交河和唆里迷，都有摩尼教的寺院和教团组织。在官方的支持下，高昌的摩尼教徒也十分重视开凿石窟和绘制宣扬摩尼教教义的壁画。

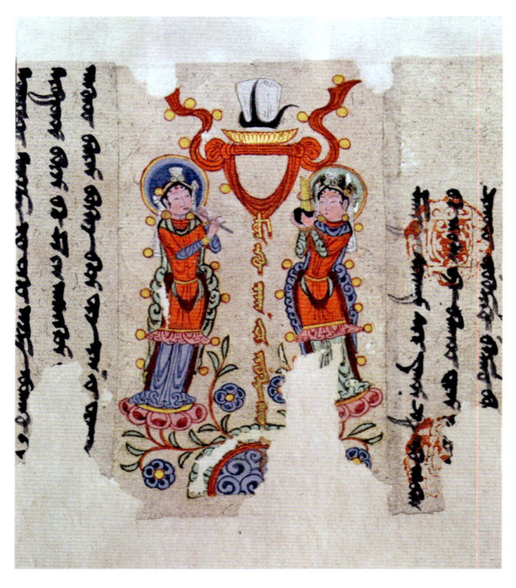

吐鲁番柏孜克里克石窟出土的粟特文摩尼教经卷抄本，充分证明了摩尼教在该地区的流行情况。

近年在吐鲁番地区发现了一批摩尼教的

石窟寺院。在已发现的三个石窟群中，可以确认其中的39个洞窟属于摩尼教石窟。这些原为摩尼教的石窟，在回鹘由摩尼教改信佛教后，也被改造为佛教石窟。将石窟中的摩尼教壁画用白灰浆覆盖，然后绘上佛教壁画。随着灰浆的逐渐脱落，摩尼教的壁画重新显露出来。此外，在吐鲁番还发现了大量摩尼教寺院遗址和各种文物。其中一尊教主摩尼的塑像尤为珍贵，具有极高的文物与研究价值。在回鹘人改信佛教后，新疆摩尼教才逐渐衰落并最终消失。

柏孜克里克千佛洞第38a窟，在主室正面墙上绘画的是一幅生命树与死亡树交叉图，两树主干两次交叉，由下向上分成三段。这是一幅典型的摩尼教壁画。画中的生命树和死亡树分别象征光明王国和黑暗王国，即摩尼教教义所宣扬的“二宗”；树干两次交叉，表示黑暗侵入光明王国并与光明相混同，以及二者之间的长期斗争；分为三段则明确表示了摩尼教的三际论。该壁画的主旨是弘扬摩尼教的根本教义“二宗三际论”。这一内容的壁画，是摩尼教绘画的主题。此外，在吐鲁番还发现了大量摩尼教寺院遗址和各种文物。其中一尊教主摩尼的塑像尤为珍贵。像高8厘米，黄铜铸制，空心。该塑像为坐像，摩尼头戴宝冠，身着袈裟，双手已残断，但可看出似交叉置于腿上，面相清瘦、慈祥，坐于莲花座上，造型生动，铸制精细，工艺水平高超。该塑像是迄今为止所发现的唯一一尊摩尼的塑像，具有极高的文物与研究价值。在回鹘人改信佛教后，新疆摩尼教才逐渐衰落并最终消失。

伊斯兰教

伊斯兰教，中国旧称“大食教”“天方教”“回教”“清真教”等。7世纪初由阿拉伯半岛麦加城的穆罕默德创立。

伊斯兰教的创立适应了当时阿拉伯半岛要求统一，摆脱战乱纷争的动荡局面，建立统一强大国家的要求。因而伊斯兰教在阿拉伯迅速传播，到穆罕默德逝世前，已扩展到整个阿拉伯半岛。阿拉伯半岛基本完成统一后，国家初步建立，穆罕默德成为最高统治者，集政治、经济和军事权利于一身。632年6月穆罕默德逝世，阿拉伯国家历经“四大哈理发”和倭马亚王朝统治时期，形成地跨欧、亚、非三洲的大帝国，伊斯兰教广为传播，与佛教、基督教并称世界三大宗教。

萨图克·布格拉汗麻扎　萨图克·布格拉汗是10世纪喀喇汗王朝的第三代可汗，也是新疆第一位信仰伊斯兰教的可汗。死后葬于阿图什市，其麻扎在今松他克乡买买谢特村。

“伊斯兰”意为“顺从”，信仰伊斯兰教的教徒为“穆斯林”，即“顺从者”。其基本教义是，每个穆斯林必须尊信“六大信仰”，即信安拉、信使者、信诸天使、信经典、信来世、信前定。其中最基本的是信安拉、信使者，这成为伊斯兰教最基本的信条，即“万物非主，唯有真主；穆罕默德是主的使者。”宗教义务有五项，称为五项宗教功课，又简称“五功”，即念诵清真言、作证词以表白自身信仰，按照教法规定做礼拜、斋戒、缴纳天课和朝觐。伊斯兰教的经典主要是《古兰经》。“古兰”为阿拉伯语，原意是“诵读”。《古兰经》是穆罕默德在传教过程中，以安拉“启示”的名义先后颁布的言论的汇集，共 30 卷，114 条。伊斯兰教的基本教义、戒律，伊斯兰教关于政治、经济、军事和法律制度，关于社会的各种主张，理论规范都集中于《古兰经》里。此外，伊斯

优素甫·哈斯·哈吉甫麻扎 是喀喇汗王朝著名诗人、学者和思想家优素甫·哈斯·哈吉甫的陵墓，位于今喀什市人民公园后面。优素甫·哈斯·哈吉甫约于 11 世纪初出生于喀喇汗王朝的西部巴拉沙衮，后迁东都喀什噶尔（今新疆喀什），在这里写成著名的哲理性长诗《福乐智慧》。晏先摄

阿帕克·霍加麻扎 是清代新疆伊斯兰教白山派著名首领阿帕克·霍加及其家族的陵园。因葬有清乾隆皇帝的维吾尔族妃子"香妃"(即容妃),又称"香妃墓"。初建于清康熙九年(1670年),位于今喀什市东北郊区。

兰教的典籍还有"圣训",阿拉伯语称为"哈底斯",意为"传述""传闻",或称为"逊奈",意为"行为""道路"。"圣训"为穆罕默德的言行,是对《古兰经》的具体阐译和补充,是穆罕默德对真主的"启示"以个人训示方式的表述。

伊斯兰教于10世纪时传入新疆,大约在9世纪中叶末至10世纪上半期,在巴尔喀什湖以东以南,河中地区直到新疆西部的广大地域内,形成了主要由操突厥语民族建立的喀喇汗朝。他的统治中心有两个:一个是长支大汗驻地巴拉萨衮,一个是幼支副汗驻地怛罗斯,后迁往喀什噶尔。这时伊斯兰教从与喀喇汗朝接壤的中亚萨曼王朝传了进来,喀喇汗朝中第一皈依伊斯兰教的首领是萨图克·布格拉汗。他幼年丧父,母亲改嫁叔父,他成

艾提尕尔清真寺　位于喀什市解放路。始建于回历八四六年(1426年),后经重修扩建,始具今貌。

艾提尕是阿拉伯语与波斯语的复合词,意为“节日礼拜场所”。艾提尕尔清真寺由礼拜堂、教经堂、门楼和其他一些附属建筑物组成,总面积1.68万平方米,礼拜寺面积2600平方米,大寺规制严整雄伟,砖砌方形拱寿门的大门楼高达12米,边廓环以15个拱窿形壁龛。大寺南北长140米,东西宽120米,是新疆最大的清真寺,也是全疆伊斯兰教的活动中心。大寺正门楼以浅绿色为主色,布满精细刻花。进门后即为宽大的内广场,与内广场相连的为宏大的礼拜寺和教经堂。寺顶由158根凸花雕柱承重,柱头多变。天棚藻井,饰彩色花卉,富有伊斯兰教特色。艾提尕尔清真寺,既是宗教活动的中心,又是古尔邦节和肉孜节群众游乐歌舞的场所,每逢礼拜日和节日,成千上万的伊斯兰教徒集结在礼拜寺及大门内外广场,进行宗教活动。

据说此处原是一片公墓。1426年,喀什噶尔(今新疆喀什)的统治者沙克色孜·米扎尔后裔在此建起一座小寺,用以祭奠亲友亡灵。1538年,其后人乌布力阿尔伯克将寺扩建成为聚礼用的大寺。之后,又几经修建、扩展,形成现有的规模和恢弘气势。

艾提尕尔清真寺门用黄砖砌成,石膏勾缝,门高4.7米,宽4.3米,门楼高约17米。门楼的两旁不对称的各竖一个18米高的宣礼塔,塔顶均立有一弯新月。每日黎明,艾提尕尔清真寺的阿訇要五次登上塔,大声呼唤穆斯林前来礼拜。门楼后面是一个大拱穹,顶端也托着一个尖塔。进入大门后,是一个巨大的庭院,院内有花木及水池。

南北墙边各有一排共36间教经堂,供主教阿訇讲经之用;礼拜堂在寺院西部的一个高台上,分内殿和外殿;寺顶由158根浅蓝色的立柱托着,呈方格状。顶棚上和木柱的四角,都有精美的木雕和彩绘的藻井图案。主殿内正中墙上有一壁龛,内置轿式宝座,每逢做礼拜时,大毛拉站在龛内诵读经文;若逢节日,大毛拉则在此宣教。穆斯林进入廊檐必须脱鞋,不分贵贱,依次进入。每天到艾提尕尔清真寺礼拜的人达2000~3000人,星期五“居玛日”下午,远近的男穆斯林都要到此做一周之内最庄重的礼拜,这时人数有6000~7000人。到了一年一度的古尔邦节,全疆各地都有穆斯林前来,加上本地的人数可达2~3万人。

喀什艾提尕尔广场。

年后依靠聚集起的穆斯林力量从叔父手中夺取权力登上汗位。接着他发动“圣战”，击败还没有信仰伊斯兰教的喀喇汗大汗，而成为大汗荣驻喀什噶尔。他儿子巴伊塔什继承汗位后被称为“阿尔斯兰汗”，推行伊斯兰教。喀喇汗朝经过长期战争征服了信仰佛教的于阗王国，塔里木盆地西部和南部开始形成以喀什噶尔为中心的伊斯兰教的主要基地。后来喀喇汗朝再度分裂，东西两部之间及其内部常常发生内讧。这使分裂后的喀喇汗朝东西两部力量都受到削弱。东部汗朝再无力对信仰佛教的高昌回鹘汗国发动“圣战”，形成对峙，伊斯兰教在新疆的传播也未能向东越过拜城一线。

12 世纪初，我国北方的辽朝灭亡，其宗

室耶律大石在西域建立了西辽政权。西辽统治下的中亚和新疆地区民族众多，宗教情况复杂，其中伊斯兰教是信仰人数最多、影响最大的宗教。这一特点决定了西辽的宗教政策。为了维护其统治，西辽统治者没有把自己所信仰的佛教定为国教，也没有强制推行自己所信仰的宗教，而是采取了对各种宗教不加歧视、一视同仁的宽容政策。

13 世纪，蒙古族崛起进入新疆，对伊斯兰教采取兼容并蓄的政策。整个元朝时期，新疆境内各种宗教都有发展，到了 13 世纪末伊斯兰教已进入天山以北地区，但是吐鲁番、哈密等地仍然信奉佛教。元朝灭亡后，新疆仍由成

秃黑鲁·帖木儿汗麻扎 秃黑鲁·帖木儿汗是新疆地区第一个接受伊斯兰教的蒙古可汗。14—15 世纪在秃黑鲁·帖木儿汗及其后代的推动下，伊斯兰教传播到塔里木盆地北缘、吐鲁番盆地和哈密一带。伊斯兰教在经过大约 6 个世纪的传播后，终于取代佛教成为新疆的主要宗教。

吉思汗次子察合台汗的后裔统治。1346年,秃黑鲁·帖木儿被拥立为察合台汗，他成为新疆地区第一个信奉伊斯兰教的蒙古汗。他和他的儿子黑的儿火者,及15世纪初察合台汗国穆罕默德汗都狂热地推行伊斯兰教。吐鲁番这个具有悠久历史的佛教文化中心在这时期被征服改宗伊斯兰教。到16世纪初，哈密地区也被伊斯兰教征服,佛教的统治地位被削弱。

伊斯兰教从10世纪传入新疆,经过6个世纪的传播发展，成为新疆主要宗教之一。新疆一直维系着多种宗教并存的格局。清朝统一新疆后,伊斯兰教与世俗政权分离,作为一种宗教在地方政府管辖下活动,其活动中心在清真寺,新疆最著名的清真寺有喀什的艾提尕尔清真寺和乌鲁木齐市的陕西大寺、伊宁市的回民清真大寺、哈密的艾提尕尔清真寺等。

伊宁回民清真大寺门匾。

伊宁回民清真大寺大殿外景。

伊宁回民清真大寺 位于伊宁市新华东路南侧，是伊犁最早落成的清真寺之一，同时也是清代伊犁九城中最大的伊斯兰教清真寺。该座大寺始建于清乾隆二十五年(1760年)，乾隆四十六年(1781年)扩建，完成了大寺建筑。迄今已有200多年的历史，占地面积6000多平方米。

伊宁回民清真大寺，是仿照陕西西安化觉巷清真寺修建的，采用典型的中国传统建筑，兼有阿拉伯伊斯兰风格。据传，当初修建大寺时，当地衙门允许乡老到内地写"亿贴"，并从内地聘请建筑师来到祖国边疆的西大门修建了这座中国宫殿式的清真寺。

该寺造型和布局以中原古典建筑样式为基调，外表多采用阿拉伯图案装饰，从而形成带有鲜明中原风格的阿拉伯式建筑。寺前有山门和正门，两侧为双重八字影壁，正中门楼是一座三层亭式建筑，其一、二层为四角形尖亭，三层为六角形尖亭，教徒称之为宣礼楼(即邦克楼)。进山门后可见一座坐西朝东的大殿，这是寺院的主体建筑物，由外殿、中殿和内殿三 个部分组成，可容纳1000多人做礼拜。

寺院以礼拜殿为主体建筑，殿堂楼亭，结构严整，典雅优美，布局考究，气势雄伟，礼拜殿分外殿、中殿、里殿，共42间。

大殿三个屋顶为勾连搭结构，里殿外形是四层八角的攒亭式建筑，内部是穹隆结构。每逢节日(肉孜节、古尔邦节等)，这座古寺有几千人来参加会礼。

该寺在历史上曾被称为"宁固寺""宁远寺""凤凰寺""金顶寺""陕西大寺""陕甘大寺"等。因该寺执教人陈其周、马良骏、马玉林都是回族穆斯林，又是回族教民礼拜的集中地，故最后定名为回民清真大寺，一直是广大回族群众和各族穆斯林进行日常礼拜活动的宗教场所。

伊宁回民清真大寺，系新疆维吾尔自治区级文物保护单位。

伊宁回民清真大寺大殿重修前的内装饰。

伊宁回民清真大寺门楼两旁的装饰图案。

伊宁回民清真大寺门楼两旁的装饰图案。

伊宁回民清真大寺门的装饰图案。

伊宁回民清真大寺讲经台旁的装饰柜。

伊宁回民清真大寺的大门门楼。

吐峪沟麻扎 位于吐鲁番鄯善县境内火焰山中段吐峪沟河谷南出口处。吐峪沟村落山坡上有一个古代宗教遗迹，全称“艾苏哈卜·凯赫夫麻扎”，俗称“圣人墓”。

据传在伊斯兰教产生之前，阿拉伯麦加以西某国的叶木乃哈等五人来东方寻求“天意”，行至吐鲁番，遇到当地携一犬的牧羊人，遂结伴同行至火焰山南麓的吐峪沟，见一石洞，进去后不再复出，六人一犬终修行为圣，后称七贤洞。洞外有一拱门，土木结构，四壁悬匾锦幛，为朝拜者祈祷之所，周围为土木围圈，内广布伊斯兰教式土坟。

前来艾苏哈卜·凯赫夫麻扎朝拜的维吾尔族信徒。

七贤洞外有一拱门，土木结构的室内，四壁悬匾锦幛，为朝拜者祈祷之所。

鄯善东大寺 位于吐鲁番地区鄯善县东巴扎回族自治乡前街村，属新疆哲合忍耶门宦，拥有教民 400 余户，是自治区级文物保护单位。

东大寺坐西向东，长方形院落，粉墙丽瓦，彩户明窗，飞檐翘角，宁静肃穆。一进寺门就可看到寺院正西有一座四方形的台基，台长 24.1 米，宽 22.8 米，高 1.05 米。台基四周均用砖石砌成，中间用黄黏土夯实，台的上面纹砖铺地，平整划一。台上建有一座古朴典雅的大殿，为古典建筑形式，殿前有六根粗大的朱漆圆柱，支撑着殿檐和画廊。大殿外形轩敞宏丽，美观合度。上部为歇山顶式，顶脊四角装有瓦龙和兽形饰物。廊顶前檐和左右两角为垒木式五彩，上面雕刻有精细的图案花卉。殿内分前殿和后殿两部分，共有圆柱 16 根，地上铺设油漆木板。南北两面有雕花圆形窗各两个，雕檐边门各一个。大殿前门是 18 扇雕花门（又叫格子门）。大殿长 19 米，宽 15.1 米。大殿前面是一个凸字形配殿，长 12 米，宽 12 米，顶高 9.5 米。原占地面积约 3500 平方米，其中建筑面积 545 平方米。

东大寺始建于清朝光绪末年(1906 年)，民国元年(1912 年)落成。落成后的大寺，前面建有壮观宏丽的山门，两边配有小门(角门)，山门门楼和墙壁均为砖石雕刻，刻度精细，且很美观。大殿面积 280 平方米，可容纳 300 余人做礼拜。民国三年(1914 年)在寺院北侧续建一院房屋，有厢房、阿訇居室、满拉寝室、会客室、讲经堂以及厨房、餐厅、浴室等。

鄯善东大寺坐西向东。

鄯善东大寺大殿门厅顶部的装饰图案。

鄯善东大寺大殿门厅顶部的装饰图案。

鄯善东大寺大殿前的 18 扇雕花门（又叫格子门）。

鄯善东大寺大殿门厅。

回族哲合仁耶门宦的穆斯林在东大寺内聚礼。

盖斯墓 位于哈密市西郊的一块高地上，人称“圣人墓”，又称“绿拱拜”，坐北朝南，占地八亩，伊斯兰式建筑，土木结构，飞檐拱顶，高约10米，分上下两部分。拱顶用绿色琉璃瓦铺砌，四周有廊檐，顶下有24根圆木支撑，四周由50厘米高的木栏围起。墓内中央是盖斯圣人的坟台，台宽2米、长3米、高1.70米，整个坟台用蓝底白花稠布围起。坟台上盖满了来自各地朝拜者敬献的绸缎、绣毯，墙上挂有镜框和锦幛，在厅内六七米高的白墙上书写着古兰经文。这座陵墓规模不大，但因安葬“圣人”而闻名，许多不能去麦加朝圣的伊斯兰教徒，纷纷来这里朝拜。

相传，唐贞观年间(627—649年)，应唐太宗李世民邀请，伊斯兰教先知穆罕默德派弟子盖斯、吾外斯、万嘎斯三人来中国传教。万嘎斯病逝广州，盖斯和吾外斯到达长安，受到唐太宗的欢迎。回国途中，吾外斯病逝于河西之回回堡，盖斯则于唐贞观九年(635年)殁于星星峡，被草草掩埋。数百年后，哈密回王派人在星星峡为其修建一座拱背。《新疆图志》记载：“星星峡麓有回纥墓。……土人为醵金建屋，覆其垄，祷辄响应，匾额充栋，亦有施锦幢墓上者，恒积尺许。”民国二十八年(1939年)，拱背被拆毁。民国三十四年(1945年)，哈密伊斯兰教徒组成迁葬委员会，修建了现在的盖斯墓，将盖斯遗骨迁至现址。

前来盖斯墓朝拜的伊斯兰教徒(回族)之一。

前来盖斯墓朝拜的伊斯兰教徒(回族)之二。

哈密艾提尕清真寺内景。

哈密艾提尕清真寺 该寺东西长 60 米，南北宽 36 米，占地 2280 平方米，可容纳 5000 人做礼拜。大寺顶棚内由 108 根雕花木柱承重，四壁饰花卉图案及阿拉伯文古兰经，是哈密地区最大的清真寺。

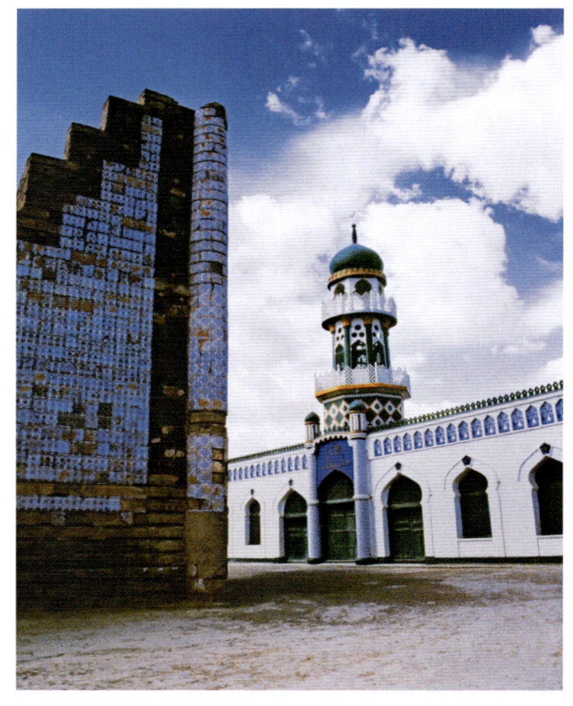

哈密艾提尕大礼拜寺外景。

藏传佛教

藏传佛教俗称喇嘛教，是我国佛教的重要一支，与汉传佛教、云南上座部佛教共为我国佛教的三大系统，是7世纪自印度传入的密教、内地大乘教与西藏早期的原始宗教本教相结合的产物。

藏传佛教在新疆地区早期的传播，与吐蕃人的活动有关。成书于吐蕃王朝时代的《于阗教法记》以及藏文大藏经丹珠儿中的《于阗国授记》都记载了于阗佛教与吐蕃佛教相互交往的情况。在于阗古址发现的"欢喜佛"塑像，为藏传佛教的塑像，是藏传佛教密宗的本尊神，即佛教中的"欲天""爱神"。此外，在米兰遗址中曾发现这一时期的藏文佛经，数量

昭苏县蒙古族圣佑庙　圣佑寺，藏语是"吉金玲"，蒙语为"博格达夏格松"。位于昭苏县城西北洪那海河畔。始建于1889年，历经四年竣工，面积2000平方米。寺庙清幽肃穆，壮观雄伟，是目前新疆保存最完整的喇嘛教四大庙宇之一。现存建筑八座，四周围墙环绕。主体建筑——大雄宝殿飞檐斗拱，画栋雕梁，镏金沥粉，气势恢宏。

相当丰富。

藏传佛教与高昌回鹘的关系十分密切，对回鹘佛教影响很深。吐鲁番遗址发现的藏文佛典，如《佛教教礼问答》《胜军王问经》等，在已发现的回鹘文佛经中密宗经典占有相当数量，多达十几种。

元初，西藏归入了元朝的版图。新疆、西藏和蒙古地区的关系更加密切，藏传佛教也成为联系畏兀儿（回鹘）、藏族和蒙古上层的桥梁。这一时期，新疆境内有操突厥语、蒙古语、汉语及波斯语等诸多民族。各民族熔于一炉，各种语言文字相互影响；世界几大宗教，包括佛教、伊斯兰教、景教、摩尼教、祆教都在这里传播，承续了新疆历史上的多元文化并存的传统。

16 世纪以后，虽然伊斯兰教已传播到塔里木盆地北缘、吐鲁番盆地和哈密一带，至 17 世纪哈萨克族、柯尔克孜族也普遍接受了伊斯兰教，但与此同时，藏传佛教却在天山以北的卫拉特蒙古人中得到广泛传播。

朝拜的信徒。

傲包特庙喇嘛。

新疆宗教信仰现状

1949 年新疆和平解放，社会经济制度和宗教制度都产生了重大变革，新疆的宗教状况发生了根本的改变。清除了教会中的帝国主义势力，推行了独立自主、自办教会和自传、自治、自养的方针，使基督教、天主教由帝国主义的侵略工具变为中国信徒自办的宗教事业，废除了宗教封建特权和压迫剥削制度，揭露和打击了披着宗教外衣愚异和欺诈广大教民的坏分子，使佛教、道教和伊斯兰教也摆脱了敌对势力的控制和利用。新疆各个宗教逐步走向了良性发展的道路。

目前，新疆仍保持着多种宗教并存的格局，各族群众信仰的宗教有伊斯兰教、佛教（包括藏传佛教）、道教、基督教、天主教等。中国政府实行宗教信仰自由政策，新疆全面贯彻执行这一政策，依法保护公民宗教信仰自由权利，保障宗教界的合法权益，促进宗教事业健康有序发展。

在新疆，各族人民充分享有宗教信仰自由的权利，信教或不信教完全由公民自由选择，受法律的保护，任何机关、团体和个人不得干涉。自治区政府根据宪法和法律，制定并颁布了《新疆维吾尔自治区宗教活动场所管理暂行规定》

和布克赛尔蒙古自治县蒙古族傲包特庙。

吐鲁番鄯善县的维吾尔族清真寺。

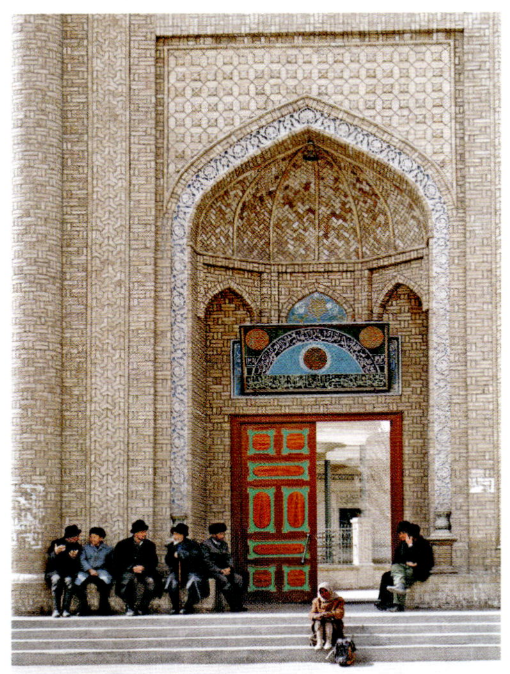

喀什的清真寺大门建筑。

等法规。信教群众根据各自信仰宗教的教规、礼仪等进行正常的宗教活动，都受法律保护。

为了保证宗教人士和信教群众获得经文等宗教读物，在新疆翻译、出版和发行了维吾尔、哈萨克、汉等多种文字和版本的《古兰经》《卧尔兹选编》《新编卧尔兹演讲集》等一批伊斯兰教经典和宗教书刊以及佛教、基督教等其他宗教的经典。发行了《中国穆斯林》杂志维吾尔文和汉文版。为方便信教群众，各地还批准设立了专营宗教书刊的销售点。

在新疆，信仰伊斯兰教和藏传佛教的民族，在历史上曾经是“全民信仰”。但现在已经完全不是这个概念了，这些民族中相当一部分已经从思想上不信仰宗教，成为无神论者；有一部分人宗教意识已经非常淡薄，尽管在生活中或多或少参入一些带有宗教色彩且已经民族习俗化的活动，但他们已经不是实际意义的宗教信徒。

历史上，新疆地区不同宗教之间、同一宗教的不同教派之间发生过很多冲突，严重影响了各宗教和教派之间的团结、社会的和谐与稳定。新中国成立以来，宗教信仰自由政策的贯彻实施和对宗教事务的依法管理，促进了新疆各宗教的和睦相处，信教和不信教公民以及不同宗教信仰公民相互尊重和理解，各族群众没有因为宗教信仰的不同和教派的不同而产生矛盾和冲突。

伊斯兰教主要在新疆世居的维吾尔、哈

萨克、回、柯尔克孜(其中有一小部分信仰喇嘛教)、乌孜别克、塔吉克、塔塔尔等民族中广泛传播,近现代以来部分移居新疆的东乡、撒拉、保安等民族成员也普遍信仰伊斯兰教。信仰伊斯兰教的信徒被称为“穆斯林”。不同民族身份的穆斯林虽然因各自的文化背景不同、居住环境有别、生活习俗各具特色,因而在阐释伊斯兰教义、履行伊斯兰教规的具体做法上有所差异,甚至还有派别之分,但信仰的教理是基本一致的,都崇信“六大信仰”,都有本民族的职业宗教人士传经讲学,劝导穆斯林力行“念、礼、斋、课、朝”五项功修,带领信徒从事礼拜活动。在穆斯林群众相对集中的社区,普遍靠民间筹资、捐款建有清真寺,

新疆伊斯兰教经文学院。

由职业宗教人士管理，为信徒提供集体礼拜（即面向麦加诵经、祈祷和跪拜）的场所，一些虔诚的信徒还恪守每日在家或僻静处礼拜的操行。在哈萨克、柯尔克孜、塔吉克等民族聚居区，因游牧生活所致，兴建的固定宗教活动场所相对较少，穆斯林成员多在家庭、麻扎或僻静处从事礼拜活动，或参与其他民族集体礼拜活动。

当然，宗教作为一种社会意识形态反映的是信徒们对自然和社会的一种理解以及观念上的把握，同一民族不同成员之间由于受教育程度不同对宗教的理解客观上也存在诸多差异，因此宗教不是民族的绝对特

吐鲁番鄯善县的维吾尔族清真寺。

喀什麦盖提县的维吾尔族清真寺。

乌鲁木齐回族陕西大寺。

古尔邦节，穆斯林群众在清真寺聚礼。

征，民族也不是宗教的绝对实体。但是，新疆许多民族由于长期受伊斯兰教影响，各民族结合各自的文化背景，将伊斯兰教的有关教规定为族群成员日常生活的行为规范加以推广，年深日久，世代沿袭，已逐渐演化成了富有本民族文化特色的生活习俗。

开斋节、古尔邦节和圣纪节是伊斯兰教三大节日，也是新疆各族穆斯林的盛大节日。每逢节日，人们除了履行守斋、献牲、聚集到清真寺沐浴、礼拜、聆听阿訇吟诵《古兰经》等例行的宗教义务之外，还按各民族礼节以家庭为单位走访亲友、相互祝福、馈赠礼品、聚餐庆贺，哈萨克、柯尔克孜、塔吉克等民族还举行刁羊、赛马、摔跤等活动，为宗教节日增添了诸多喜庆的民族生活气息。各族穆斯林普遍遵循《古兰经》规定，禁食自死动物、血、猪肉和非诵“安拉”之名宰杀的牲畜、禽类食物。各族穆斯林举办婚礼，除了履行国家法律手续之外，还要请宗教人士举办征婚仪式，之后才按各民族礼俗举行婚庆典礼。各族穆斯林的丧葬都按伊斯兰教的规定进行，实行土葬，倡导速葬，不用棺材。人去世后，要洗净全身，用白布裹身，先抬送到清真寺由阿訇诵经后，再抬送至坟地；入葬时，阿訇诵经，亲属不许啼哭；葬后第三日、第七日、第四十日、一周年都要做“乃孜尔”（祭礼）。

聚礼后，穆斯林群众在清真寺门前跳萨玛舞。

回族哲合仁耶门宦的穆斯林在鄯善东大寺内聚礼。

在新疆历史上，佛教曾盛极一时，随着伊斯兰教的传入而逐渐走向衰落。元末明初，信仰藏传佛教的厄鲁特蒙古人进入天山北路，此后，内地一些汉族也陆续把中原已融纳了道教色彩的佛教带入新疆，使佛教在新疆得以延续。到了17世纪中叶，厄鲁特制定了《蒙古·卫拉特法典》，定藏传佛教中的黄教为蒙古各部共同信仰的宗教，得到清政府的鼓励，并多次拨款在蒙古族人口集中地区兴建喇嘛庙。至新疆和平解放时，藏传佛教有庙宇98座，主要分布在巴音郭楞、博尔塔拉、伊犁、塔城等地，信众主体多为蒙古族，锡伯、达斡尔族以及满族中也有部分信徒。

现今，藏传佛教在新疆信众公共生活领

虔诚的佛教信徒。

域的崇高地位和影响力已是今非昔比，传统的寺院教育制度已没有市场，出家当喇嘛的人越来越少，喇嘛中已很少有人能获得较高的修行次第，人们对佛教教理教义的学习热情在逐渐淡化。另一方面，藏传佛教也呈现出许多新的发展趋向：将注意力从全身心关注于彼岸的神明和天堂，转向更多地关心此岸的人类事物。旅游业的兴起，使许多集历史、宗教、民俗文化于一身的藏传佛教寺庙成了旅游胜地；信徒的信仰方式已十分灵活，既可去庙里烧香，也可在家里拜佛；许多人请喇嘛看风水、选吉日，小孩出生请喇嘛起名、亲人亡故请喇嘛超度亡灵等等，很大程度上不完全是对佛的虔诚笃信，而是介于

巴伦台黄庙。

巴伦台黄庙门前挂满了五颜六色的经幡和布条。

信与不信之间，出于从众心理、追风随俗、讨个吉利而已。许多寺庙举行庙会或大型祭祀活动，不再是严格的宗教活动，而更像是世俗的节日。生产生活方式的改观、社会现代化进程的加剧，使新疆的藏传佛教信仰发生着深刻的变化。

查汗努尔达坂敖包。

卫拉特蒙古 原来信仰萨满教。明初，藏传佛教曾一度传入，并为一些上层贵族所信奉和推崇。但在西迁至西北地区后，由于受到东蒙古的阻隔等因素的影响，藏传佛教日趋式微。16世纪后期，卫拉特蒙古的一些贵族重新认识到藏传佛教的重要性，再次提出接受藏传佛教的要求。据蒙古文和托忒蒙古文文献记载，当时卫拉特四部之一的土尔扈特部墨尔根特穆纳率先提出要信仰佛教，其子乃齐托音遂入西藏学习佛教。17世纪初，土尔扈特首领赛音特勒斯墨尔根特穆纳诺颜进一步向卫拉特四部盟主拜巴噶斯以及他的弟兄和其他领主提出信奉藏传佛教中势力最大的教派—格鲁派（黄教）的建议。拜巴噶斯接受了他的建议，遂派人入藏与格鲁派联系，要求派人去卫拉特传教。当时主持格鲁派教务的四世达赖云丹嘉措和四世班禅罗桑确吉坚赞，指派在西藏出家的僧人满珠儿习礼，即察罕诺们汗为代表前往卫拉特蒙古传教。察罕诺们汗到达卫拉特后，受到拜巴噶斯及各部首领的欢迎。由于得到卫拉特贵族的支持，察罕诺们汗的传教活动进行得十分顺利。拜巴噶斯率先皈依格鲁派，并准备脱离尘世，出家去当“陀音”（贵族出身的喇嘛），后在各部首领和察罕诺们汗的力劝下，他才放弃了出家的打算。四部首领决定卫拉特四部一体信奉格鲁派藏传佛教，并根据察罕诺们汗“众人积德比一人积德好”的提示，决定各部大小首领各派一子为僧学经。王公贵族送子当陀音，自此成为卫拉特蒙古的传统。这些出家当陀音的王公弟子，成为藏传佛教在卫拉特蒙古的积极传播者。其中最突出的是后来成为蒙古著名高僧的咱雅班第达。咱雅班第达原为和硕特诺颜巴巴汗之子，在四部首领决定送子当陀音时，拜巴噶斯因尚无亲子，遂将其收为义子，让其出家为僧，从察汗诺们汗受了沙弥戒，并于1616年被派往西藏学经。咱雅班第达经青海于次年到达西藏。他在西藏学经和跟随五世达赖从事宗教活动二十余年，深得格鲁派上层信任。1638年，他奉命作为五世达赖的代表返回卫拉特传教。咱雅班第达不辱使命，在回到卫拉特直到去世的24年中，他奔走于卫拉特各部，讲经传教，弘扬佛法。在他的努力下，藏传佛教在卫拉特蒙古得到广泛传播。

昭苏县圣佑庙内景。

巴伦台黄庙内景。

巴伦台黄庙。

重建前的仙姑庙全景。

重建前的地藏王寺。

重建后的地藏王寺内的塑像。

巴里坤地藏王寺、仙姑庙 位于巴里坤县城南门处佛教的地藏王寺和属于道教的仙姑庙竟然在同一个大院里,这在全国都是少有的。

走进大门,左手是地藏王寺,由民勤商人捐资修建于清嘉庆二年(1797 年);右手是仙姑庙,由张掖商人集资修建于清嘉庆五年(1800 年)。

院子的中央有一个小戏台,逢年过节,巴里坤县里的人都汇集在这里烧香拜佛,听曲看戏。过新年时,这里还会敲响古老的大钟。

巴里坤是古丝绸之路新北道上的重镇,享有新疆"三大商埠"及"八大名城"之称。由于所处的地理位置及先天的自然条件,是历代王朝十分重视和加以苦心经营之地,同时也是兵家必争之地,为维护祖国统一、社会稳定、民族团结发挥了巨大作用。

巴里坤在康熙时期,就开始出现了军屯、商屯、民屯、犯屯、宅屯、旗屯的高潮,广建寺庙之风也就随之兴起。

在汉城、满城 4000 米的范围内就建有 57 座庙宇群,当时按城内人口计算平均 50 人一座庙,再加上三乡庙宇,巴里坤草原上就有近百座庙宇崛起。

寺庙内容之广是中国罕见的。有佛教、道教、喇嘛教、伊斯兰教、基督教、耶稣教,另有德、贤、圣、仙等。

在清代,巴里坤曾享有"庙宇冠全疆"之称。据《镇西乡土志》载,"自道光年间,四营有四营之庙,三乡有三乡之庙,庙宇之多巍然城郡之壮观也。"

由于种种原因,这些庙宇多已被毁,现仅存有地藏王寺、仙姑庙。

乌鲁木齐市天主教堂大院门厅。

乌鲁木齐市天主教堂内景。

1949 年以前，新疆共有基督教教堂 20 多座，信徒 1000 多人，教职人员 10 余人。改革开放以来，基督教在新疆迅速发展，到 20 世纪 80 年代中期，基督教信徒达到 4000 多人，目前已发展到 4.3 万余人，是近年来新疆发展最快的宗教。信徒主要分布在乌鲁木齐、昌吉、哈密、伊犁等地区以及生产建设兵团的一些农牧团场。

天主教自传入新疆以来一直没有较大发展。新中国成立后，由于同基督教相同的原因，天主教的活动基本上停止下来。改革开放后，才逐渐恢复了活动。目前有信徒 4000 余人，主要分布在乌鲁木齐、昌吉和伊宁市。

乌鲁木齐市天主教堂。

基督教徒约 4 万人，教堂 22 座，活动点 81 处，牧师 3 位，长老 19 位，传道员 124 人。图为乌鲁木齐市基督教堂。

东正教是基督教其中的一个派别，主要是指依循由东罗马帝国所流传下来的基督教传统的教会，它是与天主教、基督新教并立的基督教三大派别之一。“正教”的希腊语意思是正统。与天主教不同，正教由一些被称为“自主教会”或“自治教会”的地方教会组成，这些教会彼此独立，但却有着共同的信仰。

新疆的东正教随俄罗斯人传入。目前，俄罗斯族总人口约 9000 人，他们普遍信仰东正教，信徒分布基本与俄罗斯族的生活地域相一致，主要在伊犁、塔城、乌鲁木齐等地。现有东正教堂两座，活动点一处，没有专职的教职人员。

乌鲁木齐市东正教堂内景。

乌鲁木齐俄罗斯族群众欢度传统节日“复活节”。

老红庙道观门厅。

老红庙道观　坐落在乌鲁木齐市沙依巴克区西九家湾的平顶山虎头峰南坡，俗称红庙子。清乾隆二十年（1755 年）三月，为征讨准噶尔部首领达瓦齐，清廷派定西将军永常率兵 5000 名，进驻乌鲁木齐，并在驻地西九家湾地带修筑土垒，安营扎寨。此后，又在北面山头修筑庙宇，因其墙壁为红色，故有“红庙子”之称。现今，人们又称它为“老红庙道观”。

老红庙道观毁于“文革”。1988 年落实宗教政策，由信教群众募捐重建，基本恢复庙宇原貌，整个建筑玲珑别致，彩绘鲜艳。远望去，一庙突兀山顶，四周红墙环绕，古色古香，令人遐想。

红庙子道观的庙会远近闻名，每年农历四月初八、七月七、七月十五、十月初一是红庙子的庙会，要唱庙戏三天。庙宇重建后，改每年四次庙会为一次，即每年农历四月初八起的三天。乌鲁木齐城乡的许多群众去逛庙会，平时寂静的山头人山人海，香烟缭绕，钟鼓齐鸣。卖服装的、摆地摊的、卖小吃的、吆喝冰糖葫芦的应有尽有，孩子们在人群中窜来窜去做游戏，热闹非常。

老红庙道观。

老红庙道观东侧厢房。

新疆道教在经历清代的一度繁盛后，便迅速衰落。20 世纪 50 年代后，随着道士逐渐从俗，道教的活动也基本停止下来。现在，新疆道教有道观两座，活动点一处，信徒主要分布在乌鲁木齐和昌吉两市。

目前，新疆共有宗教团体 88 个，宗教活动场所 2.4 万余座(处)，宗教职业人员 2.7 万人。

为保证宗教活动的正常开展，新疆成立了伊斯兰教经学院，专门培养伊斯兰教高级教职人员。各地、州、市伊斯兰教团体根据实际需要，开设了伊斯兰教经文班，培养宗教职业人员。为提高宗教人士学识水平，培养高素质宗教人士队伍，建立了自治区、地、县三级培训体系，由政府财政拨款对在职宗教职业人员进行轮训，组织宗教人士参观考察，开阔

老红庙道观正殿右侧神像。

老红庙道观正殿左侧神像。

老红庙道观正殿神像。

老红庙道观西侧厢房神像。

老红庙道观东侧厢房正面神像。

老红庙道观西侧厢房神像。

眼界，增长见识。

由于国际与国内、历史与现实的诸多原因，新疆宗教的民族性、群众性、国际性和复杂性特点十分突出。宗教问题常常同政治、经济、文化、民族等方面历史和现实的矛盾相交错，具有特殊的复杂性。新疆的宗教工作不仅关系到党和群众的血肉联系，关系到新疆的民族团结、社会稳定、经济发展，也关系到国家安全和祖国统一。因此，自新疆和平解放后，特别是改革开放以来，新疆各级党委和政府都十分重视宗教工作。经过长期的努力工作，党的宗教政策在新疆得到了全面正确的贯彻和执行，宗教事务正在逐步地纳入法制管理的轨道。广大信教群众和爱国宗教人士拥护中国共产党的领导和社会主义制度，拥护党的宗教政策，他们不仅在新疆的经济建设和改革开放中发挥了重要作用，而且在维护民族团结和祖国统一、反对民族分裂主义、宗教极端主义和暴力恐怖主义的斗争中，都作出了重要的贡献。

后 记

自 1993 年完成哈密市民间文学三大集成后，我便开始关注新疆的民间文化，并立志用摄影手法抢救濒临消逝的新疆民间文化遗产。为此，我自费买了一套尼康 FM2 相机开始拍摄民俗事景。近几年数码相机诞生后，为了达到在弱光下能更真实、原生态地记录民俗实像现场的光影效果，又拿出多年的积蓄买了一套佳能 5D 相机。

数年来，我自觉主动地投入到中国民间文艺家协会倡议和组织实施的中国民间文化遗产抢救工程中，在多种艰苦环境中，自费“上山下乡”，深入秘境，追踪采访，记录拍摄，历经 17 年，和当地的原生态部族一起感受时代的变迁，既亲眼目睹了现代化和现代文明给当地人带来的惊奇、喜悦、快乐和幸福，同时也深深感受到，随着社会发展，人们的生产方式和生活方式正在发生巨大变化，许多传统民俗不断被新民俗所取代，并随着老一代人的不断去世而逐渐失传，如不及时调查记录保存下千百年来人民创造和传承的各种传统民俗，必将造成难以弥补的巨大损失。因此激发了我尽量快、尽量完整而客观地记录下这些原生态文化的责任感、紧迫感、使命感。

历经十几年资料的积累和整理，已将资料分门别类编辑成书，交付新疆美术摄影出版社出版。这对于加强各个民族间的相互了解，加强民族团结和民族文化交流；对于发扬优秀的文化传统，更好地建设社会主义的物质文明和精神文明;对于各门学科,特别是社会人文学科各个领域的研究,都是必不可少的珍贵资料,更是广大读者了解乡土文化的必读书。

新疆的民俗文化博大精深,内容非常丰富、复杂,我虽对它进行了二十多年的学习、调查、拍摄和研究,也出版过几本书籍,但仍感认识不足,在本书系的编写过程中,参考了田卫疆、许建英主编的《中国新疆民族民俗知识丛书》,周吉著的《维吾尔木卡姆》,自治区文化厅组织编撰的《中国新疆维吾尔木卡姆艺术乐器图像、影像集粹》,亚仁·库尔班、马达力汗、段石羽著的《中国塔吉克》等图书。张运隆、佟进军老师对该书进行了认真的审阅和修改,在此特向以上几位专家学者致谢。即便如此,书中仍存在许多不足,恳请读者、专家对不当之处,不吝赐教。

郭晓东